JN418299

상법학의 쟁점

-2009년 상법개정(안)과 관련하여-

내일을여는지식 법 41

상법학의 쟁점

-2009년 상법개정(안)과 관련하여-

● 황근수 편저

KSI 한국학술정보[주]

머리말

최근 상법에 대한 전반적인 개정작업은 2006년 7월부터 시작되어 2008년 10월에 국회에 제출되고, 2009년 2월(상장회사에 관한 특례규정이 상법에 옮겨졌다.)과 5월에 일부가 개정(소규모 주식회사에 관한 특칙규정, 기업경영의 IT화)되었고, 또한 국회에 계류 중인 상태에 있다.

현재 국회에 계류 중인 법안은 국제적 기준에 비추어 볼 때, 그동안 구태를 벗어나지 못하고 있던 상법규정에 획기적인 변화가 아닐 수 없다. 그 중요한 몇 가지를 추려 본다면 다음과 같다.

즉 회사의 지배구조에 관한 것(집행임원제도의 도입과 감사위원회제도의 보완), 대 / 중 / 소회사의 구분입법, 새로운 기업 형태로서 유한책임회사의 도입, 기업경영의 IT화에 관련한 규정의 보완 내지 기업회계규정의 국제적 기준과 정합문제 등이 그 중심내용이다.

특히 2009년 2월 개정상법에서는 구 증권거래법 등이 폐지되어 '자본시장과 금융투자업에 관한 법률(이하 '자본시장법'이라 한다.)'로 통합됨에 따라, 상장회사에 관한 특례규정 중 기업의 지배구조에 관한 것을 상법(§542의 2～12)으로 옮겨 규정하였다(2009년 1월 30일 개정・공포 후 시행). 이때 기업의 재무구조에 관한 부분은 새로 제정된 자본시장법(제165조의 2부터 제165조의 18)에 규정되었다.

참고로, 2007년 8월 자본시장법이 제정(1년 6월 후 시행)되었고, 이에 따라 폐지된 법률을 보면 다음과 같다. 즉 증권거래법, 선물거래법, 간접투자자산운용업법과 신탁업법, 종합금융회사에 관한 법률 및 한국증권선물거래소법 등 6개의 법률이다.

본서는 2006년부터 시작하여 근 2년 넘게 논의되어 온 상법 중 회사 편의 개정작업에 관한 내용을 법무부 상법개정 특별위원회의 개정안을 중심으로 하여, 2009년까지 상법관련학회(특히 한국상사법학회, 한국기업법학회, 한국상사판례학회 등)에서의 발표문을 분석·정리 및 편집한 것이다. 향후 상법학의 공부는 물론, 이에 대한 연구를 선도하는 학자 제현의 학문연구에 일말의 도움이 되었으면 하는 바람이다.

이하 2009년 9월 현재 개정상법 및 국회에 계류 중인 상법 개정(안)의 주요 내용을 중심으로 하여, 각 사안별 쟁점과 문제점 그리고 그 개정방향에 관하여 각 분야별로 나누어 살펴보고자 한다.

2010년 1월
황근수 씀

차 례

제1편
2009년 상법개정(안)의 경과

Ⅰ. 현행 상법체계(§ 1～§ 895)

가. **제1편** 총칙－상인, 상업사용인, 상호, 상업장부, 상업등기, 영업양도 등

나. **제2편** 상행위－(상사)매매, 상호계산, 익명조합, 대/중/위/운・운/공/창고업 등

다. **제3편 회사**(§ 169～§ 637)

1) 통칙－회사의 정의, 종류, 성립, 합병, 해산명령, 등기(기간) 등

2) 합명회사－설립, 회사의 내・외부관계, 사원의 입사와 퇴사・제명, 회사의 해산 등

3) 합자회사－합자회사의 조직, 각 사원의 출자와 권리의무, 책임 및 지분양도 등

4) **주식회사**－주식회사의 개념, 주식・주주・주권, 회사의 기관, 자본조달・회계관계 등

5) 유한회사－설립, 사원의 권리와 의무, 회사의 합병 및 조직변경, 해산 및 청산 등

6) 외국회사－외국회사의 의의, 대표자, 권리능력, 준용규정, 외국회사의 지위 등

7) 벌칙(규정)－발기인・이사・임원 등의 특별배임죄, 독직죄, 증・수뢰죄, 과태료 등

라. **제4편** 보험－손해보험(화재/운송/해상/책임/자동차), 인보험(생명보험/상해보험) 등

마. **제5편** 해상－해상기업(선박/선장 등), 운송(물건/여객운송) 및 용선, 해상위험 등

Ⅱ. 개정상법의 경과와 시행

가. 2008년 10월 - 정부의 상법개정안 국회제출

나. 2009년 2월 **상장회사에 관한 특례규정**(상장대회사의 규정(§542의 2～12))

다. 2009년 5월 **소규모 주식회사 특칙규정**(기업경영 IT화 - 전자공고, 전자투표 등)

라. 기타 2008년 10월 상법개정안 중 주요 내용과 향후의 전망(개선방향)을 기술

Ⅲ. 시행시기별 구분

가. 국회 **계류 중** 법안→집행임원제도(§408의 2～6), 다양한 종류주식(§344 이하) 등

나. 국회통과 **공포 후 즉시 시행→상장회사에 관한 특칙규정(§ 542의 2～12), 소규모 회사에 관한 특칙(주주총회의 소집통지 · 공고, 이사의 인원수 · 임기, 감사의 선임 등)**

다. 다만 국회통과와 공포 후 1년 뒤(2010년 5월)에 시행되는 것(전자투표, 전자적 방법의 회사공고, 전자주주명부, 전자적 집중투표의 공고 · 열람 등)

제2편
각 분야별 상법개정(안)의 주요 내용

제1장

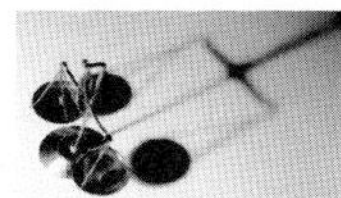

주식회사의 支配構造(집행임원제도)에 관한 검토

Ⅰ. 개 요

1. 2008년 10월 국회에 제출된 상법(회사 편) 개정(안) 내용

- **새로운 기업 형태**의 **도입**[합자조합(LP)(§86의 2~9) 및 유한책임회사(LLC)(§287의 2~45)
- **주식제도의 개선**[무액면주식의 **도입**(§291, §329, §451), 의결권제한주식(§344의 3)·양도제한주식(§344의 4) 등의 **신설**]
- 상환주식(§345) 및 전환주식(§347~§351)에 관한 규정의 개정
- 소수주식의 강제매수제도(§360의 24~26), IT화에 관한 규정[전자공고(§289③~⑥), 주주총회의 전자투표(§368의 4), 주식·사채의 전자등록제(§356의 2, §478③)]
- **집행임원제도의 도입(§ 408의 2~9).** 이사의 의무와 책임[§398①③, §400②]
- 회계규정[§446의 2, §447, §447의 4, §449의 2, §460, §461의 2, §462②, §462의 4, －현행 §452, §453, §453의 2, §454~§457, §457의 2 등 삭제]
- 사채제도[§469, §481~§485, §480의 2·3, － *현행* §470~§473 삭제]
- 소규모 주식회사에 관한 특칙[§292, §318, §363, §409]
- **2009년 2월(3일) 개정·시행: 상장회사에 관한 특칙[§ 542의 2~12]**
- 유한회사에 관한 규정[§556, §571, §607, － *현행* §545 삭제] 등

2. 개정안 중 상장회사에 관한 특례규정

- **상장회사에 관한 특례규정(§ 542의 2~12)** － 개정공포(2009년 1월 30일)

1) 이하의 내용은 2009년 7월 한국상사법학회 하계학술대회에서 발표된 논문을 분석·정리하여 편집한 것이다.

- 또한 설립 시 사내이사 · 사외이사 · 기타 상무에 종사하지 아니하는 이사 등의 등기사항에 관한 규정(§317), 주주제안권에 관한 규정(§363의 2), 사외이사의 정의에 관한 규정(§382③), 감사위원회에 관한 규정(§415의 2) 등 개정

3. 개정안 중 소규모 주식회사에 관한 특칙

- **소규모 주식회사에 관한 특칙**(§292, §318, §363, §383①, ④~⑥, §409④~⑥) - 개정/공포(2009년 4월 29일/동년 5월 28일 시행)
- **또한 전자공고(§ 289③~⑥), 전자주주명부(§ 352의 2)** 및 주주총회에서의 전자투표(§368의 4), IT화에 관한 규정(§366①, §368의 2① 후단, §382의 2②), 최저자본제도를 폐지하는 규정(§329①)도 개정

4. 회사의 지배구조에 관한 규정(집행임원제도)

- **대규모 주식회사**(자산총액 2조 원 이상, 이하 '대회사')의 지배구조에 관한 규정[2009년 1월 8일 국회통과, 동년 **1월 30일 공포**]
- **소규모 주식회사**(자본총액 10억 미만, 이하 '소회사')의 지배구조에 관한 규정[2009년 4월 29일 국회통과, 동년 **5월 28일 공포**]
- **집행임원제도**[개정(안)의 회사지배구조에 관한 규정(**국회 계류 중**)]
- 회사의 구분[大회사(자산총액 2조 원 이상),[2] 中회사(자본총액 10억 이상~자산총액 2조 원 미만),[3] 小회사(자본총액 10억 미만)]
- 회사의 지배구조 중 업무집행 · 업무감독 및 업무감사기관을 중심

2) 대회사는 모두 상장회사이므로 상법상 상장회사에 대한 특례규정(§ 542의 2~12)이 적용되며, 이 중 특히 일부의 규정(§ 542의 7②, § 542의 8① 단서, § 542의 11①, § 542의 12①②④)은 대회사에 대해서만 적용된다.

3) 중회사의 경우 상장회사는 상장회사에 대한 특례규정이 적용되고, 이 특례규정 중 일부규정(§ 542의 10)은 자산총액이 1천억 원 이상인 중회사에 대해서만 적용된다.

Ⅱ. 大회사의 지배구조

1. 외국의 경우 지배구조

가. 업무집행기관

1) 서언

상법에서는 주식회사를 대/중/소회사로 구분하여 그 지배구조를 각각 달리 규정

이하 **회사의 업무집행기관과 감독기관 및 감사기관**을 중심으로 기술하는 바, 세계화표준(Global Standard)에 발맞춰 선진외국의 모범적 지배구조를 살펴본 후, 현행 상법 및 상법개정안에서 대회사의 지배구조에 관하여 기술함

대회사의 경우 업무집행기관(집행임원)과 감독기관(이사회)을 분리하여 경영전문가인 업무집행기관(집행임원)을 별도로 두어 경영의 효율성을 극대화(세계적 추세)

2) 외국의 입법례

가) 미국

1992년 3월 미국에서 ALI의 원칙－회사지배구조의 원칙(Principles of Corporate Governance)

1999년 미국 ABA의 회사법위원회(Committee on Corporate Laws)에서 제정－모범사업회사법(MBCA)의 규정

(1) 집행임원의 선임과 해임

(가) ALI의 원칙

(대규모) 공개회사(publicly held corporation)의 업무집행은 이사회에 의하여 선임된 주요 상급집행임원(principal senior executive officer)에 의하거나

또는 이들의 감독 아래 수행되어야 하고, 또 이사회나 주요 상급집행임원의 위임을 받은 기타 집행임원(other officer) 및 피용자에 의하여 수행되어야 함(ALI§3.01).[4]

또한 공개회사의 이사회는 주요 상급집행임원을 선임하고, 정기적으로 평가하며, 그 보수를 결정하고, 필요한 경우에는 해임할 수 있는 권한(ALI§3.02(a)(1)).

(나) MBCA의 규정

회사는 부속정관(bylaws)에 따라 이사회에서 선임된 집행임원을 두는데(§8.40(a)), 정당하게 집행임원도 부속정관이나 이사회의 수권에 의하여 1인 이상의 다른 집행임원이나 副집행임원을 선임할 수 있다(§8.40(b)).

동일인이 2 이상의 집행임원의 직무를 겸할 수 있으며(§8.40(d)), 집행임원은 언제든지 회사에 사임의 통지를 함으로써(통지의 도달) 사임할 수 있음(§8.43(a)). 이사회는 언제든지 이유여하를 불문하고 집행임원을 해임할 수 있음(§8.43(b)).

(2) 집행임원의 권한과 보수

(가) ALI의 규정

공개회사의 업무집행은 이사회에 의하여 선임된 주요 상급집행임원이나 이들의 감독 아래 수행되며(§3.01), 또한 주요 상급집행임원의 보수는 이사회가 결정한다(ALI§3.02(a)(1)). 이사회는 법령에 다른 규정이 없으면 그의 권한을 집행임원에게 위임할 수 있음(§4.01(b)).

(나) MBCA의 규정

집행임원은 회사의 업무를 집행할 권한을 갖고, 부속정관에서 규정하고 있는 의무를 이행하여야 함(MBCA§8.41). 부속정관이나 이사회는 집행임원 중 1인에게 이사회 및 주주총회의 의사록작성 및 회사기록의 인증을 위한

---

4) 여기서 공개회사란 '최근 정기주주총회의 소집을 위한 기준일 현재 주주의 수가 500명 이상이고 총자산이 500백만 달러 이상인 회사'를 말하고(ALI§ 1.31), 주요 집행임원이란 '대표집행임원(CEO) · 총무집행임원 · 재무집행임원 · 법률집행임원 · 회계집행임원' 등을 말하며(ALI§ 1.30, § 1.27(a)), 기타 집행임원이란 '주요 상급집행임원이 아닌 자로서 이사가 아니면서 정책결정을 수행하는 이사회의장, 일정한 단위부서의 부장, 재무 및 총무부장 및 회사에 의하여 집행임원으로 선임된 자'를 말한다(ALI§ 1.27(b)(c)).

권한을 위임할 수 있음(8.40(c)).

(3) 집행임원의 의무

(가) ALI의 규정

집행임원은 이사와 같이 회사에 대하여 그의 업무를 i) 선의로, ii) 회사에 대하여 최대의 이익이 된다고 합리적으로 신뢰한 방법으로, iii) 일반적으로 신중한 자라면 동일한 지위와 유사한 상황에서 합리적으로 그렇게 할 것으로 기대되는 주의로써 수행하여야 할 (주의)의무를 부담하는바, 이 의무는 경영판단의 원칙이 적용되는 범위에서 적용된다(§4.01(a)(c)).

또한 회사의 상급집행임원은 회사와의 자기거래금지(duty of fair dealing)(§5.01, §5.02, §5.07), 금전상의 이익을 위하여 회사의 자산 내지 회사의 중요한 미공개정보 또는 회사의 지위를 이용할 수 없는 의무(§5.04), 자기기회(corporate opportunity)의 이용금지의무(§5.05), 회사와의 경영피지의무(§5.06) 등이 있음.

(나) MBCA의 규정

집행임원의 의무는 부속정관의 규정이나 이사회의 규정 또는 이사회로부터 수권을 받은 집행임원이 다른 집행임원의 의무를 규정한다(§8.41).

또한 집행임원은 그의 업무를 집행함에 있어서 i) 선의로, ii) 일반적으로 신중한 자라면 동일한 지위와 유사한 상황에서 그렇게 하였을 주의로써, iii) 그가 회사에 대하여 최대의 이익이 된다고 합리적으로 신뢰한 방법으로 하여야 할 (주의)의무를 부담한다(§8.42(a)).

(4) 집행임원의 책임

(가) ALI의 규정

집행임원이 주의의무(duty of care)에 위반하였다고 주장하여 그에게 손해배상책임을 묻는 경우, 이를 주장하는 자(원고)가 집행임원의 주의의무와 위반사실 및 이러한 위반과 회사가 입은 손해 사이 인과관계에 대한 입증책임을 진다(§4.01(d)).

(나) MBCA의 규정

집행임원이 그 행위기준(§8.42)에 규정한 의무를 이행한 경우에는 집행임원은 업무집행에 관한 어떠한 의사결정에 따랐는지 여부를 불문하고 또는 집행임원으로서 어떠한 (업무)집행도 하지 않았다는 이유로 책임지지 않는다. 본 조를 준수하지 않는 집행임원이 책임을 부담하는지의 여부는 이사의 책임기준(§8.31)을 포함하여 해당 법률의 적용여부에 달려 있다(§8.42(c)).

(5) 대표집행임원(CEO)

대표집행임원을 주요 상급집행임원의 하나로 규정(ALI§1.30, §1.27(a))하고, 상급집행임원에 대해서는 회사의 이사와 동일한 의무를 부과함

나) 유럽

(1) 유럽에서 회사법의 규제구조에 관한 보고서

유럽보고서(Report on a Regulatory Framework)에서는 "……이사회의 개편은 유럽연합국가 이외에는 물론이고 유럽연합국가에 있어서도 회사지배구조 개선의 핵심이다. 일원적 경영기구(영미제도)와 이원적 경영기구(독일제도) 둘 중 어느 것이 더 효율적인 감독기구가 된다는 명확한 증거는 없기 때문에 각국은 그 특별한 상황에 맞게 이를 이용"할 수 있다.

(2) 일원적 경영구조와 이원적 경영구조

일원적 경영기구와 이원적 경영기구에 대한 구성과 독립적인 사외이사 또는 감독이사(감사)의 인원수 등에 대한 명확한 입장은 밝힐 수 없으나, 유럽연합국가에서는 모든 상장회사에 대하여 사내이사(집행임원)의 선임과 보수 및 회사의 업무에 관한 회계감사는 전적으로 사외이사 또는 감독이사(감사회)에 의하여 결정되어야 한다. 실제 이러한 업무는 과반수의 독립적인 사외이사 또는 감독이사(감사)로 구성되는 이사회 내의 지명위원회, 보수위원회 또는 감사위원회에 의하여 수행될 수 있다.[5)]

---

5) High Level Group of Company Law Expert, *Report on a Modern Regulatory Framework for Company Law in Europe*, 2002. 11, pp.59－61.

(3) 업무집행기관과 업무감독기관의 분리

회사의 업무를 집행하는 집행임원(사내이사)은 과반수 독립적인 사외이사로 구성되는 이사회 내의 지명위원회에 의하여 선임되고, 그의 보수는 과반수 독립적인 사외이사로 구성되는 보수위원회에서 결정된다.

그의 업무에 대한 (회계)감사는 과반수 독립적인 사외이사로 구성되는 감사위원회에 의하여 수행되어야 한다. 이는 업무집행기관과 업무감독기관을 분리하여 업무집행기관(집행임원)은 업무감독기관(사외이사 과반수의 지명위원회 및 보수위원회)으로부터 업무감독을 받고 또한 업무감독기관(사외이사 과반수의 감사위원회)으로부터 업무에 대한 (회계)감사를 받도록 한 것이라고 볼 수 있다.

즉 ⅰ) 사외이사 과반수의 지명위원회, 보수위원회 – 집행임원 업무감독

ⅱ) 사외이사 과반수의 감사위원회 – 집행임원 업무(집행)에 대한 회계감사

다) 일본

(1) 일본 신회사법(2005)

일본 신회사법상 위원회설치회사의 이사회는 회사경영의 기본방침 등에 관한 업무집행의 결정・집행역(집행임원) 등의 직무집행에 대한 감독업무만을 하고(§416①), 회사의 업무집행은 집행역(집행임원)이 하도록 하고 있다(§418 제2호).

또한 이사회는 일정한 사항 이외에는 그 결의로써 회사의 업무집행의 결정을 집행역(집행임원)에게 위임할 수 있는데(§416④), 이 경우 집행역이 그 위임받은 업무집행에 관한 사항을 결정한다.

(2) 집행임원의 선임과 해임

일본 신회사법상 집행임원은 이사회에서 선임하며(§402②), 언제든지 이사회의 결의에 의하여 해임될 수 있다(§403①). 또 집행임원의 임기는 선임 후 1년 이내에 종료하는 사업연도 중에서 최종의 정기주주총회의 종료 후 최초로 소집되는 이사회의 종결 시까지(정관에 의해 단축할 수 있음)가 된

다(§402⑦).

(3) 집행임원의 권한과 보수

일본 신회사법상 집행임원의 권한은 위원회설치회사의 이사회의 결의에 따라 위임받은 업무집행에 관한 사항을 결정하고, 또 회사의 업무를 집행한다(§418).

신회사법상 집행임원에 대한 보수는 보수위원회가 결정하는데, 보수위원회는 집행임원이 받는 개인별 보수의 내용결정에 관한 방침을 정한 후 개인별 보수의 내용을 결정하여야 한다(§409①, §404③).

(4) 집행임원의 의무

일본 신회사법상 집행임원은 3월에 1회 이상 업무집행의 상황을 이사회에 보고하여야 하고(§417④), 이사회의 요구가 있을 때 이사회에 출석하여 이사회가 요구하는 사항에 관하여 설명하여야 한다(§417⑤). 또 집행임원은 이사회의 요구가 있는 때 위원회에 출석하여 위원회가 요구하는 사항에 관하여 설명하여야 한다(§411③).

나아가 집행임원은 위원회설치회사에 현저한 손해를 미칠 염려가 있는 사실을 발견한 때는 즉시 당해 사실을 감사위원에게 보고하여야 한다(§419①). 신회사법상 회사와 집행임원과의 관계는 위임관계로 보기 때문에(§402③), 집행임원은 회사에 대하여 선관주의의무를 지고 충실의무도 진다(§419②, §355).

(5) 집행임원의 책임

일본 신회사법상 집행임원은 그의 임무해태로 인하여 회사에 발생한 손해를 배상할 책임(연대책임)이 있으며(§423, §430), 그 직무를 수행함에 있어서 악의 또는 중대한 과실이 있는 때에는 이로 인하여 제삼자에게 발생한 손해를 배상할 책임(연대책임)이 있다(§429, §430).[6]

---

6) 기타 일본 신회사법상 집행임원의 성명, 그리고 대표집행임원의 성명 및 주소 등은 등기사항으로 되어 있다(§ 911③ 제22호).

(6) 대표집행임원

일본 신회사법상 대표집행임원은 이사회의 결의로 집행임원 중에서 선임되는바, 집행임원이 1인인 경우에는 그가 대표집행임원이 된다(§420①). 대표집행임원은 언제든지 이사회의 결의에 따라 해임되며(§420②), 또한 위원회설치회사는 표현대표집행임원의 행위에 대하여 선의의 제삼자에게 그 책임을 진다(§421).

라) 중국

중국 회사법(中華人民共和國公司法)(2005)은 주식회사에서는 집행임원(經理)을 의무적으로 두어야 하는데, 이러한 집행임원의 선임과 해임 권한은 이사회(董事會)에 있다(§114 제1문). 2005년 이전에는 유한회사 또한 의무적으로 집행임원을 두도록 하였으나, 이후 개정법에 따라 유한회사는 임의적으로 집행임원을 둘 수 있다(§50).

중국 회사법상 집행임원제도는 회사경영의 효율성과 투명성을 높이기 위하여 취한 회사법상의 중요한 특색이다. 중국 회사법상 집행임원은 이사회와 함께 회사의 경영기관인데, 법령이나 정관 및 이사회의 수권에 의하여 회사의 (일상적)업무를 집행하는 고급관리자이다. 이와 같은 집행임원의 권한에 대해서는 자국의 실정에 맞추어 중국 회사법에서 상세히 규정하고 있다(§114 제2문, §50 제2문).

나. 업무감독기관 및 업무감사기관

1) 서언

회사의 업무감독기관과 업무감사기관은 구별된다. 즉 ⅰ) 감독기관은 상하관계에서 감독권을 행사하며(고로 감독기관은 被감독기관에 대한 선임·해임권 및 보수결정의 권한이 있어야 실효성 있는 감독권한의 행사가 가능) 또 당해 업무집행의 타당성(합목적성)의 감사에도 미친다.

한편 ⅱ) 감사기관은 수평적 지위에서 감사권을 행사하며(고로 감사기관은

被감사기관에 대한 선임·해임 및 보수결정권을 요하지 않으며, 오히려 업무에 대한 전문적 지식과 경험을 요함), 원칙상 적법성의 감사만을 행한다.

한국 상법에서도 이 양자를 구별하여 규정하고 있는데, (대표)이사의 직무집행에 대한 감독권은 이사회에 있고(§393②), (대표)이사의 직무집행에 대한 감사권은 감사(또는 감사위원회)에게 있다(§412①, §415의 2⑦).

2) 외국의 입법례

가) 미국

(1) 업무감독기관(ALI원칙)

미국의 경우 대회사에서 업무집행기관(집행임원)에 대하여 업무감독권을 갖는 기관은 이사회이다. 그런데 이러한 이사회가 실효성 있는 감독을 실행할 수 있도록 ALI 원칙상 집행임원과 이해관계를 갖지 않는 독립이사(사외이사)를 일정비율(내지 일정 수) 두도록 하고 있다.

(가) 이사회의 구성

미국의 대규모 공개회사의 이사회는 당해 회사의 상급집행임원과 중대한 이해관계(significant relationship)가 없는 과반수 이사로 구성되어야 한다. 다만 동 회사의 의결권 있는 주식을 1인이나 1가족 또는 하나의 지배그룹이 소유하는 경우에는 그러하지 아니하다(§3A.01(a)).

위 대규모 공개회사에 해당하지 않는 공개회사의 이사회는 동 회사의 상급집행임원과 중대한 이해관계가 없는 3인 이상의 이사로 구성되어야 한다(§3A.01(b)).

이 경우 대규모 공개회사란 '최근 정기주주총회의 소집을 위한 기준일 현재 주주의 수가 2,000명 이상이고, 총자산이 1억 달러 이상인 회사'를 말한다(§1.24).

또한 중대한 이해관계란 '회사의 최근 사업연도 말 현재 이사가 다음의 어느 하나에 해당하는 경우'를 말한다(§1.34(a)).

ⓐ 동 회사의 상근이사 또는 과거 2년 내 상근이었던 사실이 있는 경우

ⓑ 동 회사의 현재 임원의 직계가족 또는 최근 2년 내 상급집행임원의 직계가족

ⓒ 동 회사와 과거 2년간 20만 달러를 초과하는 상거래 지급을 수반하는 거래를 한 사실이 있거나 이사가 회사의 조직 내에서 이런 거래의 승인의결권을 갖는 때

ⓓ 동 회사의 과거 2년 동안 연간 총수입의 5%를 초과하거나 20만 달러를 초과하는 거래를 하는 기업의 주요 관리자(principal manager)인 경우

ⓔ 이사가 회사법 또는 증권법의 문제에 관한 동 회사의 법률고문인 법무법인에 직업상 관여되어 있거나 동 회사가 소유하는 투자금융회사에 고문으로 관여하고 있거나 과거 2년 내에 동 회사가 증권을 발행하는 경우 인수인으로서 업무를 수행한 사실이 있는 경우 등.

(나) 이사회의 기능(§ 3.02(a))

공개회사의 이사회는 다음과 같은 기능을 수행해야 한다.

① 주요 상급집행임원의 선임, 정기적인 평가·보수결정 및 필요한 경우 교체(권)

② 회사의 영업이 정당하게 수행되고 있는지 여부를 평가(회사 영업행위의 감독)

③ 회샤의 금융지원의 대상 및 주요회사의 계획 및 실행에 대한 검사 및 동의

④ 재무제표 작성 시 감사 및 회계원칙의 변경, 선택 등 결정에 대한 검사 및 동의

⑤ 법률 또는 정관의 규정 등에 의하여 이사회에 위임된 기타의 업무수행

(다) 이사회의 권한(§ 3.02(b))

공개회사의 이사회는 다음과 같은 권한을 갖는다.

① 회사의 계획수립과 채택, 이의 위임 및 시행

② 회계원칙의 변경

③ 주요 상급집행임원에 대한 조언 및 상의

④ 위원회・주요 집행임원 또는 기타 집행임원에 대한 지시 및 활동의 감사

⑤ 주주총회에 대한 제안

⑥ 회사의 영업에 대한 관리

⑦ 주주총회의 승인을 요하지 않는 기타 회사의 모든 영역에 관한 행위

(2) 업무감사기관(ALI원칙)

(가) 감사위원회의 설치권고

미국의 경우 이사회의 업무집행기관(집행임원)에 대한 감독기능을 보조하기 위하여 이사회의 하부기관이며 이사회 내 위원회의 하나로서 감사위원회(audit committee)를 두어 감사업무를 담당하게 하고 있다.[7] 감사위원회는 통상 사외이사로 구성되는바, 이사회와 감사(auditor)[8]를 연결하는 기능을 한다.[9]

(나) 감사위원회의 구성과 직무

i) 감사위원회의 구성(§3A.02)

소규모 공개회사의 경우 이사회의 감사기능을 시행하고 또 지원하기 위하여 반드시 감사위원회를 두도록 권고하고 있다. 감사위원회는 재무자료의 작성에 관한 회사절차와 내부감독(internal control) 및 회사의 외부감사인(external auditor)의 독립성에 대하여 정기적으로 검사한다.

또 감사위원회는 회사에 현재 근무하고 있지 않고 또한 과거 2년 이내에 근무한 사실이 없는 3인 이상의 독립된 이사로 구성되어야 하는바, 그의 과반수는 회사의 상급집행임원과 중대한 이해관계가 없어야 한다.

ii) 감사위원회의 직무(§3A.03)

대규모 공개회사 또는 소규모 공개회사에서 감사위원회는 다음과 같은 직

---

7) 더 자세한 내용은 강희갑, "미국에서 주식회사의 감사위원회제도에 관한 최근 동향과 그 시사점", 「상사법연구」, 제20권 제4호, 2002, 43~82면 참조.

8) 미국의 경우 회사법상 감사는 회사 내부의 필요적 기관이 아니지만, 연방법인 증권법(Securities Act of 1933)과 증권거래법(Securities Exchange Act of 1934)에 의하여 공인회계사에 의한 외부의 강제감사제도가 확립되었는바, 상장회사가 매 결산기 증권거래소 또는 증권거래위원회에 제출하는 재무제표는 반드시 공인회계사의 감사증명을 첨부할 것을 요구하고 있다.

9) W. Robert, *Case and Materials on Corporation*, 2nd ed., 1981, p.533.

무를 수행한다. ⓐ 외부감사인의 추천 및 그의 면책에 대한 감사, ⓑ 외부감사인의 보수·임기 및 독립성에 대한 감사, ⓒ 상급집행임원의 임면에 대한 감사, ⓓ 외부감사인과 회사 간 그리고 외부감사인과 상급집행임원 사이 의사전달의 연계, ⓔ 회사의 외부감사결과·감사보고서 및 경영 관련 문서 등의 감사, ⓕ 회사의 재무제표 등의 감사, ⓖ 외부감사인 및 상급집행임원과 상의하여 필요한 경우 회사의 내부감독 적정성에 대한 감사, ⓗ 재무제표가 외부감사인 또는 주요 상급집행임원에 의해 제출된 경우 이에 대한 감사 및 회계규칙과 관행을 변경하는 업무의 수행 등.

나) 유럽

(1) 업무감독기관

상술의 유럽보고서(Report on a Regulatory Framework)에 의할 때, 사외이사(non－executive director) 및 감독이사(감사회의 구성원)(supervisory director)의 역할에 대하여 보면 다음과 같다.

(가) 사외이사 및 감독이사

업무집행기관은 주주를 대리하여 회사의 업무를 집행한다. 주주(소유)가 분산된 회사에서는 통상 주주는 정보와 자료의 부족으로 인하여 회사의 업무집행을 상세하게 감독할 수 없다. 따라서 **일원적 경영기구(영미)**에서는 사외이사가, **이원적 경영기구(독일)**에서는 감독이사가 회사의 업무집행을 감독할 수 있도록 하여 주인으로서 정보를 제공받지 못하고 있는 주주와 대리인으로서 충분한 정보를 제공받고 있는 업무집행기관 사이 간격을 보충해야 한다.[10)]

사외이사 및 감독이사는 보통 회사의 금융업무 및 사업계획에 관한 중요 결정에서 업무집행기관을 감독한다. 또한 사외이사 및 감독이사에 의하여 감독을 받을 필요가 있는 특별한 분야는, 사내이사(집행임원)의 선임, 사내

10) 유럽의 경우 대규모 상장회사에서 대주주가 회사의 업무에 관하여 충분히 정보제공을 받고 업무집행기관을 철저히 감독한다고 할지라도, 주주가 널리 분산되어 있는 경우에는 또한 정보와 자료가 부족한 소수주주의 잠재적 이해가 상충하게 된다. 따라서 이러한 형태의 회사에서도 소수주주를 대리하는 사외이사 또는 감독이사에 의한 감독의 필요성이 요구된다.

이사의 보수 및 회사의 업무와 관련한 회계감사에 관한 사항 등이다.[11)]

또한 동 보고서에서는 일원적 경영구조(영미)와 이원적 경영구조(독일)의 구성과 독립적인 사외이사 또는 감독이사의 인원수 등에 대하여 명확한 의견 제시는 없다. 그러나 유럽의 경우 모든 상장회사에 대하여 사내이사의 선임과 보수 및 회사의 업무에 관한 회계감사는 전적으로 사외이사 또는 감독이사에 의하여 결정되어야 한다고 말한다. 실제 이러한 업무는 과반수 독립적인[12)] 사외이사 또는 감독이사로 구성되는 이사회 내의 지명위원회・보수위원회 또는 감사위원회에 의하여 수행된다.

(나) 독립성과 전문성의 요구

사외이사 또는 감독이사는 회사와의 관계에서 이사의 직위 이외의 관계를 갖지 않는 독립한 직이어야 하고, 이러한 이사의 독립성을 위하여 일정한 기준을 제시하고 있다. 즉 다음의 자는 사외이사 또는 감독이사가 되어서는 안 된다.

ⓐ 사외이사 또는 감독이사로 선임되기 전 5년간 동 회사의 피용자
ⓑ 동 회사 또는 그 회사의 업무집행자로부터 상담조언 또는 기타의 용역 제공의 대가로 수수료를 지급받고 있는 자
ⓒ 동 회사의 업무수행과 관련하여 회사로부터 어떠한 보수를 지급받는 자
ⓓ A회사의 사외이사 또는 감독이사가 B회사의 사내이사이고, B회사의 사외이사 또는 감독이사가 A회사의 사내이사로 있어, 상호 감독하게 되는 경우
ⓔ 동 회사의 주식을 30% 이상 소유하는 지배주주(결합소유 및 그 대리인 포함)

---

11) 위 세 분야에서 사내이사는 명백히 이해의 충돌이 생기는바, 독립적이고 이해관계가 없는 사외이사에 의한 감독의 결여는 회사의 많은 비리(scandals)를 야기한다. 따라서 오늘날 미국의 경우 회사법개정에서도 이 분야에 초점을 맞추어 사외이사의 독립적인 감독을 강화하고 있다.

12) 여기서 '독립적'이란 의미는 회사의 영업활동(operational business)에서 독립적이고, (업무수행의) 사내이사로서 제1차적으로 책임을 지는 자와 독립적이기 때문에 사외이사 또는 감독이사로서 공개된 보수 이외에는 회사로부터 어떠한 이익을 받지 않는다는 것을 의미한다. 한편, 동 보고서는 지명・보수・감사위원회를 전적으로 독립된 사외이사 또는 감독이사로 구성할 것인지에 대하여 검토하였으나, 유럽의 경우 감독주주의 존재와 공동결정제도가 존재하는 상황을 고려할 때, 지배주주의 대표자나 공동결정제도에 참여하는 피용자는 보통 독립적이지 못하다는 것을 이유로 채택되지 못하였다.

또 상장회사는 매년 공개하는 회사지배구조에 관한 설명서에서 사외이사 또는 감독이사가 독립성을 갖고 있는 이유를 설명하여야 하고, 그들이 독립성을 갖고 있지 못하면 동 설명서에 독립성이 없다는 점을 설명하여야 한다. 이로써 사외이사 및 감독이사의 역할과 지위의 투명성을 사실상 증진시키고, 또 독립성의 기준을 철저히 준수하도록 한다.

한편, 유럽보고서는 사외이사 또는 감독이사의 능력에 관하여, 유럽연합의 각국에서는 일반적인 규칙을 회사법 내에 규정할 것을 요구하고 있는데, 이에 대한 기본적인 사항은 회계에 관한 기본적인 이해능력과 일정한 분야에서 전문가임을 요한다. 그 내용 또한 위에서 언급한 독립성과 함께 회사지배구조에 관한 설명서에 기재·공시되어야 한다.

(다) 결어

유럽보고서는 주주가 분산된 대회사에서 정보와 자료가 부족한 주주(주주총회)가 업무집행기관을 효율적으로 감독할 수 없기 때문에 이사회가 강력하게 업무집행기관을 감독할 수 있도록 하는 것이 바람직한 회사의 지배구조라고 말한다.

이사회는 정보와 자료가 부족한 소수주주의 이익보호를 위하여 소수주주를 대리하는 사외이사 또는 감독이사를 두어 업무집행기관(집행임원)이 이들에 의해 감독을 받게 할 필요성이 있다. 여기서 감독을 받을 분야는 특히 집행임원의 선임과 보수 및 회사의 업무에 관한 회계감사에 관한 사항이다. 유럽보고서에 따르면, 사외이사 또는 감독이사의 독립성을 위한 일정한 기준을 제시하고 이를 철저히 준수하도록 하며, 또 이들은 회계에 관한 기본적인 이해능력과 일정한 분야에서의 전문가일 것이 요구된다.

(2) 업무감사기관

유럽의 경우 업무집행기관(집행임원)에 대한 업무감사기관은 이사회 내 위원회의 하나인 감사위원회이다. 이는 과반수가 독립적인 사외이사 또는 감독이사로 구성될 것을 요하고, 감사대상은 주로 회계에 관한 사항이다.

다) 일본

(1) 업무감독기관

(가) 각종 위원회제도

일본 신회사법상 위원회설치회사는 ① 지명위원회, ② 감사위원회, ③ 보수위원회 및 ④ 1인 또는 2인 이상의 집행임원을 두어야 한다(§401①②③, §402①). 위원회설치회사의 이사는 신회사법 또는 동법에 별도의 정함이 있는 경우를 제외하고 위원회설치회사의 업무를 집행할 수 없다(§415). 신회사법상 위원회설치회사 이사회의 사외이사에 관해서는 특별한 규정이 없으나, 각 위원회에 대해서는 집행임원이 아닌 사외이사가 과반수이어야 함을 정하고 있다(§400③④).[13]

(나) 이사회의 업무감독

또한 일본 신회사법은 위원회설치회사의 경우 업무집행기관(집행임원)에 대한 업무감독기관은 이사회임을 규정하고 있다(§416①). 업무감독기관의 구체적인 업무내용은 다음과 같다. 즉 위원회설치회사의 이사회는 ⓐ 경영의 기본방침에 관한 사항, ⓑ 감사위원회의 직무집행을 위하여 필요한 것으로 정한 사항, ⓒ 집행임원이 2인 이상인 경우 집행임원의 직무분담 및 지휘명령의 관계, 집행임원의 상호관계에 관한 사항, ⓓ 기타 그 밖에 위원회설치회사의 업무집행에 관한 사항을 결정하며, 집행임원 등의 직무집행을 감독한다(§416①②).[14]

(2) 업무감사기관

(가) 감사위원회

일본 신회사법상 위원회설치회사는 감사를 두지 못하고(§327④), 반드시 감사위원회를 두어야 한다. 감사위원회는 이사 3인 이상이어야 하며(§400

13) 감사위원회 위원의 경우에는 전 위원이 위원회설치회사 또는 그 자회사의 집행임원 또는 업무집행이사 등이 아니어야 한다.

14) 이사회는 위원회설치회사의 업무집행에 관한 결정을 이사에게 위임할 수 없는 것이 원칙이지만(§ 416③), 일정한 사항을 제외하고는 집행임원에게 위임할 수 있다(§ 416④).

①), 감사위원회의 위원은 위원회설치회사 또는 그 자회사의 집행임원 또는 업무집행이사 등이 아니어야 한다(§400④).

(나) 감사위원회의 업무내용

일본 신회사법상 업무집행기관(집행임원)에 대한 업무감사기관은 이사회 내 위원회의 하나인 감사위원회이다(§404②). 업무감사기관의 구체적인 업무내용은 다음과 같다. 즉 감사위원회는 ⓐ 집행임원 등의 직무집행의 감사 및 감사보고서의 작성, ⓑ 주주총회에 제출하는 회계감사인의 선임과 해임 및 회계감사인을 재선임하지 아니하는 것에 관한 의안내용의 결정의 직무를 수행한다(§404②).

감사위원회가 선정하는 감사위원은 언제든지 집행임원 등과 지배인, 그 밖의 사용인에 대하여 그 직무집행에 관한 사항의 보고를 요구하거나 또는 위원회설치회사의 업무 및 재산상황에 관한 조사를 할 수 있다(§405①). 감사위원회가 선정하는 감사위원은 감사위원회의 직무를 집행하기 위하여 필요한 때에는 위원회설치회사의 자회사에 대하여 사업보고를 요구하거나 또는 그 자회사의 업무 및 재산상황에 관한 조사를 할 수 있다(§405②).

또한 감사위원은 집행임원 또는 이사가 부정한 행위를 하거나 부정한 행위를 할 염려가 있다고 인정될 때 또는 법령이나 정관에 위반한 사실 또는 현저하게 부당한 사실이 있다고 인정될 때에는 지체 없이 그 취지를 이사회에 보고하여야 한다(§406). 감사위원은 집행임원 또는 이사가 위원회설치회사의 목적 범위 외의 행위 그 밖의 법령 또는 정관에 위반하는 행위를 하거나 또는 그러한 행위를 할 염려가 있는 경우에 그 행위에 의하여 위원회설치회사에 현저한 손해가 발생할 염려가 있는 때에는 당해 집행임원 또는 이사에 대하여 그 행위의 유지를 청구할 수 있다(§407①).

라) 중국

(1) 업무감독기관

중국 회사법상 이사회(董事會)는 회사의 업무집행기관인 집행임원의 선임과 해임 및 그 보수에 관한 결정권이 있기 때문에(§109, §47 제9호), 업무집행기관에 대한 업무감독기관은 이사회라고 볼 수 있다. 동법상 주식회사의 이사회는 5명 내지 19명의 이사로 구성되며, 회사의 종업원대표를 이사로 선임할 수 있다(§109). 이사회는 이사장(董事長) 1명을 두어야 하는바, 이러한 이사장은 이사회 회의를 소집·주재하고 이사회 결의사항의 시행여부를 검사한다(§110).

또한 동법상 상장회사는 의무적으로 독립이사(사외이사)를 두어야 하고(§123), 상장회사의 이사회는 비서를 두어 주주총회의 준비와 서류보관 및 주주자료의 관리와 공시업무 등을 담당하도록 하여야 한다(§124).

(2) 업무감사기관

중국 회사법상 주식회사의 업무집행기관에 대한 업무감사기관은 감사회이다. 감사회는 3인 이상의 감사로 구성되는데, 정관에 정하는 바에 따라 주주대표의 감사와 3분의 1 이상의 종업원대표의 감사로 구성된다(§118). 감사회는 전체 감사의 과반수로써 감사회 대표 및 부대표를 선임하는바, 감사회 대표는 감사회 회의를 소집 및 주재한다(§118). 동법상 감사회는 회사의 회계감사와 업무집행기관 및 이사에 대한 직무집행을 감사한다(§119, §54).

2. 상법상 지배구조

가. 현행 상법상 지배구조

1) 업무집행기관

가) 이사회의 구성

현행 상법상 사업연도 말 현재의 자산총액이 2조 원 이상인 대회사의 경우 이사회에 사외이사를 3인 이상으로 하고 또한 이사 총수의 과반수가 되도록 하여(§542의 8① 단서, 시행령§13) 이사회를 사외이사 중심으로 구성하도록 하고 있다. 그런데 이는 이사회가 업무집행기관(집행임원)을 별도로 두는 것을 전제로 하여 업무집행기관에 대한 감독기능에 충실하도록 한 것이다. 이처럼 대회사에 있어서 과반수의 사외이사를 의무적으로 두게 하는 입법은 당연히 이사회(업무감독기관)와는 별도로 업무집행기관(집행임원)에 관한 입법이 있어야 한다.

상법은 사외이사에 관한 입법을 하면서 이사회와는 별도의 업무집행기관(집행임원)에 대한 입법을 하지 않고, 이사회에 업무집행기관에 대한 업무감독기능(§393②)과 동시에 업무집행(의사결정)기능(§393①)을 부여함으로써 오히려 많은 부작용이 발생하고 국제적 기준에도 부합하지 않는 지배구조가 되어 문제이다.

나) 업무집행과 업무감독의 비효율성

사외이사 중심의 이사회에 업무집행권과 업무감독권을 동시에 부여함으로써 회사의 업무에 상근하지 않는 사외이사로 하여금 업무집행(의사결정)에 관여하도록 하여 업무집행의 효율성이 떨어진다. 또한 업무집행에 관여한 (사외)이사가 다시 자기의 업무집행에 대하여 업무감독을 하게 되어 업무감독에서도 더욱 비효율적으로 되고 있다.

따라서 회사는 사외이사의 수를 최소화할 목적으로 이사의 수를 축소하여, 종래 (등기)이사의 수가 대폭 축소되어 대회사의 경우 회사의 업무집행에 지장을 초해하였다. 이에 (등기)이사 대신에 회사의 정관이나 내규 등에 의하여 또는 대표이사에 의하여 선임된 (실무상)집행임원에게 회사의 업무집행을 맡기게 되었다.

한편, 이러한 집행임원은 기존 (등기)이사의 직무를 담당하고 보수도 이사와 동등한 대우를 받으면서 법률상 여하한 근거가 없어서 그 지위나 권한·의무·책임 등에서 문제가 야기되었다. 즉 그 대표적인 예는 이러한 집행임원의 해임 시 노동계약에 의한 부당해고의 소를 제기하였던바, 대법원은 이러한 집행임원의 지위는 위임계약에 의한 임원이 아니라 고용계약에 의한 근로자라고 판시함으로써[15] 회사의 입장에서는 불합리한 판결이라고 주장하여 입법적 해결을 요청하였다.

2) 업무감독기관 및 업무감사기관

가) 업무감독기관

현행 상법상 업무집행기관에 대한 감독기관은 이사회이다(§393②). 그런데 감독기관과 분리된 업무집행기관을 별도로 두지 않음으로써 이사회의 감독기능의 효율성이 더욱 저하되고 있다. 상법상 대회사의 경우 사외이사를 이사 총수의 과반수로 구성하도록 함으로써(§542의 8① 단서), 이사회가 업무집행기관에 대한 감독기능을 충실하게 수행하도록 하였다. 그러나 감독기관과 분리된 업무집행기관(집행임원)을 두지 않았기 때문에 감독기능에 충실하지 못함은 물론 사외이사의 도입으로 오히려 감독기능의 효율성이 더욱 저하되었다.

또한 이사회가 그 감독기능을 충실하고 효율적으로 수행하기 위해서는 감독기능을 담당하는 이사회와 별도의 업무집행기관(집행임원)을 두면서, 이사회의장은 (대표)집행임원을 겸할 수 없도록 하고, 이사는 집행임원을 겸하지 못하도록 하며(부득이한 경우 이사와 집행임원을 겸하는 자를 최소화),[16] 사외이사는 전문성 있고 (대표)집행임원의 영향력이 없는 자 중에서 선임되도록 하여야 한다.

그런데 현행 상법상 업무감독기관인 이사회에 업무집행기능을 부여함으로써 대표이사는 대표집행임원과 이사회의장을 겸할 수 있고, 이사 총수의 절반이 집행임원과 이사를 겸하는 사내이사를 두고 있으며, 실제 사외이사는 대표이사나 대표주주의 영향력 아래 선임되고 있는 것을 볼 때, 상법상 이사회의 감독기능은 현실성이 없는 실정이다.

---

15) 대판 2003. 9. 26, 2002다64681, 2005. 5. 27, 2005두524 등.

16) 일본 신회사법의 경우에는 위원회설치회사에서 집행임원은 이사를 겸할 수 없도록 명문으로 규정하고 있다(§ 402⑥).

나) 업무감사기관

현행 상법상 대회사의 경우에 업무집행기관에 대한 업무감사기관은 이사회 내의 감사위원회이다(§542의 11①, 시행령§16). 상법은 감독기관(이사회)과 분리된 별도의 업무집행기관을 두지 않고, 감독기관(이사회)에 다시 업무집행권을 부여함으로써 회사의 지배구조가 근본적인 면에서 왜곡되고 있다. 즉 이사회는 그 하부기관인 감사위원회의 결의를 변경할 수 있는 것이 당연한데도 불구하고(§393의 2④), 이사회의 하부기관인 감사위원회가 이사회의 업무집행을 감사함으로써 종래보다 감사의 효율성이 더욱 저하된다.[17]

더구나 2009년 개정상법에서는 감사위원회의 결의사항에 대하여 이사회가 변경할 수 없도록 개정하였던바(§415의 2⑥), 이는 감사위원회가 이사회 내 위원회의 하나로서 이사회의 하부기관이라는 근본취지에 반하는 개정으로 업무집행기관(집행임원)을 두게 되면 삭제되어야 할 규정이다.

또한 감사위원회는 이사회의 하부기관으로 감독기관인 이사회가 설치할 수 있으며(§393의 2①), 그 위원의 선임과 해임권은 이사회에 있다(§393의 2② 제3호, §415의 2③). 그런데 현행 상법은 감독기관(이사회)과 분리되는 업무집행기관(집행임원)을 별도로 두지 않고 감독기관(이사회)에 다시 업무집행권을 부여함으로써 업무감사를 받는 이사회가 업무감사를 하는 감사위원회의 위원을 선임 및 해임한다는 것은 모순이라고 하여, 이를 주주총회에서 선임 및 해임하도록 하고(§542의 12①②), 주주의 의결권까지 제한하고 있다(§542의 12③④).

이는 감사위원회가 이사회의 하부기관이라는 근본취지를 망각하고, 또 감사위원회의 위원과 감사는 구별되는 것인데 동일한 것으로 보아 의결권을 제한하는 것은 부당하다. 향후 상법상 감독기관과 분리된 별도의 업무집행기관(집행임원)을 두어 상술한 바와 같은 상법상의 근본문제를 해결하고, 국제기준에 맞는 모범적인 지배구조가 요망된다고 하겠다.

---

17) 이는 감독기관(이사회)과 분리된 업무집행기관(집행임원)이 별도로 있다면 업무집행기관에 대하여 감독기능을 수행하는 이사회가 그의 하부기관(감사위원회)을 별도로 구성하여, 이에 업무집행기관에 대한 감사업무를 수행하도록 하여 그 결과를 보고받고 필요한 경우 감사위원회의 결의사항을 변경할 수 있을 것이다.

나. 상법개정(안)상 지배구조

1) 업무집행기관(집행임원)

가) 개정취지

집행임원제도는 대기업에서 야기된 문제와 기업의 세계화표준(Global Standard)에 맞는 입법을 하고자 함이다. 그런데 상법개정에 관한 논의에서 기업의 자율성을 중시하고 또한 집행임원제도를 실시할 수 있는 회사의 범위를 확대하기 위하여 회사는 사외이사의 존부와 그 수에 무관하게 회사의 선택에 의하여 집행임원제도를 이용할 수 있게 하였다.

다만 회사가 이러한 집행임원을 둔 경우 대표이사를 두지 못하도록 하였다(§408의 2①). 따라서 상법개정안에 의하면 중회사(자본금총액이 10억 원 이상이고 최근 사업연도 말 현재 자산총액이 2조 원 미만인 회사로서 은행 등 금융기관이 아닌 회사)도 집행임원제도를 채택할 수 있고, 대회사의 경우에도 집행임원제도를 채택하지 않을 수도 있다.[18]

나) 주요 내용

(1) 이사회

회사와 이사의 관계에서와 같이, 회사와 집행임원과의 관계는 위임이다(§408의 2②). 집행임원설치회사의 이사회는 (대표)임원의 선임과 해임권 및 보수결정권 등을 가지고, 집행임원에 대한 실질적인 감독권을 행사할 수 있도록 하였다.

또 집행임원설치회사의 이사회는 집행임원과 회사와의 소에서 회사를 대표할 자를 선임할 수 있고, 집행임원에 대하여 업무집행에 관한 의사결정을 위임할 수 있으며(다만 상법에서 이사의 권한사항으로 정한 경우에는 제외), 집행임원이 수인인 경우 집행임원의 직무분담 및 지위·명령관계 기타 집행임원의 상호관계에 관한 사항을 결정할 수 있다(§408의 2③).

---

18) 법무부, 「상법(회사법)개정 공청회자료」, 2006. 7, 8면.

(2) 이사회의장

집행임원설치회사는 이사회의 회의를 주관하기 위하여 이사회의장을 두어야 하는바, 이사회의장은 정관에 규정이 없으면 이사회결의로 선임한다(§408의 2④). 이사회의 감독기능을 충실히 하기 위하여 이사회의장과 (대표)집행임원의 겸직은 바람직하지 않을 것이지만,[19] 상법 개정안은 실무계의 현실을 반영하여 이를 금지하는 규정을 두지 않음으로써 겸직이 가능하다.[20]

(3) 집행임원

집행임원의 임기는 정관에 달리 규정하지 않으면 2년을 초과하지 못한다(§408의 3①). 집행임원은 현행 상법상 대표이사의 기능을 수행할 수 있는 권한을 가지며(§408의 4, §408의 5), 2인 이상의 집행임원이 선임된 경우에는 이사회의 결의로 대표집행임원(CEO)을 선임하는바, 대표집행임원에 대해서는 대표이사에 관한 상법규정을 준용한다(§408의 5). 집행임원은 필요할 경우 회의의 목적사항과 소집이유를 기재한 서면을 이사(소집권자)에게 제출하여 이사회의 소집을 청구할 수 있는데, 이사가 이러한 소집절차를 밟지 아니한 때는 당해 집행임원은 법원의 허가를 얻어 이사회를 소집할 수 있다(§408의 7).

또한 집행임원에 대해서는 (대표)이사와 유사한 의무를 부과하여, 집행임원은 3개월에 1회 이상 업무의 집행상황을 이사회에 보고하여야 하고, 집행임원은 이사회의 요구가 있는 때에는 언제든지 이사회에 출석하여 요구한 사항을 보고하여야 한다. 이사는 대표집행임원으로 하여금 다른 집행임원 또는 피용자의 업무에 관하여 이사회에 보고할 것을 요구할 수 있다(§408의 6).

또 집행임원에 대하여 이사와 유사하게 회사 및 제삼자에 대한 책임도 인정(다만 집행임원이 수인인 경우에도 이사회와 같은 회의체를 구성하지 않으므로 회의체의 결의와 관련한 연대책임은 없음)하고 있으며(§408의 8), 집

---

19) 정찬형, "주식회사의 지배구조관련 개정의견", 「상사법연구」, 제24권 제2호, 한국상사법학회, 2005. 8, 163~164면.

20) 법무부, 「상법(회사법)개정 공청회자료」, 2006. 7, 9면.

행임원은 등기사항으로 하여 공시하도록 하고 있다(§317②).

다) 업무의 집행

현행 상법상 주식회사의 업무집행(업무집행에 관한 의사결정)기관은 원칙적으로 이사회(상법§393①) 및 대표이사(대내적으로 회사의 업무집행과 대외적으로 회사의 대표)(§389)이다. 상법상 주식회사의 대표이사제도는 프랑스의 주식회사의 업무집행기관에서 유래한 것으로, 프랑스의 경우 이사회와 대표이사 간의 업무집행에 관한 권한분배가 문제되어 중층제도(이사회와 감사회)를 선택하게 되었다.[21] 상법개정(안)상 집행임원제도와 현행 상법상 업무집행기관의 차이점을 보면 다음과 같다.

(1) 업무집행의 효율성

현행 상법상 업무집행기관에 대한 의사결정은 회의체인 이사회에서 행하고(상법§393①) 그 집행은 대표이사가 행한다(§389). 그러나 집행임원제도에서는 대개 이사회의 위임에 의하여 각 집행임원이 (의사)결정하여 집행하므로(이사회와 같은 회의체기관이 아니고, 업무집행에 관한 의사결정기관과 집행기관이 분리되지 않기 때문에), 업무집행에 대한 효율성을 기할 수 있다(§408의 2③ 제4호, §408의 4).

(2) 감독의 실효성

현행 상법상 대표이사가 정관의 규정에 의하여 주주총회에서 선임되는 경우에는(상법§389①), 이사회가 대표이사의 선임과 해임권이 없으므로 이사회가 대표이사의 직무집행을 실제로 감독할 수 없다. 또 대표이사가 이사회에서 선임되는 경우에도 (대표)이사의 보수는 정관에 규정이 없으면 주주총회에서 정하기 때문에(§388), 이사회는 대표이사의 직무집행을 실제로 감독할 수 없다.

그러나 집행임원제도에서는 이사회가 집행임원의 선임과 해임권 및 보수결정권(정관이나 주주총회의 승인이 없는 경우)을 갖기 때문에(§408의 2③),

21) 정찬형, 제12판 『상법강의(上)』, 박영사, 2009, 749~750면.

이사회는 실제로 집행임원에 대한 감독권을 실효성 있게 행사할 수 있다.

또한 현행 상법상 (대표)이사는 이사회의 구성원으로서 업무집행과 업무감독에 관한 의사결정을 하고(상법§393①②), 또 업무집행기능을 수행한다. 그러나 집행임원제도에서는 이 양자가 분리되어(§408의 2③④, §408의 4, §408의 5) 이사회는 업무집행기관(집행임원)에 대하여 실효성 있는 감독업무를 수행할 수 있게 된다.

라) 대 · 중회사에서 집행임원제도의 필요성

(1) 대회사

상법은 대회사의 이사회는 의무적으로 사외이사를 과반수 두도록 하여, 이사회가 사외이사 중심으로 되어 업무집행기관에 대한 감독권을 충실히 행사하도록 하는 데 그 취지가 있다. 그렇다면 이러한 취지에 맞게 업무감독기관과는 별도로 업무집행기관인 집행임원을 의무적으로 두도록 하여야 한다고 하겠다.[22)]

즉 대회사가 사외이사 중심의 이사회를 갖고 업무집행기관(집행임원)에 대하여 효율적인 감독을 하도록 하고 또한 이사회와 분리된 업무집행기관인 집행임원을 두도록 하는 지배구조를 취해야 한다. 이렇게 함으로써 국제적 표준에 부응할 뿐만 아니라 회사는 기업경영의 투명성을 담보하는 지배구조를 갖게 되어, 외국자본의 국내기업에 대한 투자확대의 기반을 조성하고 한국의 경제발전에도 크게 기여하게 될 것이다.

(2) 중회사

중회사의 경우에는 이사회와 대표이사가 업무를 집행하면 충분하다고 보고 집행임원을 둘 필요가 없을 것이다. 중회사의 이사회는 사외이사가 이사 총수의 과반수이어야 한다는 의무규정도 없기 때문에 이사회가 사외이사 중

---

22) 정찬형, "2007년 확정된 정부의 상법(회사법) 개정안에 대한 의견", 「고려법학」, 제50호, 고려대법학연구원, 2008, 384면, 정쾌영, "집행임원제도에 관한 상법개정안의 문제점 검토", 「기업법연구」, 제21권, 제4호, 한국기업법학회, 2007, 116면, 전우현, "주식회사 감사위원회제도의 개선에 관한 일고찰 – 집행임원제 필요성에 관한 검토 –", 「상사법연구」, 제23권, 제3호, 한국상사법학회, 2004, 284면.

심으로 구성되어 업무집행기관에 대한 감독기능에 중점이 있다고 볼 수도 없다. 따라서 이러한 중회사의 경우 집행임원을 둘 필요는 없으나, 중회사가 임의로 사외이사를 과반수로 하여 이사회를 구성하면 위 대회사의 경우와 같이 의무적으로 집행임원을 두어야 한다고 할 것이다.

기타 중회사의 경우에는 사외이사가 2인 이상 있는 경우에 한하여 선택적으로 집행임원을 둘 수 있도록 할 것이며, 사외이사가 전혀 없는 이사회는 업무집행기능의 수행에 중점이 있으므로 이와 중복하여 다시 집행임원을 둘 필요는 없다고 할 것이다.

(3) 소결

현행 상법개정(안)과 같이 모든 회사(대회사 및 중회사)가 사외이사의 존재유무에 불구하고 선택적으로 집행임원제도를 채택할 수 있는 것으로 규정하여, 사외이사가 전혀 없는 중회사도 집행임원제도를 채택할 수 있다. 반대로 사외이사가 이사 총수의 과반수인 이사회를 가진 대회사(또는 중회사)라도 집행임원제도를 채택하지 않으면, 감독기능에 중점이 있는 이사회와는 별도로 집행임원을 두도록 하게 되어 집행임원제도의 본래의 취지(감독기관과 집행기관의 분리)에 반한다.[23]

이런 점에서 집행임원설치회사에 대한 제한은 없으나 집행임원을 두려면 이사회가 정상적으로 운영되는 회사(즉 이사회가 사외이사 중심으로 구성되어 정상적인 감독기능을 발휘하는 회사라고 봄)이어야 하기 때문에, 회사규모 등에 관한 최소한의 기준을 설정할 필요는 있다고 본다. 이때 회사규모 등에 관한 최소한의 기준은 '사외이사가 이사 총수의 과반수인 이사회를 둔 회사(대회사 및 중회사)'로 규정하는 기준이 합당하다고 본다.

한편, 집행임원제도를 채택하여 이사회가 감독기능만을 담당하게 되면, 감사위원회의 지위가 불분명해진다는 지적이 있다. 이 경우 이사회는 업무집행기관(집행임원)에 대한 監督기능을 수행하고 이사회 내 위원회의 하나인 감

23) 비교법적으로 볼 때, 미국은 일정규모 이상의 공개회사가 집행임원제도를 채택하도록 하고 있으며(캘리포니아 주 등 일부 주회사법), 일본의 2005년 신회사법에서도 사외이사를 과반수로 하여 위원회를 설치하는 위원회설치회사에서는 집행임원을 의무적으로 두도록 하고 있다(§ 402①).

사위원회(3인 이상의 이사로 구성되어 사외이사가 위원의 3분의 2 이상이어야 함(§415의 2②))는 監査기능을 수행하므로 감사위원회의 지위가 이사회와의 관계에서 오히려 더욱 명확해진다고 볼 수 있다. 또한 감사기능을 수행하는 감사위원회는 감독기능을 수행하는 이사회의 하부기관(이사회 내 위원회)으로서 이사회의 감독업무를 보조하는 기능을 수행한다고 볼 수 있다. 따라서 이사회가 업무집행기능을 수행하지 않고 감독기능만을 수행하는 경우에는 이사회는 이사회 내 위원회의 하나인 감사위원회가 결의한 사항을 다시 결의할 수 있도록 하는 것은 당연하다고 할 것이다(상법§393의 2④).

나아가 회사(이사회)가 선임한 임원 중 일부만 집행임원으로 등기할 경우 다시 비등기의 집행임원이 발생할 우려가 있는바, 어느 범위까지 집행임원을 등기해야 하는지 제한을 둘 필요가 있다는 견해에 대해서는 불필요하다고 본다. 회사의 판단에 따라 상법상 집행임원에 해당하는(즉 회사의 업무집행과 정관이나 이사회의 결의에 의하여 위임받은 업무집행에 관한 의사결정・집행(§408의 4)하는) 자를 이사회에서 집행임원으로 선임하여(§408의 2③) 등기하면(§317② 제8～10호) 된다. 집행임원에 해당하는 자를 등기하지 않으면 회사의 대표자 등은 과태료의 제재를 받고(상법§635①), 회사는 상법 제37조 제1항(등기할 사항을 등기하지 않으면 선의의 제삼자에게 대항하지 못함)에 의한 불이익도 받는다.[24)]

마) 재계입장에 대한 검토

(1) 집행임원에 대한 입법문제

기업의 입장에서는 등기이사의 수를 축소하는 것은 사외이사의 수를 줄이고자 하는 목적보다 급변하는 경영환경에 대처하여 이사회를 슬림화(slim)하여 신속하고 효율적인 경영을 하고자 하는 것이며, 이는 세계적인 추세라고 말한다.

그런데 이는 회사경영에 부지한 사외이사들의 경영에 관한 의사결정을 꺼

24) 또한 등기하지 않은 그러한 사실상의 집행임원에 대해서는 상법개정(안)상의 집행임원에 관한 규정을 유추 적용하여 해당하는 의무를 부담시키고, 그 책임을 물을 수 있을 것이다.

리고, 회사기밀의 외부유출 등에 대한 우려로 인하여 사외이사의 수를 최소화하고자 등기이사의 수를 축소하는 것이 현실이다. 또 이사회의 슬림화로 인하여 신속·효율적인 경영을 하고자 하는 것이라도, 회사의 영업범위가 업종 및 지역별로 확대된 대회사(예: 삼성전자, 대우조선 등)의 경우 슬림화된 이사회에서 모든 업무결정을 할 수 없는 것이 사실이다. 따라서 현실로 대회사의 경우 이사회(사외이사 과반수)는 회사의 기본적인 중요한 업무에 대해 의사결정을 하고, 업무집행(이사회의 수권에 의한 업무에 관한 의사결정·집행 포함)을 행하는 많은 집행임원을 두고 있다.

이러한 집행임원은 종래부터 상법상 이사의 업무를 수행하면서도 법적인 근거 없이 각 회사의 정관이나 내규 등에 규정되어 있다. 그 규정도 회사마다 다를 뿐만 아니라 이를 규정하고 있는 회사의 내규 등도 집행임원의 선임 정도만 규정하고 있어서, 집행임원의 지위나 의무 및 책임(특히 제삼자에 대한 책임) 등에 대해 규정이 없어 문제된다.

이러한 현실을 감안하여 상법개정(안)에서는 집행임원에 대하여 법제화함으로써 다양한 법률문제를 해결하고 국제표준(Global Standard)에 맞는 기업의 지배구조를 갖출 수 있도록 하고자 함이다. 그동안 현실로 시행되고 있는 집행임원에 대하여 법적 근거가 없어서 많은 분쟁이 야기되고 있는바, 이를 입법하지 않고 방치하는 것은 기업현실 및 법의 목적에 반하는 것이라고 본다. 더욱이 기업과 거래하는 제삼자의 이익조정 내지 이익보호를 위한 차원에서도 이를 법제화하지 않을 수 없으며, 이는 선진외국(미국, 일본 등)의 기업법제에 대한 입법동향에도 부합하는 것이라고 하겠다.

(2) 다른 규정의 유추 적용 문제

기업은 집행임원제도에 대하여 현행 감사위원회제도나 업무집행지시자의 책임규정 등을 보완하여 강화될 수 있다고 한다.

그런데 집행임원제도는 이사회에서 업무집행기능을 분리하여 집행임원에게 업무집행권을 부여하고, (사외이사를 중심으로 한) 이사회는 업무집행기관(집행임원)에 대한 업무감독을 보다 더 충실히 하도록 하고자 하는 제도이다. 이사회와 분리된 집행임원을 둠으로써 이사회는 보다 더 업무집행기관(집행임원)에 대한 감독업무를 충실히 수행할 수 있고, 이러한 감독기관에 종속한 이사회 내 (사외이사 중심의) 감사위원회는 더욱 충실한 감사업무를 수행할 수 있다. 즉 집행임원제도의 도입으로 이사의 업무감독이 더 충실하고, 감사위원회의 감사기능도 효율성이 높다.

한편 1998년 개정상법에 도입된 사실상(실질상) 이사(de facto director)는 지배주주가 사실상 경영권을 행사하면서 이사 등으로 등기되지 않아서, 이사로서 면책되는 것을 방지하기 위하여 독일·영국 등에서 인정하는 제도를 도입하여(독일 주식법§117, 영국 회사법§741②(shadow director)) 업무집행지시자 등의 회사 및 제삼자에 대한 책임을 인정한 것이다(상법§401의 2).

그런데 집행임원은 지배주주(대표이사)에 의하여 업무집행을 위하여 선임된 자로서 위 업무집행지시자 등과 본질상 다르다. 따라서 집행임원에 대하여 상법상 위 업무집행지시자 등의 책임에 관한 규정을 유추 적용하는 것은 입법취지에 맞지 않으며, 또한 집행임원에 관한 입법에서는 그 책임은 물론 지위, 의무 및 권한 등을 종합적으로 규정하여 집행임원에 관한 제반 법적 문제를 사전에 해결하고 예측 가능하도록 할 필요가 있다.

(3) (대표)집행임원의 선임문제

집행임원이 이사회에 의하여 임면되는 경우 대표집행임원(CEO)의 영향력이 약화되므로 위험을 회피하는 결정을 할 가능성이 높아져 기업의 업무추진력이 저하될 수 있다고 한다.

그런데 현행 상법상 이사는 주주총회에서 선임되지만(상법§382①) 대표이사는 원칙적으로 이사회에 의하여 선임되기 때문에(상법§389), 현행 대표이사에 해당하는 대표집행임원이 이사회에서 선임되는 점(§408의 5①)에서 양자는 선임기관이 같다.

상법 개정안에 의하면, 집행임원을 이사회가 선임하지만(§408의 2③), 이는 주주총회에 의하여 선임된 이사들로 구성된 이사회에 의하여 선임되기 때문에(대회사의 경우 수많은 주주 때문에 주주총회에서 직접 선임하는 것보다 주주총회의 수권에 의한 이사회에서 선임하는 것이 보다 효율적) 이러한 집행임원은 주주총회에 의한 복대리인으로 볼 수 있어 현행 업무집행의 이사와 그 지위에서 큰 차이가 없다. 또 이사회의장과 대표집행임원(CEO)의 겸직을 금지하지 않기 때문에 대표집행임원이 이사회의장을 겸하면 그는 현행 대표이사의 지위와 동등하게 되어 현재의 대표이사보다 대표집행임원의 영향력의 약화 내지 추진력의 저하는 없다고 본다.

(4) 업무의 전문성 문제

회사의 이사회가 업무집행에서 배제됨으로써 기업현실을 정확히 파악하지 못하여 업무에 대한 전문성이 떨어져 기업의 경영효율성을 저하시키는 결과가 초래된다는 지적이 있다.

그런데 집행임원제도는 사외이사 중심의 이사회에 업무집행권을 부여함으로써(특히 대회사의 경우) 업무집행에 대한 효율성이 떨어지고 또한 업무감독기능도 유명무실하게 되기 때문에, 업무집행에 대한 효율성을 증대하기 위하여 업무에 관한 전문성도 있을 뿐만 아니라 기업현실을 정확하게 파악하고 있는 경영전문가에게 업무집행을 맡기고자 하는 것이다. 이렇게 볼 때 오히려 현행과 같이 사외이사 중심의 이사회에 업무집행권을 부여하는 것이 회사의 경영효율을 저하시키는 결과를 초래할 수 있다고 하겠다.

(5) 회사의 자율적 선택문제

실제 집행임원제도를 운영하고 있는 대부분의 기업들은 개정상법(안)과 다른 방식으로 운영하고 있으며, 따라서 각 회사마다 특성을 고려하여 정관으로 정해 자율적으로 도입하는 것이 좋을 것이라고 한다.

그런데 집행임원제도는 회사의 업무를 집행하는 자를 어떻게 정할 것인가에 관한 사항으로서, 회사법에서 가장 중요한 사항이자 회사의 기관구성에서도 가장 중요한 사항이다. 이러한 것을 (특히 다수의 이해관계자가 있는 대회사에 대하여) 각 회사가 자율적으로 정하도록 하는 것은 이해관계인의 이익조정과 형평의 관념에서 볼 때 합목적적이지 못하다. 나아가 집행임원에 관한 사항이 회사마다 다르게 되어 회사와 거래하는 자가 예측할 수 없다면 이는 법이 회사의 이익을 도모하고 회사와 거래하는 자의 이익은 방치하는 결과가 되어 크게 형평에 어긋난다고 하겠다.

2) 업무감독기관 및 업무감사기관

가) 업무감독기관

대회사의 경우 업무감독기관(이사회)과 분리된 업무집행기관(집행임원)을 두면(의무적이든, 임의적이든) 사외이사 중심의 이사회는 그 본래 취지에 맞게 실효성 있고 효율적인 監督기능을 수행할 수 있을 것이다. 이러한 이사회가 그 감독기능을 보다 더 충실하고 효율적으로 수행할 수 있도록 하기 위하여 이사회의장은 (대표)집행임원을 겸할 수 없도록 하고, 이사는 집행임원을 겸할 수 없도록 하며(부득이한 경우 이사와 집행임원을 겸하는 사내이사를 최소화), 사외이사는 (실제로) (대표)집행임원이나 지배주주의 영향력이 없는 자 중에서 선임하도록 하는 등 그 독립성의 보장과 전문성의 확보가 필요하다.

상법개정(안)에서는 업무감독기관인 이사회에 대하여 특별히 규정하고 있지 않지만, 2009년 개정상법에서는 대회사의 이사회의 구성원인 사외이사에 대하여 규정하고 있다(상법§542의 8① 단서).

나) 업무감사기관

대회사의 경우 업무집행기관에 대한 업무감사기관은 (감사가 아니라) 업무감독기관(이사회)의 하부기관(이사회 내 위원회)인 監査위원회이다. 업무감독기관(이사회)과 별도의 업무집행기관(집행임원)이 있으면, 회사는 따로 비용을 들여 가며 감사를 둘 필요 없이 업무감독기관(이사회)의 하부기관인 감사위원회에 업무집행기관에 대한 감사업무를 맡기게 될 것이다.

상법개정(안)에서는 업무감사기관에 대하여 현재 특별한 규정을 두고 있지 않지만, 상법개정(안)상의 업무감사에 관한 사항이 2009년 개정상법에 반영되었다(상법§415의 2, §542의 11, §542의 12).

Ⅲ. 中회사의 지배구조

1. 현행 상법상 지배구조

가. 업무집행기관

1) 이사회(대표이사)와 사외이사

자본금 총액이 10억 원 이상이고 최근 사업연도 말 현재 자산총액이 2조 원 미만인 중회사의 현행 상법상 업무집행기관은 이사회(대표이사)이고(상법 §393①, §389), 이를 감독하는 기관도 이사회이다(§393②). 이 경우 중회사가 상장회사이면 최근 사업연도 말 현재 자산총액이 1,000억 원 미만인 벤처기업 등을 제외하고 중회사의 이사회는 의무적으로 이사 총수의 4분의 1 이상을 사외이사로 두어야 한다(§542의 8①). 이러한 상장회사의 사외이사에 대해서는 비상장회사의 사외이사의 결격사유(§382③) 외에 추가적인 결격사유가 있다(§542의 8②).

2) 사외이사제도의 평가

중회사인 상장회사가 의무적으로 이사 총수의 4분의 1 이상을 사외이사로 선임하도록 하는 것은, 이사회가 사외이사 중심으로 하여 업무집행을 감독하는 것에도 충실하지 못하고 또한 업무집행을 담당하는 이사회에 회사의 업무에 대하여 부지의 (외부)사외이사가 존재하게 되어 이사회의 업무효율성을 저하시킨다. 따라서 모든 상장회사에 대하여 사외이사를 의무적으로 두게 하는 규정은 그 의미가 거의 없다고 할 것이다.

또한 이사회가 감독기능을 충실히 하도록 하기 위하여 사외이사를 두게 하는 경우에는 사외이사의 독립성과 전문성이 전제되어야 하는바, 이런 전제 없이 모든 상장회사에 의무적으로 사외이사를 일정비율 선임하도록 강제하는 것은 회사업무의 비효율성과 불필요한 비용의 낭비만 초래하기 쉽다.

나. 업무감독기관 및 업무감사기관

1) 업무감독기관

중회사의 업무집행기관에 대한 업무監督기관은 이사회인데(상법§393②), 이때 이사회에 다시 업무집행권한을 부여함으로써(§393①) 이사회는 충실한 감독기능을 수행할 수 없다. 중회사가 상장회사인 경우 이사 총수의 4분의 1 이상을 사외이사로 두게 하고 있는데(§542의 8①), 이사회에 이와 같이 일정비율의 사외이사를 참여시켰다고 하여(감독기관과 분리된 업무집행기관(집행임원)을 두지 않고 다시 이사회에 업무집행권한을 부여하고 있는 한) 이사회의 감독기능의 효율성이 종래보다 더 높아졌다고 볼 수도 없다.

2) 업무감사기관

가) 감사와 감사위원회

중회사의 업무집행기관에 대한 업무監査기관은 현행 상법상 감사 또는 감사위원회이다(상법§415의 2①). 최근 사업연도 말 현재 자산총액이 1,000억 원 이상인 상장회사는 업무감사기관으로 회사에 상근하면서 감사업무를 수행하는 상근감사를 1인 이상 의무적으로 두어야 한다(§542의 10①). 상근감사는 그 회사의 상무에 종사하는 이사나 피용자 또는 최근 2년 내에 그 회사의 상무에 종사한 이사나 피용자가 아니어야 하는 등 많은 결격사유가 있다(§542의 10②).

이처럼 상근감사를 두어야 할 상장회사가 상법 및 다른 법률에 따라 감사위원회를 설치한 경우에는 상근감사를 두지 않아도 된다(§542의 10① 단서). 이러한 회사는 상법상 사외이사를 의무적으로 이사 총수의 4분의 1 이상을 두어야 하기 때문에(§542의 8①) 사외이사가 2인 이상이면 감사위원회를 두고,[25] 상근감사를 두지 않을 것이다. 따라서 감사위원회제도에 의하여 상근감사를 의무적으로 두도록 한 규정은 그만큼 의미가 감소되었다고 볼 수 있다.

나) 상근감사의 효용여부

자산총액이 1,000억 원 이상 2조 원 미만인 상장회사에 대하여 그 감사의 효율성에서 과연 감사가 적합한지 또는 감사위원회가 적합한지 검토할 필요가 있다. 이런 회사의 경우 자산총액이 2조 원 이상인 상장회사와 비교해 볼 때, 이사회가 사외이사 중심으로 구성되지 못하여 업무집행기관에 대한 감독기능에 충실하지 못하다. 그러므로 그의 하부기관인 감사위원회도 충실한 업무감사를 할 수 없을 뿐만 아니라 현행법상 업무집행기관(집행임원)이 없는 현실에서 이사회의 업무집행사항을 그 하부기관인 감사위원회가 감사한다는 것은 모순되는 결과이다. 이러한 회사의 경우에는 감사위원회보다는 (상근)감사가 보다 더 효율성 있는 감사를 수행할 수 있다고 할 것인바, 이와 같은 회사에서는 감사위원회를 둘 수 없고 의무적으로 상근감사를 두어야 할 것이다.[26]

그간 상법 제542조의 단서로 인하여 그 해석과 관련하여 실무상 많은 혼란이 있었다. 즉 자산총액이 1,000억 원 이상 2조 원 미만인 상장회사는 의무적으로 상근감사를 두어야 하는데, 이러한 회사가 상법 제415조의 2에 의하여 감사위원회를 설치한 경우에도 상근감사를 두어야 할 의무가 면제되는 것이냐에 관한 것이다. 현행법상 '이 법(상법)에 감사위원회를 설치한 경우'라고 규정하고 있기 때문에, 이는 상법 제415조의 2에 의하여 감사위원회를 설치한 경우든 상법 제542조의 11 내지 제542조의 12에 의하여 감사위원회를 설치한 경우든 모두를 포함한다고 볼 것이다.[27]

---

25) 감사위원회는 3인 이상의 이사로 구성되는데, 사외이사의 위원이 3분의 2 이상이어야 하기 때문이다(§ 415의 2②).

26) 이럴 경우 상법 제542조의 10 제1항 단서를 '이 법 또는 다른 법률에 의하여 감사위원회를 의무적으로 설치해야 할 경우에는 그러하지 아니하다고 수정하거나 아예 단서를 삭제'하여야 할 것으로 본다.

2. 상법개정(안)상 지배구조

가. 업무집행기관

1) 중회사의 집행임원

상법개정(안)상 자산총액이 10억 원 이상이고 최근 사업연도 말 현재 자산총액이 2조 원 미만인 중회사의 업무집행기관은 현행 상법과 같이 이사회(대표이사)(상법§393①, §389)이거나 이와 별도의 집행임원일 수도 있다(개정안§408조의 2~§408의 9). 중회사에서 집행임원을 둔 경우에는 업무집행기관(집행임원)에 대한 감독기관은 이사회인데, 이사회는 (대표)집행임원을 선임・해임하고, (정관 또는 주주총회의 승인이 없는 경우) 집행임원의 보수를 결정함으로써 (현행 상법상 업무집행기관에 대한 이사회의 감독기능보다는) 실질적이고 효율적인 감독기능을 수행할 수 있을 것이다(§408의 2③).[28]

2) 사업규모가 큰 중회사의 경우

사외이사를 이사 총수의 4분의 1 이상 두어야 하는 중회사 중 상장회사

---

27) 2009년 개정상법 제542의 10은 종래 증권거래법 191조의 12에 근거하는바, 동법 제191조의 12 제1항 단서는 "다만 이 법(증권거래법) 또는 다른 법률에 의하여 감사위원회를 설치한 경우에는 그러하지 아니하다."고 규정하였다. 재경부에서는 이 규정을 상법 제415조의 2에 의하여 선임되는 감사위원회를 포함시키지 않고, 증권거래법 제191의 11에 의한 엄격한 요건 아래 구성되는 감사위원회만을 의미한다고 해석하여, 회사가 상근감사를 두는 것을 회피하지 못하도록 운영되어 왔다. 이에 따라 상법개정에서도 "다만 이 절에 따라 감사위원회를 설치한 경우에는 그러하지 아니하다."고 규정하였다. 2009년 개정상법이 '이 법'이라고 규정하고 있는 이상 위와 같이 해석할 수밖에 없다고 보며, 이는 향후 상법개정 시 그 입법취지(즉 상근감사를 의무적으로 두어야 하는 회사가 이를 회피하기 위한 수단으로 악용되지 않도록)에 맞게 개정이 검토되어야 할 것이다. 또 2009년 개정상법 제542조의 2 제2항은 "이 절은 이 장 다른 절에 우선하여 적용한다."고 규정하고 있는데, 이는 상장회사의 경우 제13절 '상장회사에 관한 특례규정'이 우선적으로 적용되고 이 규정에 저촉되지 않는 한, 일반규정이 상장회사에 대해서도 적용된다고 보겠다. 그런데 감사위원회의 구성에 관한 상법 제542조의 11 제1항 및 제2항, 제542조의 12 제1항 및 제2항 등은 자산총액이 2조 원 이상인 주식회사에 적용되는 특칙규정이므로 자산총액 1,000억 원 이상 2조 원 미만인 상장회사가 상법 제542조의 10 제1항 단서에 따라서 상법 제415조의 2에 의하여 감사위원회를 구성하는 것이 제13절 상장회사에 대한 특례규정에 저촉된다고 보기도 어렵다. 참고로 상근감사에서 '상근' 여부는 주주총회 결의에 의하여 정해지므로(2009년 개정상법 제542의 10 제1항) 상근감사를 비상근감사로 하는 경우에는 주주총회의 결의를 받아야 할 것이다.

28) 그러나 다수의 이사가 이러한 집행임원을 겸임하면 그만큼 이사회의 업무집행기관에 대한 감독기능은 효율성이 떨어지고 현행 상법상 이사회의 기능과 유사하게 되는 폐해가 있다(정쾌영, "집행임원제도에 관한 상법개정안의 문제점 검토", 「기업법연구」, 제21권, 제4호, 112~113, 118~119면).

의 경우 집행임원제도를 채택하면서 사내이사 전부를 집행임원으로 선임하면 업무집행기관이 사외이사를 배제하고 사내이사만으로 구성되어 상장회사에 대한 특례규정이 적용되지 않는 회사의 업무집행기관(이사회)과 유사하게 된다. 다만 이 경우 사외이사는 이사 총수의 4분의 1 이상이어야 하므로(§542의 8①) 사외이사를 최소화하기 위해서 이사 겸 집행임원인 사내이사를 무제한 확대할 수 없다. 따라서 사업영역이 큰 중회사의 경우에는 이사회와는 별도의 업무집행기관(집행임원)을 두는 것이 바람직할 것이다.

그러나 사회이사를 두어야 하는 의무가 없는 비상장회사에서 실제 회사가 사외이사를 두지 않는 경우에는 별도의 비용을 들여 이사회와 별개의 업무집행기관(집행임원)을 둘 필요가 없고, 종래 상법규정에 따라 이사회가 업무집행을 하면 될 것이다.

3) 소결

상술한 바를 종합해 볼 때, 상법개정(안)상 중회사의 경우 집행임원을 둘 수 있다고 하여도, 이사 총수 중 과반수의 사외이사를 둔 경우에는 (대회사의 경우와 같이) 반드시 집행임원을 두게 하여야 한다. 또 이사 총수 중 과반수가 아니고 2인 이상의 사외이사를 둔 경우에는 집행임원을 선택적으로 둘 수 있도록 하고, 사외이사가 전혀 없는 회사의 경우에는 집행임원을 두지 않고 이사회가 업무집행을 하도록 하는 것이 바람직하다고 할 것이다.

나. 업무감독기관 및 업무감사기관

1) 업무감독기관

상법개정(안)상 업무집행기관(집행임원)을 별도로 둔 회사의 경우 이사회가 업무감독기관이고, 이사회가 과반수의 사외이사로 구성된 경우에는 효율적인 실제 감독업무를 수행할 수 있을 것이다. 또 업무집행기관을 별도로 두지 않은 회사의 경우에는 이사(회)의 직무집행에 대하여 이사회가 감독기능을 갖

게 되어(상법§393②), 종래와 같이 효율적인 감독업무를 수행할 수 없다.[29)]

2) 업무감사기관

상법개정(안)상 업무집행기관(집행임원)을 별도로 둔 회사의 경우에는 이사회가 업무監督기관이므로 이사회 내 위원회의 하나인 감사위원회가 업무집행기관에 대한 監査업무를 수행하도록 하는 것이 바람직하다(현행 상법상 회사는 감사 또는 감사위원회를 둘 수 있다(§415의 2①)). 또 업무집행기관을 별도로 두지 않은 회사의 경우에는 이사회의 감독기능이 실효성이 없고, 또한 그 하부기관인 감사위원회의 업무감사기능도 실효성이 없기 때문에 감사가 업무집행기관에 대한 감사업무를 수행하도록 하는 것이 바람직하다(현행 상법상 회사는 감사 또는 감사위원회를 둘 수 있다(§415의 2①)).

Ⅳ. 小회사의 지배구조[30)]

1. 업무집행기관

현행 상법상 주식회사의 업무집행기관은 이사회(대표이사)인데(상법§393①, §389), 소회사의 경우 (3인 이상의 이사로 구성되는)이사회를 두어야 할 의무가 없고, 1인 또는 2인의 이사로 하여금 업무를 집행할 수 있다(§383① 단서, §383⑤). 즉 소회사에서 업무집행기관은 이사회가 임의기관이고, 1인 또는 2인의 이사가 될 수 있다.

이때 이사가 2인인 경우 각자가 업무를 집행하고 회사를 대표하지만, 정관에 따라 대표이사를 정한 경우에는 그 대표이사만이 회사를 대표한다(대

29) 한편 이러한 회사의 경우 장점은 최소한의 비용으로 효율적인 업무집행기능을 수행할 수 있다는 것이다.

30) 자본금 10억 원 미만의 소회사의 지배구조에 대한 특칙은 상법개정안에 포함되어, 이것은 2009년 4월 29일 국회를 통과하였고 또 정부에서 동년 5월 28일에 법률 제9746호로 공포되었다.

표이사 아닌 이사는 회사의 대표권은 없으나 업무집행권은 있다). 각 이사는 주주총회의 소집권(§362) 등 이사회의 기능을 담당한다(§383⑥).

2. 업무감독기관 및 업무감사기관

가. 업무감독기관

소회사에서 이사회가 없는 경우에는 업무집행기관(이사)에 대한 업무監督기관은 주주총회이다(상법§383④). 이러한 소회사의 경우 주주(주주총회)가 업무집행기관(이사)의 업무집행을 직접 감독한다.

나. 업무감사기관

자본금 총액이 10억 원 미만인 회사의 경우에는 업무집행기관에 대한 감사기관으로 감사를 선임하지 않을 수 있다(상법§409④). 소회사가 감사를 선임하지 아니한 경우에는 주주총회가 직접 업무집행기관(이사)에 대한 監査업무를 수행한다(§409⑥). 또 이러한 소회사의 경우에는 이사와 회사 간의 소에서는 회사・이사 또는 이해관계인이 법원에 회사를 대표할 자를 선임하여 줄 것을 신청하여야 한다(§409⑤).

Ⅴ. 결론(입법적 제안)

1. 종합검토

상법은 회사의 규모에 따라 대회사(최근 사업연도 말 현재 자산총액이 2조 원 이상인 상장회사), 중회사(자본금 총액이 10억 원 이상이고 최근 사업연도 말 현재 자산총액이 2조 원 미만인 회사로서 상장・비상장을 불문함), 소회사(자본금 총액이 10억 원 미만인 주식회사)로 나누어 그 지배구조를 달리 규정하고 있다.

즉 대회사의 경우 업무집행기관은 (사외이사가 과반수인) 이사회(대표이사)이고, 업무감독기관은 동일한 이사회이며 업무감사기관은 이사회 내 위원회의 하나인 감사위원회이다. 중회사의 경우 업무집행기관은 3인 이상의 이사로 구성된 이사회(대표이사)이고, 업무감독기관은 이사회이고 업무감사기관은 감사 또는 감사위원회이다.

또 소회사의 경우는 업무집행기관이 (이사회가 아니라) 1인 또는 2인의 이사가 될 수 있는데 이때 업무집행기관에 대한 업무감독기관 및 업무감사기관은 주주총회가 된다. 이하 대회사와 중회사의 지배구조에 대하여 검토한다.[31]

가. 대회사

주식회사에서 대회사의 지배구조는 2009년 개정상법(이는 본시 IMF 이후 증권거래법에 규정된 것임)에 의하여 이사회에 과반수인 사외이사를 의무적으로 두게 하면서 감사를 두지 못하고, 이사회 내 위원회의 하나인 감사위원회를 의무적으로 두도록 하였다. 이는 이사회가 업무집행기관에 대한 감독기능에 충실하고(감사를 둘 필요 없음) 그 하부기관(감사위원회)으로 하여금 감사업무를 수행할 수 있도록 함으로써 업무집행기관에 대한 감독기능과 감사기능에 효율성을 높이고 국제기준에 맞는 지배구조를 갖추고자 한 것이었다.

그런데 이럴 경우에는 업무감독기능을 담당하는 이사회와 분리되는 별도의 업무집행기관으로서 '집행임원'을 두는 입법이 있었어야 하는데, 그렇지 못한 관계로 회사의 업무집행기능과 업무감독기능 및 업무감사기능의 효율성이 더 떨어지는 지배구조가 되었다. 따라서 대회사의 지배구조에서는 업무감독기능의 이사회와는 별도로 업무집행기관인 '집행임원제도'에 관한 입

31) 한편 소회사의 지배구조에 대해서는 현행 상법에 대해 이견이 없다고 보고, 다만 주식회사에서 소회사의 지배구조에 관해서는 유한회사의 지배구조와 비슷한 면이 있어 향후 입법론상 소회사인 주식회사와 유한회사를 어떻게 차별 또는 통합하여 규정할 것인지의 여부가 문제된다.

법이 시급하다고 본다.

또 대회사에 집행임원을 의무적으로 두게 할 것인가, 또는 (현행 상법개정안과 같이) 임의적으로 두게 할 것인가에 관해서도 문제가 된다. 상법상 대회사의 경우 이사회에 의무적으로 사외이사를 과반수 두게 하고 있고 또한 업무감사기관으로 이사회 내 위원회의 하나인 감사위원회를 의무적으로 두게 하는 한, 이것들과 균형을 맞추는 차원에서 의무적으로 집행임원제도를 두게 하여야 할 것으로 생각된다.

나. 중회사

주식회사에서 중회사의 지배구조는 종래 상법상의 전형적인 지배구조인데 (즉 업무집행기관이 이사회(대표이사)이고 업무감독기관도 이사회이며, 업무감사기관은 감사임), 1999년 개정상법에 의하여 감사 대신 감사위원회를 둘 수 있도록 하고, 2009년 개정상법(이는 본시 IMF 이후 증권거래법에 규정된 것임)에 의하여 상장회사의 경우 이사 총수의 4분의 1 이상을 사외이사로 두게 하였다.

그러나 IMF구제금융 이후의 이러한 입법조치는 실무상으로 회사의 업무집행기능과 업무감독기능 및 업무감사기능의 효율성을 더욱 떨어뜨리는 결과를 초래하였다. 따라서 향후 중회사의 지배구조에서 입법론상 회사의 비용을 절약하면서 기업경영의 효율성과 투명성을 담보할 수 있는 지배구조를 재삼 논의해야 할 것으로 생각한다.

2. 입법적 제안

가. 제1안

1) 대회사의 경우

대회사의 경우 업무집행기관으로 '집행임원'을 의무적으로 두게 한다. 이는 현행 상법상 이사회에 과반수의 사외이사를 의무적으로 두게 하여 이사회의 감독기능의 효율성을 기하게 하고, 또 이사회 내 위원회의 하나인 감사위원회를 의무적으로 두게 하여 경비절약과 감사기능의 효율성을 기하게 한 점과 균형이 맞는다.

2) 중회사의 경우

중회사의 경우에는 업무집행기관으로 집행임원을 임의적으로 둘 수 있도록 하고, 그 입법에 대해서는 다음과 같이 구분하여야 할 것이다. 즉 ① 사외이사가 이사 총수의 과반수인 중회사의 경우에는 대회사의 경우와 같이 집행임원과 감사위원회를 의무적으로 두게 한다. 또 ② 사외이사가 2인 이상이며 이사 총수의 과반수가 되지 못하는 중회사의 경우는 집행임원을 임의로 둘 수 있으며, 집행임원을 둔 경우에는 이사회가 감독기능을 수행하므로 감사위원회를 의무적으로 두도록 하여야 한다.[32]

한편 ③ 사외이사가 전혀 없는 중회사의 경우에는 이사회가 업무집행기능을 수행하면 되고 집행임원을 별도로 두어야 하는 실익이 없기 때문에 집행임원을 두지 못하게 하면서, 업무감사기관으로 감사를 의무적으로 두게 하여야 할 것이다.

나. 제2안

1) 대회사의 경우

대회사의 경우 회사에 자율성을 부여하여 상법개정(안)과 같이 집행임원을 임의적으로 둘 수 있도록 한다면, 현행 상법상 대회사에 대하여 사외이사를 의무적으로 과반수 두게 한 규정 및 감사위원회를 의무적으로 두게 한 규정 또한 삭제하여야 할 것으로 생각된다. 이 경우 회사에 자율성을 부여하는 장점은 있겠지만, 회사가 이를 악용할 수도 있고 또 회사마다 지배구

32) 이때 감사위원회는 3인 이상의 이사로 구성되는데 3분의 2 이상이 사외이사이어야 하는 점에서 볼 때, 2인 이상의 사외이사가 있을 것을 요한다.

조의 상이로 법 적용에 혼란이 있을 수 있다.

따라서 이 경우 다양한 지배구조의 모형을 제시하여 선택할 수 있도록 함으로써 어느 정도 제한을 할 필요가 있다고 본다. 즉 ① 집행임원－이사회(사외이사 과반수)－감사위원회, ② 집행임원－이사회(사외이사 2인 이상, 이사 총수의 2분의 1 이하)－감사위원회, ③ 이사회(사외이사 없음)－이사회(사외이사 없음)－감사 등으로 구분하여, 집행임원을 두면 감사위원회를 의무적으로 두게 한다. 반면 집행임원을 두지 않으면 감사를 의무적으로 두게 하는 등 제한하여야 할 것이다.

2) 중회사의 경우

중회사의 경우에는 상법개정(안)과 같이 집행임원을 임의적으로 둘 수 있도록 하는 경우에도 대회사의 경우와 같이 일정한 모형만을 선택할 수 있도록 하는 제한이 필요하다고 생각된다.

[지배구조 도표화]

▶ 미국의 경우(ALI의 원칙)≒독일

구분 \ 기관	업무집행기관	업무감독기관	업무감사기관	비고
• **대회사** (주주의 수: 2,000명 이상, 총자산 1억 달러 이상의 공개회사)	**(상급)집행임원** **(기타)집행임원** (주주의 수: 500명 이상, 총자산: 500만 달러 공개회사)	**이사회:** (사외이사의 수가 과반수)	**감사위원회:** (전체 위원＝사외이사, 과반수는 상급집행임원과 중대한 이해관계가 없음)	업무집행기관과 업무감독기관이 **분리**되고, 감사위원회 위원은 전부 **사외이사**이어야 함.
• **중회사** (대회사가 아닌 공개회사)	〃	**이사회:** (사외이사의 수－3인 이상)	〃	〃

▶ 현행상법상 및 상법개정(안)상 지배구조

► 현행상법상 지배구조

구분 \ 기관	업무집행기관	업무감독기관	업무감사기관	비고
• 대회사 (최근 사업연도 말 현재 자산총액이 2조 원 이상의 상장회사)	**이사회 (및 대표이사)**	**이사회:** (사외이사의 수 - 과반수)	**감사위원회**	사외이사 중심의 이사회가 업무집행 - 종래보다 업무집행 및 감사기능의 저하
• 중회사 (자본금총액이 10억 원 이상이고, 최근 사업연도말 현재 자산총액이 2조 원 미만의 회사)	**이사회 (및 대표이사)**	**이사회:** (상장회사의 경우 사외이사가 이사 총수의 4분의 1 이상)	**감사 또는 감사위원회**	상장회사의 경우에 사외이사 의무규정은 - 이사회의 업무집행의 효율성 저하, 소수 사외이사에 의한 감독기능의 저하, 감사위원회 기능저하 등
• 소회사 (자본금 총액이 10억 원 미만의 회사〈이사회를 두지 않는 때〉)	**이사** (1인 또는 2인)	**주주총회**	**주주총회**	

► 상법개정(안)상 지배구조

구분 \ 기관	업무집행기관	업무감독기관	업무감사기관	비고
• 대회사 (현행 상법과 동일)	**집행임원 또는 이사회** (의무규정화)	**이사회:** (사외이사의 수가 과반수)	**감사위원회**	집행임원을 두지 않는 경우 현행 상법과 동일한 문제 발생
• 중회사 (현행 상법과 동일)	**집행임원 또는 이사회** (의무/임의 등)	**이사회:** (상장회사의 경우 사외이사가 이사 총수의 4분의 1 이상)	**감사 또는 감사위원회**	집행임원을 둔 회사가 감사를 선택 - 회사비용 가중 업무집행기관으로 이사회 선택과 감사위원회의 선택 - 감사기능의 저하

▶ 향후의 개정방향(사견)

기관 구분	업무집행기관	업무감독기관	업무감사기관	비고
• **大회사** (현행 상법과 동일)	**집행임원**	**이사회:** (사외이사의 수가 과반수)	**감사위원회**	국제기준에 부합 또 회사의 업무집행과 업무감독 및 업무감사의 효율성을 제고할 수 있음.
	집행임원	**이사회:** (사외이사가 정관에 의하여 과반수)	**감사위원회**	中회사 – 사외이사가 이사 총수의 **과반수** (대회사의 경우와 같이 집행임원 및 감사위원회를 의무적으로 두게 함)
• **中회사** (현행 상법과 동일)	**집행임원** **(또는 이사회)**	**이사회:** (사외이사 2인 이상이고, 이사 총수의 2분의 1 이하)	업무집행기관의 집행임원 선택 시: **감사위원회** 업무집행기관의 이사회 선택 시: **감사가 감사**	中회사 – 사외이사가 **2인 이상**[집행임원제도를 임의적으로 선택(집행임원제도 선택하면 감사위원회를 의무적 선택하고, 집행임원제도를 선택하지 않으면 감사를 의무적으로 선택함)]
	이사회 **(및 대표이사)**	**이사회** (사외이사는 없음)	**감사**	中회사 – 사외이사가 없음 [업무집행 – 이사회 및 대표이사, 업무감독 – 이사회, 업무감사 – 감사]

제2장

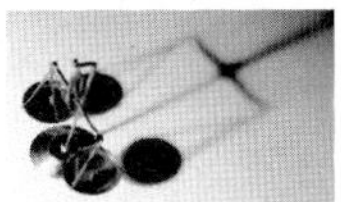

상법개정(안)상 새로운 企業形態의 도입문제

Ⅰ. 서 론

세계적 기업환경의 변화에 맞추어 상법은 2009년에만 세 차례 개정(1월 30일, 2월 6일, 5월 28일 등)이 이루어졌다. 그중 2008년 10월 21일 정부가 제출한 상법(회사 편) 개정안은 새로운 기업 형태의 도입을 위한 다양한 유형의 기업 중 합자조합과 유한책임회사가 빠진 채로 국회를 통과하여 2009년 5월 28일에 공포되었다. 이에 2008년 정부가 제출한 상법개정안에 담긴 합자조합과 유한책임회사에 관한 개별규정 및 그러한 기업 유형의 도입에 대하여 더욱 논의가 있어야 할 것이다.

이하에서는 한국의 기업경제에서 기업 유형의 선택을 다양화하고, 적합한 기업 형태를 제공하는 차원에서 2008년 개정상법(안)에 담긴 **합자조합과 유한책임회사**에 관한 주요 내용과 법률적인 특징 등에 대하여 살펴보고자 한다.

특히 개정안에 담겼던 합자회사와 유한책임회사가 그 내용 면에서 상법상 유사한 기업 유형과 차별화될 수 있는 새로운 기업 유형인가 하는 점 및 종래 새로운 기업의 모델이 되어 온 미국의 합자**조합**(LP)과 유한**책임**회사(LLC) 및 일본의 **합동**회사(이른바 유한책임회사)에 관한 내용을 살펴본다. 나아가 2009년 5월 28일 공포된 개정상법은 자본금 10억 미만인 소규모 회사에 대한 대폭적인 규제완화를 담고 있어 소규모 주식회사를 설립할 강력한 유인이 되고 있는바, 이것이 합자조합이나 유한책임회사의 도입에 어떠한 영향을 미칠 수 있는지도 살펴보았다.

Ⅱ. 새로운 기업 유형의 필요성

1. 기업 유형의 선택

가. 현행법상 기업 유형

현행 상법상 공동기업으로서 회사의 유형을 보면, 상법상 인적회사로서 합명회사·합자회사와 물적회사로서 주식회사·유한회사가 있는바,[1] 거의 대부분의 회사가 그 규모 내지 성격 등과 무관하게 상법상의 주식회사의 형태로 설립되고 있음이 현실이다.[2] 이에 따라 소규모 중소기업에서 기업의 소유와 지배 및 경영이 출자자인 개인 또는 일부 출자자에게 집중되어 있어서 人的會社가 더 적절한 회사 형태임에도 불구하고 대부분이 주식회사 형태로 설립되어 주식회사에 관한 제반 규정들[3]이 부담으로 작용하여 중소기업의 현실에 불합리한 점으로 작용한다.

상법상 인적회사의 선호에 부정적인 영향을 미치는 것으로는 사원의 무한책임과 법인격으로 인한 세법상 이중과세가 대표적인 것으로 인식되어 왔다. 이들 두 요소 중 어느 한 가지나 두 가지를 배제한 새로운 기업 형태의 논의가 필요하다고 볼 때, 미국의 **합자조합(LP)**과 **유한책임회사(LLC)**, 영국의 합자조합(LP)과 유한책임조합(LLP), 독일의 유한합자조합(GmbH&Co KG)과 합동회사(PG) 및 **일본의 합동회사(LLC)와 유한책임사업조합(LLP)** 등은 그 대표적인 것이다.[4]

---

1) 본시 공동기업은 민법상의 조합과 상법상의 익명조합, 회사제도, 선박공유 등으로 분류된다.

2) 2008년 국세통계연보(8-1-2 법인세 신고현황)에 의하면, 주식회사 95.2%, 유한회사 3.6%, 합자회사 내지 합명회사 1%이다(2006년 10월 상법개정안 법무부 보도자료).

3) 주식회사의 자본규정, 주주총회와 이사 및 감사 등 기관에 관한 규정 내지 대차대조표 등 각종 서류의 공고에 관한 규정 등이 그것이다.

4) 이 중 일본의 합동회사(사원의 유한책임과 이중과세 인정) 이외에는 구성원의 유한책임과 세법상 단일과세가 인정된다는 점에서 그간 인적회사의 선택에 있어 장애요소를 배제한 회사 형태라고 볼 수 있다.

나. 한국의 유한회사제도

한국의 경우 중소규모의 회사(이른바 폐쇄회사)에 적합하게 만들어진 유한회사제도가 거의 이용되지 않고 있는 것도 문제이다. 대규모 회사(공개회사)를 전제로 설립되어 운영상 엄격한 법적 규제를 받음으로써 상당한 부담이 될 수 있는 폐쇄회사들마저 주식회사 형태를 가장 많이 선호하는 것은 선뜻 이해가 되지 않는다. 대개는 유한회사보다 주식회사를 더 선호하는 것은 법제도상 소유와 경영의 분리, 자본과 경영구조의 개방으로 다수의 출자자의 존재, 기업성장에 따른 상장으로 인한 대규모 자본 흡수, 주식양도의 자유, 자금조달의 편의 등을 그 이유로 든다.[5] 그 밖에 법제도 외적인 요인으로 기업시장에서 유한회사에 대한 낮은 인지도에 의한 거래관계의 어려움 또는 이로 인한 기업의 신용평가 시 주식회사보다 열등한 평가에 의한 자금조달의 곤란 등을 들고 있다.[6]

2. 새로운 기업 유형의 필요성

현행법상 공동기업의 형태만으로 오늘날 인적자산이 중요시되는 지식기반형 산업구조에서 요구되는 새로운 다양한 수요에 부응하기는 곤란한 측면이 있다. 자본중심의 주식회사에 관한 법제는 사업구조, 기업조직, 기업지배의 측면에서 사원 간의 사적자치가 중요하고, 인적 능력에 대한 적절한 평가와 보상이 필요한 지식기반형 기업에는 적합하지 못한 면이 있기 때문에 새로운 기업 유형이 필요하다.[7] 21세기 新산업사회에 바람직한 기업 유형으로는 인

---

5) 김기태, 「기술혁신의 공동체구축을 위한 기업조직 개선방안」, 세미나자료, 대한상공회의소, 2000. 12, 21면, 윤현석, "새로운 기업 유형의 도입에 관한 연구", 「상사법연구」, 제23권, 제1호, 2004, 111면, 119면.

6) 정동윤, 「폐쇄회사의 법리」, 1982, 188면, 양동석, 「대소회사구분입법론」, 법문사, 1995, 15면.

7) 송종준, "2006년 회사법개정에 관한 상법개정시안의 중요내용", 「상사법연구」, 제25권, 제2호, 2006, 278면. 인적자산이 중요시되는 지식기반형 사업으로는 합작기업, 회계 또는 법무법인, 컨설팅회사, 각종 투자펀드, 전문직업인의 공동기업, 아이디어창업회사, 서비스업, 벤처기업 및 콘텐츠제작사업 등을 들고 있다(김동석, "미국유한책임회사(LLC)의 특징과 설립", 「상사법연구」, 제20권, 제3호, 2001, 321면 이하). 현행법상 중소기업창업투자조합(이른바 합자조합)은 지식기반형 산업에 적합한 형태라고 할 수 있다(중소기업창업투자지원법§ 20②).

적자산에 기반을 둔 신기술, 전문지식, Know-How, 새로운 기능이나 아이디어를 기업의 핵심요소로 활용하는 중소기업이라고 전망된다. 이러한 기업을 위한 적합한 기업 형태의 제공을 통하여 기업설립을 장려하고, 기업운영의 효율성을 제고할 수 있다면 국가경제의 활성화에도 기여할 것으로 생각된다.

이에 따라 정부(법무부)에서는 2008년 5월 상법개정안을 입법예고 하고 새로운 회사(기업) 형태로 합자조합(Limited Partnership)과 유한책임회사(Limited Liability Company)를 도입할 예정인바, 그 취지를 다음과 같이 기술하고 있다. 즉 최근 인적자산의 중요성이 높아짐에 따라 인적자산을 적절히 수용할 수 있도록 공동기업 또는 회사 형태를 취하면서, 내부적으로는 조합의 실질을 갖추고 외부적으로는 사원의 유한책임이 확보되는 기업 형태로서 업무집행조합원과 유한책임조합원으로 구성된 **합자조합을 신설**하고, 또 사원에게 유한책임을 인정하면서도 회사의 설립·운영과 기관구성 등의 면에서 사적자치를 폭넓게 인정하는 **유한책임회사를 신설**할 필요가 있고, 사모투자펀드와 같은 펀드나 벤처기업 등 새로운 기업 형태에 대한 수요에 부응할 것으로 기대되며, 벤처기업 등 사적자치가 중요한 소규모 기업의 회사 형태로 많이 활용될 것으로 기대되기 때문이다.

Ⅲ. 개정법(안)상의 기업 유형

1. 합자조합

가. 주요 내용

1) 설립과 권리능력

상법개정(안)상 합자조합은 업무집행자로서 조합의 채무에 대하여 무한책임을 부담하는 조합원(업무집행조합원) 1인 이상과 출자가액을 한도로 유한책임을 부담하는 조합원(유한책임조합원) 1인 이상이 상호 출자하여 공동사업을 경영할 것을 약정함으로써 성립한다(§86의 2).[8)]

개정안 제86조의 2 해석상 1인 합자조합의 설립은 허용되지 않으며, 회사도 유한책임조합원이 될 수 있다. 또 합자조합은 상법 제173조(권리능력의 제한)의 적용대상이 되는 회사가 아니기 때문에 회사도 무한책임조합원이 될 수 있다.[9)] 무한책임조합원의 출자목적에는 제한이 없으므로 노무나 신용도 출자의 대상이 되지만, 유한책임조합원의 경우 조합계약에서 특별히 정하지 않으면 금전이나 재산출자만 가능하고 노무나 신용은 출자의 목적이 되지 못한다(§86의 9③, 상법§272). 합자조합에는 자본금제도 및 자본유지에 관한 규정이 없기 때문에 설립 시 출자의 이행이 완료되어야 하는 것도 아니며, 또 합자조합의 목적에는 제한이 없어서 반드시 영리의 목적이 아니라 합법적인 목적이면 가능하다.[10)] 나아가 합자조합의 권리능력과 관련하여, 법인격이 없기 때문에 일반적인 권리능력은 없으나, 개정안 제86조의 8에서 소송당사자가 될 수 있음을 규정하고 있다.[11)]

2) 구성원의 법률관계

가) 대내관계

무한책임조합원은 조합계약에서 달리 정하지 않으면 각자 업무를 집행할 권한을 가진다(§86의 5①). 유한책임조합원은 원칙적으로 업무집행권이 없지만(§86의 9③, 상법§273), 상법 제277조에 따른 감시권(회사의 회계장부, 대차대조표, 기타의 서류열람 등)이 있고, 회사의 업무와 재산상태를 검사할 수 있다(§86의 9).[12)]

---

8) 민법상 조합과 같이 단순한 계약에 의해 설립이 가능하며 조합계약에 기재되어야 할 사항이 법정되어 있다. 또 특정사항은 등기해야 하는 점에서 민법상의 (합명)조합과 차이가 있으며, 오히려 합자회사와 유사하다.

9) 따라서 개정안이 합자조합의 도입이유 중 하나로 밝히고 있는 사모투자전문회사(PEF)에 적합한 기업 형태가 가능해지는바, 주식회사나 유한회사 형태의 투자전문가가 사모투자전문회사의 업무집행조합원인 무한책임조합원으로 참여하는 것이 가능하기 때문이다.

10) 영국에서는 합자조합(LP)은 반드시 영리행위(다만 상행위일 필요는 없음)를 목적으로 하여야 한다.

11) 영국의 합자조합(LP)에서도 일반적인 권리능력은 없고, 소송당사자 능력만을 인정하고 있다.

12) 영국의 Sec. 6 Limited Partnership Act 1907. 다만 조합계약의 정함에 따라 유한책임조합원도 예외적

무한책임조합원의 지분양도를 위해서는 조합원 전원(무한 내지 유한책임조합원)의 동의가 있어야 하며(§86의 7①), 유한책임조합원의 지분양도는 조합계약이 정하는 바에 따라 양도할 수 있다(§86의 7②).[13] 손익의 분배에 관해서는 아무런 규정이 없기 때문에 조합계약에 의한 내적자치가 허용되어 출자가액에 비례하지 않는 손익분배가 가능하다. 다만 이익이 없음에도 유한책임조합원이 배당을 받은 경우 변제책임에 있어서 그 금액만큼 유한책임의 한도액에 더한다(§86의 6②).

나) 대외관계

무한책임조합원(업무집행조합원)은 조합계약에서 달리 정하지 않으면 각자 합자조합의 영업에 관하여 재산상 또는 재산 이외 대리할 권한이 있으며(§86의 5①), 유한책임조합원은 합자조합을 대리할 권한이 없다(§86의 9③, 상법§209). 또 업무집행조합원의 대리권에 대한 제한은 선의의 제삼자에게 대항할 수 없다(§86의 9, 상법§209). 무한책임조합원은 대외적으로 조합채무에 대하여 무한책임을 지며, 유한책임조합원은 그 출자가액을 한도로 유한책임을 부담한다(§86의 2).[14]

유한책임조합원이 출자의 전부를 이행하지 않을 때에는 조합계약에서 정한 출자가액 중 이미 이행한 부분을 제외한 가액을 한도로 조합채무에 대하여 변제의 책임이 있으며, 조합에 이익이 없음에도 배당을 받은 경우에는 유한책임의 범위를 정함에 있어서 그 가액만큼 책임의 한도액에 더한다(§86의 6). 한편 외국(미국, 영국 등)의 경우와 달리, 유한책임조합원이 업무집행에 참여하는 경우에는 유한책임조합원도 합자조합의 채무에 대하여 무한책임을 부담한다고 볼 것이다(상법§281).[15]

으로 업무집행권한을 가진다(§ 86의 9③의 반대해석).

13) 상법상 합자회사에서는 무한책임사원 전원의 동의가 있어야만 유한책임사원의 지분을 양도할 수 있는 것에 비하여(§ 276), 유한책임조합원의 지분양도가 다소 자유로운 점이 특징이다.

14) 이 책임에는 업무집행조합원이 업무집행과 관련한 불법행위로 인한 책임 및 계약상의 책임이 포함되며, 책임이 개시되는 시기는 거래의 안전을 위하여 조합계약 시가 아니라 합자조합의 등기(성립) 시라고 할 것이다.

15) 즉 자칭 무한책임사원의 책임규정처럼 외관법리에 근거하거나 표현 무한책임조합원으로서 책임이 가능하다.

나. 미국의 합자조합(LP)과 비교

1) 주요 내용

미국의 합자조합(LP)[16]은 조합채무에 대하여 무한책임을 부담하는 무한책임사원(gerneral partner, GP, 일반조합원) 1인 이상, 자신의 출자액을 한도로 책임을 부담하는 유한책임조합원(limited partner) 1인 이상의 조합계약으로 성립하는 기업 형태이다. 이는 법인은 아니지만 단체의 독립성이 인정되는 기업 유형(entity distinct from its partners)이다(Sec. 104(a) ULPA 2001).[17] 무한책임조합원(GP)은 법인이거나 기타 유한책임을 부담하는 자도 가능하며,[18] 유한책임합자조합(limited liability limited partnership, LLLP)의 설립도 가능하다(Sec. 104(a) ULPA 2001). 설립할 때에는 합명조합(GP)과는 달리 주정부(secretary)에 설립증서(certificate of limited partnership)의 제출을 통한 신고를 필요로 하고(Sec. 201 ULPA 1976/2001), 조합의 목적은 적합한 것(any lawful purpose)이면 되고 반드시 영리를 목적(business purpose)으로 할 필요는 없다.[19]

출자는 금전(money)이나 노무(services), 기타의 재산(property) 등이 모두 가능하다. 유한책임조합원의 지분은 양도가 가능하지만, 양수인은 양도인의 조합에 대한 재산적 권리만을 취득하고, 조합원 전원의 동의가 있는 경우에만 완전한 조합원의 지위를 취득할 수 있다(Sec. 19 ULPA 1976, Sec. 702, 704 RULPA).

유한책임조합원은 업무집행권이 없다. 유한책임조합원이 업무집행을 하고

---

16) 미국에서 합자조합(LP)은 1916년(Uniform Limited Partnership Act, ULPA 1916)과 1976년(ULPA 1976)에 통일법이 제정되었고, 1985년에 개정되었으며(revised Uniform Limited Partnership Act, RULPA), 이것은 2001년에 다시 개정되었다(ULPA 2001).

17) 반면에 합명조합(General Partnership, GP, 일반조합)은 설립, 조합원의 구성, 출자, 조합원의 책임, 사적자치, 지배구조 및 지분양도 등에 있어서 민법상 조합과 동일하며, 모든 조합원이 조합의 계약상 채무와 다른 조합원의 불법행위로 인한 채무에 대하여 무한책임을 부담한다.

18) 무한책임조합원의 자격에는 제한이 없기 때문에, 회사가 무한책임조합원이 되면 회사의 사원은 합자조합의 업무집행에 관여하면서도 무한책임의 부담에서 자유로울 수 있다. 이때는 유한회사가 합자회사의 무한책임사원이 되는 독일의 유한합자회사(GmbH&Co KG)와 동일한 책임관계가 된다.

19) 개정법에 따르면 반드시 영리목적을 가지고 있어야 한다(Sec. 106 RULPA).

제삼자가 업무집행의 유한책임조합원을 무한책임조합원으로 신뢰한 경우라도 유한책임조합원은 조합채무에 대하여 유한책임만을 부담한다(Sec. 303 ULPA 2001). 무한책임조합원도 위의 유한책임합자조합(LLLP)의 형태를 통하여 책임제한이 가능하다(Sec. 404 (c) ULPA 2001).

한편 유한책임조합원의 퇴사는 조합이 종료되기 전에는 허용되지 않고(Sec. 601 (a) ULPA 2001), 조합계약에서 특별히 정하거나 법정요건이 충족된 경우에만 가능하여 퇴사의 자유를 예외적으로 인정하고 있다(Sec. 601 (b) ULPA2001). 무한책임조합원의 퇴사는 원칙적으로 자유다(Sec. 604 (a) ULPA 2001). 합자조합의 해산은 무한책임조합원 전원의 동의와 배당을 받을 권리가 있는 유한책임조합원 과반수의 동의로 가능하다(Sec. 801 (2) ULPA 2001).

이렇게 볼 때 오늘날 미국의 합자조합(LP)은 회사가 무한책임조합원으로 참여하고 절대다수의 유한책임조합원이 참여하는 공개합자조합(publicly held limited partnership)의 형태나 또는 무한책임조합원 전원도 합자조합의 재산범위 내에서 유한책임만을 부담하는 유한책임합자조합(LLLP)의 형태로 발전하는 양상이다.

2) 개정(안)과 비교

개정(안)상의 합자조합(LP)은 미국의 그것과 매우 유사하지만, 미국의 합자조합규정에서 정하고 있는 몇 가지가 반영되지 않고 있는바, 이는 향후 합자조합의 도입논의에 참고가 될 것이다.

첫째, 미국의 합자조합은 법인격은 없지만, 합자조합명의로 거래활동을 할 수 있도록 단체적 독립성이 인정된다. 둘째, 지분양수인은 재산적 성격의 권리만 취득하고, 지분양도인의 조합원으로서의 지위를 승계하지 못하도록 한 점이다. 셋째, 무한책임조합원의 책임제한의 가능성을 열어 둔 점과 넷째, 유한책임조합원이 업무집행에 참여하였을 경우에도 유한책임만을 부담한다는 규정 등이다.[20]

다. 상법상 합자회사와 비교

1) 합자회사와 비교

상법상 합자회사와 비교하여 볼 때, 개정(안)상의 합자조합은 다음과 같은 점에서 차이가 크다. 첫째, 합자조합은 법인격이 없고, 조합계약에 의하여 유한책임조합원도 업무집행권을 행사할 수 있다(§86의 9③). 둘째, 유한책임조합원의 지분양도에 있어서 합자회사와는 다르게, 합자조합에서는 조합계약에서 정하는 바에 따라 양도가 가능하다(§86의 7②).[21]

법인격의 부여문제는 법정책적인 사안으로 합자회사에 법인격을 부여하지 않는 나라도 있으며(예: 독일), 합자회사의 경우 그 본질은 민법상의 조합인 점에서 양자의 차이는 근본적인 차이라고 볼 수 없다. 또 유한책임사원에 대한 업무집행권의 부여는 합자회사에 비할 때 특별한 규정으로 볼 수 있다. 한편 상법 제278조(유한책임사원의 업무집행, 회사대표의 금지)를 임의규정으로 보아 합자회사에서도 정관이나 회사내규 등에 의해 유한책임사원에게 업무집행권을 부여할 수 있다는 견해가 있음을 고려할 때,[22] 이 역시 합자회사와의 결정적 차이라고 볼 수 없다.

2) 개정법(안)의 보완점

가) 독립된 단체성의 부여

상법개정(안)에서는 합자조합의 소송당사자능력만 인정하고(§86의 8), 독립된 단체성을 인정하지 않는다. 법인격은 없어도 대외적인 거래관계의 편의를 위하여 합자조합명의로 권리를 취득하고 의무를 부담할 수 있다는 규정을 두는 것이 공동기업 형태로서 합자조합을 상법에 신설하려는 취지에

20) 또한 미국 합자조합(LP)의 경우에는 그 명칭 뒤에 유한책임조합원의 책임이 제한된다는 뜻을 부기(Limited Partnership(LP))하여야 하는 점도 개정(안)상의 합자조합에 반영되지 않은 점이다.

21) 정찬형, "2006년 회사법개정에 관한 상법개정시안의 주요 내용", 「고려법학」, 제47권, 2006, 80면.

22) 정찬형, 제12판 「상법강의(상)」, 박영사, 2009, 560면, 정동윤, 제7판 「회사법」, 박영사, 2001, 788면, 최기원, 제11대정판 「신회사법론」, 박영사, 2001, 1201면에서도 정관이나 내부규칙으로 유한책임사원에게 업무집행권한을 인정하는 것은 유효하다고 본다.

부합할 것이다.

독일의 경우 합자회사(Kommanditgesellschaft, KG)에 대하여 법인격이 부여되고 있지 않지만, 당해 합자회사의 상호로 권리를 취득하고 의무를 부담할 수 있음을 명문으로 규정하고 있다(HGB §124, §161②).

미국에서도 1997년 개정 통일조합법(revised Uniform Partnership Act, RULPA)에서 조합의 이름으로 재산을 소유할 수 있고(Sec. 204(a)(1), 203, 202 RULPA), 소송당사자능력이 있음을 규정하고 있는 것(Sec. 307 (a) RULPA)도 조합형식의 공동기업에서 대외적인 거래관계를 고려한 것이라고 보겠다.[23]

나) 지분양도규정의 보완과 거래상대방의 보호

유한책임조합원의 지분은 조합계약에서 정하는 바에 따라 양도할 수 있는 것으로 하고, 합자조합에서 유한책임조합원의 지분양도의 자유를 인정하고 있다(§86의 7②). 그러나 조합계약에서 정한 바가 없다면, 그 지분양도를 어떤 요건 아래서 허용할 것인지가 분명치 못하다. 따라서 합자회사의 유한책임사원의 지분양도와 같이(상법§276) 조합계약에서 특별히 정한 바가 없다면 업무집행조합원(무한책임조합원) 전원의 동의로 지분을 양도할 수 있음을 규정해야 할 것이다.

또한 합자조합의 명칭 내지 상호에 관하여, 거래상대방의 보호를 위해 조합원의 책임제한을 뜻하는 문구를 부기할 필요가 있으며, 유한책임조합원이 업무집행에 참가하면 선의의 제삼자 보호를 위하여 무한책임을 부담하도록 규정해야 할 것이다.

23) 金재문, "새로운 기업 형태의 도입에 관한 상법개정안에 대한 소고", 「경영법률」, 제18집, 제1호, 한국경영법률학회, 2007, 211면 이하.

2. 유한책임회사

가. 주요 내용

1) 설립과 권리능력

상법개정(안)은 미국의 유한책임회사(LLC), 일본의 합동회사(LLC)와 유한책임회사를 포함하고 있는데, 이는 회사의 대내관계에서 조합의 성질(합명회사적 요소)과 대외관계에서 주식회사의 성질을 가지는 혼합형 회사 형태이다.

유한책임회사의 설립을 위하여 특정사항을 기재한 정관을 작성하고(§287의 2, §287의 3), 설립등기를 하여야 한다(§287의 5). 1인에 의한 설립도 가능하고,[24] 사원은 자연인이나 법인(회사)을 불문하며, 회사의 목적은 영리성이 있어야 한다(§169, 상법§169). 출자의 목적은 노무, 신용을 제외한 금전 및 재산만 가능하며, 설립등기 전에 금전의 전액을 납입하거나 재산 전부의 출자를 이행하여야 한다(§278의 4).[25]

회사의 상호에는 유한책임회사라는 문구를 사용해야 하며(§19), 회사의 자본금은 사원이 출자한 금전 기타 재산의 가액으로 구성되며(§287의 35), 정관의 절대적 기재사항이고 또한 절대적 등기사항이다(§287의 3 제3호, §287의 5 제3호). 출자에 대한 비교적 엄격한 규정은 모든 사원이 유한책임을 부담하기 때문에 회사채권자를 보호할 필요성이 있기 때문이다.

유한책임회사의 설립무효와 취소의 소에 관해서는 합명회사의 설립무효와 취소에 관한 상법 제184조부터 194조의 규정을 준용하며, 설립무효의 소의 제소권자는 사원뿐만 아니라 업무집행자도 포함된다(§278의 6). 또한 개정(안)상 유한책임회사는 합자조합과 달리 회사이기 때문에 법인격이 부여되며(§169, §170), 이에 따라 유한책임회사 자체의 명의로 권리를 가지며 의무

---

24) 개정안에서는 설립을 위한 최소한의 수를 규정하지 않고 있으며(§ 287의 2), 개정안 제287조의 38 제2호는 사원이 전혀 없게 된 경우만을 해산사유로 규정하고 있다. 일본 신회사법에서는 1인 합명회사도 가능하다.

25) 그러나 출자가 이행되지 않았을 때는 주식회사의 인수 및 납입담보책임과 같은 규정이나 유한회사에서 사원의 (출자)전보책임과 같은 자본충실을 목적으로 하는 규정은 없으며, 사원의 수에 대한 제한도 없다.

를 부담하는 권리능력이 있다.

2) 구성원의 법률관계

가) 대내관계

유한책임회사의 전체 사원은 자신의 출자가액을 한도로 회사에 대하여 책임을 지며, 회사채권자에 대해 간접유한책임을 부담한다(§278의 7). 유한책임회사는 정관으로 사원 또는 사원이 아닌 자를 업무집행자(대표자)로 정할 수 있기 때문에(§287의 12①), 업무집행과 관련하여 자기기관성이 아닌 타인기관(제삼자기관)성이 인정된다. 또 법인을 업무집행자로 정하는 것이 가능하며(§278의 5 제4호), 이때 당해 법인은 직무를 행할 자(자연인)를 선임하여 그자의 성명과 주소를 다른 사원에게 통지하여야 한다(§287의 15①).

지분의 양도는 정관에 특별한 정함이 없으면 다른 사원의 동의가 있어야 가능하다. 업무집행자가 아닌 사원의 지분양도는 업무집행자인 사원 전원의 동의가 있으면 가능하고, 업무집행자인 사원이 없는 경우에는 전체 사원의 동의를 받아야 한다(§287의 8, §287의 18). 사원은 퇴사의 자유가 인정되기 때문에(§287의 24) 지분양도의 자유에 대한 제한은 얼마간 상쇄된다고 보며, 또한 회사채권자를 보호하기 위해 자기지분의 양수는 금지되는바, 이 금지에 반하여 유한책임회사가 자기지분을 취득한 때는 그 주식은 소멸한다(§287의 9).[26)]

나) 대외관계

유한책임회사의 업무집행자 및 대표자는 사원이 아닌 제삼자도 가능하며, 법인도 업무집행자 및 회사를 대표하는 자가 될 수 있다(§287의 12①, §287의 5 제4~5호).[27)] 업무집행자는 유한책임회사의 영업과 관련한 재판상 또

26) 기타 업무집행자의 경업금지(§ 287의 10, 상법§ 198)〈유한책임회사의 업무집행자는 다른 사원의 동의 없이도 다른 회사의 업무집행권이 없는 무한책임사원이 될 수 있는 것으로 하고 있으며, 다른 회사 내부의 업무집행만을 수행하는 집행임원이 될 수 없다고 규정한 것이 합명회사 내지 주식회사와 다른 점이다〉, 자기거래제한(§ 287의 11, 상법§ 199), 직무대행자의 권한(§ 287의 13, 상법§ 200의 2), 업무집행자의 권한상실(§ 287의 17, 상법§ 205) 등에 대해서는 합명회사에 관한 규정을 준용한다(§ 278의 18).

는 재판 이외 모든 행위를 할 권한이 있으며(§287의 19①⑤, 상법§209), 업무집행자가 2인 이상인 경우 정관이나 총사원의 동의로 회사를 대표할 자 또는 공동으로 대표할 것을 정할 수 있다(§287의 19②③).

업무집행자의 회사에 대한 책임은 주식회사에서 이사의 회사에 대한 책임과 동일한 내용이다. 즉 업무집행자가 업무집행 중 타인에게 손해를 입힌 경우 회사는 업무집행자와 연대하여 손해를 배상할 책임이 있고(§287의 20), 유한책임회사와 사원(사원이 아닌 업무집행자 포함) 간의 소에 있어서는 유한책임회사를 대표할 자가 없는 경우 사원 과반수의 결의로 대표자를 선임한다(§287의 21). 사원은 업무집행자의 책임을 추궁하기 위한 소의 제기를 회사에 청구(대표소송)할 수 있다(§287의 22). 결국 유한책임회사의 사원은 대외적으로 회사채권자에 대한 직접적인 책임은 없고, 자신의 출자가액을 한도로 회사에 대해 직접·유한책임(회사채권자에 대한 간접·유한책임)만을 부담한다.

다) 사원의 가입 및 탈퇴

개정(안)에서는 유한책임회사의 사원에 대한 가입과 탈퇴 및 제명에 관한 규정을 둠으로써 인적회사로서 성질(조합적 성격)을 반영하고 있다. 유한책임회사의 성립 후 사원의 가입은 정관의 변경(전체 사원의 동의, §287의 16)을 통해서만 가능하며, 사원가입의 효력은 정관변경을 한 때 또는 출자불이행의 경우 사원이 출자의무의 전부나 일부를 이행한 때이다(§287의 23).

사원의 퇴사에 관해서는, 정관에 특별한 정함이 없는 경우에는 합명회사 사원의 퇴사에 관한 상법 제217조 제1항이 준용되므로 원칙상 퇴사의 자유가 인정된다(§287의 24). 다만 상법 제217조 제2항의 부득이한 사유로 인한 즉시 퇴사는 준용되지 않아서 퇴사의 자유가 상대적으로 더 제한된다. 퇴사원인 또한 합명회사의 퇴사원인과 동일하다(§287의 25, 상법§218). 퇴사사원에 대한 지분환급액은 퇴사 당시 회사의 재산상황에 따라 정하며(§287의

27) 법인이 업무집행을 하고 회사를 대표할 수 있게 되어 법인이 다른 회사의 이사가 될 수 있는가와 관련하여 논란이 될 수 있다. 이에 관한 검토는, 이형규, 「상법개정 연구보고서」, 한국상사법학회 상사법개정연구위원회, 2005, 156면 이하.

28), 환급하는 금액이 회사의 잉여금(대차대조표상 손자산액에서 자본금의 액을 뺀 금액)을 초과한 경우에는 회사채권자에게 손해를 줄 염려가 없는 경우를 제외하고는 회사채권자의 이의청구권이 인정된다(§287의 30, 상법§232).

한편 사원의 제명사유는 합명회사 사원의 제명사유와 동일하지만(조합적 규율), 제명선고를 법원에 청구하기 위한 제명결의요건(사원의 과반수결의)에는 합명회사와는 달리 정관자치가 허용된다(§278의 27, 상법§220).

라) 회사의 계산

업무집행자는 결산기에 재무제표 등(대차대조표, 손익계산서, 기타 회사의 서류)을 작성하여 본점에 5년간, 지점에 그 등본을 3년간 비치하여야 하고, 사원 및 유한책임회사의 채권자는 영업시간 내에 열람과 등사청구가 가능하다(§287의 33, §287의 34). 즉 재무제표 등의 비치·공고의무만 있고, 공시의무는 없다. 정관의 변경으로 자본금의 감소가 가능하며, 감소 후 자본금의 액이 순자산액 이상이 아닌 경우에는 상법 제232조의 채권자보호절차가 필요하다(§287의 36).

이익배당은 대차대조표상의 순자산액에서 자본금의 액을 뺀 금액(잉여금(액))의 한도 내에서 가능하고, 이를 위반한 경우 채권자는 잉여금을 분배받은 자에 대해 회사에 그 반환을 청구할 수 있다(§287의 37§~②). 사원은 회사에 대해 출자가액에 비례한 잉여금의 분배청구권을 가지는 것이 원칙이지만, 정관자치에 따라 사원의 인적 능력을 고려한 잉여금분배도 가능하다(§287의 37④)

나. 미국의 유한책임회사(LLC)와 일본의 합동회사(LLC)

1) 미국의 유한책임회사(LLC)[28)]

가) LLC에 관한 주요 내용

(1) 사원의 구성 및 자격

미국의 유한책임회사(LLC)는 사원(구성원, member) 간의 (운영)계약(operating) 및 정관(articles of incorporation, certificate of formation)의 작성과 서명 및 주정부(secretary of state)에 대한 신고로 설립되는 법적 독립성이 있는(legal entity distinct from its members, Sec. 201 ULLCA) 공동기업의 형태이다. 1인에 의한 설립을 허용하는 주와 허용하지 않는 주도 있지만, 사원이 1인만 있어도 해산사유는 아니다.[29)]

사원의 자격에는 특별한 제한이 없으며, 자연인이나 법인(독립된 단체, separate entity) 모두 가능하다. 또 폐쇄적인 기업 형태임에도 불구하고 사원의 수에 제한이 없으며, 회사의 목적에도 제한이 없는 것(any lawful purpose)이 원칙이다.[30)] 운영계약에서 달리 정하지 않는 한 출자의 목적에도 제한이 없어서 현금(money), 유・무형의 재산(property), 노무(services) 등 회사에 이익이 되는 것이면 모두 허용되고(Sec. 402 RULLCA), 법정의 최저자본금제도(minimum legal capital) 또한 없다.

(2) 사원의 책임과 출자배당

유한회사의 사원은 자신의 출자가액을 한도로 회사채권자에 대하여 유한

---

28) 미국 LLC에 관한 내용은 원칙적으로 2006에 개정된 개정 통일유한책임회사법(revised Uniform Limited Liability Company Act, RULLCA)을 기초로 하고 있는바, 미국의 LLC 역시 주식회사(Corporation)의 경우와 마찬가지로 Delarware 주의 LLC가 가장 선진적인 내용을 담고 있는 것으로 볼 수 있다(Sec. 18－25 DLLCA).

29) 예컨대 New York, Minnesota, Texas, Illinois, South Dakota 등은 1인 설립을 허용하고 있으나(Sec. 201(a) RULLCA), LLC는 LP에 해당하는 기업 형태에 corporation이라는 옷을 입힌 것이므로 1인 설립에 대한 입법태도가 일치하지 않는다.

30) 다만 LLC의 영업목적을 partnership으로 영위가 가능한 영업목적으로 제한하는 주의 경우에는, 보험이나 은행은 partnership 형태로 영위할 수 없으므로, 역시 LLC 형태로는 보험업이나 은행업을 영업목적으로 할 수 없다. 더욱이 일부 주(Kansas, Maryland, Verginia 등)에서는 전문직에 대하여 LLC의 문호를 개방하지 않고 있다.

책임을 부담한다(Sec. 3 ULLCA). 업무집행사원이 주의의무나 충실의무를 위반한 경우에는 이익상반의 거래로 인한 책임에 대하여 책임제한의 적용은 없다(Sec. 409 ULLCA). 사원 간의 합의에 의하여 사원의 직접적인 업무집행(member–managed company), 사원이 아닌 제삼자(전문경영인)에 의한 업무집행도 가능하다(Sec. 404 ULLCA). 회사의 통상업무에 관하여 운영계약에서 달리 정하지 않는 한 사원 또는 업무집행자(manager)의 과반수결의에 의한다.

또 사원에 대한 배당은 출자가액에 비례하는 것이 원칙이다. 그러나 운영계약에서 달리 정할 수 있어서 출자가액이 아니라 회사에 대한 기여도(in proportion to contributions rather than per capita)에 비례하여 이익배당을 하는 것이 가능하다(Sec. 404 RULLCA).[31] 회사가 지급불능상태이거나 회사의 채무가 자산을 초과하는 경우에는 이익배당이 허용되지 않으며(Sec. 405 RULLCA), 이를 위반한 경우 업무집행사원 또는 제삼자인 업무집행자가 책임을 지고, 위법배당을 받은 악의의 사원은 위법한 부분만큼 회사에 반환하여야 한다(Sec. 405 RULLCA).

(3) 사원의 지분양도와 퇴사

유한책임회사에 대한 사원의 지분양도가 가능하지만, 지분권 중 재산적 성질을 가지는 것만(personal property) 그 전부 또는 일부를 양도할 수 있다(Sec. 501, 502 RULLCA). 업무집행사원으로부터 지분을 양수한 경우에도 사원 전원의 동의가 없으면 지분양수인은 회사의 업무집행권을 취득하지 못하고, 재무제표 등 회사의 각종 정보에 대한 접근권을 취득할 수 없다(Sec. 502 RULLCA).[32] LLC 설립 후 사원이 되고자 하는 자는 운영계약에서 특히 달리 정하지 않는 한 전체 사원의 동의가 있어야 가능하다(Sec. 401(d) RULLCA).

사원은 위법하든 적법하든 명시적인 퇴사의사를 표시하여 언제든지 퇴사

31) 배당과 관련하여, 출자가액에 비례한 배당규정은 default rule에 불과하며(Sec. 405 ULLCA), 또 운영계약이 배당에 관하여 달리 정할 수 있음을 밝히고 있다(Sec. 501 ULLCA).

32) 상법개정안 제287조의 8에서는 사원 전원의 동의로 또는 업무집행사원 전원의 동의로 지분양도가 가능하다고만 규정하여, 지분양수인의 업무집행권한 및 기타 회사의 각종 정보에 대한 접근권에 대하여 규정이 없다.

할 권리가 있다(Sec. 601(a) RULLCA). 또 운영계약에서 정해진 퇴사사유가 발생하면 퇴사가 가능하며, 운영계약에서 정한 제명사유가 발생하거나 사원이 회사에 대하여 가진 양도 가능한 모든 권리를 양도한 경우에는 회사에서 제명된다(Sec. 602 RULLCA). 위법한 퇴사로 인하여 다른 사원이나 회사에 손해를 끼친 퇴사사원은 손해배상책임을 부담하여야 한다(Sec. 601(c) RULLCA).

나) 미국에서 LLC의 운용실태

미국의 LLC는 1980년 말부터 크게 그 숫자가 늘어나기 시작하였는데, 이는 세법상의 결정이 중대한 역할을 하였다. 이후 1996년에 통일유한책임회사법(Uniform Limited Liability Company Act, ULLCA)이 입법되고 나서 모든 주가 LLC제도를 도입하게 되었으며, 2006년에 개정통일유한책임회사법(revised Uniform Limited Liability Company Act, RULLCA)이 제정되었다.

특히, 1997년 미국연방국세청(IRS)이 LLC에 대하여 스스로 조합과세와 법인과세 중 선택할 수 있도록 허용함으로써(Check the Box Regulation),[33] LLC가 특별히 법인과세를 선택하지 않으면 자동적으로 조합과세가 적용되어 조합원(구성원) 단계에서 1회만 과세가 이루어짐으로써 세법상 과세문제는 명확히 해결되었고, 이로 인하여 LLC는 더욱 선호하는 기업 유형이 되었다.[34]

결국 미국의 LLC는 조합(partnership)과 주식회사(corporation)의 장점을 결합하여 대외적으로는 주식회사와 같은 사원의 유한책임, 과세상 조합과 같은 구성원과세(pass through taxation), 조합에서와 같이 회사설립 및 운영상의 자율성보장의 3가지 요소를 그 특징으로 한다고 볼 수 있다.

2) 일본의 합동회사(LLC)

가) 설립 및 업무집행

일본의 신회사법상 합동회사(LLC)도 1인 설립이 가능하고(§641 제4호), 출

33) Treasury Regulations Sec. 301.7701 - 1 ~ 3(c).

34) 미국에서 LLC는 부동산, 첨단기술, 외국과의 합작투자회사 등 고도의 위험산업과 컨설팅, 회계법인, 법무법인 등 전문직업군에서 많이 이용되고 있다(송종준, “2006년 회사법개정에 관한 상법개정시안의 중요내용”, 「상사법연구」, 281면).

자의 목적은 금전 및 재산에 한정되며 설립등기를 할 때까지 출자의무의 전부를 이행하여야 한다(§576① 제6호, §578). 합동회사의 사원은 자연인이나 법인을 묻지 않고 가능하며, 사원은 자신의 출자가액을 한도로 하여 회사에 대해 유한책임을 진다(§580②).

사원은 정관에서 특별히 정한 바가 없으면 각자 단독으로 업무를 집행할 수 있지만, 다른 사원이 이의를 제기하면 단독으로 업무를 집행할 수 없으며 사원이 수인인 경우 과반수결의로 업무를 집행한다(§590). 업무집행사원에 대한 경업금지의무 및 겸직금지의무가 규정되어 있고(§594), 회사와 이익상반의 거래를 하는 경우에는 사원 과반수의 동의가 있어야 한다(§595①).

회사를 대표할 사원 또는 대표할 자가 정해지지 않은 경우 업무집행사원이 회사를 대표하며, 2인 이상인 경우에는 각자 회사를 대표한다. 사원이 아닌 제삼자도 회사를 대표할 수 있으며, 대표자의 대표권에 대한 제한은 선의의 제삼자에게 대항하지 못한다(§599①-③). 회사의 대표자가 업무수행으로 인하여 제삼자에게 손해를 미친 경우에는 회사는 손해배상책임을 부담한다(§600).

나) 지분양도와 사원의 지위

사원의 지분양도는 정관에 달리 정함이 없으면 전체 사원의 승낙이 있어야 지분양도가 가능하다(§585①④). 업무집행을 하지 않는 사원의 지분양도는 업무를 집행하는 사원 전원의 동의가 있어야 가능하다(§585②). 지분의 전부를 양도한 사원(퇴사의 경우에도 같다(§612))은 그 뜻을 등기하기 전에 생긴 회사채무에 대하여 등기 후 2년간 종전 책임범위 내에서 변제할 책임이 있다(§586). 잉여금배분에 관해서는 정관자치가 허용되며, 채권자보호를 위하여 잉여금처분에 대한 제한이 있고, 금지규정에 반하여 위법한 잉여금배당을 한 경우에는 그 반환을 청구할 수 있다(§622).

또 합동회사의 사원이 되고자 하는 자는 출자 전부의 이행을 하지 않으면 사원의 지위를 취득하지 못하고, 합동회사 성립 후 가입한 사원이라도 가입 전에 생긴 회사채무에 대하여 변제할 책임이 있다(§605). 존속기간이 없거나 사원의 종신까지를 그 존속기간으로 정한 경우에는 영업연도 말에 한하여 6개월 전에 사전 예고하고 퇴사할 수 있으며, 부득이한 사유가 있는 경우 즉시 퇴사할 수 있다(§606). 퇴사사원은 출자의 종류와 관계없이 금전으로 지분환급을 요구할 수 있고, 퇴사시점의 재산상황을 고려하여 환급지분의 가액을 계산한다(§611). 다만 퇴사 당시에 지분환급금이 잉여금(대차대조표상 순자산액에서 자본금을 제외한 금액)을 초과하는 경우에도 채권자보호절차를 행하고 지분환급을 해 줄 의무가 있다(§635).

3) 개정안과 비교

가) 사원의 출자

개정안은 유한책임회사의 출자와 관련하여, 금전 및 현물출자만 허용되고 노무나 신용은 출자의 목적이 될 수 없어서 일본의 합동회사와 동일한 내용이다. 상법상 합자회사에서 유한책임사원의 출자의 목적이 제한되는 것과 보조를 맞춘 것이긴 하지만(§272), 유한책임회사의 모형인 미국의 LLC가 출자의 목적에 제한을 두지 않아서 신용이나 노무도 출자의 대상으로 하고 있는 것과 차이가 있다.

또 개정안은 일본의 합동회사와 같이 자본금제도와 자본의 전액납입주의 등을 채택하고 있으나, 미국의 LLC에는 이러한 제도가 없다.

나) 회사의 대표

개정안은 미국의 LLC 및 일본의 합동회사와 같이, 정관에 정하는 바에 따라 사원이 아닌 자에게도 회사를 대표할 권한을 부여할 수 있다(manager－managed LLC). 또 개정안은 미국의 LLC와 다르지만, 일본의 합동회사와 같이 유한책임회사의 목적은 영리성을 가져야 한다고 제한하고 있다.

다) 업무집행자의 손해배상책임

개정안은 업무집행자가 업무집행으로 인하여 타인에게 손해를 입힌 경우, 회사와 연대하여 손해배상책임을 부담한다는 것을 규정하고 있다(§287의

20). 그러나 유한책임회사에서 업무집행자가 악의 또는 중대한 과실의 임무 해태로 제삼자에게 손해를 입힌 때 손해배상책임을 규정하고 있지 않는 점은 일본의 합동회사법(§597)과 차이가 있다.[35]

라) 소결

상법개정(안)에서 유한책임회사는 미국의 LLC 및 일본의 합동회사와 비교하여 큰 차이가 없지만, 일본의 합동회사에 더 가깝다. 미국의 LLC는 개정안상의 유한책임회사나 일본의 합동회사에 비하여 상대적으로 더 많은 내적 자치를 허용하고 있고, 물적회사의 요소를 상대적으로 적게 포함한다. 이는 미국의 경우 폐쇄회사(close corporation)와 차이를 더욱 분명히 하고, LLC가 필요한 업종이나 직업군의 특성을 더 적극적으로 반영한 결과라고 할 것이다.

다. 개정(안)상 유한책임회사 규정의 보완

1) 세제상 법인격의 존부문제

상법개정(안)에서는 유한책임회사는 법인격을 가진 회사이기 때문에 세법에 특별한 규정을 두지 않는 한, 법인세의 부과대상이 되어 이중과세의 부담이 발생한다. 따라서 미국에서 유한책임회사(LLC)가 발달하게 된 요인으로 조합원 단계의 단일과세혜택이 불가능하게 되고, 이로 인하여 인적자산이 중요한 부분인(벤처기업, 합작투자사업 등) 기업설립을 촉진할 수 없게 우려가 제기되었던 것이다.[36]

그러나 이는 2009년부터 시행된 파트너십(동업기업) 과세제도로 인하여,[37] 더 이상 논의의 가치를 상실하였다. 즉 조세특례제한법 제100조의 15 제1항은 민법상 조합, 상법상 익명조합과 법인격이 있는 합명회사 및 합자회사,

---

35) 유한책임회사의 대외적인 관계에서는 물적회사로서의 성격을 지니고 있기 때문에, 물적회사와 균형을 이루기 위하여 이에 관한 규정 내지 준용규정이 필요하다고 본다.

36) 송인방, "지식기반산업시대 새로운 법적 기업 유형의 창출 및 착근 방안 – 개정상법상 유한책임회사와 합자조합의 고찰을 중심으로 –", 「산업경제연구」, 제21권, 제2호, 2008, 885면.

37) 2007년 12월에 조세특례제한법을 개정하여(2009년 1월 1일 시행) 과세특례제도를 도입하게 되었고, 파트너십(partnership)을 동업기업이라는 우리말로 번역하여 조세특례의 대상으로 하고 있다.

기타 이와 유사하거나 인적 용역을 주로 제공하는 단체(예: 전문직업인기업)는 파트너십 과세대상으로 하고 있다. 따라서 더 이상 법인격만으로는 파트너십 과세대상에서 자동적으로 배제되지 않고, 법인격에 관계없이 그 실질이 조합에 유사하면 파트너십 과세혜택이 보장되기 때문에 유한책임회사도 파트너십 과세대상이 될 수 있는 것이다.[38)]

2) 설립절차의 간소화 문제

개정안은 미국의 LLC와 달리 자본금제도를 채택하고(§287의 3 제3호, §287조의 35), 출자에 관한 전액납입주의(§287의 4②), 자본감소에 관한 규정(§287의 36) 및 대차대조표의 순자산액으로부터 자본금을 제외한 잉여금을 한도로 하여 가능한 이익분배를 할 수 있다는 규정(§287의 37)을 두고 있다.

그런데 인적회사로서의 성격이 강한 유한책임회사에 대해 물적회사에서 요구되는 이러한 자본금제도의 규정은 유한책임회사의 도입의미를 감소시킬 것이다. 즉 지식기반산업시대에 인적자산에 크게 의존하는 소규모 회사들은 일반적으로 물적자본이 아니라, 구성원의 개인적인 역량(Know How, 영업기술 등)과 신용 등 인적자산을 중요한 영업기반으로 삼기 때문에[39)] 자본금에 관한 규정을 물적회사의 수준으로 하는 것은 새로운 기업 유형으로 유한책임회사를 도입하여 회사설립을 용이하게 하려는 입법취지에 역행한다. 물적회사에 적용되는 채권자보호를 위한 자본의 형성과 유지절차를 인적자산의 가치가 더욱 중요시되는 유한책임회사에 적용하는 것이 타당한지 의문이다. 만약 거래당사자로서 회사가 인적자산에 기반한 유한책임회사라면 채권자의 거래결정 당시 자본금에 대한 고려는 거의 없을 것이다.[40)]

---

38) 조세특례제한법 제100조의 14 제1항 제1호에 따르면, 파트너십(동업기업)이란 2명 이상이 금전이나 그 밖의 재산 또는 노무 등을 출자하여 공동사업을 경영하면서 발생한 이익 또는 손실을 배분받기 위하여 설립된 단체라고 정의한다. 이에 따라 전문직법인으로서 법무조합(민법상 조합), 법무법인(합명회사 및 유한회사), 회계법인(유한회사), 세무법인(유한회사) 등도 법인격의 유무와는 관계없이 파트너십 과세대상이 된다.

39) 김기태, "기술혁신 공동체 구축을 위한 기업조직의 개선방안", 세미나자료, 대한상공회의소, 2000, 20면.

40) 양만식, "일본회사법의 통일화", 「증권예탁」, 제56호, 2006, 37면, 63면.

3) 출자제한의 문제

개정안에 따르면, 미국의 LLC와 달리, 출자목적에 신용이나 노무를 포함시키지 않음으로써(§287의 4 제1호) 혼합적 성격을 가진 유한책임회사가 물적회사로서의 성격을 띠는 측면이 강하다. 따라서 인적자산에 기반을 둔 기업설립을 용이하게 하기 위하여 인적 능력을 대표하는 신용이나 노무의 출자도 포함되어야 한다고 할 것이다. 노무 또는 신용 등의 출자에 의한 평가의 어려움, 평가에 있어 남용우려 및 세법상의 문제 등은 회사 내부의 이익이나 권한분배의 단계에서 고려하든지 또는 세법상의 대책을 강구하여 해결함으로써, 유한책임회사제도의 도입취지를 적극 살려야 할 것으로 생각된다.[41]

라. 현행법상 유한회사와 비교

1) 설립행위

상법상 유한회사의 설립은 유한책임회사의 그것과 유사하여, 특정사항을 기재한 정관을 작성하고 설립등기를 함으로써 성립한다(§543, §549). 1인 설립이 가능한 점에서 유한책임회사와 차이가 없다. 사원 전원은 자신의 출자가액을 한도로 유한책임을 부담하며, 출자의 목적은 금전 또는 재산(현물)만 가능하고 노무나 신용은 허용되지 않으며(§548), 전액납입이 이루어져야 하는 점(§548, §549)도 같다. 다만 사원의 수는 원칙상 50인을 넘지 못하는 점(§545①, 개정안은 사원 수 제한을 두지 않음(동 조 삭제))과 최저자본은 1천만 원 이상이며, 출좌 1좌의 금액은 5천 원 이상이고 균일하여야 한다는 점(§545)이 유한책임회사와 구별된다.

그러나 개정안 제546조가 최저자본금제도를 폐지하였기 때문에 이것이 입법된다면(주식회사의 최저자본금제도 폐지) 유한책임회사와의 차이가 없다. 다만 현물출자의 경우 회사성립 당시의 실가가 정관에 정한 가액에 현저히 미달한 경우에는 회사성립 당시의 사원이 전보책임을 진다는 것(§550)

---

41) 박세화, "유한책임회사제도에 대한 법이론적 검토", 「부산대학교 법학연구」, 제48권, 제1호, 통권 제57호(하), 2007, 1108면.

이 특이한 점이다.

2) 지분양도

상법상 유한회사의 지분양도는 사원총회의 특별결의가 필요하기 때문에(§556, §585, 총사원의 과반수와 총사원의 의결권의 4분의 3 이상, 정관으로 가중이 가능) 양도제한이라는 면에서 유한책임회사와 동일하다. 다만 개정안 제556조가 정관에 양도를 제한하지 않으면 지분양도의 자유가 있음을 규정하고 있는데, 이는 원칙적인 지분양도의 자유를 인정하는 것이어서 유한책임회사와 차이를 보인다.

3) 기관구성

상법상 유한회사는 필수적 기관으로 이사와 사원총회가 있고(§571, §572, §577), 사원 전원의 동의가 있으면 사원총회를 개최하지 않을 수 있으며(§573), 이사의 수에 제한이 없고(§561, 1인 가능), 이사가 사원의 지위를 가질 필요도 없다. 다만 필수기관으로서 사원총회의 유·무에 차이가 있는데, 유한책임회사도 사원의 동의를 요하는 사안에서 사원의 결의가 필요하기 때문에(반드시 총회를 개최할 필요는 없음) 특별한 차이는 없다. 특히 양자가 이사회나 감사 같은 기관을 둘 필요가 없다는 점에서도(§568) 동일하다.

4) 기타 이익분배와 사채발행 및 조직변경 등

상법상 유한회사에서도 이익분배나 의결권의 분배를 반드시 지분비율에 따라 할 필요가 없고, 정관자치가 인정되는바(§575, §580), 유한책임회사도 다르지 않다. 또 공시주의가 완화되어 대차대조표의 비치·공시의무만 있고(§597의 3), '공고의무'가 없다는 점도 동일하다.

유한회사는 사채발행이 금지되는데(§600②, §604①), 개정안상의 유한책임회사도 사채발행이 금지된다(§287의 44).[42] 또한 유한책임회사의 주식회사로의 조직변경에 총사원의 동의가 필요하고(§287의 43②), 조직변경절차에 유한회사의 주식회사로의 조직변경에 관한 규정이 준용되기 때문에(§287의 44) 조직변경에도 차이가 없다. 유한책임회사에는 인적회사에 있는 제도인 퇴사 및 제명제도가 있으나, 유한회사에는 이것이 없다.

5) 소결

유한책임회사는 현행 유한회사와 본질상 차이가 없으며, 유한책임회사와 유한회사의 탄생배경도 같다.[43] 합명회사와 주식회사의 장점을 혼합한 형태로서 사원 간의 인적 신뢰를 바탕으로 하는 조합적 성격을 띠고 있어 넓은 내적자치가 보장되고, 대외관계에서는 주식회사와 마찬가지로 사원의 유한책임이 인정되지만, 대신 합명회사보다는 내부관계에서의 자치가 상대적으로 제한된다. 결국 위 유한회사와 유한책임회사는 인적요소가 중시되는 소규모 폐쇄기업, 벤처기업 및 투자기업 등 기술·지식을 기반으로 하는 기업을 위하여 설계된 제도라는 점이다.

Ⅳ. 향후의 입법방향

1. 합자조합의(LP) 필요성 여부

가. 합자조합의 불편성

합자조합(LP)은 상법상 합자회사와 비교할 때, 법인격이 없는 것 이외에 특별한 차이가 없다. 따라서 지식기반사회에서 인적자산의 의존도가 높은 사업을 영위하고 있는 기업가에게 강력한 유인동기가 될 수 있을지 의문이다. 즉 합자조합 자체가 상법상 다른 유형의 기업 형태에 비해 그리 특별한

42) 한편, 일본의 경우 합동회사(일본판 LLC)의 사채발행이 허용된다.

43) 정찬형, 「상법강의(상)」, 1113면, 최준선/김순석, 「회사법개정의 방향에 관한 연구」, 한국상장회사협의회, 2004. 12, 256면.

매력이 없다고 본다.

업무집행조합원은 무한책임을 진다는 점에서 합자회사의 업무집행사원과 같이 책임이 발생함으로써 구성원 모두 유한책임을 부담하는 유한책임조합(LLP)이나 유한책임회사(LLC) 내지 현행 유한회사(LC)에 비하여 책임제한이라는 면에서 선호되지 못할 것이다. 또 세제상으로도 조합과세제도가 도입되어 2009년부터 효력을 발하게 된 이후에는 과세상의 이유로 현행 합자회사와 병행하여 합자조합을 도입할 이유가 없다고 보며, 법인격이 없는 합자조합은 거래관계에서 법인격 있는 합자회사에 비해 불편한 점이 많을 것이다.

나. 회사의 다른 회사에 대한 업무집행

2007년 8월 상법개정의 정부안은 사모펀드(투자전문)회사(PEF)가 미국의 경우에 합자조합(LP)의 형태로 되어 있어서 주식회사 형태로 된 투자자문회사나 자산운용회사가 업무집행사원으로 용이하게 참여할 수 있다는 점을 들어 상법상 기업 형태로 도입하려는 것이었다.

그러나 이러한 제한적 목적만을 위하여 합자조합을 상법상 일반적인 기업유형의 하나로 받아들일 수 없는 것이, 회사도 다른 회사의 무한책임사원이 될 수 있기 때문에(현행 상법 제173조의 삭제로써) 주식회사 형태 또는 유한회사 형태의 투자전문회사가 합자회사 형태의 사모펀드(투자전문)회사나 창업투자회사의 무한책임사원으로 업무집행이 가능하게 된다. 이때 합자조합을 도입하려는 입법취지를 달성할 수 있고 간접적으로 회사 유형의 다양화도 가능하게 되는 효과가 있다.[44]

다. 유한책임조합의 유용성

상법개정(안)상의 합자조합(LP)보다는 오히려 유한책임조합(LLP)[45]이 더욱

---

44) 김재문, “새로운 기업 형태의 도입에 관한 상법개정안에 대한 소고”, 「경영법률」, 208면 이하.

45) 최초 유한책임조합(LLP)은 미국 텍사스(Texas) 주에서 1991년 탄생한 조합형의 공동기업 유형으로서, 80년대 이후 다수의 합명조합형태의 로펌 및 회계사무소의 조합원이 손해배상책임의 문제를 극복하기 위해 만들어진 회사 유형이다.

유용하다. 조합원 전원의 유한책임이 인정되는 유한책임조합은 상법이 알지 못하는 책임제한이 결부된 조합형 공동기업으로, 이미 해당 법률에서도 유한책임조합형의 법무조합을 부분적으로 허용하고 있다(변호사법 §58의 24, §58의 25). 장차 유한책임조합(LLP)은 조합원 상호간의 인적 신뢰와 조합원의 인적 능력에 크게 의존하는 공동기업의 한 형태로서 내적자치가 조합(합명회사)처럼 광범위하게 허용되며, 동시에 조합원 전원의 유한책임이 보장되는 점에서 더욱 유용할 것이다.[46]

2. 유한책임회사(LLC)의 필요성 여부

상법상 유한회사와 유한책임회사(LLC)도 상호간 큰 차이가 없다. 또 유한회사 활성화 방안으로 유한회사의 사원 수 제한을 폐지하고 최저자본금제도를 폐지하며, 지분양도의 자유를 허용하는 방법이 주장되고 있어서 상법개정안도 이러한 내용을 담고 있다. 유한회사법 개정안에 따른 유한회사와 유한책임회사의 차이를 살펴보면 다음과 같다.

그간 폐쇄적 중소기업으로서 유한회사의 유형선택이 활성화되지 못한 것은 유한회사제도 자체의 문제라기보다는 제도 외적 요인으로 인한 것인바, 이는 유한책임회사에도 동일하게 제기된다. 세제상의 파트너십 과세대상의 문제에 있어서 동일한 법인격의 구조상 및 성격상 유사한 양자를 달리 취급할 이유는 없고, 파트너십과세를 한다면 통일된 기준에 따라 조합적 요소가 강한 경우의 양자 모두는 파트너십 과세대상으로 될 것이다.

2009년 5월 28일 개정된 상법[47]은 자본금 10억 미만의 소규모 기업(주식

46) 미국의 경우 인적자본이 중요한 많은 대형 법률사무소나 회계사무소 등이 유한책임조합(LLP)의 형태로 설립되고 있다.

47) 2009년 5월 28일 개정된 상법의 내용 중 자본금 10억 미만인 소규모 주식회사와 관련된 것을 보면 다음과 같다. 즉 발기설립 시 정관·의사록 공증의무 면제, 발기설립 시 잔고증명서제출 허용, 설립 시 감사선임의무면제, 주주총회소집절차의 간소화(10일 전 통지, 2주 전 공고, 주주 전원의 서면동의로 주주총회결의 대체), 이사선임의 기준 완화(2인 이하 가능) 및 이사가 2인인 경우 이사회 구성의무 면제 등이고, 최저자본금폐지 및 유사상호의 사용가능은 주식회사 전체에 관련되는 창업절차의 간소화를 위한 개정이다.

회사)의 경우에는 현실적으로 주주가 직접 경영에 참여하는 등 이해관계자가 적은 가족기업 형태(폐쇄기업의 형태)로 운영되는 경우가 많음에도 불구하고, 대기업과 동일한 회사법상 규제를 받고 있는 점을 개선해 줌으로써 소규모 기업이 급변하는 경제상황에 탄력적으로 대응할 수 있도록 하는 것을 개정이유로 밝히고 있다.[48] 상법개정의 결과 자본금 10억 원 미만의 소규모 주식회사는 완화된 주식회사법의 적용을 받게 됨으로써, 소규모 기업에는 주식회사도 유한회사ㆍ유한책임회사(개정안)와 함께 선택 가능한 기업유형이 된 것이다.[49]

3. 입법방향

가. 소규모 주식회사에 대한 분리입법

1) 분리입법의 필요성

현행 상법상 주식회사에 관한 규정에 특칙을 두어, 중소규모의 폐쇄회사를 특별히 고려하는 대안이 필요하다고 본다. 이러한 대ㆍ소회사의 구분입법은 세계적인 추세에 부합하는 것이다.[50] 상법 (주식)회사 편의 규정은 폐쇄성을 띠고 있는 중소기업에는 적합하지 않을 뿐만 아니라 미국의 유한책임회사도 상법상 유한회사와 큰 차이가 없다. 또 그간 상법상 유한회사는 합리적인 이유 없이 그 활용이 많지 않았음을 감안할 때, 이와 유사한 개정안의 유한책임회사의 도입이 기업설립 시 선호되는 합리적인 대안으로 작용할지 의문이다.

---

48) 법무부, 상법개정과 관련된 법무부 보도자료, 2009. 5. 28 참조.

49) 이에 따라 개정안상의 기업 유형인 유한책임회사가 도입되면, 인적자산을 기반으로 하는 (소규모) 기업에 더 적합하도록 설계되었다고 하는 유한책임회사가 주식회사 선호현상을 극복하고 또한 그 개선을 앞두고 있는 유한회사보다 더 유용하게 활용될 수 있을지는 의구심이 든다(전게, 법무부 보도자료(2009. 5. 28.) 참조).

50) 박상조, "유한회사제도의 개선방안 - 유한회사법상 지분과 자본을 중심으로 -", 「법학논집」, 제13권, 청주대학교 법학연구소, 1988, 양동석, 「대소회사구분입법론」, 법문사, 1995 등 참조.

2) 분리입법의 내용

입법적 대안의 핵심은, 상법상 주식회사법규정에 대한 예외규정을 두어서 폐쇄기업인 중소기업의 구체적인 수요를 충족하게 하되, 그 방법은 임의규정으로 하여 정관이나 주주동의 또는 주주 간 계약을 통해 법규정과 달리 회사를 설계할 수 있는 여지를 허용하여 폐쇄기업의 설립 및 운영상 유연성과 효율성을 확보할 수 있도록 하는 데 있다.

폐쇄회사에 대한 특별법규정에 담겨야 할 구체적인 내용을 보면 다음과 같다. 즉 ㉠ 폐쇄회사에 대한 예외적 법규적용을 위하여 주주(사원) 수의 상한, ㉡ 주식양도제한, ㉢ 주식의 공모제한 등과 같은 특별한 요건을 두어 폐쇄회사의 자격을 분명히 하여야 할 것이다. 또 소규모 창업이 용이하도록 이사의 권한이나 재량에 대한 제한이 가능하여야 하며, 출자비율에 비례하지 않는 이익 또는 재산의 분배가 가능하여야 하고, 주주 간 의결권의 구속계약이나 의결권신탁 등을 가능하게 하며, 1주 1의결권원칙에 대한 예외의 가능성도 고려할 것이다.[51][52]

나. 유한책임組合(LLP)의 도입여부

1) 인적자산 중심의 유한책임조합

2009년 5월 28일 개정상법은 자본금 10억 미만의 회사에 대하여 그 설립 및 운영에 있어서 상당한 자치를 부여하고 있는바, 이는 소규모 주식회사에 대한 특별한 고려에 기초한 것이다. 한편 이러한 규제완화는 본질적으로 주식회사로 설립·운영되는 것이 적합한 물적자본 중심의 소규모 회사에는 그 효과가 높지만, 오늘날 지식기반사회에서 인적자산 중심의 기업 형태에는 완전하지 못한 점이 있다. 따라서 유한책임조합(LLP)[53]과 같이 내적자치

51) 개정상법에 의하여 최저자본금규정의 폐지와 정관이나 주주 전체의 동의로 이사(회) 없이 주주가 직접 회사를 운영하는 것이 가능하게 되었다.

52) 다만 세제상의 이중과세문제와 관련하여 폐쇄회사도 주식회사로서 법인과세의 대상이 될 수밖에 없는바, 일정한 요건을 갖춘 소규모 폐쇄회사에 대해서는 조세특례제한법 제6조(창업중소기업 등에 대한 세액감면)나 제12조(기술이전소득 등에 대한 과세특례)와 같은 혜택을 주는 방법을 고려해 볼 수 있다.

가 더욱 보장되고 인적회사의 특징이 강하게 나타나며, 사원의 유한책임과 세법상 과세가 용이하게 보장되는 기업 형태가 필요하다.

2) 도입가능성

유한책임조합(LLP)은 실제 기업자의 입장에서 볼 때, 합자조합(LP)보다는 내적자치가 넓게 인정되는 조합구조를 가지고 있으며, 조합원 전원이 유한책임을 부담한다. 원칙적으로 조합원 전원의 업무집행권이 인정되며, 업무집행에서 배제된 조합원도 조합의 중요 사안에 대해서는 동의권 등으로 관여할 수 있을 뿐만 아니라 조합원과세가 가능하기 때문에 유한책임조합은 인적자산을 중시하는 기업에 이상적인 기업 유형으로 볼 수 있다.

그렇지만 유한책임조합을 도입할 경우, 유한책임조합원의 유한책임의 범위에 관하여 세밀한 검토가 필요하다고 본다. 조합계약상의 채무에 대해서도 유한책임을 인정할 것인지, 업무과오(malpractice) 등 불법행위로 인해 다른 조합원이 제삼자에게 입힌 손해에 대하여 조합이 부담하는 (연대)채무에 대해서만 조합원의 유한책임을 인정할 것인지, 직접 위법행위를 한 행위자 조합원의 책임은 제한되지 않는 것으로 할 것인지 등 책임범위에 대하여 세밀한 입법을 강구해야 할 것이다.[54)]

Ⅴ. 결 론

상법개정(안)에서 도입하고자 하는 합자조합(LP)과 유한책임회사(LLC)에 대하여 그 타당성을 검토하면 다음과 같다.

53) 유한책임조합(LLP, 한국에 있어서 '법무조합')은 현행법상 특별한 규정을 두지 않으면, 이른바 '회사 유형법정주의(numerus clausus der Gesellschaft)'로 인하여 달성될 수 없는 회사 형태이다(참조: 변호사법 § 58의 25, 수임사건과 관련된 손해배상책임(부분적 유한책임) – 법무법인(유한) 2005년 1월 27일 신설조항).

54) 미국 LLP와 일본 유한책임사업조합에 관한 자세한 논의는, 김재문, "미국의 LLP 입법과 일본의 유한책임사업조합 입법의 비교", 「상사법연구」, 제27권, 제4호, 2009 참조.

① 합자조합은 현행 합자회사와 유사한 것으로 도입의 실익이 없다고 할 것인바, 합자회사의 관련 규정을 개정함으로써 그 도입효과를 기대할 수 있다.

② 개정안이 추구하는 기업 유형의 다양화에 대해서는, 상법상 '회사는 다른 회사의 무한책임사원이 될 수 없다는 규정(§173)'을 삭제함으로써, 합자회사의 무한책임사원으로 다양한 회사가 참여할 수 있다. 이로써 인적자산을 기반으로 하는 회사의 수요에 맞는 다양한 맞춤형 기업설계가 가능하다.

③ 유한회사와 유한책임회사도 유사한 기업 유형이다. 따라서 유사한 새로운 제도를 도입하는 것보다 현행 유한회사법의 내용을 유한책임회사를 도입하려는 취지에 맞게 개정하는 것이 바람직할 것이다. 다만 개정법(안)상 유한책임회사를 반드시 도입하고자 한다면, 현행 유한회사제도의 존폐여부와 관련하여 정책적 판단이 요구되며, 양 제도를 병용할 경우 유한회사와 차별성을 위하여 유한책임회사는 그 설립이나 자본 및 운영 등에 있어 유한회사보다 넓은 자율성이 보장되어야 한다.

④ 유한회사나 유한책임회사는 모두 소규모 회사에 부합하고, 인적자산을 활용하기에 용이한 기업 형태이지만, 국내에서 선호될 기업 유형인지의 여부는 밝지 않다. 따라서 최근 소규모 주식회사에 대한 규제완화를 단행한 것처럼, 소규모 주식회사에 대한 특별규정을 더욱 확대하여 이들 기업을 주식회사 형태로 흡수함(이른바 폐쇄형 소규모 주식회사)과 동시에 주식회사법상의 정관자치를 넓게 인정하는 방안을 고려할 필요도 있다.

⑤ 오늘날 회사설립에 있어서 가장 이상적인 회사 형태는, ㉠ 출자자(사원, 조합원)의 유한책임, ㉡ 회사의 설립과 운영 및 구조의 간소화와 자율성 보장(정관자치 또는 내적자치의 허용), ㉢ 세제상의 이점 등이 보장된 회사일 것이다. 이렇게 볼 때 결국 현행 제도상 새로운 기업 유형으로 도입하기에 가장 바람직한 것은, 조합의 모든 채무에 대하여 조합원의 책임제한의 효과가 미치는 유한책임조합(LLP)이라고 할 것이다.

제3장

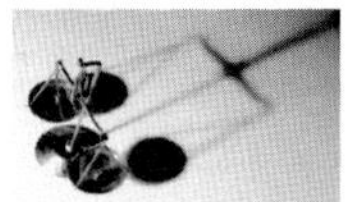

주식회사에서 株式制度의 개선방안(수종의 주식)

Ⅰ. 서 론

1. 2009년 2월 개정상법

법무부에서 마련한 상법 중 '회사 편' 개정안은 2008년 10월 국회에 제출되어 국회는 이를 다시 2009년 2월과 5월에 개정하는 작업을 하였다. 국회는 정부안이 상법 중 회사 편을 전면 개정하는 것으로서 그 내용이 방대하여 깊이 있는 심사를 위해 상당한 시일이 필요하다고 보았다.

그러나 정부안 중 '상장회사에 관한 특례' 부분은 2009년 2월 4일부터 시행된 '자본시장과 금융투자업에 관한 법률'(이하 '자본시장법'이라 한다.)에 따라 폐지된 구 증권거래법을 반영한 것인데, 자본시장법의 시행에 맞추어 정부안 중에 '상장회사에 관한 특례' 부분은 국회법사위에서 가결되어 이때부터 발효하였다. 주요 내용은 구 증권거래법상 상장법인의 지배구조에 관한 규정을 그대로 옮겨 상법 제542조의 2부터 제542조의 12까지의 규정을 신설하고, 그와 관련된 사외이사의 근거와 자격요건 및 벌칙 등을 개정한 것이다.[1]

2. 2009년 5월 개정상법

국회는 창업절차를 간소화하고 기업경영의 IT화를 지원하는 내용의 상법 개정안을 국회법사위에 제안하여 2009년 4월 29일에 통과시켰으며, 동 개정안은 동년 5월 28일 공포되어 일부조항을 제외하고는 공포한 날로부터 1년 후에 발효할 예정이다.[2] 그 주요 내용을 보면 다음과 같다.

---

1) 구 증권거래법상 '상장회사에 관한 특례부분'은 상장법인의 지배구조와 재무구조에 관한 것인데, 지배구조에 관한 부분은 상법에 옮아오고 재무구조에 관한 부분은 자본시장법(제165조의 2부터 제165조의 18)에 포함되어 개정되었으며, 이 또한 2009년 2월 4일부터 발효하였다.

2) 동 개정법률 부칙에 따라 창업절차 간소화에 관한 규정 제292조(정관의 효력발생), 제318조(납입금 보관자의 증명과 책임), 제329조(자본의 구성, 주식의 권면액), 제363(주주총회소집의 통지, 공고), 제383조(이

즉 ㉠ 현행 5천만 원 이상인 최저자본금제도를 폐지하고, ㉡ 상호에 관하여 동일상호가 아닌 유사상호의 사용을 허용하였다. 또 ㉢ 창업절차를 간소화하기 위하여 자본금 10억 원 미만의 소규모 (주식)회사에 대하여 감사선임 의무를 면제하고, ㉣ 회사설립 시 주금납입의 보관증명서 대신 잔고증명서로 대체가 가능하도록 하였으며, ㉤ 발기설립을 하는 경우 정관에 대한 공증의무를 면제하고 주주총회의 소집절차를 간소화하였다. 나아가 ㉥ 기업경영의 IT화를 지원하는 차원에서 전자투표제도를 도입하고, 전자문서(E－mail)에 의한 주주제안권 및 주주총회 소집청구권의 행사가 가능하도록 하였다.

3. 주식 유형의 다양화 문제

이와 같이 금년 들어 두 번의 상법개정에도 불구하고, 주식제도에 대해서는 어떠한 개정도 없었다. 현행 상법은 주식의 종류에 관하여, 수종의 주식과 특수한 주식(상환주식, 전환주식 등)으로 규정하고 있다.

그런데 이처럼 제한된 주식제도는 기업의 자금조달의 유연성이나 경영권방어의 수단 등으로 활용할 수 있는 다양한 주식 유형을 제공하지 못한다는 비판을 받고 있다. 특히 경제의 글로벌(global)화에 따라 기업에 있어서는 주식제도에 있어 보다 더 경쟁력 있는 자본조달체제(system)가 요구되는 실정이다.

이에 따라 2008년 10월 정부가 국회에 제출한 상법(회사 편) 개정안은 종류주식의 근거를 총론적으로 규정(§344)하는 한편, 이익배당·잔여재산분배에 관한 종류주식(§344의 2), 의결권의 배제·제한에 관한 종류주식(§344의 3), 주식의 양도에 관한 종류주식(§344의 4), 주식의 상환에 관한 종류주식(§345) 및 전환에 관한 종류주식(§346) 등을 도입하고 있다.[3)]

이하에서는 2008년 10월 정부가 국회에 제출한 상법개정안 중에 종류주

사의 원수, 임기) 및 제409조(감사의 선임) 등의 개정규정은 공포한 날부터 시행한다.

3) 이에 반하여, 트래킹주식, 거부권부종류주식, 임원임면권부종류주식, 차등의결권부종류주식 등은 언급되지 않고 있다. 그 밖에 적대적 M&A에 대한 방어수단을 염두에 둔 포이슨－필(poison pill)이나 신주예약권과 같은 옵션형 잠재주식제도의 도입도 유보되었다.

식에 관하여 현행 제도의 내용 및 문제점과 주요 개정내용을 검토하고, 주요 선진외국의 입법례를 검토한 후 개선방안을 제시하고자 한다.

Ⅱ. 상법개정(안)의 종류주식

1. 상법개정(안)상 종류주식의 총괄규정(§ 344)

현 행	개정안
제344(수종의 주식) ① 회사는 이익이나 이자의 배당 또는 잔여재산의 분배에 관하여 내용이 다른 수종의 주식을 발행할 수 있다.	**제344(종류주식)** ① 회사는 이익의 배당, 잔여재산의 분배, 주주총회에서 의결권의 행사, 주식의 양도, 상환 및 전환 등에 관하여 내용이 다른 종류의 주식(이하 '종류주식'이라 한다.)을 발행할 수 있다.
② 제1항의 경우에는 정관으로 각종의 주식의 내용과 수를 정하여야 하며, 이익배당에 관하여 우선적 내용이 있는 종류의 주식에 대해서는 정관으로 최저배당률을 정하여야 한다.	② 제1항의 경우에는 정관에서 각 종류주식의 내용과 수를 정하여야 한다.
③ 회사가 수종의 주식을 발행하는 때에는 정관에 다른 정함이 없는 경우에도 주식의 종류에 따라 신주의 인수, 주식의 병합, 분할, 소각 또는 회사의 합병, 분할로 인한 주식의 배정에 관하여 특수한 정함을 할 수 있다.	③ 회사가 종류주식을 발행하는 때에는 정관에 다른 정함이 없는 경우에도 주식의 종류에 따라 신주의 인수, 주식의 병합·분할·소각 또는 회사의 합병·분할로 인한 주식의 배정에 관하여 특수하게 정할 수 있다.
〈신설〉	④ 종류주식 주주의 종류주주총회의 결의에 관해서는 제435조 제2항을 준용한다.

가. 상법의 내용 및 문제

현행 상법 제344조는 내용이 다른 주식을 수종의 주식이라고 하여 이익이나 이자의 배당 또는 잔여재산분배에 한하여 종류주식의 발행을 허용하고, 이익배당에 관한 우선주에 대하여 의결권이 없는 것으로 할 수 있다고 규정한다(§37①).

그런데 기업실무상 이익배당에 있어서 내용이 다른 주식, 즉 배당우선주 이외의 주식은 발행되지 않는 실정이다. 이렇듯 기업이 자금조달이나 경영권방어 등을 위하여 활용할 수 있는 종류주식의 유형이 제한적이어서 경영환경의 변화에 탄력적으로 대응하지 못하는 점이 있다.

나. 개정안의 내용

개정안은 제344조에서 종류주식의 총괄규정을 두고, 또 제344조의 2부터 제351조까지 종류주식의 유형별로 별도의 조문을 규정하고 있다. 개정안 제344조에서는 종류주식의 유형을 다음과 같이 다양화하고 있다. 즉 기존 이익배당・잔여재산분배에 관한 종류주식 이외 주주총회에서 의결권제한, 주식의 양도, 상환 및 전환 등에 관하여 내용이 다른 종류주식을 발행할 수 있는 근거를 마련하고 있다(§344①).

다. 입법례

미국의 경우에는 증권의 발행에 관하여 최소한의 제한을 하고 있어서 증권의 유형을 자유롭게 설계할 수 있다.[4] 일본의 경우에도 2001년 상법개정을 통하여 종류주식을 대폭 확대하였으며, 발행 가능한 주식의 종류를 법률에서 열거하고 상세한 내용은 정관에 맡기는 방식을 채택하고 있다(§107, §108, §109).[5]

라. 개정안의 검토

1) 도입범위

발행주식의 다양화는 투자자의 입장에서는 투자상품이 다양화되고, 금융

4) RMBCA § 6.01, Del. Code Ann. tit. 8, § 151(c), § 212(a), N.Y. Bus. Corp. Law § § 501, 505, 512, 519, Cal. Corp. Code § § 203.5, 400, 402, 403 등.

5) 일본신회사법은 다음 9가지의 종류주식을 도입하고 있다. 즉 ⓐ 잉여금의 배당, ⓑ 잔여재산의 분배, ⓒ 주주총회에서 의결권을 행사할 사항(의결권제한주식), ⓓ 양도에 의하여 주식을 취득하는데 회사의 승인을 요하는 것(양도제한종류주식), ⓔ 주주가 회사에 대하여 주식취득을 청구할 수 있는 것(취득청구권부종류주식), ⓕ 회사가 일정한 사유의 발생을 조건으로 주식을 취득할 수 있는 것(취득조항부종류주식), ⓖ 회사가 총회결의에 의해 전부 취득하는 것(전부취득조항부종류주식), ⓗ 주주총회(또는 이사회) 결의사항 중 당해 결의 이외에 종류주주총회의 결의가 필요한 것(거부권부종류주식), ⓘ 종류주주총회에서 이사 또는 감사를 선임하는 것(임원임면권부종류주식－단 위원회설치회사와 공개회사의 경우 불인정) 등에 관하여 내용이 다른 종류주식을 발행할 수 있다(§ 108①).

회사입장에서는 취급할 수 있는 금융상품이 다양화되는 것을 의미하여 자본시장발전에 긍정적인 영향을 미칠 수 있고, 국제적 흐름에도 부합한다고 볼 것이다.

그런데 종류주식의 도입을 어느 범위까지 확대할 것인가에 대하여 논란이 된다. 전술한 바와 같이 금번 개정안에서는 트래킹주식,[6] 거부권부종류주식, 임원임면권부종류주식, 차등의결권부종류주식 등과 그 밖에 적대적 M&A에 대한 방어수단을 염두에 둔 포이슨-필(poison pill)이나 신주예약권과 같은 옵션형 잠재주식제도의 도입도 유보되었다. 이에 2008년 상법개정(안)상 종류주식에 대해 충분치 않다는 비판이 제기되고 있다.[7]

개정안에서 종류주식의 유형을 더욱 다양화한 것은 바람직하다고 할 것이다. 그러나 한국의 기업규모나 글로벌 경영환경 등을 고려할 때, 주식제도가 기업의 창조적 활동에 제약이 되어서는 안 된다고 본다. 따라서 향후에라도 종류주식에 대한 규제는 되도록 완화하여 정관자치에 위임하고, 그 남용을 방지하기 위한 사후적 구제수단을 마련하는 데 중점을 두어야 할 것이다

2) 종류주식에 대한 이사회의 결정

종류주식을 발행하는 경우에는 정관변경이 있어야 하기 때문에 주주총회의 특별결의가 필요하다(§344④). 또 종류주식의 내용을 정관에서 정하도록 한 취지는 종류주식의 발행으로 손해를 입을 우려가 있는 종류주주의 승인

6) 이는 모(母)기업이 신규사업이나 성장성이 가능한 특정사업 분야를 육성하기 위해 별도로 발행하는 주식을 말한다. 대기업들이 신규사업을 추진하기 위해 초기 단계에는 단위사업부를 두다가 본격적인 사업 진행 과정에서 별도법인으로 독립시킨 뒤 주식시장에도 독립적으로 상장시키는 것이다. 특정사업 부문의 價値와 經營實績에 따라 株價가 달라지기 때문에 트래킹(추적)(tracking stock) 주식으로 불리며, 특정사업의 자금 조달수단으로 이용되기 때문에 타깃(target) 주식이라고도 한다. 또 외부업체의 인수자금을 모집하기 위해 발행되는 경우가 많아 피인수업체의 이니셜을 따서 'A 주식', 'B 주식'으로 불리기도 한다. 주주총회에서 승인을 받아 발행되며 기존 주주들도 일정 부분을 배정받는다. 분사(分社)와는 달리 실제 경영이 모기업에서 이루어진다. 기업 경영자 입장에서는 소유권을 내놓을 필요가 없으며, 투자자도 모기업과 구분된 유망한 별도의 사업 부문에 대한 투자기회를 가질 수 있게 된다. 트래킹주식은 배당청구권을 갖지만 대부분 의결권과 잔여재산청구권이 없다. 따라서 모기업 주가보다 10~15% 할인된 가격에 판매된다. 채권과 달리 상환 부담이 없으며, 발행 절차도 비교적 간단하다. 최근 들어 미국을 중심으로 정보통신, 바이오테크 부문에서 트래킹 주식을 발행하는 기업이 크게 늘어나고 있다(http://enc.daum.net/dic100/).

7) 권종호, "방어수단으로서 종류주식-2006년 상법개정안과 2008년 상법개정안을 중심으로-", 「상사법연구」, 제27권, 제2호, 2008, 55면.

을 받기 위함이다(§435①). 따라서 주식의 내용에 관한 정관기재는 종류주주가 자신에게 미치는 영향을 합리적으로 판단할 수 있을 정도로 명확하여야 한다.

그런데 종류주식의 권리내용을 정하는데 (종류)주주총회가 개최되어야 한다면, 경제사정에 민활하게 대처하지 못하는 점이 있다. 따라서 종류주식을 발행하는 경우 정관에서는 주식의 내용에 관한 요강만을 정하고, 그 세부적인 사항은 이사회가 종류주식을 발행하는 때까지 정하도록 하는 규정이 필요하다고 본다(일본신회사법§108③). 이때 그 내용의 요강에 관하여 통상 다른 종류주주가 합리적인 예측 가능성을 가질 수 있을 정도로 명확하여야 할 것이다.

2. 이익배당, 잔여재산분배에 관한 종류주식(§ 344의 2 신설)

개정안<신설>
제344조의 2(이익배당, 잔여재산분배에 관한 종류주식) ① 회사가 이익배당에 관하여 내용이 다른 종류의 주식을 발행하는 경우에는 정관에서 그 종류주식의 주주에게 교부하는 배당재산의 종류, 배당재산의 가액의 결정방법, 이익을 배당하는 조건 등 이익배당에 관한 내용을 정하여야 한다. ② 회사가 잔여재산의 분배에 관하여 내용이 다른 종류의 주식을 발행하는 경우에는 정관으로 잔여재산의 종류, 잔여재산의 가액의 결정방법, 그 밖에 잔여재산분배에 관한 내용을 정하여야 한다.

현 행	개정안
제463조(건설이자의 배당) ① 회사는 그 목적인 사업의 성질에 의하여 회사의 성립 후 2년 이상 그 영업 전부를 개시하기가 불능하다고 인정한 때에는 정관으로 일정한 주식에 대하여 그 개업 전 일정한 기간 내에 일정한 이자를 그 주주에게 배당할 수 있음을 정할 수 있다. 그러나 그 이율은 연 5분을 초과하지 못한다. ② 전항의 정관의 규정 또는 그 변경은 법원의 인가를 얻어야 한다.	제463조(건설이자배당) 〈폐지〉

가. 상법의 내용 및 문제

현행 상법 제344조는 이익이나 이자의 배당 또는 잔여재산의 분배에 관하여 내용이 다른 수종의 주식을 발행할 수 있도록 규정하고 있다(§344①). 수종의 주식으로 보통주, 우선주, 후배주, 혼합주 등이 발행될 수 있다. 상법은 이익배당에 관한 우선적 내용이 있는 주식에 대해서는 정관으로 최저배당률을 정하도록 하고 있다(§344②).

또한 이익배당에 관한 우선주에 대해서만 의결권이 없는 것으로 할 수 있다(§370①). 그 결과 배당우선주식이나 무의결권우선주식만이 활용되는 결과가 되어 기업의 자금조달 측면에서 그 유연성이 크게 위축된다는 지적이 있어 왔다.[8] 이에 따라 실질적으로 의미가 있는 종류주식은 이익배당에 관한 우선주에 국한되고, 그 밖의 종류주식은 발행사례가 드물었다.[9]

나. 개정안의 내용

개정안 제344조의 2는 현행 이익배당과 잔여재산분배에 관한 종류주식[10]을 독립된 조문으로 신설하였다. 또 건설이자배당제도[11]는 그 이용이 드물 뿐만 아니라 건설이자의 지급은 출자의 일부환급 내지 장래 발생할 이익배당의 선지급에 해당하여 채권자이익을 침해할 우려가 있고, 자본잉여금과 이익잉여금 등 배당재원에 대한 규제완화로 그 필요성이 감소했다는 등의 이유로 폐지되었다.[12]

개정안은 이익배당 우선주에 대하여 정관에서 최저배당률을 정하도록 한 현행 상법 제344조 제2항 후단을 삭제하였던바, 최저배당률을 미리 정하도록 하는 것은 배당압박에 대한 염려로 인하여 배당우선주의 활용이 부진하여 기업의 자금조달이 어렵다는 점을 감안한 것이다. 대신에 이익배당에 관한 종류주식을 발행하는 경우 정관에 배당재산의 종류, 배당재산가액의 결정방법 및 이익배당의 조건 등을 정하도록 규정함으로써 더욱 유연한 규정

8) 박영철, "종류주식의 확대와 주주간 이해조정", 「상사법연구」, 제24권, 제2호, 한국상사법학회, 2005, 48～50면.

9) 김순석, "종류주식의 다양화와 자금조달의 유연성에 관한 법적 쟁점분석", 「상사법연구」, 제27권, 제2호, 2008, 11면, 국회 법제사법위원회, "상법 일부개정법률안(정부제출) 검토보고[회사편]", 2008. 11, 66면.

10) 이익배당과 잔여재산분배에 관한 종류주식이란 이익배당・잔여재산분배에 관하여 그 내용이 다른 종류의 주식을 말한다.

11) 건설이자배당은 철도・항만 등 건설에 장기간을 필요로 하는 대형사업을 목적으로 하는 회사가 상당기간 이익배당을 할 수 없어서 회사를 설립할 때 주주의 모집(자금조달)이 어렵기 때문에 이러한 회사의 설립을 용이하게 하고자 회사설립 후 일정기간 동안 이익이 없어도 건설이자를 배당(금)으로 지급할 수 있는 제도이다.

12) 국회 법제사법위원회, "상법 일부개정법률안(정부제출) 검토보고[회사편]", 101～102면.

으로 변경하였다(§344의 2①).

이익배당에 관한 종류주식을 발행하는 경우에는 배당우선주에 관해서는 통상 우선배당액, 참가적·비참가적 여부, 누적적·비누적적 여부 및 우선권의 존속기간 등이 정관에 정해져야 할 것이다. 또 개정안에서는 현물배당이 허용되기 때문에 배당재산의 종류가 정해져야 한다(§462의 4). 배당재산가액의 결정방법도 종류주식의 내용의 일부가 되기 때문에 다른 종류주주가 당해 종류주식의 창설에 의해 받을 영향을 미연에 합리적으로 판단할 수 있을 정도로 명확해야 할 것이다.

나아가 종류주식발행 당시에 당해 종류주식의 발행이 유리발행에 해당하는지(공정한 가격의 발행) 여부를 판단할 기회를 기존 주주들에게 보장하기 위하여 종류주식의 가치결정의 요인이 되는 배당액의 결정방법은 그 판단이 가능할 정도로 명확해야 한다.[13)]

다. 입법례

이익배당과 잔여재산분배에 관한 종류주식은 전형적인 종류주식으로서 대부분의 국가에서 채택하고 있다(RMBCA §6.01, 일본신회사법 §108① 제1호~제2호). 건설이자배당제도는 과거 상법이 일본상법을 계수한 것이었으나, 개정안에서는 폐지되었다. 일본도 2005년 신회사법의 제정에 따라 동 제도를 폐지하였다.

라. 개정안의 검토

1) 트래킹주식의 도입문제

통상 회사는 자금조달의 원활을 위하여 이익배당이나 잔여재산분배에 관

13) 예컨대 배당조건에 관하여, 트래킹주식에 대해 대상자회사의 이사회가 정기주주총회에서 이익처분안을 결의한 경우 배당금을 지불할 수 있다고 정하는 것이나 잔여재산 가액의 결정방법으로 1주당 잔여재산분배액이 아닌 총액기재방식(당해 종류주식에 분배될 잔여재산의 총액을 정하는 방식), 배당성향방식(보통주식에 분배될 잔여재산의 가액에 대한 몇 배에 해당하는 가액으로 정하는 방식) 및 발행가액상당액방식(당해 종류주식의 발행가액에 상당하는 가액으로 정하는 방식) 등이 그것이다.

한 종류주식의 발행을 많이 이용한다. 상법개정안 제344조의 2는 이익배당과 잔여재산분배에 관한 종류주식에 대하여 기존의 그것보다 더 자세하게 규정하고 있는바, 여기서 문제되는 것은 자회사(사업 부문)의 실적에 따라 연동하는 주식(트래킹주식)이 상법개정안에서 허용되는지의 여부이다.

개정안은 트래킹주식[14]의 경우 법률관계가 복잡하고 분쟁의 소지가 많을 뿐만 아니라 미국이나 일본 등에서도 활성화되지 못한 점을 들어 허용하지 않고 있다.[15]

그러나 종류주식에 대하여 이익배당 등에 관한 '내용이 다른 주식'이라는 규정에서 볼 때 그 다른 내용을 회사정관에 기재하여 주주 간에 이해조정을 하면 되고, 내용이 다른 보통주식의 발행을 금지하는 것은 아니라고 해석할 수도 있다. 이렇게 본다면 트래킹주식은 상법 제344조 제1항에서 규정하는 '이익배당이나 잔여재산분배에 관하여 내용이 다른 수종의 주식'으로 볼 여지가 있고, 회사는 정관으로 보통주와 다른 트래킹주식을 발행할 수 있을 것이다.[16]

따라서 현행 상법 제344조 제1항에 의하여 이익배당 및 잔여재산분배에 관하여 내용이 다른 주식의 한 종류로서 트래킹주식의 발행을 할 수 있다. 개정안 제344조의 2 제1항의 경우에는 이익배당에 관하여 정관에서 정할 사항으로 '배당재산의 가액결정방법, 이익을 배당하는 조건 등'을 다르게 정할 수 있도록 규정하고 있기 때문에 이러한 배당기준의 하나로서 트래킹주식을 허용할 수 있다. 다만 이러한 해석론은 논란의 여지가 있고, 의결권에 관하여 1주 1의결권의 원칙상 시장가치비율에 따라 의결권을 부여할 수 없는 등 제약이 따르기 때문에 트래킹주식의 장점과 효용을 살리기 위해서는

---

14) 트래킹주식(특정사업연동주식)이란 그 가치가 발행회사의 특정한 사업 부문 또는 자회사의 업무에만 연동하도록 설계된 주식을 말하며, 이것은 '이익배당에 관한 종류주식'의 한 유형이다(김순석, "종류주식의 다양화와 자금조달의 유연성에 관한 법적 쟁점분석", 11~13면).

15) 한편 일본의 개정 전 상법 제220조 제1항(상법 제344조 제1항과 동일)에 근거하여 소니(SONY)사가 2001년 자회사연동형 트래킹주식을 발행하였는데, 당시 일본상법 제222조 제1항의 해석상 수종의 보통주는 인정되지 않는 것이었으나 소니사는 '내용이 다른 수종의 보통주'도 가능하다는 해석 아래 자회사연동형 트래킹주식을 발행하였던 것이다.

16) 이철송, 제16판 「회사법강의」, 박영사, 2009, 228면.

새로운 기업 관련 제도상의 문제해결과 이에 따른 입법조치가 선행되어야 할 것으로 본다.[17)]

2) 배당재산의 가액결정방법의 한계

배당재산의 가액결정방법으로서 어느 종류주식(A)에 대해여 다른 종류주식(B)의 몇 배에 해당하는 배당액을 지불한다는 방법이 가능한지 여부가 문제된다. 논리적으로 본다면, B종류주식의 배당액에 따라 이에 따른 몇 배의 A종류주식의 배당액이 결정되는 것이 가능하다.

그러나 상법상 사업위험의 부담 정도와 회사에 대한 지배 정도가 비례하여야 한다는 사고에 근거하여, 1주에 대한 2개의 의결권을 가진 복수의결권주식의 발행은 허용되지 않는다. 1주 1의결권의 원칙이나 주주평등의 원칙의 내용에 사업에 대한 위험부담의 정도와 회사지배의 정도가 비례하여야 한다는 요청에 의거해 판단할 때, 이러한 배당액의 결정방법은 무효로 해석될 여지가 많다.

3. 의결권배제 · 제한에 관한 종류주식(§ 344의 3 신설)

개정안<신설>
제344조의 3(의결권의 배제 · 제한에 관한 종류주식) ① 회사가 의결권 없는 종류주식이나 의결권이 제한되는 종류주식을 발행하는 경우에는 정관에 의결권을 행사할 수 없는 사항과 의결권행사 또는 부활의 조건을 정한 경우에는 그 조건 등을 정하여야 한다. ② 제1항에 따른 종류주식총수는 발행주식총수의 2분의 1을 초과하지 못한다. 이 경우 의결권이 없거나 제한되는 종류주식이 발행주식총수의 2분의 1을 초과하여 발행된 경우에는 회사는 지체 없이 그 제한을 초과하지 아니하도록 하기 위하여 필요한 조치를 하여야 한다.

17) 박철영, "종류주식의 다양화를 위한 법적 연구", 성균관대학교대학원 박사학위논문, 204, 107~108면.

현 행	개정안
第370조(의결권 없는 주식) ① 회사가 수종의 주식을 발행하는 경우에는 정관으로 이익배당에 관한 우선적 내용이 있는 종류의 주식에 대하여 주주에게 의결권 없는 것으로 할 수 있다. 그러나 그 주주는 정관에 정한 우선적 배당을 받지 아니한다는 결의가 있는 총회의 다음 총회부터 그 우선적 배당을 받는다는 결의가 있는 총회의 종료 시까지에는 의결권이 있다. ② 전항의 의결권 없는 주식의 총수는 발행주식총수의 4분의 1을 초과하지 못한다.	제370조(의결권 없는 주식) 〈폐지〉

가. 상법의 내용 및 문제

상법은 이익배당 우선주에 한하여 무의결권주식을 발행하도록 하고 있으며(§370①), 의결권의 일부를 제한하는 주식에 관한 규정은 없다. 또 무의결권 우선주에 대하여 우선적 배당을 하지 않는 경우 의결권이 부활하게 규정하고 있으며, 그 발행한도에 관해서도 발행주식총수의 4분의 1까지로 제한하고 있다(§370②). 이에 따라 현재로서는 외국에서 도입하고 있는 보통주를 대상으로 하는 의결권제한주식을 발행하거나 복수의결권주식 등을 발행할 수 없는 실정에 있다.

나. 개정안의 내용

의결권의 배제・제한에 관한 종류주식이란 주주총회에서 의결권을 행사할 수 있는 사항에 관하여 그 내용이 다른 종류주식을 말한다(의결권보통주식, 완전무의결권주식 및 일부무의결권주식 등 포함).[18] 의결권의 내용은 '의결권의 數'와 '의결권을 행사할 수 있는 事項'으로 구분되며, 의결권에 관한 종류주식도 이에 따라 구분할 수 있다. 즉 의결권의 수에 따라 복수의결권주식과 부분의결권주식으로, 의결권을 행사할 사항에 따라 의결권유무에 관한 주식(의결권주식과 무의결권주식)과 의결권인정범위에 관한 주식(의결권보통주와 일부무의결권주식)으로 나뉜다.[19]

개정안은 완전무의결권주식을 '의결권의 배제에 관한 종류주식'으로, 일부무의결권주식을 '의결권제한에 관한 종류주식'(이하 '의결권제한주식'이라

18) 江頭憲治郎, 제2판「株式會社法」, 有斐閣, 2008, 139面.

19) 박철영, "종류주식의 다양화를 위한 법적 연구", 성균관대학교대학원 박사학위논문, 119면.

한다.)으로 도입하였다(§344의 3①). 의결권제한주식은 이익배당에 대하여 우선권을 가지지 않는 주식에 대해서도 의결권이 없는 것으로 정할 수 있는 바, 보통주식에 대해서도 의결권제한주식으로 발행할 수 있다. 또 현행 자본시장법상의 발행한도(§165의 15②)에 영향을 받아,[20] 이러한 의결권제한에 관한 종류주식의 발행한도를 발행주식총수의 2분의 1로 확대하였다(§344의 3②). 그 발행한도를 초과하는 경우에는 이를 무효로 하지 않고 지체 없이 초과분을 해소하도록 하고 있다.[21]

다. 입법례

미국의 경우에는 의결권제한주식의 발행에 대하여 각 주의 회사법에서 정관의 정함에 따라 발행할 수 있도록 규정하고 있다.[22] 독일의 경우 의결권제한주식(일부무의결권주식)의 발행은 허용되지 않으며, 누적적 우선주에 한하여 무의결권주식(완전무의결권주식)으로 발행할 수 있다(AktG§139①). 일본은 주주총회에서 의결권을 행사할 수 있는 사항에 관하여 내용이 다른 주식의 발행을 인정하고 있다(신회사법§108① 제3호).

한편 미국에서 의결권제한주식의 발행에 관하여, 상장문제를 다룬 규정인 SEC의 Rule 19c－4조는 Business Roundtable v. SEC 판결에 의해 SEC의 권한을 넘었다는 이유로 무효화되었다.[23] 동 규정은 기존 발행된 보통주식에

20) 자본시장법 제165조의 15(의결권 없는 주식의 특례) ① '상법' 제370조 제2항에 따른 의결권 없는 주식의 총수에 관한 한도를 적용할 때 주권상장법인(주권을 신규로 상장하기 위하여 주권을 모집하거나 매출하는 법인을 포함한다. 이하 이 조에서 같다.)이 다음 각 호의 어느 하나에 해당하는 경우에 발행하는 의결권 없는 주식은 그 한도를 계산할 때 산입하지 아니한다.
1. 대통령령으로 정하는 방법에 따라 외국에서 주식을 발행하거나 외국에서 발행한 전환사채・신주인수권부사채 및 그 밖에 주식과 관련된 증권의 거래행위로 주식을 발행하는 경우
2. 국가기간산업 등 국민경제상 중요한 산업을 경영하는 법인 중 대통령령으로 정하는 기준에 해당하는 법인으로서 금융위원회가 의결권 없는 주식의 발행이 필요하다고 인정하는 법인이 주식을 발행한 경우
② 제1항 각 호의 어느 하나에 해당하는 의결권 없는 주식과 '상법' 제370조 제2항에 따른 의결권 없는 주식을 합한 의결권 없는 주식의 총수는 발행주식총수의 2분의 1을 초과하여서는 아니 된다.

21) 한편 무의결권우선주식에 관한 조항(§ 370)이 삭제됨에 따라 우선적 배당을 받지 못하는 경우에도 의결권의 부활은 법상 당연한 것이 아니라 정관에서 정할 수 있게 된다(§ 344의 3①).

22) RMBCA § 6.01(c)(1), Del Code Ann. tit. 8, § 151(c), § 212(a), N.Y. Bus. Corp. Law § § 501, 505, 512, 519, Cal. Corp. Code § § 203.5, 400, 402, 403 등.

23) 900 F.2d 406 (D.C Cir. 1990).

대하여 다음 행위를 통하여 의결권을 무효화하거나 제한하는 주식발행이나 기타 행위를 금지하고 있다. ⓐ 보유한 주식 수에 따라 보통주식의 의결권을 제한하는 행위, ⓑ 주식을 보유한 기간에 따라 의결권을 제한하는 행위, ⓒ 기존 발행된 보통주식보다 많거나 적은 의결권을 가진 신주식의 교환청약(exchange offer), ⓓ 기존 발행된 보통주식의 의결권보다 많은 의결권을 가진 주식을 배당하거나 기타 분배의 일환으로 주식을 발행하는 행위 등이다.[24)]

라. 개정안의 검토

1) 방어수단으로의 악용문제

의결권제한주식은 예컨대 벤처기업과 이에 투자하는 벤처캐피탈 사이에 이해조정을 하기 위하여 벤처캐피탈이 보유하는 주식에 대하여 이사선임의 안에 있어서만 의결권을 가지는 주식을 발행할 수 있다. 의결권제한주식은 임원임면권부 종류주식과 다르며, 공개회사에서도 발행할 수 있을 뿐만 아니라 보통 발행주식 수의 상한이 설정되어 있다. 중소기업 동업자 간에 지주비율은 6 : 4라고 하여도 의결권비율은 1 : 1로 하는 등 자본다수결에 의하지 않는 지배권방어(분배)의 수단으로 이용될 수 있다. 즉 다수파가 소유하는 주식의 일부를 의결권제한주식으로 설정함으로써 이러한 수요를 충족시킬 수 있게 된다.

의결권제한주식에 대하여 자본조달의 효율성을 제고한다는 입법취지에 무관하게 법령이 아닌 정관의 정함에 의하여 경영권의 방어수단으로 악용될 수 있다고 하여 반대하는 견해가 있는데, 이는 기존 지배주주가 향후 신주를 임원임면권에 관해서만 의결권이 제한되는 종류주식으로 발행함으로써 경영권을 고착화할 수 있다는 것이다. 이에 반하여 자본조달의 기능과 경영권의 방어기능을 동시에 달성할 수 있는 (재무)경영전략을 효과적으로 수행

24) 그러나 Rule 19c－4는 의결권제한주식의 발행을 엄격하게 금지하는 것은 아니며, 기업공개에 따른 주식발행이나 기존 발행된 보통주식보다 주당 의결권이 크지 않는 보통주식의 발행 등은 허용된다. 결국 SEC의 Rule 19c－4는 위법판결을 받았음에도 불구하고 자율규제기관인 NYSE 등이 이를 수용하여 상장기준으로 채택함에 따라 공개기업에 대한 규제기준이 되고 있다(NYSE, Listed Company Mannual, § 313.00(A)).

할 수 있게 되었다는 점에서 긍정적으로 평가하는 입장도 있다.[25)]

이러한 문제는 결국, 경영권의 방어수단으로서의 악용문제는 당해 조치가 기업가치의 향상을 위한 것인지의 여부에 따라 효력을 달리할 수 있으며, 시장의 감시나 제도적 보완을 통하여 해결할 수 있을 것이기 때문에, 장차 지배권의 방어(분배) 및 자금조달의 수단을 다양화하는 측면에서 의결권제한주식을 도입하는 것이 타당하다고 할 것이다.[26)]

2) 의결권행사에 관한 조건결정과 주주평등의 원칙

의결권제한주식에 관해서는 의결권행사에 대해 조건을 정할 수 있지만, 그 조건을 정함으로써 적대적 매수로부터 기업을 방어하는 수단으로 의결권제한주식을 이용할 수 있다는 견해가 있다. 즉 주주가 가지는 주식 수가 발행주식총수의 일정비율(예: 10% 또는 20%) 미만인 것을 당해 주주가 의결권을 행사할 수 있는 조건으로 정하는 것이다. 이와 같이 주주의 지주 수에 의해 권리의 내용이 다르게 되는 정관의 정함은 통상 주주평등의 원칙에 반하여 무효라고 해석되며, 이런 형태로 의결권행사를 제한하는 것은 자본다수결의 대원칙을 수정하는 것이 되기 때문에 그 유효성에 대하여 엄격히 심사되어야 할 문제다.

그러나 일본의 경우 실효적인 매수방어의 구조를 구축하기 위해서는 특정한 주주를 차별적으로 취급하는 것이 불가피하며, 또 주주평등의 원칙도 주주를 구별하여 취급하는 것이 회사의 입장에서 필요하고도 합리적인 경우에까지 이를 금지하는 것은 아니라고 보고 있다. 이에 따라 의결권의 행사조건의 정함도 적대적 매수에 대한 방어목적과 관련하여 유효하다고 해석할 여지가 있다. 다만 다른 매수방어책과 마찬가지로 방어책을 취하는 것이 진

---

25) 반대하는 입장에 대해서는, 참여연대, "상법(회사법)개정 법무부안에 대한 참여연대 의견서", 2008, 5면, 또 찬성하는 입장에 대해서는, 송종준, "방어적 주식제도의 국제적 입법동향과 도입과제 - 2006년 회사법 개정안을 중심으로 -", 「경영법률」, 제17집, 제2호, 한국경영법률학회, 2007, 115면 참조.

26) 한편 보통주를 의결권제한주식으로 발행하는 경우 투자자의 보호문제를 야기하기 때문에 상장법인에 대해서도 허용할 것인지 여부가 문제되는바, 상법은 상장법인뿐만 아니라 비상장법인 중소규모 회사나 벤처회사 등에도 동시에 적용되므로 이를 허용하고, 투자자보호문제는 자본시장법이나 거래소의 상장규정을 통하여 규율하는 것이 바람직할 것이다.

정 필요한 국면에서만 발동되는 구조로 되어 있는가라는 관점에서 엄격히 심사되어야 할 일이다.[27)]

4. 주식의 양도에 관한 종류주식(§ 344의 4 신설)

개정안<신설>
제344조의 4(주식의 양도에 관한 종류주식) ① 회사가 발행하는 주식 일부의 양도에 관하여 이사회의 승인이 필요한 종류주식을 발행하는 경우에는 정관에서 주식양도에 관하여 이사회의 승인이 필요하다는 뜻, 일정한 경우 회사가 제335조의 2 제3항 또는 제335조의 7 제2항의 승인을 한 것으로 보는 경우에는 그 뜻 및 일정한 경우의 내용, 일정한 기간이 지나면 이사회의 승인이 필요 없는 것으로 정한 경우에는 그 뜻을 정하여야 한다. ② 회사가 발행하는 주식 일부의 양도에 관하여 이사회의 승인이 필요한 종류주식을 발행하는 경우에는 제335조의 2부터 제335조의 7까지의 규정을 준용한다.

가. 상법의 내용 및 문제

상법은 주식양도의 자유를 원칙적으로 인정하면서 정관이 정하는 바에 따라 이사회의 승인을 얻을 수 있도록 규정하고(§335①), 주식의 양도를 제한하는 경우에는 '모든' 주식에 대하여 하도록 하고 있다.[28)] 이러한 모든 주식의 양도제한회사가 한국의 경우 거의 사용되지 않고 있는바, 이는 중소기업들이 이 제도에 관하여 잘 알지 못할 뿐만 아니라 한국상장회사협의회가 작성한 표준정관에도 이에 관한 규정이 없기 때문이다. 또 복수의 종류주식을 발행하고 있는 회사가 그 일부의 종류주식에 대해 양도제한을 할 수 있는지 여부에 대해서도 견해가 갈린다. 이 경우 일부의 종류주식에 대해서만 양도제한을 하는 정관의 정함은 주주평등의 원칙에 반하여 무효라는 견해도 있지만, 다수의 견해는 그러한 정관에 합리성이 있다면 주주평등원칙의 위반이 아니라고 한다.[29)]

---

27) 江頭憲治郎, 제2판「株式會社法」, 126面, 森本 滋, "會社法の下における株主平等原則",「商事法務」, 第1825号, 2008, 9面.

28) 이는 소규모 주식회사의 경우 주주 상호간에 신뢰관계를 보호하고, 주주가 바라지 않는 주주의 참여를 배제하여 경영의 안전을 도모한다는 취지에서 1995년에 도입된 것이다.

29) 江頭憲治郎, 第4版「株式會社法・有限會社法」, 有斐閣, 2005, 212面, 大隅健一郎・今井宏, 第3版「會社法論(上)」, 有斐閣, 1991, 418면.

나. 개정안의 내용

주식의 양도에 관한 종류주식이란 주식의 양도에 관한 내용이 다른 주식을 말한다. 개정안은 회사가 발행하는 주식 '일부'의 양도에 관하여 이사회의 승인이 필요한 종류주식을 발행하고자 하는 경우에는 정관에 주식양도에 관하여 이사회의 승인이 필요하다는 뜻, 일정한 경우에 이사회의 승인이 있는 것으로 보는 경우에는 그 뜻과 일정한 경우의 내용 등을 정하여야 한다(§344의 4 ①).[30]

이처럼 복수의 종류주식을 발행하고 있는 경우에 일부의 종류주식에 양도제한을 할 수 있게 됨에 따라, 보통주식은 상장하고 우선주식은 상장하지 않고자 할 경우 우선주식을 양도제한주식으로 발행하면 된다. 또 양도제한의 유무만으로 하나의 종류주식을 구성하기 때문에 보통주식만 발행하고 있는 회사의 경우라도 그 일부에 대해 양도제한 주식으로 할 수 있다. 양도제한주식을 종류주식의 한 형태로 발행하는 경우 이익배당이나 거부권 등에 있어서 다른 종류주주보다 유리한 내용을 부여하고 양도제한을 함으로써 제삼자에 대한 유통을 방지하고, 여기에 상환청구권을 가미하여 투하자본을 회수하는 길을 열어 이를 벤처캐피탈이나 기업구조조정을 지원하는 금융기관에 배정하는 용도로 활용할 수도 있다.

다. 입법례

미국의 경우 주식양도에 관하여 제한할 수 있는 규정을 두고 있으며(RMBCA §6.27), 또 종류주식을 발행하면서 일정한 제한을 할 수 있다(RMBCA §6.01). 일본은 양도에 의한 주식취득에 관하여 당해 주식회사의 승인을 요하는 데 있어 내용이 다른 주식을 발행할 수 있도록 규정하고 있다(신회사법§108① 제4호).

---

30) 이러한 주식양도에 관해서는 주식 '전부'의 양도절차(§ 335의 2~§ 335의 5)에 관한 규정을 준용하도록 하고 있다(§ 344의 4②).

라. 개정안의 검토

상법상 주식의 양도제한은 모든 주식을 대상으로 하지만, 상법개정안은 정관에 의하여 주식종류에 따라 또는 그 일부에 대하여 양도제한을 가능하게 하고 있다. 이에 대하여 경영권의 방어수단으로의 악용 가능성을 이유로 반대하는 의견에서는 현행 상법상 정관에서 주식양도의 경우 이사회의 승인을 얻도록 규정하고 있고(§335①), 당사자 간의 채권계약에 의해서도 이를 정할 수 있다. 그런데도 주식 자체에 대하여 양도제한을 하는 것은 주식의 환금성의 저하로 발행가격이 저렴하게 되어 염가의 주식을 대량 인수함으로써 도리어 경영권방어에 악용될 수 있다는 것이다. 반면 정부에서는 종류주식의 다양화로 경영권방어의 수단보다는 기업의 자금조달의 원활을 더 중시하여 이것의 도입을 주장한다.

본시 정관에 의한 주식양도의 제한은 주주 상호간의 인적관계가 중시되는 소규모의 주식회사를 위하여 인정되는 것이다. 따라서 상장회사의 경우 주식양도가 제한되지 않는다고 보아야 할 것이지만, 상장회사도 종류주식을 발행한 경우 특정 종류주식에 대하여 양도를 제한하는 것은 가능하다고 보고 있다. 이에 따라 개정안은 주식양도에 관하여 이사회의 승인을 필요로 하는 종류주식의 발행근거를 규정하고 있는바, 그 필요성은 인정된다고 볼 것이다.

5. 주식의 상환에 관한 종류주식(§ 345)

현 행	개정안
제345조(상환주식) ① 전조의 경우에는 이익배당에 관하여 우선적 내용이 있는 종류의 주식에 대하여 이익으로써 소각할 수 있는 것으로 할 수 있다. ② 전항의 경우에는 상환가액, 상환기간, 상환방법과 수를 정관에 기재하여야 한다.	**제345조(주식의 상환에 관한 종류주식)** ① 회사는 정관으로 정하는 바에 따라 회사의 이익으로써 소각할 수 있는 종류주식을 발행할 수 있다. 이 경우 회사는 정관으로 상환가액, 상환기간, 상환의 방법과 상환할 주식의 수를 정하여야 한다.
〈신설〉	② 제1항의 경우 회사는 상환대상인 주식의 취득일로부터 2주 전에 그 사실을 그 주식의 주주 및 주주명부에 적힌 권리자에게 따로 통지하여야 한다. 다만 통지는 공고로 갈음할 수 있다.
〈신설〉	③ 회사는 정관으로 정하는 바에 따라 주주가 회사에 대하여 상환을 청구할 수 있는 종류주식을 발행할 수 있다. 이 경우 회사는 정관으로 주주가 회사에 대하여 상환을 청구할 수 있다는 뜻, 상환가액, 상환청구기간, 상환의 방법을 정하여야 한다.
〈신설〉	④ 제1항 및 제3항의 경우 회사는 주식의 취득의 대가로 현금 이외 유가증권(다른 종류의 주식은 제외한다.)이나 그 밖의 자산을 교부할 수 있다. 다만 이 경우에는 그 자산의 장부가액이 세462조에 따른 배당가능이익을 초과하여서는 아니 된다.
〈신설〉	⑤ 제1항과 제3항에서 규정한 주식은 제344조의 종류주식(상환과 전환에 관한 것은 제외한다.)에 한정하여 발행할 수 있다.

가. 상법의 내용 및 문제

상법은 상환주식과 전환주식을 종류주식의 하나로 인정하지 않고, 어떤 종류의 주식에 대해 특정한 약정이 부가된 것으로 본다. 종류주식은 주주평등원칙의 예외이기 때문에 그 유형은 법률로 정하는 것만이 인정되기 때문에 상법 제344조에서 규정하고 있지 않는 유형은 종류주식으로 볼 수 없다.[31]

현행 상법은 제345조 제1항에서 "상환주식은 이익배당 우선주에 대해서만 발행할 수 있고 이익으로써 소각하여야 한다."고 규정한다. 이로써 우선주 아닌 다른 종류주식의 상환을 허용하지 않고, 상환재원이 배당가능이익으로 제한되어 있을 뿐만 아니라 회사에 의한 강제상환을 인정하지 않고 있

31) 권종호, "2006년 회사법개정시안의 주요 내용", 「상사법연구」, 제25권, 제2호, 2006, 321면.

다. 따라서 상환주식을 이용하여 자금조달을 하는 경우 장기적으로 우선배당의 부담을 해소하기 어렵고, 향후 상법개정에 따라 주식종류가 의결권제한 등으로 다양화되어도 회사가 이들 주식을 취득하여 소멸시키는 것이 거의 불가능하다는 것이 문제이다.

또한 회사의 배당가능이익의 규모가 큰 경우에는 문제되지 않겠으나, 그렇지 못한 경우에는 현실적으로 종류주식의 상환이 필요함에도 상환할 수 없는 문제가 있으며, 종류주식이 확대되는 경우 그에 비례하여 상환의 필요성은 높아지는 반면 이익의 규모는 그만큼 증가하지 않는다. 더욱이 종류주식의 소멸방법으로서 상환은 임의상환이 아닌 강제상환일 것이 요구되는데, 상법은 회사에 의한 강제상환과 우선주 아닌 다른 종류주식의 상환을 인정하지 않기 때문에 현행 상법상 상환조건으로는 종류주식의 확대를 수용하는데 일정한 한계가 있다.

나. 개정안의 내용

상법개정안은 상환주식을 종류주식의 한 유형으로 규정하고 정관이 정하는 바에 따라 이익으로 소각할 수 있도록 규정하고 있다(§344①). 상환주식은 회사가 상환청구권을 가지는 상환사유부주식(§344①)과 주주가 회사에 대하여 상환청구권을 가지는 상환청구권부주식(동 조③)으로 구분된다. 상환대가는 현금 이외 유가증권(다른 종류의 주식은 제외[32]), 그 밖의 자산을 교부할 수 있도록 규정함으로써(§345④) 상환대가를 다양화·유연화하였다. 다만 이 경우에 교부하는 자산의 장부가액이 회사의 배당가능이익(§462)을 초과하여서는 아니 된다(동 조④ 단서).

상환사유부주식을 발행하는 회사는 정관으로 상환대가, 상환기간, 상환의 방법과 수를 정하여야 하며, 회사는 상환대상인 주식의 취득일 2주일 전에 그 사실을 그 주식의 주주 및 주주명부에 기재된 권리자에게 각각 통지 또

32) 여기서 상환대가로 다른 종류주식을 제외한 이유는 전환주식으로 가능하지 않도록 하기 위한 것이지만, 상환의 대가로 주식의 교부를 허용하는 것 자체가 상환주식의 본질에 반하는 것은 아니라고 본다(송종준, "방어적 주식제도의 국제적 입법동향과 도입과제 - 2006년 회사법개정안을 중심으로 -", 112면).

는 공고하여야 한다(§345①②). 상환청구권부주식을 발행하는 경우 회사는 정관으로 주주가 회사에 대하여 상환을 청구할 수 있다는 뜻, 상환가액, 상환청구기간, 상환의 방법을 정하여야 한다(동 조③).

상환주식은 제344조에서 규정한 종류주식에 한하여 발행할 수 있는바, 상환주식과 전환주식에 상환조건을 붙인 상환주식의 발행은 허용되지 않는다(동 조⑤). 이는 상환주식이 종류주식에 해당하는 것임을 의미하고, 보통주에 대하여 상환조건을 붙이는 것을 허용치 않으려는 의도이다. 보통주에 대하여 상환조건을 붙이는 것을 허용할 경우 정관에서 정한 일정한 조건이 충족되면, 회사가 보통주를 상환하여 소각시킬 수 있게 된다. 이때 보통주는 초기 형태의 포이즌-필과 유사한 기능을 하게 되고, 그 결과 종류주식이 경영권 방어수단으로 활용되는 것을 막고자 하는 입법방향과도 배치될 것이다.[33)]

다. 입법례

미국의 경우 상환주식의 발행에 제한이 없기 때문에 보통주도 상환주식으로 할 수 있다.[34)] 특히 미국에서는 1969년의 MBCA에서 상환주식을 배당우선주에 한하여 인정하였던 것을(MBCA§15), 1984년의 개정법(RMBCA)에서는 이를 '인위적인 제한(artificial restriction)'으로 보아 폐지하여 그 대상을 모든 종류의 주식으로 확대하였다.[35)][36)]

일본의 경우는 2001년 종류주식의 다양화 이후 이익배당우선주와 트래킹주식 이외 통상의 보통주식도 상환주식으로 할 수 있다. 또 2005년 회사법에서는 상환주식과 전환주식의 구분을 철폐하고, 취득청구권부주식, 취득조항부주식, 전부취득조항부주식 등으로 규정하고 있다(신회사법§108① 제5호~제7호).

33) 송종준, "방어적 주식제도의 국제적 입법동향과 도입과제 - 2006년 회사법개정안을 중심으로 -", 113면. 권종호, "2006년 회사법개정시안의 주요 내용", 322면.

34) RMBCA§ 6.01(c)(2), Companies Act 2006, § 684(1), (3).

35) ABA, MBCA Annotated 3rd ed., Vol.1, Prentice Hall & Business, 1933, p.315.

36) 또 미국에서는 상환재원에 제한을 두지 않아서 지급불능의 경우를 제외하고는 자본준비금이나 자본금으로도 상환할 수 있다(RMBCA§ 6.01(c)()2). 한편 영국에서도 자본준비금 및 신주발행대금으로 상환하는 것이 가능하며, 더욱이 폐쇄회사의 경우에는 기존의 자본으로도 상환할 수 있다(Companies Act 2006 § 687(4), (5), Companies Act 2006 § § 709, 710, 734).

라. 개정안의 검토

1) 보통주의 상환문제

종류주식이 다양화됨에 따라서 보통주의 상환문제도 검토할 필요가 있다. 보통주에 대해서는 이익배당 이외에 다른 부담이 없어서 자본감소의 경우를 제외하고는 상환할 필요가 없었다. 상법개정안에서는 종류주식을 다양화하면서도 적대적 M&A 방어수단으로 포이즌－필을 허용하지 않는다는 방침에 따라 보통주식의 상환을 허용하지 않고 있어서 자본시장의 다양한 상품설계에 제약이 따른다.

상법은 대규모 공개회사나 소규모 폐쇄회사에도 적용된다. 공개회사에 대해서는 현행 상장회사의 대주주 소유지분을 고려할 때 포이즌－필을 도입할 경우 기업의 소유를 영구화시킨다는 비판이 제기될 수 있다. 포이즌－필에 대한 규제는 긍정적인 또는 부정적인 효과에 대한 논의과정을 거쳐 상법보다는 거래소의 상장규정 등을 통하여 규제하는 것이 바람직할 것이다. 한편 폐쇄회사에 대해서는 자금조달의 원활과 벤처기업 등의 경우 다양한 종류주식을 발행할 수 있도록 보통주식의 상환규제를 완화해야 할 것이다.

또 이익에 의한 주식소각은 성질상 이익배당우선주에 한정되어야 하는 것은 아니다. 회사의 자본이 감소되지 않는 한 상환할 수 있는 주식의 종류에 특별한 제한을 할 이유는 없다. 만약 보통주의 상환을 인정하면 경영진이 회사에 적대적인 주주를 배제하는 데 악용할 위험도 있으나, 상환은 회사뿐만 아니라 주주의 이익을 위해서도 필요하다. 즉 고율의 배당 등 상위의 권리를 갖는 주식을 소멸하거나 낮은 권리를 갖는 주식으로 대체하면 회사의 재무구조가 개선되고, 결국은 전체 주주의 동반이익으로 귀결될 수 있기 때문이다.[37]

2) 상환조항과 전환조항의 통합문제

종류주식의 소멸방법으로서 상환조항과 마찬가지로 전환조항도 동일한 기

37) 박철영, "종류주식의 다양화를 위한 법적 연구", 성균관대학교대학원 박사학위논문, 166면.

능을 가진다. 전자는 그 대가로 현금, 유가증권(다른 종류주식 제외), 그 밖의 자산 등을 지급하는데, 후자는 다른 종류의 주식을 발행하여 교부하는 것이 다를 뿐이다. 따라서 상환조항과 전환조항의 조건을 달리 정할 것은 아니다.

상환의 대가로 다른 주식을 교부하는 것이 상환의 본질에 반하는 것은 아니라고 보겠다. 또 전환주식에 대하여 상환을 허용할 경우 제기되는 문제에서, ① 이것이 상환주식과 구별되지 않는다는 것에 대해서는 법정책적인 문제에 불과하다고 볼 것이며, ② 전환구주가 소멸하므로 자본감소의 절차를 거치지 않고 자본금액이 감소하는 문제가 있는데, 이에 대해서는 상법개정안 제345조 제4항 단서를 유추 적용하여 해결할 수 있을 것이다.[38)]

현재와 같이, 상법상 상환조항과 전환조항을 별개로 운영하면 주식발행 당시와 다른 경제적 사정에 의하여 발행회사가 당초 의도와 달리 상환이나 전환을 하고자 하여도 이를 제한하는 결과가 초래된다. 따라서 상환조항과 전환조항을 별도로 운영하는 것보다 외국(미국, 일본 등)의 경우처럼 통합하여 운영하는 것을 고려해야 할 것이다.

3) 상환의 재원 확대의 문제

상법은 채권자보호절차를 거치지 않고는 회사의 자본을 감소하지 못하도록 상환재원을 이익으로 한정하고 있다(§345①). 따라서 상환기일이 도래하여도 회사에 배당가능의 이익이 없으면 상환할 수 없다. 강제상환의 경우 주주평등의 원칙에 따라야 하기 때문에 배당가능의 이익을 충분하게 보유하지 않는 한 상환할 수 없는 경우가 생긴다. 상환주식을 발행하는 회사는 이러한 문제에 대처하기 위하여 정관으로 매년 이익의 일부를 상환기금(sinking fund)으로 적립하는 경우가 많다.

상환의 필요는 회사의 이익유무에 관계없이 발생되기 때문에 종래 상환재

38) 즉 전환금액을 제462조의 배당가능이익으로 하는 방안인데, 이 경우 배당가능이익의 범위 내에서 상환 또는 전환되기 때문에 회사채권자의 이익을 해하지 아니한다. 또 상환이나 전환에 의하여 발행된 주식을 조건이 나쁜 다른 주식의 소멸을 위하여 사용한다면, 이 역시 회사채권자의 이익을 해하지 않는다.

원을 확대할 필요가 제기되어 왔다. 우선주의 우선배당률보다 낮은 금리로 차입이 가능한 경우 또는 보다 낮은 우선배당률로 우선주식을 신규로 발행할 수 있는 경우 등에는 상환을 하지 않는 것보다 그 자금으로 상환하는 것이 유리하고 다른 불합리한 결과도 초래되지 않는다. 상환재원의 확대는 회사채권자에게 불리할 수 있으나, 상환으로 인하여 회사의 재무상태가 호전되고 경영이 보다 더 원활해지는 이익과 비교할 때 이를 반드시 불이익이라고 볼 수 없을 것이다.

종류주식이 다양화되고 또 보통주식의 상환이 허용될 경우에는 상환의 필요와 그 소요재원은 더 크게 증대할 것으로 예상된다. 이 경우 회사는 이익으로써만 이에 대응하기 어려울 것이므로 외국의 입법례를 감안하여 상환의 재원을 확대하여야 할 것이다. 자본불변의 원칙상 기존 자본으로 상환하기 어려울 것이지만, 외국의 경우(특히, 영국)와 같이 신주발행에 의하여 조달한 자본으로 상환하는 것도 허용할 수 있을 것이다. 이때 다른 주식에 의해 조달한 자본으로 상환주식의 자본을 대체하는 것이므로 실질적으로는 자본이 감소되는 것은 아니다.

4) 법정준비금의 상환재원으로 활용

회사의 법정준비금을 상환재원으로 활용할 수 있을 것이다. 법정준비금의 사용은 결손의 전보와 자본전입으로 제한되어 있으나, 회사가 거액의 준비금을 보유하는 상태에서 배당가능의 이익이 없다는 것을 이유로 상환주식을 상환할 수 없다는 것은 불합리하다.

상법개정안 제461조의 2는 준비금의 감소절차에 관한 규정을 신설하고 있다. 즉 회사는 적립된 자본준비금 및 이익준비금의 총액이 자본금의 1.5배를 초과하는 경우에 주주총회의 결의에 따라 그 초과한 금액의 범위에서 자본준비금과 이익준비금을 감액할 수 있다. 따라서 이러한 준비금의 감소분은 주주에게 배분할 수 있게 되어 배당가능의 이익에 포함될 수 있으므로 이 재원을 활용하여 상환주식을 상환할 수 있을 것이다.

6. 주식의 전환에 관한 종류주식(§ 345)

현 행	개정안
제346조(전환주식의 발행) ① 회사가 수종의 주식을 발행하는 경우에는 정관으로 주주는 인수한 주식을 다른 종류의 주식으로 전환을 청구할 수 있음을 정할 수 있다. 이 경우에는 전환의 조건, 전환의 청구기간과 전환으로 인하여 발행할 주식의 수와 내용을 정하여야 한다. ② 제344조 제2항의 규정에 의한 수종의 주식의 수중 전환으로 인하여 발행할 주식의 수는 전항의 기간 내에는 그 발행을 유보하여야 한다.	**제346조(주식의 전환에 관한 종류주식)** ① 회사가 종류주식을 발행하는 경우에는 정관에서 정하는 바에 따라 주주는 인수한 주식을 다른 종류의 주식으로 전환할 것을 청구할 수 있다. 이 경우 전환의 조건, 전환의 청구기간, 전환으로 인하여 발행할 주식의 수와 내용을 정하여야 한다.
〈신설〉	② 회사가 종류주식을 발행하는 경우에는 정관으로 일정한 사유가 발생할 때 회사가 주주의 인수 주식을 다른 종류의 주식으로 전환할 수 있음을 정할 수 있다. 이 경우 회사는 전환의 사유, 전환의 조건, 전환의 기간, 전환으로 인하여 발행할 주식의 수와 내용을 정하여야 한다.
〈신설〉	③ 제2항의 경우에 이사회는 다음 각 호의 사항을 그 주식의 주주 및 주주명부에 적힌 권리자에게 따로 통지하여야 한다. 다만 통지는 공고로 갈음할 수 있다. 1. 전환할 주식 2. 2주 이상의 일정한 기간 내에 그 주권을 회사에 제출하여야 한다는 뜻 3. 그 기간 내에 주권을 제출하지 아니할 때에는 그 주권이 무효로 된다는 뜻
〈신설〉	④ 제344조 제2항에 따른 종류주식의 수 중 새로 발행할 주식의 수는 전환청구기간 또는 전환의 기간 내에는 그 발행을 유보하여야 한다.

가. 상법의 내용 및 문제

전환주식은 정관으로 주주의 청구에 의하여 다른 종류의 주식으로 전환할 것을 청구할 수 있는 권리를 부여함으로써, 주주모집을 용이하게 하여 회사의 자금조달을 원활하게 한다. 상법상 전환주식의 전환권은 주주에게만 인정되고 회사에는 인정되지 않음으로써(§346①), 자금조달을 위하여 우선주를 발행하는 회사는 우선배당의 부담을 겪게 된다. 또 회사가 적대적 M&A 대상이 된 경우에는 무의결권우선주를 보통주로 전환하여 효과적으로 경영권을 방어할 수 있을 것인데, 이때 전환권의 행사가 불가능하여 문제이다.

실무상 기업공개나 기업구조조정의 과정에서 종류주식의 단순화 내지 주주관리비용 등의 절감을 목적으로 전환주식을 활용하기 어려운 실정이고,

트래킹주식 등 다양한 종류주식이 도입되는 경우 그 소멸방법으로 회사에 의한 강제전환권을 행사할 필요성도 제기된다. 회사가 종류주식을 발행하는 경우에는 이와 같이 회사가 강제전환권을 행사할 필요가 있음에도 상법상 이에 관한 규정이 없다. 이 때문에 정관에 일정한 기한의 도래 또는 조건의 성취로 우선주가 자동적으로 보통주로 전환된다는 조항을 두는 방법과 같이 우회적인 방법으로 강제전환의 목적을 달성할 수 있을 것이다.[39)]

나. 개정안의 내용

상법상 전환주식의 전환권은 주주에게만 인정되나(§346①), 개정안은 회사에 대해서도 이를 허용하고(동 조②), 전환주식의 절차와 관련한 규정을 일부 개정하였다. 개정안에서는 종류주식의 유형이 확대되었기 때문에 전환주식의 대상과 전환으로 인하여 발행할 주식도 현행보다 더 확대되어 전환주식의 발행을 통한 자금조달이 더 용이해질 것으로 생각된다. 또 회사의 경영판단에 따라 우선배당 등 부담해소가 가능하고, 적대적 M&A 대상이 된 경우 종류주식(무의결권우선주)을 보통주식으로 전환하여 효과적인 경영권방어에 대비할 수 있는 등 긍정적인 효과가 있을 것으로 예상된다. 또 개정안은 전환의 대가를 다른 종류의 주식에 한하여 청구할 수 있도록 하고, 현금 등의 자산은 제외하였다.[40)]

전환청구권부주식을 발행하는 경우 정관에서 주주는 인수한 주식을 다른 종류의 주식으로 전환할 것을 청구할 수 있음을 정하고, 또 전환의 조건, 전환의 청구기간, 전환으로 인하여 발행할 주식의 수와 내용을 정하여야 한다(§346①). 또 전환사유부주식을 발행하는 경우에는 정관에서 일정한 사유가 발생할 때 회사가 주주의 인수주식을 다른 종류의 주식으로 전환할 수 있음을 정하고, 또 전환의 조건, 전환의 기간, 전환으로 인하여 발행할 주식의

39) 鳥本喜章, "優先株式に關する實務的問題(1)", 商事法務, 제1337호, 1993, 10面.

40) 이는 외국(미국, 일본)과 같이 전환대가로 현금이나 사채 등을 지급하는 경우 상환주식과 구별되지 않으며, 전환주식의 본질상 전환구주는 소멸하게 되는데, 이때 자본감소의 절차를 거치지 않고 자본액을 감소시키는 결과를 초래하는 점을 방지하기 위한 것이다.

수와 내용을 정하여야 한다(§346②).[41]

주식의 전환은 주주가 전환을 청구한 경우에는 그 청구한 때에, 회사가 전환을 한 경우에는 통지 또는 공고된 전환기간(§346③)이 끝나는 때에 효력이 발생한다(§350①). 전환에 의하여 발행된 주식의 이익배당에 관해서는 주주가 전환을 청구한 때(전환청구권부주식) 또는 통지나 공고된 전환기간이 끝나는 때(전환사유부주식)가 속하는 영업연도 말에 전환된 것으로 본다. 이 경우 신주에 대한 이익배당에 관해서는 정관으로 정하는 바에 따라 그 청구를 한 때(전환청구권부주식) 또는 통지나 공고된 전환기간이 끝난 때(전환사유부주식)가 속하는 영업연도의 직전 영업연도 말에 전환된 것으로 할 수 있다(§350③).

다. 입법례

미국의 경우 정관의 규정에 의하여 회사, 주주, 타인의 선택이나 지정된 경우에 의해 상환주식이나 전환주식을 발행할 수 있으며, 특정한 주식을 다른 종류의 주식이나 현금, 증권 또는 기타 재산으로 전환할 수 있다(RMBCA§6.01(c)(2)). 일본은 2005년 신회사법 제정으로 상환주식과 전환주식의 개념을 폐지하고, 이를 대신하여 종류주식으로 취득청구권부주식(§108① 제5호)과 취득사유부주식(§108① 제6호)을 도입하였다. 이들 주식은 회사가 주주로부터 주식을 취득함에 있어서 그 대가로 교부하여야 하는 재산의 내용에 대하여 특별한 제한이 없다(§107② 제2, 3호). 따라서 현금 이외에 사채나 다른 종류의 주식, 신주예약권 및 기타 재산을 대가로 지급할 수 있게 되어 상환주식 및 전환주식과 동일한 효과를 얻을 수 있다.

라. 개정안의 검토

개정안 제346조 제2항에 의하면, 정관에서 정한 일정한 사유가 발생하는

41) 이 경우 이사회는 전환할 주식의 수, 2주 이상의 일정한 기간 내에 그 주권을 회사에 제출하여야 한다는 뜻, 그 기간 내에 주권을 제출하지 아니한 때에는 그 권이 무효로 된다는 뜻을 그 주식의 주주 및 주주명부에 적힌 권리자에게 따로 통지하여야 한다. 이때 통지는 공고로 갈음할 수 있다(§ 346③).

경우 회사가 주주의 인수 주식을 다른 주식으로 전환할 수 있는바(전환사유부주식), 회사는 전환조건, 전환기간, 전환으로 인해 발행할 주식의 수와 내용을 정해야 한다.

전환사유로서 '일정한 사유'에 확정성(자의적이 아닐 것), 객관성 및 명확성이 인정되면 적법하다고 할 수 있을 것이다. 그런데 구체적으로 어떠한 경우에 이러한 기준이 충족되는 것인가를 결정하는 것은 쉽지 않으며, 이런 기준을 엄격히 하면 상품설계의 폭이 좁아진다. 이처럼 제한적으로 운영할 경우 실무상 합리적인 수요가 충족되지 않기 때문에 발생하는 기회비용 역시 높아진다.

따라서 법이 강제적으로 종류주식에 대한 상품설계의 폭을 제한하는 것은 바람직하지 않다. 불확정성의 평가라는 점에서 전환가액, 전환비율 등 전환조건을 발행회사가 발행 후 임의로 정하는 것만 금지된다면, 시장에 의한 합리적인 가격형성이나(비상장 전환주식에 대해서도) 투자자의 자기책임에 맡기는 것이 타당하지 않을까. 요컨대 남용의 가능성이 큰 전환조건을 제외하고는 원칙적으로 어떠한 전환조건의 정함이라도 유효한 것으로 하면서, 구체적인 폐해가 생긴 경우에만 개별적인 해석에 의해 대응하는 것이 옳지 않을까 한다.

Ⅲ. 2006년 상법개정(안)에 도입되지 않은 종류주식

1. 거부권에 관한 종류주식(§ 344의 4)

2006년 개정안<신설>
제344조의 4(특정한 사항의 거부권에 관한 종류주식) ① 회사가 특정한 사항에 관하여 주주총회의 결의 외에 특정종류의 주주총회의 결의를 필요로 하는 종류의 주식을 발행하는 경우에는 정관으로 당해 종류주주총회의 결의를 필요로 하는 사항과 결의의 요건 및 조건을 정하여야 한다. ② 제1항이 규정하는 종류주식의 발행은 원시정관 또는 총주주의 동의에 의하여 변경된 정관에 의하여야 한다.

가. 개정안의 내용

거부권에 관한 종류주식이란 회사가 주주총회, 이사회 등에서 결의해야 하는 사항에 대하여 그 결의 이외에 특정한 종류주식의 종류주주총회가 필요로 하는 점에 있어 내용이 다른 주식을 말한다.

2006년 상법개정안은 원시정관이나 총주주의 동의를 전제로 한 특정사항의 거부권에 관한 종류주식을 도입하였다. 이는 특정사항에 대하여 주주총회의 결의 이외에 특정한 종류주식을 보유한 종류주주총회의 결의를 필요로 하며, 그 결의를 필요로 하는 사항과 결의요건 및 조건을 정관에서 정하도록 규정하고 있다(§344의 4).

나. 입법례

미국에서 거부권부종류주식에 관한 사항은 주 회사법에서 규정하지 않고, 주주들 간의 계약(shareholders agreement)을 통하여 자유롭게 발행할 수 있다. 미국에서 주주 간 계약은 폐쇄회사에서 의결권계약(voting agreement), 의결권신탁(voting trust) 등의 형태로 널리 활용되었으며, 폐쇄회사의 주주 간 계약에 대해서는 개정 모범사업회사법(RMBCA) 제7.32조에서 규정하고 있다.[42]

일본은 2001년 상법개정에 의하여 어떠한 종류주식의 속성으로서 거부권을 부여하는 것이 가능하였으나(일본상법§222⑨), 거부권 자체는 주식의 한 종류를 구성하지 않는 것이었다. 종류주식으로서 거부권부주식은 회사법에서 도입된 것이며(회사법§108① 제8호), 동법에서는 거부권과 같은 주식의 속성을 종류주식으로 규정하였다.[43]

한편 2005년 회사법은 거부권의 유무 자체가 주식의 종류를 구성하며, 종

42) 이 조항은 미시건 주, 텍사스 주, 앨라배마 주, 아이다호 주 등 미국의 24개 주 회사법에서 전부 또는 그 일부를 도입하고 있다(ABA Section of Business Law, Model Business Corporation Act Annotated, 4th ed., vol.2, 2008, pp.275－276, 김순석, "황금주(Golden Shares)제도에 관한 연구", 「비교사법」, 제16권, 제1호, 2009, 290～293면).

43) 2001년 개정법의 취지는 종류주주의 보호 특히 합작회사, 벤처기업 등에서 체결된 주주 간 계약이 종류주주에게 부여하고 있는 보호를 상법상 제도로써 실현시키고자 하는 데 있었다(前田庸, "商法等の一部を改正する法律案要綱の解說(上)", 「商事法務」, 第1606号, 2001, 9～10面).

류주주의 이익보호에 추가하여 지배권의 배분수단으로서 거부권을 이용하는 것을 인정하였다.[44] 거부권부종류주식은 종류주주의 찬성이 없으면 회사의 의사결정을 할 수 없다는 점에서 강력한 위력을 가지는 것이지만, 경영진과 종류주주와의 대립이 심각한 경우에는 회사경영이 자칫 교착상태에 빠지는 결점이 있다.

다. 개정안의 검토

2006년 상법개정안에서 거부권부종류주식을 도입한 것은 적대적 M&A의 방어수단이라기보다는 합작기업이나 벤처기업의 주주 간 계약을 수용하기 위한 것이었다. 그러나 이 제도가 적대적 M&A에 대한 방어효과가 너무나 강력하므로 기업인수를 통한 외부통제가 기능을 할 수 없게 만드는 등 문제점이 지적됨에 따라 2008년 상법개정안에서 삭제되었다.

거부권부종류주식의 도입은 지배주주의 경영권을 고착화하거나 종류주주와 회사 또는 경영진 사이 의견대립으로 인하여 경영권이 교착상태에 빠지는 등 그 부작용이 생길 수 있기 때문에 도입에 신중을 기해야 한다. 부득이 도입방안을 검토하는 경우에도 그 적용범위를 한정하여야 할 것이다. ㉮ 그 적용범위를 폐쇄회사에 한정하고, 국가기간산업에 종사하는 회사의 경우에는 해당 특별법에서 규정하는 것이 바람직할 것이고, ㉯ 또 그 남용을 방지하기 위하여 거부권의 대상은 회사의 합병, 분할, 영업양도, 이사의 선임과 해임, 주식·사채의 발행, 중요 재산의 양수 및 합작계약서의 기재사항 등 그 범위를 정관으로 한정하는 것이 타당할 것이다.

또한 거부권부종류주식의 발행을 원시정관이나 총주주의 동의에 의하도록 하는 경우 현실로 이를 활용할 수 있는 기업은 제한적이다. 따라서 상법상 제도로 도입할 경우 그 실질적인 활용을 위하여, 원시정관이나 최대다수결(출석의결권주식의 3분의 2 이상과 발행주식총수의 과반수)에 의한 정관변경으로도 발행할 수 있도록 그 요건을 완화할 필요가 있을 것이다.[45]

44) 加藤貴仁, "株主間の議決権配分", 「商事法務」, 2007, 28面.

2. 임원의 임면권에 관한 종류주식(§ 344의 5)

2006년 개정안<신설>
제344조의 5(임원임면권에 관한 종류주식) ① 회사가 특정한 종류주식의 주주총회에서 이사 또는 감사를 선임하는 권한을 가지는 종류의 주식을 발행하는 경우에는 특정한 종류주주총회에서 선임하는 이사 또는 감사의 수, 이사 또는 감사의 전부 또는 일부를 다른 종류주식의 주주와 공동으로 선임하는 때에는 그 다른 종류주식 및 공동으로 선임하는 이사 또는 감사의 수, 위의 사항을 변경하는 조건이 있는 때에는 그 조건 및 그 조건이 성취된 경우에 선임하는 이사 또는 감사의 수와 다른 종류주식의 주주와의 공동선임에 관한 사항 등을 정하여야 한다. 이사 또는 감사의 해임에 관해서도 같다. ② 제1항이 규정하는 종류주식의 발행은 원시정관 또는 총주주의 동의에 의하여 변경된 정관에 의하여야 한다. ③ 이사 또는 감사의 임기만료 전에 그를 선임한 종류주식의 주주총회에서 의결권을 행사할 자가 없게 된 경우에는 그 이사 또는 감사의 해임은 주주총회의 해임결의에 의한다. ④ 법령 또는 정관에서 규정한 이사 또는 감사의 원수를 결한 경우에 그를 선임한 종류주식의 주주총회에서 의결권을 행사할 자가 없게 된 때에는 제1항의 종류주식에 관한 정관의 규정을 폐지한 것으로 본다. ⑤ 회사가 정관의 변경에 의하여 제1항의 종류주식에 관한 규정을 폐지한 경우에는 그 이사 또는 감사의 임기는 그 정관변경의 효력이 발생한 때에 만료한 것으로 본다.

가. 개정안의 내용

임원임면권부종류주식이라 함은 이사, 감사의 선임을 특정한 종류주식의 종류주주총회에서 선임하는 데 있어 내용이 다른 주식을 말한다. 2006년 상법개정안은 원시정관이나 총주주의 동의를 전제로 하여 임원임면권에 관한 종류주식을 도입하였다. 특정한 종류주식의 주주총회에서 이사 또는 감사를 선임하는 권한을 가지는 종류의 주식을 발행하는 경우에는 그 특정한 종류주주총회에서 선임하는 이사 또는 감사의 수 등을 정관에서 정하도록 규정하였다(§344의 5①).

나. 입법례

미국의 경우 정관이 주식을 종류별로 분할하는 것을 허용하는 경우에는 당해 정관은 이사의 일부나 전부의 선임을 종류주주에 의하도록 할 수 있다. 이사를 선임할 권한이 있는 종류주식은 이사의 선임에 관하여 독립적인 의결권집단을 형성한다(RMBCA §8.04). 이와 같은 종류주식에 의한 이사선

45) 증권거래법학회, 「적대적 M&A 방어수단 관련연구」, 증권거래법연구, 2008, 66~67면.

임은 폐쇄회사에서 소수주주가 일정한 이사의 선임권을 확보할 수 있도록 하기 위하여 이용되고 있다.[46)]

일본에서 임원임면권부종류주식이라 함은 정관에서 이사 및 감사의 선임・해임을 종류주주총회의 결의사항으로 하는 취지의 정함이 있는 종류주식을 말한다. 이는 위원회설치회사를 제외한 주식양도제한회사에 한하여 인정된다(신회사법§108① 제9호). 임원임면권부종류주식은 회사의 기관구성 그 자체를 종류주주의 양향 아래 두고 있다는 점에서 종류주주의 지배력을 대폭 강화하는 데 도움이 된다.[47)]

다. 개정안의 검토

2006년 개정안은 이사 또는 감사의 선임・해임권에 관하여 주주 간 계약에서 정하였던 일부 주주의 이익보호를 제도적으로 보장하려는 것이다. 즉 합작기업 등 특정한 주주에게 일정한 수의 이사 선임을 인정하는 주주 간 합의가 이루어질 수 있는데, 임원임면권부종류주식은 이를 (주주 간 계약이 아니라) 종류주식으로서 정관에 기재함으로써 당해 합의의 법적 효과를 강화시킬 수 있다. 벤처기업, 합작기업 등에서는 자본출자와 독립하여 지배권의 배분을 결정하는 것에 대한 수요가 존재하기 때문이다.[48)]

위의 2006년 상법개정안에서 임원임면권부종류주식을 도입한 것은 거부권부종류주식처럼 적대적 M&A 방어수단보다는 합작기업이나 벤처기업의 주주 간 계약을 제도적으로 수용하기 위한 것이었다. 그러나 이러한 종류주식도 적대적 M&A에 대한 방어효과가 너무나 강력하여 2008년 상법개정에

46) RMBCA 제8.04조는 미국의 45개 주회사법이 채택하고 있을 뿐만 아니라, 더욱이 뉴욕증권거래소 상장규칙에서는 상장회사가 우선주식을 발행한 후 일정한 기간 동안 우선주식에 배당을 하지 못하는 때에는 우선주식의 주주에게 적어도 2명의 이사를 선임하는 권한을 부여하도록 규정하고 있다(NYSE, Listed Company Manual, § 313(c)).

47) 酒井太郎, “株式の内容と種類”, 「新しい會社法制の理論と實務」, 經濟法令硏究會, 2006, 59面.

48) 일본 회사법의 경우 임원임면권부종류주식은 위원회설치회사를 제외한 주식양도제한회사에 한정하여 인정되는데, 주식양도제한을 기준으로 종류투표의 가부를 판단하는 것에 대해서는 주식의 양도제한이 없는 벤처기업도 있기 때문에 종류투표의 수요는 반드시 주식의 양도제한회사에 한정되지 않는다는 비판이 있다(加藤貴仁, “株主間の議決權配分”, 30面.).

서는 삭제되었다. 또한 임원임면권부종류주식의 발행을 원시정관이나 총주주의 동의에 의하도록 하는 경우 현실적으로 이를 활용할 수 있는 기업은 제한적일 수밖에 없다. 따라서 상법상 제도로 도입하는 경우에는 그 실질적인 활용을 감안하여 원시정관이나 최대다수결(출석의결권주식의 3분의 2 이상과 발행주식총수의 과반수)에 의한 정관변경으로 발행할 수 있도록 그 요건을 완화할 필요가 있을 것이다.[49)]

또한 이사나 감사가 그 직무에 관하여 부정행위 또는 법령이나 정관에 위반한 중대한 사실이 있음에도 불구하고 주주총회에서 그 해임을 부결한 때는 발행주식총수의 100분의 3 이상에 해당하는 주식을 가진 주주는 총회의 결의가 있은 날로부터 1개월 내에 그 이사나 감사의 해임을 법원에 청구할 수 있다(§385②, §415). 이때 이사나 감사가 종류주주총회에서 선임된 때에는 당해 종류주주총회의 해임결의가 있어야 한다. 이 경우 해임결의에 참가할 수 없는 당해 종류주식을 가지지 아니한 주주는 당해 종류주주총회의 그 해임결의가 부결된 이후에야 법원에 해임청구를 할 수 있도록 규정하여야 할 것이다. 이처럼 해임결의안의 부결이 소송요건으로 되는 경우 해임의 소를 제기하고자 하는 주주는 주주제안권이나 소수주주의 총회소집권을 통하여 해임의안을 우선 총회에 부의할 필요가 있을 것이다.[50)]

이사의 해임결의 정족수(§385①) 또한 현행 특별결의에서 보통결의로 수정할 필요가 있다고 본다. 그 이유는 해임결의의 정족수를 특별결의로 한 취지는 이사의 지위를 안정시키는 것이 주목적이었으나, 오늘날 회사법은 기업지배구조의 측면에서 주주총회에 의한 이사의 선임권을 통하여 이사를 통제하는 측면을 더욱 중시하는 경향에 있기 때문이다.[51)]

49) 증권거래법학회, 「적대적 M&A 방어수단 관련연구」, 66~67면. 한편 2006년 상법개정안 제344조의 5에서 규정한 임원임면권부종류주식에 의하여 이사나 감사를 선임한 경우에 대해서도 집중투표제에 관한 규정(§ 382의 2)이 적용되는지 여부도 문제되는바, 어느 종류주주에 의해 이사를 선임하기로 정한 경우 당해 종류주주 사이에는 집중투표를 할 필요성이 없을 것으로 본다. 일본의 경우에는 2005년 회사법에서 집중투표에 의한 이사선임규정을 종류주주총회의 준용대상으로부터 제외함으로써 이를 입법적으로 해결하였다(§ 342).

50) 江頭憲治郎, 제4판 「株式會社法・有限會社法」, 363面.

51) 일본에서도 2005년 회사법개정에서 해임정족수를 보통결의로 완화한 바 있다(신회사법§ 341).

Ⅳ. 결 론

2008년 상법개정(안)상의 종류주식에 관한 조항은 기존 수종의 주식과 상환주식, 전환주식 등 특수한 주식에 한정하여 운영되었던 주식 유형을 다양화하였다. 이로써 기업들이 지배권배분이나 자금조달에 있어 더욱 신축적인 경영을 할 수 있도록 배려하고 있다. 그런데 선진외국(미국, 일본)에서는 주식 유형에 대한 회사법상의 규제를 정관자치에 대폭 위임하고, 사후적으로 그 남용 등 문제가 발생하는 경우에 이를 보완하는 방식으로 운영하고 있다.

종류주식은 지배권의 배분과 자금조달의 효율성, 적대적 M&A에 대한 방어수단 등으로 그 기능이 다양하지만, 상법개정안에서는 적대적 M&A에 대한 방어수단으로 활용되는 측면을 경계하여 폐쇄회사의 경우 다양한 주주간의 계약을 상법상 수용하는 데 상당히 제한적이다. 최근에는 벤처기업이나 합작회사의 주주 간의 계약뿐만 아니라 중소기업의 사업승계문제를 해결하는 수단으로 종류주식이 관심을 받고 있는바,[52] 기본적으로 주식제도는 기업들이 창조적인 지배권배분과 재무활동에 대하여 다양한 조합이 가능하도록 향후 그 제한을 더욱 완화해 나가야 할 것이다.

또 종류주식제도의 다양화와 더불어 발생하는 종류주주 간의 이해조정의 문제가 더욱 중요하게 되었으며, 지배주주의 충실의무에 관한 규정의 필요성도 높아지고 있다. 또한 상법상 주주평등의 원칙을 종류주식에 적용하는 경우 그 해석에 있어서 어느 정도 유연성을 둘 것인가에 대한 여부도 검토되어야 할 것이며, 종류주식을 보유한 폐쇄회사가 상장하는 경우에 대비한 종류주식의 상장문제 등에 대하여 추가적인 논의도 있어야 할 것이다.[53]

---

52) 加藤貴仁, “事業承繼の手段としての種類株式－株式の評價の問題を中心に－”, 「ジュリスト」, No.1377, 2009, 69～71面.

53) 김순석, “황금주(Golden Shares)제도에 관한 연구”, 305～309면. 이 밖에 개정안에서 도입이 유보된 포이즌－필이나 신주예약권과 같은 옵션형 잠재적인 주식제도와 함께 차등의결권제도 등에 대해서도 검토가 필요할 것이다.

제4장 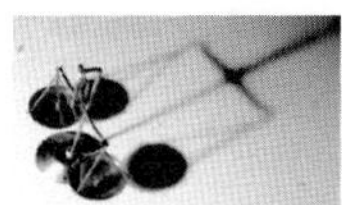

상법개정(안)상 理事의 의무와 책임에 관한 고찰

Ⅰ. 서 론

주식회사의 기관은 의사결정기관인 주주총회와 업무집행기관인 이사회(대표이사), 감독기관인 감사(감사위원회)로 구성되어 있다. 이러한 주식회사의 기관구성은 근대민주주의 국가의 3권분립의 원칙에 근거를 둔 것으로 이해된다.[1] 이처럼 주주를 대신하여 이사회(대표이사)가 회사의 업무를 집행한다는 법률상의 기능분화는 당연히 소유와 경영의 분리를 전제로 한다.[2] 이 경우 직접 경영을 담당하지 않는 주주는 회사경영에 관한 정보를 잘 알지 못하게 되는 결과, 이사회의 구성원인 이사와 주주 사이에 존재하는 정보의 불균형(information asymmetry)으로 인하여 이사가 주주의 신뢰에 위배되는 행위를 할 우려가 있다. 이 때문에 상법은 이사로 하여금 '법률상 강제할 수 있는 특정한 의무(certain legally enforceable duties)'[3]를 준수하도록 하고 있으며, 그 의무를 위반한 경우 손해배상책임을 부담시키고 있다. 현행 상법상 그 대표적인 예는 이사의 자기거래금지이며, 이사는 자신과 회사 간의 이익의 충돌(conflict of interests)을 야기하는 거래를 할 수 없다.

이사의 자기거래는 이사와 회사 간의 이익충돌로 인하여 불공정하게 행해질 우려가 크기 때문에 회사의 손해방지를 위한 차원에서 이사회의 승인을 받는 경우에 한하여 유효하게 되는바(§398), 2008년 10월 국회에 제출한 정부안('상법 일부개정법률안', 이하 '개정안'이라 한다.)은 이사회의 승인대상이 되는 자기거래의 범위를 확대하였다(§398①, §408의 9). 나아가 개정안은 자기거래의 승인규정(§398)에서 이사가 제삼자로 하여금 회사의 사업기회를 유용하여 다시 회사와 거래하는 경우 이사회의 승인을 받아야 한다는 조문을 신설하였다(§398③). 또 개정안은 유능한 경영인의 확보를 용이하게

1) 박길준, "주주총회의 형식화와 그 개선책에 관한 고찰", 「숭전대학교 논문집」, 제10집, 1980, 15면. 이 밖에 주식회사의 임시기관으로서 회사의 설립절차나 업무와 재산상태에 관한 발기인이나 이사의 조처가 적당한가의 여부 및 계산의 정부 등의 조사를 임무로 하는 검사인이 있다.

2) J. C. Shepherd, The Law of Fiduciaries, 1981, 351~355.

3) Kenneth E. Scott, *Corporation Law and the American Law Institute Corporate Governance Project*, 35 Standford Law Review 927, 1983.

하기 위하여 정관에 정하는 바에 따라 이사의 책임감경을 가능하도록 하는 규정을 마련하고 있다(§400②). 이 밖에도 상법상 이사가 법령 또는 정관의 위반으로 인하여 부담하는 회사에 대한 책임(§399①)과 관련하여 그 책임의 법적 성질이 논란(무과실책임 또는 과실책임)되어 온 것을, 개정안은 '고의 또는 과실'로 요건을 명시하여 그 성격을 과실책임으로 규정하였다.[4)]

상법개정(안)은 그간 몇 차례 제시되어, 이미 새로운 제도의 신설여부를 포함하여 그에 대한 찬반을 논의하는 연구가 상당수 발표된 바 있다.[5)] 여기서는 개정안의 여러 규정 중에서 '이사의 자기거래 승인대상의 확대(§398①)', '회사의 사업기회 유용금지제도의 신설(§398③)', '이사의 책임감경(§400②)' 등을 중심으로 검토하고, 이에 따른 문제점과 개선사항들을 제시해 보고자 한다.

Ⅱ. 이사의 자기거래 승인대상의 확대(§ 398①)

현 행	개정안
제398조(이사와 회사 간의 거래) 이사는 이사회의 승인이 있는 때에 한하여 자기 또는 제삼자의 계산으로 회사와 거래를 할 수 있다. 이 경우에는 민법 제124조의 규정을 적용하지 아니한다.	**제398조(이사와 회사 간의 거래)** ① 다음 각 호의 어느 하나에 해당하는 자는 미리 이사회의 승인을 받았을 때에만 자기 또는 제삼자의 계산으로 회사와 거래를 할 수 있다. 이 경우 그 거래의 내용은 공정하여야 한다. 1. 이사 2. 이사의 배우자 및 직계존속·비속과 이사의 배우자의 직계존속·비속 3. 제1호 및 제2호의 자가 단독 또는 공동으로 의결권 있는 발행주식총수의 100분의 50 이상을 가진 회사 및 그 자회사 4. 제1호 및 제2호의 자가 제3호의 회사와 합하여 의결권 있는 발행주식총수의 100분의 50 이상을 가진 회사 ② 제1항의 경우에는 '민법' 제124조를 적용하지 아니한다.

4) 홍복기, "주식회사의 지배구조에 관한 개정시안", 「저스티스」, 통권 제94호, 한국법학원, 2006, 23면. 또 개정안에서는 집행임원의 회사에 대한 책임도 과실책임으로 명문화하고 있다(§ 408의 8①).

5) 김재범, "회사지배구조 관련 회사법제의 나아갈 방향 - 2008년 상법개정안 검토 - ", 「경영법률」, 제19권, 제1호, 한국경영법률학회, 2008, 2면.

1. 현행법과 비교

현행 상법은 '이사'의 자기거래에 한하여 이사회의 '승인'을 받을 것을 요구하고 있는바, 개정안과의 차이를 보면 다음과 같다.

(1) 개정안 제398조 제1항은 이사의 자기거래에 필요한 이사회 승인의 대상범위를 확대하고 있다. 즉 개정안은 상법상의 ① 이사는 물론, ② 이사의 배우자·직계존비속, 배우자의 직계존비속, ③ 이사와 위 ②에 한정적으로 열거한 자가 단독으로 또는 공동으로 의결권 있는 발행주식총수의 100분의 50을 초과하는 주식을 가진 회사 및 그 자회사, ④ 이사와 위 ②에 열거한 자가 ③의 요건을 갖춘 회사와 합하여 의결권 있는 발행주식총수의 100분의 50을 초과하는 주식을 가진 회사(이하 '이사 등'이라 한다.)가 회사와 거래할 경우 이사회의 승인을 받아야 한다.[6] 또 (2) 개정안에 따르면, 이사회의 승인은 이사 등과 회사 간의 거래의 이전이 있어야 하며, (3) 이사 등과 회사 간의 거래는 공정하여야 한다는 요건을 추가하고 있다.

2. 개정안의 검토

가. 이사 등의 자기거래금지의 취지

1) 상법규정

상법 제398조에서 이사는 이사회의 승인이 없으면 자기 또는 제삼자의 계산으로 회사와 거래할 수 없는 것으로 규정하여 이사의 자기거래를 제한하고 있으며, 이는 회사의 이익보호, 즉 이사의 회사와 이익이 상반될 가능성이 있는 거래행위의 통제를 그 주된 목적으로 한다.[7] 이사와 회사 간의 이익충돌의 염려가 없는 경우에는 이사회에 의한 승인은 당연히 요구되지

6) 개정안 제408조의 9에 의하여 집행임원에 대하여 상법 제398조가 준용되기 때문에 집행임원과 회사 간의 거래에도 이사회의 승인이 요구된다.

7) 대판 2007. 5. 10. 선고 2005다4284.

않는다. 이 경우 이사의 자기거래가 이해충돌의 염려가 있는지의 유무에 대한 판단과 관련하여, 다수설의 입장은 자기거래금지가 회사의 현실적 손해를 방지하자는 취지도 있지만, 손해의 위험을 미리 차단하자는 뜻이 더 큰 것이기 때문에 당해 행위의 일반적·추상적 성질에 따라 판단하여야 한다는 것이다.[8)]

일반적·추상적인 기준에서 볼 때, 이사회의 승인이 필요하지 않는 거래의 예로는 다음과 같은 것들이 있다. 즉 ㉠ 회사에 대한 이사의 채무이행의 행위 또는 이사에 대한 회사의 채무이행의 행위, ㉡ 상계, ㉢ 회사에 대하여 이사가 무상으로 증여하는 행위, ㉣ 회사에 대하여 이사가 무이자 또는 무담보로 대부하는 행위, ㉤ 보험이나 운송 또는 예금과 같은 보통거래약관에 의한 거래행위, ⑥ 컴퓨터판매회사가 그 회사의 이사에게 컴퓨터를 판매하는 거래 등과 같이 회사와 고객 사이 일반적인 거래로 인식될 수 있는 거래행위 등이다. 상법상 회사와 이익이 상반될 수 있는 이사의 자기거래의 경우 그것이 직접적 자기거래 또는 간접적 자기거래를 불문하고 금지하고 있다(§398).[9)]

2) 개정안

개정안의 제안이유는 "이사가 본인의 이익을 위하여 이사의 친인척이나 그들이 설립한 개인회사 등을 이용하여 회사와 거래하는 경우 회사의 이익을 희생시킬 가능성이 높기 때문에 적절한 통제가 필요하다."는 점을 들고 있다. 구체적으로 '이사와 밀접한 관계에 있는 자가 자기거래를 통하여 회사의 이익을 침해하면서 부당한 이득을 취하는 행위를 방지할 수 있을 것으

---

8) 강희갑, "주주의 동의와 이사의 자기거래", 「저스티스」, 제30권, 제3호, 한국법학원, 1997, 153~155면. 한편 이사의 자기거래가 이해충돌의 염려가 있는지의 유무에 대한 판단과 관련하여 현실적·개별적으로 구체적인 사정을 고려하여 그 거래가 실질상 회사에 공정하고 합리적으로 이루어졌는지를 판단기준으로 삼아야 한다는 견해도 있다.

9) 이때 간접적 자기거래라 함은 형식적으로 회사와 이사가 아닌 제삼자 사이의 거래이지만, 실질적으로 회사와 이사 간의 이익충돌을 야기하는 거래를 말하는바, 전형적인 간접적 자기거래의 유형은 '이사가 개인적으로 제삼자에 대하여 채무를 부담하는 때에 회사가 그 채권자인 제삼자의 채무를 인수하거나 연대보증을 하는 경우 등'을 말한다.

로 기대'하고 있어서 개정안의 취지 또한 현행법의 입법취지와 크게 다를 바 없다. 국회 법사위에서도 상법 제398조가 '실질상 이사의 자기거래에 해당하지만 형식상 이에 해당하지 않는 부당한 거래를 규율하지 못하는 문제가 있으므로 개정안은 회사의 이익을 위하여 이를 제한하기 위한 것'으로 풀이하고 있다.[10)]

그러나 개정안에 상법 제398조의 입법취지가 그대로 반영되고 있는지는 의문인바, 그 이유를 보면 다음과 같다. 즉 상법 제398조에 의하면 추상적인 기준에 따라 비난가능성(blameworthiness)이 있기 때문에 이사의 자기거래는 이사회의 승인이 있어야 하며, 그 경우 자기 또는 제삼자의 계산(account)이라는 요건을 갖출 것을 요구하고 있다. 이는 자기거래의 주체가 이사라는 요건을 충족하는 경우라면 계산의 주체를 불문하고 실질상 이익충돌이 발생할 염려가 크다는 점을 전제로 하는 것이다.[11)]

개정안에 따르자면, 甲회사의 이사(A)의 현재 부인(B)[이들의 자녀 D]과 B의 과거 배우자(C) 사이에서 출생하였고, 위 A와 B의 가족관계부에 등재되어 있지 않은 채 생활을 달리하는 성인자녀(E)가 제삼자(F)의 계산으로 회사(甲)와 거래를 하는 경우 실질상 A와 회사(甲) 사이에 이익충돌이 발생할 수 있는 이사의 자기거래에 해당하는지에 대하여 긍정하기가 용이하지 않다.[12)] 그 이유는 E가 A에게 밀접한 관계에 있는 자가 될 개연성을 보장할 수 없을 뿐만 아니라, 그러한 E가 F의 계산으로 하는 甲과의 거래가 어느 부분에서 이사의 이익상반행위에 포함시킬 수 있을지 분명하지 않기 때문이다.

즉 E의 거래가 이사회의 승인을 요구할 정도로 이익충돌의 현실적인 가능성이 상존하는지는 확실치 않다고 판단된다. 이처럼 상법과 달리 개정안은 거래 자체가 아닌 주체를 중심으로 그가 단지 회사의 이익을 침해할 '추

10) 권기율, "상법 일부개정법률안 검토보고(회사편)", 국회법사위원회, 2008, 147면.

11) 한편 민법 제124조의 적용을 배제하고 있는 상법 제398조의 후단에 대해서는, 이사의 자기거래에 대한 승인이 민법 제124조와 무관한 것임을 주의적으로 규정한 것이라고 풀이하는 것이 통설의 입장이다(이철송, 제16판「회사법강의」, 박영사, 2009, 646면).

12) 이 경우 개정안 제398조 제1항에 따라 문리적으로 충실하게 해석한다면, B와 D, E가 공동으로 甲과 거래를 할 경우 이사회의 승인이 있어야 하는 것으로 보게 된다.

상적 염려'가 있기 때문에 이사회의 승인을 받아야 하는 것으로 그 취지를 확대·변경하고 있는 것이다.[13)]

3) 소결

결국 이사(A)와는 상당한 정도로 거리가 있는 자(E)가 이사와는 전혀 관련이 없는 제삼자(F)의 계산으로 회사(甲)와 거래를 하는 경우 그 거래는 이사의 이익을 위한다는 성격이 강하지 않아서 비난가능성이 크지 않다. 그럼에도 불구하고 거래의 객관적 성격 때문에 이사회에 회부되어야 하는 경우가 발생되는데, 이런 경우에 있어서 이사회의 승인요건이 정당한지는 의문이 아닐 수 없다.

나. 자기거래 주체의 범위확대

1) 개정안

상법은 금지의 대상이 되는 거래 주체를 이사로 한정하고 있다. 그러나 개정안은 이사(A)뿐만 아니라 이사와 밀접한 관계가 있을 것으로 예상되는 자(E), 또 이사가 개인적으로 설립한 회사 등을 포괄하여 이사의 경우와 동일하게 회사(甲)와 거래행위에 대하여 이사회의 승인을 받을 것을 요구하고 있다. 이 때문에 상법과 달리 개정안은 기업집단의 계열사 간 및 특수관계인의 거래는 이사회의 승인을 얻어야 유효하게 된다.

그런데 이러한 금지대상이 되는 거래 주체의 범위확대는 현행 독점규제법상 대규모내부거래에 대하여 이사회의 의결과 공시를 요구하고 있는 규정(§11의 2, 시행령§17의 8)[14)]과 상법상 상장회사의 특례규정에서 특수관계인과 대규모거래에 대하여 이사회의 승인과 주주총회의 보고를 요구하는 규정

13) 정경영, "회사법 개정안의 중요쟁점에 관한 고찰 – 주식회사의 지배구조를 중심으로 –", 「조세법연구」, 제12집, 제2호, 한국세법학회, 2006, 458면.

14) 독점규제법상 자산총액이 5조 원 이상인 기업집단에 속하는 회사와 특수관계인과 자본총계의 100분의 10 이상이거나 100억 원 이상의 거래를 하고자 하는 때에는 사전에 이사회의 의결을 거친 후 공시하도록 규정하고 있어서 동법의 적용대상은 매우 제한되어 있다.

(§542의 9③~④, 시행령§14④~⑦)[15]이 적용되지 않은 영역의 거래까지 이사회의 승인을 요구하려는 의도가 반영되어 있다.[16]

2) 외국의 경우

일본의 경우 승인대상이 되는 자기거래의 주체범위는 여전히 이사에 한정되어 있다(신회사법§356). 미국에서는 원칙적으로 이사 및 집행임원에 대해서만 자기거래를 제한하는 입법도 있지만, 모범사업회사법(RMBCA)은 이사 또는 이사와 관계가 있는 자(이사관계자, related person of a director)의 자기거래도 제한된다고 규정하고 있다. 특히 RMBCA는 '이사와 관계가 있는 자'의 범위에 이사의 배우자(또는 그 부모, 형제)나 이사의 자녀, 손자, 형제, 부모 또는 이사와 같은 집에서 동거하는 자나 신탁 또는 부동산의 실질적인 수익자 내지 이사가 신인의무(fiduciary duty)를 부담하는 신탁, 무능력자, 피후견인 또는 미성년자 등이 포함된다고 정의하고 있다.[17] 따라서 개정안의 금지대상이 되는 자기거래의 주체는 외국에 비하여 너무 추상적 내지 광범위한 느낌이 든다.[18]

3) 소결

위에서 살펴본 바와 같이, 개정안에 의할 경우 E는 A가 이사로 있는 회사(甲)와 거래하기 위하여 그 회사 이사회의 사전승인을 얻어야 한다. 이때 이사회 승인은 E의 거래로 인하여 A의 이익과 회사(甲)의 이익이 실질적으로 충돌되지 않는 경우에도 그 거래의 객관적인 성질에 따라 요구된다는 점에서 거래 주체인 E의 입장에서는 상법이 너무 과도하게 사적계약에 개입하여 규제하는 문제가 있다. 또 거래의 상대방인 甲의 입장에서는 이사회의

15) 상법상 자산총액이 2조 원 이상인 상장회사는 특수관계인을 상대방으로 하거나 그를 위하여 대규모거래를 할 경우에는 이사회의 승인을 받아야 하고, 정기주주총회에 당시의 거래상황을 보고하여야 한다.

16) 김재범, "회사지배구조 관련 회사법제의 나아갈 방향 - 2008년 상법개정안 검토 -", 23면.

17) Revised Model Business Corporation Act § 8.60(1), § 8.60(3).

18) 정경영, "회사법 개정안의 중요쟁점에 관한 고찰 - 주식회사의 지배구조를 중심으로 -", 458면.

소집 등 절차의 번잡으로 거래의 신속성이 침해되어 적절한 투자기회를 상실할 우려도 있다.

E는 A와는 다르게 회사(甲)와는 직접적인 위임관계에 있지 않다. 따라서 개정안의 이사 등의 자기거래에 대한 금지(제한)의 실효성을 확보하기 위해서는 E가 甲회사 이사회의 승인 없이 甲과 거래하는 경우 甲과 무관한 E에게까지 책임을 돌릴 수 없는 것이고, A가 상법상 자기거래금지의 규정을 위반한 것으로 할 수밖에 없다. 즉 이사회 승인 없이 행한 자기거래로 인하여 회사가 손해를 입었다면 A는 손해배상책임까지 부담해야 한다.

이렇게 볼 때 개정안에서는 이사회의 승인을 받아야 하는 자기거래의 주체를 너무 광범위하게 인정하다 보니, 개정안의 경우가 현행 상법보다 이사가 의무위반과 그로 인한 손해배상책임에 노출될 위험이 더욱 높아졌다는 문제가 있다.

이는 근대 사법상 과실책임원칙(Prinzip der Culpahaftung) 내지 자기책임의 원칙이 배제되는 효과를 낳는다. 이런 경우 미국에서는 '이사는 이사관계자가 회사와 거래할 시점에서 거래당사자라는 사실, 또는 자신이 그 거래에 대하여 금전적으로 실질적인 이해관계가 있거나, 그 거래에 매우 밀접하게 연관되어 있어서 당해 거래를 체결할지의 여부를 이사회가 의결하게 된다면 그 거래에서의 이익이 이사의 판단에 영향을 미칠 수 있다고 합리적으로 예상되는 정도로 금전적 이익이 있다는 사실을 이사가 알고 있을 때' 이사(A)와 회사(甲) 사이 이익충돌이 있는 것으로 규정하고 있음을 참고할 필요가 있다.

다. 이사회의 '사전승인'의 명시

1) 상법규정

상법상 이사의 자기거래에 대한 이사회의 승인에는 전체 이사 과반수의 출석과 출석이사 과반수의 찬성이 필요하다(§391①). 상법상 명문의 규정은 없지만, 판례는 이사가 자신의 자기거래에 대한 승인을 받기 위해서는 우선 그 거래에 대한 자기의 이해관계를 개시(disclosure)하여야 한다고 보고 있다.[19] 이러한 이해관계의 개시는 이사회가 당해 이사의 자기거래에 대한 승인여부를 합리적으로 판단함에 있어서 중요한 단서가 된다. 이사의 자기거래에 대해 이해관계가 있는 이사는 자신의 투표권을 행사할 수 없으며(§391 ③), 또 이사의 자기거래에 대한 승인권을 가진 각각의 이사는 자신의 권한 전부를 대표이사에게 위임할 수 없다.

2) 승인시기의 문제

이사의 자기거래에 대한 이사회의 승인은 원칙적으로 사전에 개별적으로 있어야 한다. 이사의 자기거래를 이사회가 사후에 승인(즉 추인)하는 것이 가능한지에 관하여 학설과 판례가 갈린다. ① 이사회의 추인이 가능하지 않다는 견해는, 그 근거로서 이사회의 추인을 인정할 경우 이사로 하여금 자기거래를 부추기는 결과를 야기하게 될 우려가 있어서 상법상 자기거래금지의 실효성이 떨어진다는 점, 추인을 허용하면 이사의 자기거래 자체가 유효하게 되어 이사의 책임을 추궁할 수 없다는 점 등을 그 이유로 들고 있다.[20]

또한 ② 추인이 가능한 것으로 보는 입장에서는, 상법상 이사의 자기거래 금지의 목적은 거래의 공정성을 확보하는 데 있는 것이므로 이 목적을 달성할 수 있는 한 굳이 이사회의 승인시기는 그렇게 중요하지 않다는 견해이다.[21] 다만 이 견해에서도 추인은 해당 자기거래를 사후적으로 승인하는 것에 지나지 않기 때문에 회사는 여전히 이사에 대하여 손해배상책임을 추궁할 수 있고, 주주총회에서 해임하는 것도 가능하다고 말한다.

---

19) 이는 '이사와 회사 사이의 이익상반의 거래가 비밀로 행해지는 것을 방지하고, 거래의 공정성 확보와 더불어 이사회에 의한 적정한 직무감독의 행사를 보장하기 위함'이라고 한다(대판 2007. 5. 10, 선고 2005다4284).

20) 이철송, 제16판 「회사법강의」, 박영사, 2009, 642면, 임중호, "이사의 자기거래의 규제", 「중앙대 법학논문집」, 제17집, 중앙대학교 법학연구소, 1993, 117면.

21) 권기범, 제2판 「현대회사법론」, 삼지원, 2005, 669~670면. 한편, 대법원 판례는 "이사회의 승인을 얻지 못한 자기거래를 한 이사의 행위는 일종의 무권대리인의 행위로 볼 수 있고, 무권대리인의 행위는 추인이 가능하기 때문에 이사의 자기거래에 대하여 이사회의 사전승인뿐만 아니라 사후승인도 가능하다고 보아야 한다."고 판시하고 있는바(대판 2007. 5. 10, 선고 2005다4284), 상법 제398조는 이사회의 승인이라고 규정하고 있으나 판례에 따르면 이는 사전(ex ante)이나 사후(ex post)승인을 다 의미하는 것으로 풀이된다.

3) 개정안

개정안에서는 이사회의 승인은 자기거래의 이전에 있어야 함을 명시적으로 규정하고 있다. 문리적으로 보아 개정안 제398조 제1항은 사전승인이 있어야만 이사의 자기거래가 효력을 가진다는 점을 분명히 하고 있다. 이처럼 개정안 제398조 제1항이 사전승인만을 요구하고 사후승인을 배제하는 것으로 이해한다면, 이사회의 사후승인을 인정한 기존 판례와 충돌되는 듯이 보인다. 그러나 판례에서 사후승인은 개정안 제398조 제2항의 반대해석에 의하여 인정될 수 있는 까닭에 개정안 제398조 제1항을 사전승인만을 규정한 것으로 풀이하여도 무방하다.[22)]

라. 거래의 공정성 요건 추가

1) 상법규정

상법 제398조는 이사의 자기거래가 공정하지 않으면 이사회의 승인을 받지 못할 것을 전제로 하고 있지만, 만약 이사회의 승인이 있어도 거래의 내용이 현저하게 불공정한 경우에는 그 이사회의 승인을 무효로 하여야 할 것으로 풀이된다. 즉 현행 상법에서는 절차적인 요건을 충족하면 실체적인 공정성이 담보된다고 보아 거래의 공정성을 명시적으로 요구하고 있지 않다.[23)]

2) 개정안

개정안은 명문으로 거래의 내용이 공정하여야 한다는 요건을 추가하고 있다(§398① 후문). 즉 이사 등의 자기거래가 이사회의 사전승인 이외에 공정

---

22) 즉 대법원은 "이사회의 승인을 얻은 경우 민법 제124조의 적용을 배제하도록 규정한 상법 제398조 후문의 반대해석상 이사회의 승인을 얻지 아니하고 회사와 거래를 한 이사의 행위를 일종의 무권대리인의 행위로 볼 수 있고 무권대리인의 행위에 대하여 추인이 가능한 점에 비추어 보면, 상법 제398조 전문이 이사와 회사 사이의 이익상반의 거래에 대하여 이사회의 사전승인만을 규정하고 사후승인을 배제하고 있다고 볼 수는 없다."고 판시한다(대판 2007. 5. 10, 선고 2005다4284).

23) 김원기, "이사의 자기거래와 사후승인 – 대판 2007. 10. 5, 선고 2005다4284 판결을 대상으로 하여 –", 「상사판례연구」, 제20집, 제3권, 한국상사판례학회, 2007, 318면.

성의 요건이 동시에 충족되어야만 유효하게 된다. 이러한 요건은 한국에서 대규모 기업의 특징이라고 할 수 있는 소유와 경영의 미분리에 기인하여 이사회의 승인 자체를 전적으로 신뢰하기 곤란하다는 의미가 반영된 것으로 보인다. 이처럼 공정성의 요건은 이사의 자기거래의 정당화 요소로서 중요한 의미를 가진다.

본래 이사 등의 자기거래에 대한 제한이 회사의 이익보다 이사의 이익을 우선시하는 행위를 금지하는 것이 그 주목적이라면, 개정안에서 공정성이 확보된 거래에 대해서도 이사회의 승인을 요구하는 것은 지나친 규제로 여겨진다.[24] 즉 공정성은 개념상 어느 한쪽에 치우치지 않는다는 의미로서 이익충돌이 발생하지 않을 것이기 때문이다. 따라서 위 예에서 볼 때, 이사(A)가 실체적으로 밀접한 관련이 없는 E의 회사(甲)와 거래에 대해서까지 책임을 부담하는 개정안에서는 그 거래의 공정성이 증명되면 이사회의 승인이 없어도 되는 것으로 하거나, 적어도 이사와 그 배우자 또는 이들이 대주주로 있는 회사의 경우에는 그렇지 않은 경우와 분리하여 전자의 경우에는 이사회의 승인요건과 공정성 요건을 동시에 요구하고, 후자의 경우에는 공정성 요건만을 요구하여 이사의 부담을 덜어 주는 방안이 고려되어야 할 것으로 생각된다.

또 개정안은 거래내용의 공정성이 구체적으로 무엇을 의미하는지와 그에 대한 입증책임을 누가 부담하는지에 관해서도 규정하고 있지 않다. 미국의 경우에 주법원(델라웨어)의 판례에 따르면 공정성을 대체적으로 절차의 공정성과 가격의 공정성으로 나누어, 회사가 이사와 거래를 결정하게 되는 과정에서 공정성이 철저히 확보되면 가격의 공정성은 용이하게 인정하되, 회사 내부의 절차상 공정성 확보에 관련된 입증책임은 이사와 거래결정의 과정에 대해 경영판단의 원칙이 적용되기 때문에 그러한 공정성을 부인하는

24) 미국에서는 이사회의 승인이 없는 자기거래라고 하여도 공정성만 확보되면 그 거래는 유효한 것으로 취급되며, 그 경우 이사의 책임은 성립하지 않는다(Revised Model Business Corporation Act § 8.61(b)(3), 김재범, "회사지배구조 관련 회사법제의 나아갈 방향 – 2008년 상법개정안 검토 –", 24면, 김정호, "미국회사법상 이사와 회사간 자기거래금지의 법리 – 대판 2007. 5. 10, 2005다4284의 평석을 겸하여 –", 「고려법학」, 고려대학교 법학연구원, 2007, 141면, 151면).

쪽에서 부담한다는 것이다.[25)]

3) 소결

개정안이 수정 없이 원안대로 시행될 경우 회사(甲)는 대체 가능한 거래상대방이 있다면, 굳이 거래의 공정성까지 증명해 가면서 E와 거래를 하려고 하지 않을 것이다.[26)] 한편 甲회사와 전혀 관련 없는 E에게 거래의 공정성에 대한 입증책임을 부담시키는 것은 사적인 거래에 상법이 예단하여 너무 지나치게 개입하는 측면이 있을 뿐만 아니라 E 또한 입증의 부담으로 인하여 회사와 거래를 회피하는 유인을 가질 수 있다. 또 이러한 거래회피의 유인을 줄이기 위하여 이사(A)와 밀접한 관련자로 간주되는 E의 회사와 거래에 대해 이사(A)로 하여금 공정성의 입증책임을 부담하도록 한다면, 이 또한 이사에게 과도한 부담이 될 것이다.

결국에는 개정안을 수정 없이 원안대로 시행할 것을 고집한다면, 상술한 공정성 요건을 미국에서와 다르게 해석하여 이사(A)가 회사(甲)와 E 사이의 거래가격의 공정성 정도만을 입증하면 충분한 것으로 하여 이사의 부담을 덜어 주는 방안이 고려되어야 할 것이다.

---

25) 김건식, "자기거래와 미국회사법의 절차적 접근방식", 「법학」, 제35권, 제1호, 서울대학교 법학연구소, 1994, 279면. 또한 미국법상 자기거래의 주체인 이사와 관련해서 그 거래가 경영판단의 사항이 아니기 때문에 그가 당해 거래의 회사에 대한 공정성을 입증하면 유효한 거래로 된다.

26) 권재열, "대법원 판례상 경영판단의 원칙에 관한 소고", 「증권법연구」, 제9권, 제1호, 한국증권법학회, 2008, 258~259면.

Ⅲ. 회사의 사업기회 유용금지(§ 398③ 신설)

현 행	개정안
제398조(이사와 회사 간의 거래) 이사는 이사회의 승인이 있는 때에 한하여 자기 또는 제삼자의 계산으로 회사와 거래를 할 수 있다. 이 경우에는 민법 제124조의 규정을 적용하지 아니한다.	**제398조(이사와 회사 간의 거래)** ①·② 생략 ③ 이사가 장래 또는 현재에 회사의 이익이 될 수 있는 다음 각 호의 어느 하나에 해당하는 회사의 사업기회를 제삼자로 하여금 이용하도록 하여 회사와 거래를 하는 경우에는 제1항에 따른 이사회의 승인을 받아야 한다. 1. 직무를 수행하는 과정에서 알게 되거나 회사의 정보를 이용한 사업기회 2. 회사가 수행하고 있거나 수행할 사업과 밀접한 관계가 있는 사업기회

1. 현행법과 비교

현행 상법은 회사의 사업기회의 유용금지에 관하여 명문으로 규정하고 있지 않다. 개정안 제398조 제3항은 이사가 장래 또는 현재에 회사이익이 될 수 있는 회사의 사업기회를 제삼자로 하여금 이용하도록 하여 회사와 거래하는 경우에는 이사 등의 자기거래와 같이 이사회의 승인을 받도록 규정하고 있다.

개정안에서 이사회의 승인을 받아야 하는 거래의 요건을 본다면 다음과 같다. (1) 주체는 이사에 한정되며, (2) 장래 또는 현재에 회사에 이익이 될 수 있는 사업기회이면서 동시에 ① 직무를 수행하는 과정에서 알게 되거나 회사의 정보를 이용한 것이거나 ② 회사가 수행하고 있거나 수행할 사업과 밀접한 관계가 있는 사업기회이어야 하며, (3) 그런 사업기회를 제삼자로 하여금 이용하도록 하여 회사와 거래를 하는 경우라야 한다. 개정안에서는 집행임원에 의한 회사의 사업기회 유용의 경우 제398조 제3항이 준용된다(§408의 9).

2. 개정안의 검토

가. 회사의 사업기회 유용금지의 취지

1) 미국의 경우

미국의 경우 '회사기회의 유용(usurpation of corporate opportunity)금지'는 회사의 종류를 불문하고 이사 및 임원을 비롯하여 지배주주나 중요한 피용자(key employee)에게도 적용된다.[27] 그러나 미국의 주회사법은 회사기회의 유용금지에 관한 명문규정을 두고 있지 않으며, 판례법에서도 '회사기회'의 성립기준을 다양하게 제시하고 있기 때문에 회사기회의 유용을 간결·명백하게 정의하기는 쉽지 않다.[28]

미국의 판례법상 회사의 기회유용에 대한 개념은 이사가 회사이익이 될 수 있는 기회를 자신 또는 제삼자의 이익으로 편취하여 이사의 개인적 이익을 회사의 이익보다 우선하는 행위라고 할 수 있다.[29] 여기서 미국 판례법상 명백하게 알 수 있는 사항은 ① 회사와 거래는 회사의 기회에 포함되지 않으며, ② 회사기회의 유용에 대한 규제는 공정성의 담보가 핵심인 이사의 자기거래와 달리 회사기회(및 이를 이사가 이용한다는 사실 포함)를 개시(disclosure)하는 것이 중요한 요건이다.[30]

2) 개정안

정부의 개정안은 유용금지의 대상이 되는 회사의 사업기회를 장래 또는

---

27) 그런데 상법에는 회사의 사업기회 유용을 직접적으로 금지하는 명문규정이 없는 관계로 인하여 그에 관한 정립된 법리가 존재하지 않는다.

28) 권재열, "회사기회의 법리 - 2007년 2월 조정된 상법개정안의 비교법적 검토 -", 「상사법연구」, 제25권, 제4호, 한국상사법학회, 2007, 71~72면.

29) 권순희, "상법 개정안 제398조 제3항(회사기회의 유용금지)에 관한 이론적 검토", 「상사법연구」, 제26권, 제3호, 한국상사법학회, 2007, 43면, 김홍기, "회사기회의 법리와 한국의 해석론, 입법방안에 대한 제안", 「상사판례연구」, 제20집, 제2권, 한국상사판례학회, 2007, 123면.

30) 서완석, "회사기회 유용금지의 이론", 「법학논총」, 제27권, 제1호, 전남대학교 법률행정연구소, 2007, 241~242면.

현재에 회사의 이익이 될 수 있는 것이면서 직무를 수행하는 과정에서 알게 되거나 회사의 정보를 이용한 사업기회 내지 회사가 수행하고 있거나 수행할 사업과 밀접한 관계가 있는 사업기회로 정의하고 있다.

개정안은 '사업기회 유용금지의 제도를 도입함으로써 이사의 회사에 대한 사업기회 유용에 대한 인식을 새롭게 하고, 이사의 관련 위법행위에 대한 책임근거로 활용될 것으로 기대'하고 있다. 이는 상법상 이사의 충실의무를 규정한 제382조의 3은 이사와 회사 간의 이익충돌의 방지를 위한 일반규정으로서 제대로 기능하지 못하고 있다는 점을 감안하여, 이익충돌의 새로운 유형으로서 이사에 의한 회사의 사업기회의 유용을 금지하려는 것으로 판단된다.[31)]

그런데 개정안 제398조 제3항은 이사가 사업기회를 제삼자에게 이용하도록 하여 회사와 거래하는 경우에 한하여 규제하는 까닭에 제삼자가 회사 이외의 자와 거래하는 것에 대해서는 언급이 없다. 이는 개정안 제398조 제3항이 미국법상 이사의 회사기회의 유용금지의 전형적인 형태와 거리가 있음을 보이는 것이다.

또 개정안은 이사가 회사의 사업기회를 제삼자로 하여금 이용하도록 하여 회사와 거래하는 경우 이사회의 승인을 요구하고 있어서, 이는 미국법상 회사기회의 법리(corporate opportunity doctrine)를 직접 도입한 것이라기보다 이사의 자기거래에 해당하는 거래를 구체적으로 예시한 것에 지나지 않는다.[32)]

그 이유는 이사의 자기거래에 대하여 책임추궁을 하기 위해서는 회사의 거래로 인한 이득이 직접 또는 간접적으로 이사에게 귀속되어야 한다. 따라서 개정안에서 제삼자의 회사와 거래를 이사의 자기거래에 포함시키려면 이사와 제삼자 사이에 위탁, 대리나 대표 등 일정한 관계가 있어서 이익이 이사에게 귀속되는 조건을 붙여야 하는데, 개정안은 이에 대하여 규정하고 있지 않아서 문제이다.

---

31) 권기율, "상법 일부개정법률안 검토보고(회사편)", 151면.

32) 김재범, "회사지배구조 관련 회사법제의 나아갈 방향 – 2008년 상법개정안 검토 –", 31면, 김홍기, "회사기회의 법리와 한국의 해석론, 입법방안에 대한 제안", 124면.

나. 회사이익의 요건

개정안 제398조 제3항은 유용금지의 대상이 되는 것은 '이사가 장래 또는 현재에 회사의 이익이 될 수 있는 회사의 사업기회'이면서, ㉠ 직무관련성(제1호) 또는 ㉡ 사업관련성(제2호)이 있어야 한다. 이러한 회사의 사업기회의 요건에 대하여 종래부터 너무 추상적이고 모호하여 기업가의 창의적인 사업 확장을 방해할 우려도 있다는 견해가 제기되었다.

즉 '장래의 회사이익'에서 장래의 시점도 불분명하며 또한 회사의 이익이 될지의 여부도 사후적으로 판단할 수밖에 없는 사항이기 때문에 결국은 사후적으로 사업성공의 여부에 따라 이사가 회사의 사업기회를 유용한 것으로 될 것인지의 여부가 결정된다. 이는 결국 사후에 성공한 사업에 한하여 이사가 회사의 사업기회를 유용한 것으로 될 가능성이 높게 된다는 것이다.[33]

그러나 회사의 사업기회가 표면적으로는 개정안 제398조 제3항의 금지대상에 해당되어도 회사가 그러한 사업기회를 이사가 이용하는 것을 승인하는 경우 또는 회사가 그러한 사업기회를 재정적인 이유에서 활용할 수 없어서 그 기회를 포기한 경우에는, 만약 이사가 그런 사업기회를 이용하였다고 하여도 자원의 효율적인 분배의 차원에서 이사의 책임을 문제 삼을 수 없을 것이다.[34] 따라서 개정안이 회사의 사업기회 유용금지규정을 신설하여도 이사가 위와 같은 경우에 있어서는 면책을 주장할 수 있도록 해야 하며, 아울러 그에 대한 입증책임의 분담 등에 관련된 사항도 규정하는 방향으로 개선할 필요가 있다.

다. 공정성 요건의 배제

개정안 제398조 제3항은 이사가 사업기회를 제삼자에게 이용하게 하여 회사와 거래하는 경우에는 절차적인 요건인 동 조 제1항에 따른 이사회의

33) 김홍기, "회사기회의 법리와 한국의 해석론, 입법방안에 대한 제안", 124~125면, 최완진, "상법개정의 방향에 관한 고찰", 『외법논집』, 제25집, 한국외국어대학교 법학연구소, 2007, 192~193면.

34) 김홍기, "회사기회의 법리와 한국의 해석론, 입법방안에 대한 제안", 116~118면, 최완진, "상법개정의 방향에 관한 고찰", 194면.

승인이 있어야 한다고 규정하고 있다. 동 조 제1항과 제3항이 동일한 자기거래의 범주에 속함에도 제3항의 경우에 거래내용이 공정할 것을 요구하지 않고 있다. 미국의 경우 적어도 회사기회의 법리에 한정하여 볼 때 공정성이라는 개념은 지나치게 모호하다는 평가를 받고 있다.[35] 이러한 공정성의 항변을 허용한다면, 공정성 여부의 판단과 관련하여 법원이 재량권을 행사할 수 있으며, 그로 인한 법적 불안정이 야기될 수 있다고 보아 도리어 공정성 요건을 요구하지 않는 것이 바람직하다는 견해도 제시된다.

개정안을 선의로 해석하면(즉 입법 차원에서 무의식적인 실수가 아니라면) 공정성 여부는 미국의 경우와 같이, 이사의 회사의 사업기회 유용으로 인한 회사의 손해배상청구액의 산정에 충분히 고려될 수 있을 것이다.[36] 따라서 개정안에서는 굳이 공정성을 실체적인 요건으로 규정할 필요가 없다는 점을 감안한 것으로 생각된다. 그렇지만 개정안의 의도가 그러할지라도 근본적으로 회사의 사업기회 유용을 이사 등의 자기거래의 구체적인 유형으로 인식하면서도 공정성 요건만을 미국의 회사기회의 법리와 동일하게 법규정에서 배제하고 있는 것은 상당히 아쉽다.

Ⅳ. 이사의 책임감경(§ 400②)

현 행	개정안
제400조(회사에 대한 책임의 면제) 전조의 규정에 의한 이사의 책임은 총주주의 동의로 면제할 수 있다.	**제400조(회사에 대한 책임의 감면)** ① 제399조에 따른 이사의 책임은 주주 전원의 동의로 면제할 수 있다. ② 회사는 정관으로 정하는 바에 따라 제399조에 따른 이사의 책임을 이사의 최근 1년간의 보수액(상여금과 주식매수선택권의 행사로 인한 이익을 포함한다.)의 6배(사외이사의 경우는 3배)를 초과하는 금액에 대하여 면제할 수 있다. 다만 고의 또는 중대한 과실로 손해를 발생시킨 경우와 제397조 및 제398조에 해당하는 경우에는 그러하지 아니하다.

35) 권재열, "회사기회의 법리－2007년 2월 조정된 상법개정안의 비교법적 검토－", 88～89면.

36) 김정호, "미국회사법상 이사와 회사간 자기거래금지의 법리－대판 2007. 5. 10, 2005다4284의 평석을 겸하여－", 170면 이하.

1. 현행법과 비교

상법 제400조는 이사의 회사에 대한 책임을 총주주의 동의로 면제할 수 있다고 규정하고 있다. 개정안 제400조 제2항은 기존의 책임면제 이외에 정관에서 정하는 바에 따라 그 일부를 감경하는 것을 허용하고 있다. 구체적인 책임감경의 기준으로서 이사의 최근 1년간 보수액의 6배(사외이사의 경우 3배)를 초과하는 금액을 면제할 수 있으나, 다만 이사가 고의 또는 중대한 과실로 손해를 발생시킨 경우와 이사의 경업금지의무(§397) 및 자기거래금지(제한)(§398)를 위반한 경우에는 면제할 수 없다. 이와 함께 개정안에서는 집행임원의 회사에 대한 책임의 경우에 제400조가 준용된다(§408의 9).

2. 개정안의 검토

가. 이사의 책임감경의 취지

주주가 지분적 이해관계를 가지고 있는 주식회사의 경우에는 그 특성상 재산권인 손해배상청구권을 포기하는 것은 결과적으로 주주에게 손실을 초래한다. 그릇된 행위(misconduct)에 대한 배상책임제도의 불가피한 효과를 인정한다면, 이사의 책임을 면제하는 것은 엄격한 조건 아래 이루어져야 한다. 이에 따라 현행 상법 제400조에서는 다수결이 아닌 총주주의 동의가 있어야만 이사의 책임을 면제할 수 있다고 규정하고 있다.

상법상 주식의 포괄적 교환이나 주식의 포괄적 이전 등을 통하여 어느 한 회사가 다른 회사의 주식 전부를 소유하는 완전모회사(지주회사)와 완전자회사의 관계가 형성된 경우에는 항상 총주주(완전모회사)의 동의에 의하여 완전자회사 이사의 책임을 면제시킬 수 있다. 그러나 상장회사의 경우 총주주의 동의를 얻는다는 것이 현실적으로 불가능하기 때문에 유능한 경영인을 이사로 영입하여 회사의 이익증대에 기여하는 데 도움이 되기 위해서는 현행 상법보다 더 완화된 요건에 의한 책임제한제도를 마련하자는 주장이 제기되어 왔다.[37] 판례도 누차에 걸쳐 이사의 회사에 대한 책임은 제한이 가능한 것으로 판시해 오고 있다.[38]

개정안은 그동안 제시되었던 이사의 책임제한제도의 도입을 수용하여 현행 상법보다 더 완화된 방법으로 이사의 책임을 일부 면제할 수 있는 길을 열어 두면서 '유능한 경영인을 쉽게 영입하고 이사의 진취적인 경영이 활성화될 것으로 기대'하고 있다. 미국식의 경영판단의 원칙이 적용되지 않는 한국에서 이사의 책임제한은 이사직에 대한 선호를 증가시킬 것은 분명하다. 특히 사외이사의 법적 지위나 회사 내부의 정보에 대한 접근가능성이 사내이사보다 열등한 현실을 고려하여 사내이사와 사외이사의 책임제한의 폭을 다르게 정한 것도 사외이사직에 대한 좋은 유인책이 될 것이다.[39]

이 밖에 개정안이 이사의 책임제한을 허용함으로써 그동안 기업이 부담해 온 이사의 임원배상 책임보험료를 줄이는 효과 등 다양한 긍정적인 기능을 예상할 수도 있다. 그러나 또 다른 한편으로는 이사의 책임감경은 회사손실이 전액 보전되는 것을 방해하여 회사채권자를 해칠 수도 있으므로 개정안이 책임감면액의 일정한 한계를 두고 있는 것은 일응 바람직한 방안이라고 생각된다.

나. 책임감경제도 채택의 자유

개정안에서 이사의 책임감경은 정관에 규정을 둔 경우에 한하여 가능하므로 회사는 책임감경제도의 채택여부를 자유롭게 결정할 수 있다. 그러나 이사의 책임감경은 주주의 부(wealth)에 부정적인 영향을 미칠 수 있는 사항임

37) 최문희, 「이사의 손해배상책임의 제한」, 경인문화사, 2004, 19~20, 황근수, "상법상 이사의 손해배상책임가능성에 관한 고찰", 「상사판례연구」, 제21집, 제4권, 한국상사판례학회, 2008, 221~222면.

38) 대판 2004. 12. 10, 선고 2002다60467, 60474, 대판 2005. 10. 28, 선고 2003다69638, 대판 2007. 10. 11, 선고 2007다34746 등.

39) 김병연, "상법상 이사의 책임제한에 관한 연구", 「비교사법」, 제15권, 제1호, 한국비교사법학회, 2008, 238, 263면, 정경영, "회사법 개정안의 중요쟁점에 관한 고찰-주식회사의 지배구조를 중심으로-", 455면.

에도 불구하고 실제 정관에 규정을 두는 과정은 이사회가 주도하게 되므로 일본 신회사법의 경우를 참조하여, 다음과 같은 몇 가지 제도적인 보완이 필요하다.

즉 정관변경으로 이사의 책임감경의 규정을 두고자 하는 경우 정관의 변경을 위한 주주총회가 개최되기 이전에 감사 전원 및 감사위원회의 동의를 얻도록 하는 규정(§425③), 책임감경과 관련된 중요한 사항을 주주에게 개시(동 조②)하도록 하기 위하여 책임의 원인사실 및 배상책임액, 면제 가능한 금액의 한도 및 그 산정방법, 책임을 면제할 이유 및 면제액 등을 주주총회 소집통지서(§363②, §433②)에 기재하여야 한다는 규정, 그런 정관을 둔 경우 주식청약서(§420)에 그러한 사실을 기재하도록 하는 규정 등을 마련하여야 할 것이다.[40]

다. 최근 1년간 보수액기준의 설정

개정안 제400조 제2항은 "이사의 책임을 이사의 최근 1년간 보수액(상여금과 주식매수선택권의 행사로 인한 이익 등을 포함한다.)의 6배(사외이사의 경우는 3배)를 초과하는 금액에 대하여 면제할 수 있다."고 규정하고 있다. 이와 같이 이사의 보수액을 기준으로 정하는 것은 미국에서 발표된 '회사지배의 원칙'[41]과 입장을 같이하는 것이다.

그런데 여기서 '최근 1년'의 산정기준이 언제인지가 확실치 않다. 즉 이사의 책임의 원인이 되는 행위를 할 당시를 기준으로 할 것인지 또는 손해배상의 청구소송의 확정판결이 나오는 시기 등을 기준으로 할 것인지가 불분명하다. 이사가 책임의 원인행위를 하여도 상당히 장기간이 경과한 후에야 손해배상 청구소송의 확정판결이 내려지는 현실을 고려한다면 어느 시기를 기준으로 삼을 것인가에 따라 책임경감의 범위가 달라질 수 있다.[42]

---

40) 박효준, "이사의 책임제한에 관한 상법개정안 검토", 「상사판례연구」, 제20집, 제3권, 한국상사판례학회, 2007, 71~72면.

41) American Law Institute, Principles of Corporate Governance: Analysis and Recommendations § 7.19, 1994.

라. 책임감경의 예외사유 인정

1) 개정안

개정안 제400조 제2항은 이사의 책임감경에 대한 예외사유로서, ① 이사가 고의 또는 중대한 과실로 손해를 발생시킨 경우, ② 제397조(이사의 경업금지) 및 제398조(이사의 자기거래금지)에 해당하는 경우를 한정적으로 열거하고 있다. 개정안이 책임감경의 예외적인 사유를 구체적으로 규정하고 있는데, 이는 미국의 입법과 같은 입장이다. 이러한 입법에 대하여 책임감경 사유와 그렇지 않은 사유를 설정하는 기준이 모호할 수밖에 없기 때문에 문제이다.[43]

2) 개선책

위의 내용에서 전자의 경우 고의로 인하여 손해가 발생한 때에 책임감경을 불허하는 것은 정의 또는 법감정은 물론이고 이사의 도덕적 해이를 방지하기 위한 차원에서 당연하다. 또 중과실은 고의와 동등하게 평가될 수 있는 주관적 사정일 뿐만 아니라 고의를 증명하는 것이 용이하지 않다는 점을 감안하여 그 증명의 곤란을 덜어 주기 위하여 중대한 과실이 있는 경우까지 책임감경의 예외로 인정하고 있다. 결국 이사의 감시・감독의 의무위반으로 인한 책임처럼 이사의 경과실에 의한 책임만이 감경될 수 있다.[44]

또한 후자의 경우에는 이사의 경업이나 자기거래는 회사의 이익을 편취하는 것이므로 비난받아 마땅하기 때문에 책임감경의 예외사유로 규정한 것이

---

42) 한편 이사의 보수와 관련하여, 회사의 급부가 이사의 직무집행의 대가의 성질을 가진다면 그 명칭에 상관없이 이사의 보수에 해당한다(대판 2004. 12. 10. 선고 2004다25123). 대개 월급, 각종의 수당, 상여금 등은 전형적인 이사의 보수라고 할 수 있으며, 퇴직위로금도 이사의 보수에 속한다. 따라서 굳이 개정안(§ 400②)이 "상여금과 주식매수청구권의 행사로 인한 이익 등을 포함한다."는 내용을 적시할 필요가 있을까.

43) 이 경우 선의・무중과실에 의한 행위에 대하여 책임을 감경하는 일본의 예를 따르자는 견해도 있다(최문희, 「이사의 손해배상책임의 제한」, 267~268).

44) 강대섭, "이사의 책임제한에 관한 입법론 검토", 「지식사회와 기업법」, 이기수 교수 화갑기념논문집, 2005, 123면, 김차동, "이사의 책임제한의 근거 및 논리구조", 「법학논총」, 제24집, 제2권, 한양대학교 법학연구소, 2007, 365면.

다. 한편 개정안은 이사의 충실의무를 규정한 상법 제382조의 2를 위반한 경우를 예외사유로 인정하지 않고 있는바, 이는 상법 제382조의 2가 충실의무의 일반규정으로서 기능하지 못하는 것을 의미한다고 본다.

따라서 개정안은 구체적이면서도 대표적인 이익충돌거래의 금지규정들을 위반한 경우만을 예외사유로 인정하고 있는 것으로 보인다. 그러나 개정안 제398조 제1항이 이사의 책임을 무과실책임에 버금가는 정도로 확장시키고 있어 이사의 책임이 가중되는 것을 어느 정도 상쇄시킬 필요가 있다. 즉 적어도 이사 자신 내지 그 배우자가 스스로 또는 직접적으로 개입되지 않거나 밀접한 관계가 있는 자의 자기거래위반이 있어도 이사가 그 거래가 이루어진 시점에서 거래 자체를 알지 못하는 경우에는 이사의 책임을 감경시킬 필요도 있을 것이다.

Ⅴ. 결 론

2008년 10월 상법개정안은 이사의 의무 및 책임과 관련하여 많은 변화를 추구하고 있지만, 한국의 기업현실 내지 현행 법체계와 동떨어져 성급한 면이 없지 않다. 이러한 내용을 몇 가지 언급해 보면 다음과 같다.

① 개정안 제398조 제1항은 이사의 자기거래의 승인대상을 확대하고 있다. 이는 이사와 회사 간의 이익충돌의 염려가 있는 이사의 자기거래에 대하여 이사회의 승인이 있을 것을 요구하며, 그 염려의 유무는 거래의 객관성을 감안하여 판단한다. 따라서 개정안에 의하면 이사와 밀접한 관계에 있는 자로 규정된 자가 이사회의 승인 없이 회사와 거래하는 경우에 설령 이사가 그 거래를 알지 못하여도 의무위반으로 인한 책임을 부담하게 된다. 이는 이사에게 무과실책임인 양 너무나 과도하게 책임을 부담시키는 꼴이다. 더욱이 개정안에서는 공정성 요건도 신설하고 있는바(§398① 후문), 거래가 공정한 경우 실제 이익충돌의 염려는 없을 것이기 때문에 공정성의 요건을 이사

회의 승인보다 선택적으로 우선시키는 방안도 고려할 필요가 있다.

② 개정안 제398조 제3항은 회사의 사업기회 유용금지를 신설하고 있다. 그런데 이사가 회사의 사업기회를 제삼자로 하여금 이용하게 하여 회사와 거래하는 경우에 대해서만 이사회의 승인을 요구하고 있을 뿐이다. 이는 미국법상 '회사기회의 법리'를 도입한 것보다는 이사의 자기거래(§398)의 범주에 속하는 거래를 구체적으로 예시한 것에 지나지 않는다고 본다. 또 개정안은 이사가 회사의 사업기회를 활용한 것에 대하여 면책을 주장할 수 있는 경우에 대해서는 규정하고 있지 않다.

③ 개정안 제400조 제2항은 동 조 제1항의 주주 전원의 동의에 의한 이사의 책임면제 이외에도 이사의 책임감경제도를 신설하고 있다. 이에 의하면 정관으로 정하는 바에 따라 이사의 책임을 감경할 수 있으나, 이사가 고의 또는 중대한 과실로 손해를 발생시킨 경우와 제397조(경업금지) 및 제398조(자기거래금지)에 해당하는 경우에는 책임을 감경할 수 없다. 그러나 개정안 제398조 제1항에 따른 이사의 책임이 가중되어 있기 때문에 적어도 이사 내지 그 배우자가 개입되지 않았거나 또는 밀접한 관계가 있는 자가 자기거래금지의 위반이 있더라도 이사가 당해 거래 자체를 알지 못한 경우에는 이사의 책임이 경감되도록 하여야 할 것이다.

제5장

持株會社 株主의 法的 利益保護와 理事의 責任

Ⅰ. 서 론

한국의 경우 持株會社의 規制는 1980년 제정된 '獨占規制 및 公正去來에 관한 法律'(이하 '독점규제법'이라 한다.)에서 규정(1986년 동법개정에 의한 지주회사의 금지)하고 있던 것이 1999년 해금되었다.[1] 지주회사 금지 규정의 중요한 이유 중 하나는 企業의 支配構造(Corporate Governance)와 관련하여 經濟力集中에 대한 문제를 발생시키기 때문이다.[2] 현행 독점규제법(2007. 10. 법률 8666호)은 경제력집중의 완화와 관련 있는 출자총액제한과 금융보험회사의 의결권제한에 치중되어 있는데, 이러한 부분과 상당히 유기적 관련을 가지는 것이 지주회사에 관한 부분이다.

아직까지 국내에서 持株會社에 있어 법적 분쟁의 해결방안(특히 주주의 법적 이익보호)에 대한 論議가 없는 것은 지주회사의 설립 및 운용에 관하여 법적 내지 제도적 장애가 원인이며, 동시에 지주회사의 순기능에 좇은 활용에 있어서 기업의 미온적인 태도이다.[3] 法的인 측면에서 지주회사에 관한 규제와 행위제한이 孫子會社에까지 미치게 됨으로써 손자회사는 많은 법적 규제를 받으면서 사실상 회사로서의 권리능력을 상실하고 있다. 현재 企業主는 지주회사의 활용에 따른 M&A에 의한 經營權의 상실을 염려하고, 대주주 및 경영진은 기업운용에 대한 影響力의 행사가 반감되지 않을까 하는 두려움이 그 이유다.

한편, 지주회사에 관한 상법상의 직접적인 규정은 없고 獨占規制法에서 규정하고 있는바, 持株會社란 '株式(지분을 포함한다. 이하 같다.)의 所有를

---

1) 당시 持株會社의 설립 및 전환에 대한 許容은 주요 대기업들의 財閥構造에 의한 기업경영의 폐단을 시정하기 위함이었다(권영애, "企業支配構造의 변환과정과 持株會社 理事 責任의 문제점", 「상사판례연구」, Vol.19, No.8, 한국상사판례학회, 2006, 297~298면, 이기수·유진희, (제7판) 「經濟法」, 세창출판사, 2006, 132~135면). 또 2000년에는 金融持株會社法제정으로 다음 해 순수지주회사 '우리금융지주(주)'가 설립되었다.

2) 企業의 支配構造에 대한 관심은 1912년 미국에서 금융자본의 산업지배와 그에 따른 폐해가 문제시되었던 것을 시작으로 하는바, 한국의 경우 상법상 企業의 支配構造에 관해서는 주주총회, 이사회·대표이사, 감사(또는 감사위원회)의 기관구성을 이루고 있다(김화진, 「理事會」, 박영사, 2005, 3면 이하).

3) 持株會社에 관한 전반적인 內容, 특히 순기능과 역기능에 관한 자세한 내용은, 이동원, 「持株會社」, 세창출판사, 2002, 丹羽哲夫, 「持株會社がわかる本」, 일본능률협회, 2000 등 참조.

통하여 국내회사의 事業內容을 支配하는 것을 主된 事業으로 하는 會社로서 자산총액이 대통령령이 정하는 금액 이상인 회사'를 말한다(동법§2 제1의 2).[4] 한국은 외환위기(IMF) 이후에 기업의 지배구조개선을 위한 차원에서 증권거래법, 보험업법, 은행법, 금융지주회사법 등에서 社外理事制度를 도입하였지만, 그 責任에 관하여 별도의 규정이 없어 商法의 적용을 받지 않을 수 없다. 그런데 商法은 理事의 責任에 관하여, 개별기업의 경우를 상정하여 이사의 책임을 규정하고 있고 社外理事 내지 持株會社 理事의 責任에 관해서는 규정이 없어 문제이다.[5]

본 연구에서는 持株會社의 활용을 전제로 하여 持株會社 株主의 法的利益保護, 즉 지주회사의 자회사에 대한 권리행사와 이것을 대신한 지주회사 주주의 권리행사 등에 대해 살펴보고, 또한 상법이 알지 못하는 持株會社 理事의 責任에 관해서도 고찰해 봄으로써 지주회사 株主의 법적 利益保護에 一助하고자 한다.

Ⅱ. 論議의 背景 및 必要性

1. 論議의 背景

持株會社의 株主가 자회사에 대하여 의결권을 행사한다거나 대표소송제기 및 장부열람권 등을 행사할 수 있는 것은 子會社(subsidiary)의 규모가 커

4) 여기서 持株會社는 다른 회사의 주식을 주된 자산으로 소유하면서 그 회사의 事業活動을 실질적으로 支配 및 管理하는 것을 주된 목적으로 하는 會社로서 資産總額이 1,000억 원 이상인 회사를 말하며, 이 경우 지주회사는 회사가 소유하는 株式의 대차대조표상의 帳簿價額의 합계액이 당해 회사의 자산총액의 50% 이상인 會社(상법상 모회사, § 342의 2①)를 의미한다(동법 시행령§ 2②). 한편, 金融持株會社法上의 持株會社에 관해서는 동법 제2조 제1호 참조.

5) 특히 社外理事에 관해서는 商事特別法에 규정되어 대부분의 자본시장을 차지하는 주권상장법인, 보험회사, 은행 및 금융지주회사 등에 적용되고, 商法上 理事會의 구성원으로서 社外理事의 概念이나 責任도 규정하지 않음으로써 상법의 형해화에 대한 우려도 문제이다(홍복기, 2006년 회사법개정시안, 「商事法研究」, 한국상사법학회, 2006, 10면).

졌기 때문이다. 지주회사에서 대부분의 사업 부문이 자회사에 있을 경우 지주회사의 주주이익은 자회사의 운용에 의존하고, 이는 지주회사의 순기능적 차원에서 볼 때 持株會社의 규모를 줄이면서 동시에 거대규모의 子會社를 효과적으로 통제할 필요성이 있다. 따라서 지주회사의 주주는 당해 법인격을 넘어 사업자회사에 대해 주주권을 행사함으로써 기존의 상법상의 불합리한 점을 제거하고자 하는 요청이 생긴다.

미국의 경우 1930년대 公益事業 분야와 製造業 분야에서 이러한 현상이 많이 나타났지만, 제조업 분야의 경우 지배적인 현상은 아니었다.[6] 이후 1970년대 들어와 은행, 보험회사, 운송회사 및 통신회사 등을 중심으로 持株會社 형태가 급격히 증가하였다.[7] 이런 현상은 企業에 대한 法的 내지 經濟的 이유에서 비롯된 것인바, 규제를 많이 받는 사업 분야에서는 법적인 이유로 그리고 상대적으로 규제를 많이 받지 않는 사업 분야에서는 경제적인 이유로 많이 이용되었다.[8] 持株會社집단의 출현에 따른 현상은 기업 내 株主와 經營者들 사이 권한분배를 규율하고 있던 기존의 회사법체계에 새로운 접근을 필요로 하였다. 持株會社로서 母會社집단의 資産이 집단 내 여러 회사로 분산되었을 때, 자회사의 행위를 승인할 수 있는 '주주들'이란 母會社인가 또는 모회사의 株主인가 하는 것이 문제되고, 만약 母會社라면 모회사의 理事會인가 또는 모회사의 株主總會인가 하는 것도 문제된다.

회사법이론에 따르면 母會社의 理事會가 자회사에 대한 의결권을 행사할 수 있는 것으로 보는데,[9] 이는 母會社가 모회사집단의 자산 중 대부분을 소유하고 있고 子會社는 극히 일부만을 소유하고 있는 기업집단을 상정한

---

6) James C. Bonbright & Gardiner C. Means, 「The Holding Company」, New York: Maple Press Company, 1932, pp.76-79.

7) 당시 이와 같은 현상은 證券業 분야에도 영향을 미쳐 35개 주식중개 및 투자회사(stockbrokerage and investment-banking houses)가 持株會社를 설립하거나 새로 설립된 子會社에 영업을 양도하게 되었다(이동원, "持株會社에 있어서 여러 法的紛爭의 解決方案에 관한 연구", 경영법률, 제15권 제2호, 한국경영법률학회, 2005, 135면).

8) 즉 規制를 많이 받는 사업 분야에서는 규제회피를 위한 수단으로, 그리고 規制를 적게 받는 사업 분야에서는 기업의 일부인수 등을 위한 수단으로 이용되었다(Melvin A. Eisenberg, 「The Structure of the Corporation」, Boston: Little, Brown and Company, 1976, p.281).

9) 김건식·노혁준, 「持株會社와 法」, 도서출판 小花, 서울대학교 금융법센터(BFL), 2005, 302~303면, 권기범, 「現代會社法論」, 삼지원, 2007, 55, 948면.

결과이다. 그런데 거대규모의 子會社가 모회사집단의 자산 중 대부분을 소유하고 있거나 또는 母會社가 자회사의 주식(지분) 전체를 갖고 있지 못한 경우에는 새로운 접근을 필요로 하게 된다.

2. 論議의 必要性

경제학적 관점에서 볼 때, 持株會社는 회사집단의 자금조달에 충실함으로써 子會社의 주식을 보유하고 자회사를 관리·감독하여 이로부터 발생하는 이익배당에 의존하는 회사다.[10] 현행법상 持株會社는 스스로 事業을 할 수 있지만(이른바 사업지주회사), 그 대부분의 수익은 자회사의 주가상승에 따른 자본이익(capital gain)을 포함하여 子會社 營業의 성공여부에 달려 있다. 그렇기 때문에 持株會社의 株主는 지주회사를 통하여 자회사에 또는 자회사를 통하여 손자회사에 모든 자본을 투자하고 있는 것으로 볼 것이다.

이는 持株會社 株主의 입장에서 볼 때 株主는 사업회사에서와 달리 이익의 원천이 되는 子會社의 사업운영에 대하여 어느 정도 관여하지 않을 수 없기 때문이다.[11] 그럼에도 불구하고, 持株會社와 子會社(또는 孫子會社)는 각각의 法人格을 가지는 회사이기 때문에 持株會社의 株主는 자신이 투자하고 있는 자회사 내지 손자회사에 대하여 법적인 權利를 行使(특히 회사법상 공익권의 행사)하기 어려운 점이 있다. 따라서 이와 같은 경제적 실체와 법적인 형태의 차이에서 야기되는 이해관계의 충돌을 적절하게 해결하는 것이 필요하다.

---

10) 前田雅弘, "持株會社の法的諸問題(2)", 資本市場, 제119호, 1995, 56면, 神作裕之, "純粋持株會社における株主保護(上)", 商事法務, 제1429호, 1996, 2면, 酒卷俊雄, "純粹持株會社と會社法上の問題", ジュリスト, 제1104호, 1997, 2526면.

11) 황근수, "持株會社의 株主保護方案", 기업법연구, 제14집, 한국기업법학회, 2003, 74~75면, 日本通商産業省編, "持株會社をめぐる商法上の諸問題", 別册 商事法務, 206호, 1998, 38면, 吉田俊宏, "持株會社をめぐる商法上の諸問題に關する研究報告の概要(上)", 商事法務, 제1486호, 1998, 9면.

Ⅲ. 株主의 法的 利益保護

1. 子會社에 대한 權利行使

가. 이론적 근거

1) 회사법규정의 왜곡 방지

회사법상 子會社에 대한 議決權 등을 행사할 수 있는 주체를 持株會社 자체라고 볼 때 지주회사의 의결권행사의 방향을 결정할 수 있는 것은 持株會社의 株主들이 되며, 이는 모회사 주주의 자회사 경영참여에 대한 미국의 투시이론(pass through theory)에 기초한 것이다. 이에 따르면 持株會社의 株主는 지주회사집단 내 子會社에 대해 의결권행사, 이사선임, 자회사의 정관변경 및 회사의 해산 등을 할 수 있다고 본다.[12] 거대규모의 子會社가 持株會社집단의 자산의 전부 또는 그 대부분을 가지고 있는 경우 株主들이란 지주회사의 이사회가 아니라 持株會社의 株主(총회)를 의미하는 것으로 해석되며,[13] 이는 자회사가 합병이나 영업양도의 경우에 '회사의 자본은 所有者로서 株主의 승인을 얻어야 한다.'는 회사법상 일반원칙에 부합하기 때문이다.

그런데 형식상 持株會社가 의결권을 行使하지만, 그 실질적인 행사의 방향은 株主들이 決定한다는 전제 아래 다음과 같은 회사법의 왜곡현상이 발생할 수 있다.

① 子會社의 合併이나 營業讓渡에서 필요한 의사 및 의결정족수보다 부족한 정족수만으로 이를 승인할 수 있다. 대개 회사법상 회사의 합병이나 영업양도의 경우 발행주식총수의 과반수 또는 3분의 2 이상의 의결정족수를 요구하고 있다.[14] 그런데 持株會社의 의사결정은 특별한 규정이 없는

12) 또한 최근 논의가 활발한 二重代表訴訟(double derivative suit)의 인정여부도 이러한 맥락에서 이해될 수 있을 것이다(中東正文, "持株會社", 法學セミナー, 제516호, 1997, 54면).

13) Melvin A. Eisenberg, 「The Structure of the Corporation」, p.285.

14) 상법에서는 정관변경이나 합병, 자본감소, 영업양도 등에 있어서 주주총회의 특별결의를 요하도록 규정하

한 出席한 株主의 의결권의 단순과반수에 의하고 그 의결정족수는 발행주식총수의 과반수 내지 그 미만이 된다.[15] 따라서 회사의 합병이나 영업양도 등 회사의 중대한 의사결정에서 높은 정족수를 규정하고 있는 회사법의 취지가 몰각된다.

② 회사법상 명시적으로 株主總會의 권한으로 유보되어 있는 경우를 제외하고는 모든 권한은 理事會의 권한으로 보아야 하며(상법§361), 정관상 이사회의 권한으로 규정하고 있는 경우도 있다.[16] 이는 회사법상 주주총회의 권한으로 유보된 명시적인 규정이 없거나 이사회가 결정한다는 근거규정이 있을 경우에는 지주회사의 주주들이 지주회사의 의사를 결정할 법적 근거가 없게 되어 회사법규정에 반하는 결과를 야기한다.

③ 자회사의 合併이나 營業讓渡의 경우 이에 반대하는 지주회사 주주의 주식매수청구권이 인정되지 않는바, 그 이유는 持株會社에서 株主의 意思는 하나의 단위로(as a unit) 결정되며 이러한 단일한 의사를 지주회사가 자회사의 주주총회에서 행사하게 됨으로써 이론상 반대주주 자체가 생기지 않기 때문이다.[17]

결국 이와 같은 회사법의 왜곡현상을 방지하기 위하여 持株會社의 이사회가 아닌 株主가 직접 子會社에 대해 議決權을 행사할 수 있도록 하는 방안을 모색해야 한다. 특히 子會社가 당해 기업집단의 실질적인 자산의 전부를 所有하고 있는 경우라면, 이는 회사법의 취지에 어긋나기 때문에 會社法의 기본정신에 맞게 合目的的으로 해석할 필요가 있다. 즉 子會社에 대한 의결권행사의 권한이 지주회사의 법인격을 투과(pass through)하여 持株會社

고 있다(동법§ 374, § 434, § 438, § 522).

15) 예컨대 거대규모의 子會社가 보유하는 資産의 합병이나 영업양도에 관한 持株會社의 意思를 결정하기 위한 持株會社 株主의 의사정족수는 發行株式총수의 4분의 1, 의결정족수는 出席한 주주의 2분의 1이면 가능하기 때문에 지주회사집단에서 실질적인 자산의 양도나 합병은 발행주식총수의 4분의 1에 미치지 못하는 의결권으로서 가능하게 된다(상법§ 368§ ①).

16) Cal. Corp. Code § § 2218 – 2224(West 1955), Ill. Ann. Stat. Ch.32, § § 157.30(Supp. 1974), Ohio Rev. Code Ann § § 1701. 46 – 47(Page 1964) 등 참조.

17) 이와 별개의 문제지만, 현행법상 지주회사가 지주회사 주주의 의사를 존중하는 차원에서 그 의사를 통일하지 아니하고 자회사의 주주총회에서 shadow voting(의결권의 불통일행사)을 할 수도 있을 것이다(§ 368의 2).

株主에게 직접 주어진다고 가정할 때, 회사법상 株主의 定足數 요건이 그대로 적용되고,[18] 이사회에 그러한 권한이 있다는 규정이 적용되지 않는다. 또 반대주주의 주식매수청구권도 인정됨으로써 현행회사법의 왜곡현상을 방지할 수 있을 것이다.[19]

2) 법인격남용의 방지

법인격제도는 그 제도적 편리함으로 인하여 인정되어 온 것인바, 그 제도적 목적을 일탈함으로써 정의와 형평에 반하여 이용되는 경우는 일정한 요건 아래 당해 法人格을 무시하고 會社法의 취지에 맞게 持株會社 株主에게 일정한 권리를 인정할 수 있을 것이다. 예컨대 악의로 회사 내 주주의 의결권을 제한하기 위하여 주식의 포괄적 이전 등을 통해 持株會社를 設立하고 스스로 거대규모의 子會社가 되는 경우 종래 주주는 지주회사의 주주로 되고(상법§360의 15), 이때 법인격의 차단효과(firewall)로 인하여 자신이 출자한 회사에 대해서는 의결권을 제한당할 수밖에 없다. 이때 持株會社집단이라는 기업구조가 아니었다면 株主가 행사할 수 있었던 議決權을 제한당한 것이기 때문에 지주회사의 법인격을 부인하고 단순한 조합관계로 보아 持株會社 株主의 실질적인 의결권을 보장해 줄 필요가 있다.[20]

미국의 경우 은행(회사)의 株主는 자신의 出資에 대하여 有限責任을 부담하는 것이 원칙이지만, 제정법에 따라 자신의 출자액에 대한 책임과 별도로 액면가(par value)로 산정한 주식가액에 비례하여 당해 은행의 負債에 대해 責任을 부담하는 이른바 '이중책임(double liability)'을 규정하는 경우도 있다.[21] 그런데 은행이 자회사인 경우 持株會社의 株主는 이러한 책임을

18) 상법상 會社의 영업 전부 내지 중요한 일부의 양도・양수, 정관의 변경이나 자본감소, 합병 등 主要한 회사의 意思決定에 있어서 株主總會의 特別決議(출석한 주주의 의결권의 3분의 2 이상, 발행주식총수의 3분의 1 이상)를 요하도록 규정하고 있다(동법§ 374, § 434, § 438, § 522 등 참조).

19) 이동원, "持株會社에 있어서 여러 法的紛爭의 解決方案에 관한 연구", 139면.

20) United States v. Milwaukee Refrigerator Transit Co., 142 F. 247, 255(E.D. Wis. 1905).

21) Federal Reserve Act § 23, ch. 6, § 23, 38 Stat. 273(1913). 한국의 경우에도 상법상 株主는 有限責任을 부담하는 것이 원칙이지만(§ 331), 법인의 無限責任社員 또는 寡占株主의 경우 일정한 요건 아래 제2차 납세의무를 부담하도록 규정하고 있다(국세기본법§ 40).

회피할 수 있기 때문에 논란이 되었고, 이를 인정할 경우 이중책임을 규정한 법취지가 상실된다는 이유를 들어 持株會社의 株主는 子會社의 株主로 간주된다고 보았다. 즉 미국법원의 입장은 어느 한 단계의 법인격을 더 추가시킴으로써 입법정책을 무력화하는 것을 용납하지 않고, 이러한 수단으로 이용되는 持株會社 수법을 허용한다면 이중책임의 법정책이 회사에 의해 좌우될 것을 우려하고 있다.

결국 會社와 株主 사이 지주회사라는 법인격의 추가로써 법률상 인정되는 持株會社 株主의 株主權을 무력화하는 것을 허용할 수 없다는 것이다. 이는 지주회사집단의 실질적 자산이 完全子會社에 있을 경우 회사법상 영업양도나 합병에 관한 규정에서 子會社 株式에 대한 議決權은 지주회사를 투시하여 持株會社의 株主에게 귀속되어야 한다는 입장이다.[22]

나. 법적 근거

회사법의 왜곡 방지와 회사의 법인격남용으로부터 持株會社의 株主의 利益保護를 위한 이론적 근거는 타당한 면이 있다.[23] 이에 대해 그 법적인 근거는 무엇인가. 미국의 경우 New Jersey 州 會社法은 子會社가 모회사 자산의 전부를 소유하고 있으면서 자회사가 자산의 전부를 매각하는 경우는 이를 母會社에 의한 매각으로 간주한다. 또한 Pennsylvania 州 會社法은 子會社가 자산을 매각할 경우 의결권이나 주식매수청구권의 행사를 위하여 이를 母會社가 매각하는 것으로 간주하고 있다.[24]

회사법상 子會社의 行爲에 대한 승인 주체가 持株會社인지 지주회사 株

22) Melvin A. Eisenberg, 「The Structure of the Corporation」, p.294.

23) 持株會社의 株主의 利益保護에 관한 자세한 내용은, 이동원, "持株會社에 관한 商法上의 問題", 「상사법연구」, 한국상사법학회, 1999, 동, "持株會社에 있어서의 여러 법적분쟁의 解決方案에 관한 硏究 – 株主의 法的 利益保護를 중심으로 –", 한국상사법학회, 2005, 황근수, "持株會社에 관한 硏究 – 株主 및 會社債權者의 利害調整을 중심으로 –", 전남대대학원 박사학위논문, 2002 등 참조.

24) N.J. Stat. Ann. § 14A: 10 – 11(3) (Supp. 1974), Pa. Stat. Ann. tit. 15, § 1311(B) (1967). New Jersey 州 會社法은 A사가 B사의 '이사를 과반수 선임하기에 충분한 주식을 가지고 있는 경우' B사를 자회사로 규정하고 있으며, Pennsylvania 州 會社法은 '한 회사의 다른 회사에 대한 지배'라고 규정하고 있다.

主인지 또는 지주회사의 주주가 자회사의 이사에 대하여 代表訴訟을 제기하는 문제 등은 전통적으로 회사 내 기관 사이 권한분배에 대한 회사법 원칙의 한계와 밀접한 관련이 있다.[25] 즉 子會社의 자산이 지주회사집단에서 차지하는 비중이 적은 경우에는 실제로 지주회사 주주의 지위에 별다른 변동이 생기지 않기 때문에 지주회사 자체가 주주로서 議決權 등 각종 권리를 행사하면 된다. 그러나 子會社의 자산이 지주회사집단에서 차지하는 비중이 큰 경우에는 실질적인 이해관계를 가지는 持株會社 株主에게 그 決定權을 주는 것이 타당할 것이다.[26] 한국의 경우 현행법상 이러한 이론에 대한 법적 근거는 찾기 어렵지만, 判例를 중심으로 법인격부인이론이나 투시이론에 관하여 논의되고 있다.[27]

한편, 英美의 경우 초기 대부분의 州회사법에서는 지주회사 주주의 자회사에 대한 권한행사를 규정하고 있지 않고, 보통법(common law)에서도 회사가 다른 회사의 주식을 보유할 수 있는 권한 자체가 의문시되었다. 이후 持株會社의 設立의 필요성이라는 실용적인 측면에서 州法의 규제가 완화되어 지주회사의 설립이 인정되었다가 마침내 州法의 改正에 의하여 다른 회사에 대한 주식의 소유가 인정되었다.[28]

25) 송종준, "母會社의 소수파주주의 보호－PASS THROUGH이론을 중심으로－", 「법학연구」, 제4권, 충북대학교 법학연구소, 1992, 196면.

26) Melvin A. Eisenberg, 「The Structure of the Corporation」, p.287.

27) 여기서 法人格否認理論에 관한 자세한 내용은, 정동윤, "민사실무의 이론과 실제－이른바 法人格否認理論에 관하여(상)(중)－", 사법행정 제13권 제11호, 제14권 제1호, 1972, 손성, "法人格否認의 法理", 동국대학교 박사학위논문, 1986, 강위두, "法人格否認의 法理의 적용범위와 적용요건", 상사판례연구 제3권, 1989, 남장우, "會社法人格無視의 法理", 고려대학교 박사학위논문, 1996 등 참조.

28) 상대적으로 持株會社가 많이 設立된 New Jersey 州의 경우 1889년 會社法改正으로 회사가 다른 회사의 주식을 보유 및 처분할 수 있게 되었고, 1893년 改正에서는 모든 會社가 자연인과 마찬가지로 다른 회사의 주식이나 사채를 취득, 소유 및 처분할 수 있게 되었다(N.J. Stat. Ann § 14A: 3－1(f), James C. Bonbright & Gardiner C. Means, 「The Holding Company」, p.68).

2. 子會社에 대한 權利行使의 範圍

가. 의결권의 행사

持株會社는 株主에게 회사의 이익을 분배하기 위하여 子會社를 적절히 지휘 및 감독(Überwachung)해야 할 필요가 있다. 이는 지주회사의 理事會 내지 代表理事의 자회사에 대한 議決權행사를 통하여 행해져야 하고, 자회사의 경영진에 대한 통제로써 (손)자회사의 수익을 극대화할 수 있어야 한다.[29] 만약 지주회사가 이를 적절히 행사하지 않는다면 持株會社 株主가 이를 대신하여 행사해야 할 것인바, 지주회사 주주에게 어느 범위까지 권리행사를 할 수 있도록 해야 하는가. 현행법상 議決權의 행사와 代表訴訟제기의 가능성 여부가 그 핵심이 될 것이다.

이러한 상황에서 持株會社의 資産이 거대규모의 子會社에 집중되어 있을 경우 자회사가 영업의 양도 내지 합병을 하고자 한다면, 이론상 持株會社의 理事會의 의사결정에 따라 행해지게 된다. 이때 회사에 대한 투자자로서 持株會社의 株主는 의결권이 약화되어 현행 회사법상 구제수단이 없고, 또한 의도적으로 이런 상황을 목적으로 子會社를 設立하는 경우도 있을 것이다. 여기서 持株會社 株主의 議決權의 대상이 되는 것은 실질적인 영업용 자산의 전부 양도와 합병(상법§374① 제1호, §522), 이사의 선임(상법§382), 정관변경 및 회사의 해산결의(상법§434, §517) 등이 있겠으나, 이는 당해 자회사가 지주회사집단의 자산 전부를 보유하고 있는지의 여부에 따라 달라질 수 있다.

---

29) 持株會社의 子會社에 대한 의결권행사 및 통제수단을 본다면, 會社經營에 대한 의결권, 주주제안권(상법§ 369, § 363의 2), 經營監督을 위한 설립무효소송, 주주총회결의 취소소송, 자본감소 및 합병무효소송 등 각종 소권(상법§ 328, § 376, § 445, § 529), 회계장부열람권, 이사의 위법행위유지청구권 및 대표소송제기권(상법§ 466, § 402, § 403 내지 § 406) 등을 들 수 있다.

1) 합병 및 영업의 전부 양도

가) 자회사가 실질적인 자산 전부를 보유

持株會社 株主의 권리가 인정되어야 하는 전형적인 경우는 子會社가 기업집단의 실질적인 資産全部를 보유하고 있는 경우이다. 子會社가 다른 회사와 合併하거나 영업의 전부를 양도하는 경우 또는 주식교환 등을 통하여 다른 회사와 결합하는 경우에는[30] 持株會社의 株主는 법인격부인 내지 투시이론에 의해 의결권을 행사할 수 있다. 따라서 持株會社의 株主는 지주회사의 주주총회에 출석하여 의사를 결정하는 것이 아니라 직접 子會社의 株主總會에 출석하여 議決權을 행사할 수 있는 것이다.[31] 이때 합병이나 영업양도에 반대하는 주주는 株式買受請求權을 행사할 수 있는데, 이는 합병이나 영업양도, 주식의 포괄적 교환 및 이전 당시 반대의 의사표시를 한 주주에게 인정되는 것과 같은 맥락이다(상법§360의 5, §374의 2, §522의 3, §530의 11).

나) 자회사가 실질적인 자산 전부를 보유하지 못함

여기서 子會社는 持株會社의 한 사업부(division) 정도의 지위를 가지게 된다. 대개 사업부는 일정한 정도의 조직을 갖추고 별개의 회사처럼 활동하는데, 경영진이 경영판단에 따라 사업을 독립된 회사 형태나 사업부로써 운영할 수 있다. 따라서 이 경우 법인격을 갖춘 子會社인가 아니면 법인격 없는 단순한 事業部인가에 구애받지 않고 그것이 주주총회의 特別決議를 얻어야 할 정도의 실질적인 영업양도에 해당하느냐의 여부에 따라 판단할 문제이다. 즉 持株會社집단 내에서 단순한 事業部인가 또는 子會社의 형태인가를 불문하고 그 규모가 작거나 당해 영업에 미치는 영향이 미미한 경우 지주회사

30) 상법상 合併, 영업의 全部讓渡 또는 주식의 포괄적 교환 및 이전의 경우 株主總會의 特別決議에 의한 승인을 요건으로 하고 있는바, 여기서 合併이란 간이합병이나 분할합병을 포함하며(상법§ 527의 2, § 530의 2), 營業의 全部讓渡 또한 단순한 영업의 전부 양도뿐만 아니라 다른 회사의 영업의 일부 양수(상법§ 374① 제4호)라도 회사의 영업에 重大한 影響을 미치는 것과 같이 영업 전부의 양도와 동일시할 수 있는 정도의 회사에 대한 자산변경을 의미한다(대판 1987. 4. 28, 86다카553, 대판 1966. 1. 25, 65다2140, 대판 1969. 11. 25, 64다569, 대판 1977. 4. 26, 75다2260 등).

31) 송종준, "母會社의 소수파주주의 보호 – PASS THROUGH이론을 중심으로 –", 201면.

의 주주는 의결권이나 주식매수청구권 등을 행사할 여지가 없을 것이다.

2) 이사의 선임

가) 자회사가 실질적인 자산 전부를 보유

이론상 子會社의 理事會를 구성할 수 있는 권한은 子會社의 株主인데, 이 경우 株主는 지주회사의 이사회가 아니라 持株會社의 株主로 보아야 할 것이다. 회사법상 이사회 중심의 운영체제로 말미암아 지주회사와 자회사의 관계에서, 子會社의 이사회는 회사의 모든 중요한 권한을 행사하는 반면, 持株會社의 이사회는 법정의 제한된 권리만을 행사한다. 따라서 子會社의 경영에 있어서 중심을 차지하는 이사에 대한 선임권은 持株會社의 이사가 아니라 지주회사를 투시하여 株主에게 주어져야 할 것이다.

한편, 기업의 구조상 子會社의 이사회는 당연히 持株會社의 이사회의 지배를 받기 때문에 지주회사 주주의 자회사 이사의 선임은 불필요하다는 주장도 있으나 납득하기 어렵다.[32] 만약 持株會社 理事會로 하여금 자회사 이사를 선임하게 할 경우 자회사 이사회는 위임장 권유제도를 악용할 위험성이 있고, 또한 지주회사 이사들이 임기가 만료되는 자신들을 자회사 이사로 선출함으로써 회사의 감독기능을 저해할 뿐만 아니라 이사의 임기제에 대한 회사법규정을 면탈할 위험이 있다.[33] 나아가 株主의 이사선임에 대한 議決權과 관련하여 소수주주의 보호를 위한 차원에서 소수주주들에게 자신들의 대표를 이사회에 참여시킬 수 있도록 배려한 집중투표제(cumulative voting)[34]의 규정에 대한 취지를 무력화시킬 수도 있다.

즉 持株會社 理事들은 지주회사의 株主의 過半數 지지를 받아 선임되는

32) Melvin A. Eisenberg, 「The Structure of the Corporation」, p.300.

33) Sherman &Ellis, Inc. v. Indiana Mut. Cas. Co., 41 F. 2d 588(7th Cir. 1930), Long Park, Inc v. Trenton－New Brunswick Theatres Co., 297 N.Y. 174, 77 N.E. 2d 633(1948), Kennerson v. Burbank Amusement Co., 120 Cal. App. 2d 157, 260 P.2d 823(1953).

34) 회사법상 2인 이상의 理事를 選任하는 株主總會를 소집하는 경우 일정한 주식(지분) 이상(발행주식총수의 100분의 3)을 가진 주주는 집중투표의 방법으로 이사를 선임할 것을 청구할 수 있고, 각 株主는 자신의 의결권을 이사 후보자 1인 또는 수인에게 集中하여 投票함으로써 자신이 선호하는 이사를 선출할 수 있다(상법§ 382의 2, 증권거래법§ 191의 18).

데, 선임된 이사들이 子會社 理事의 全員을 선임한다는 것은 持株會社의 株主의 입장에서 볼 때 그 의결권에 타격이 아닐 수 없는바, 지주회사의 주주에게 직접 子會社의 株主總會에서 자신들의 의결권에 비례하여 자회사 이사를 선임하게 할 필요가 있다.

나) 자회사가 실질적인 자산 전부를 보유하지 못함

지주회사집단에서 子會社가 차지하는 비율이 높은 경우, 즉 자회사에서 그 정도의 사업부가 양도되었을 때 株主總會의 特別決議를 요구할 정도의 중요성을 가지는 자회사인 경우에는 투시이론에 따라 持株會社의 株主가 자회사의 이사를 선임하도록 하고, 그렇지 못한 경우 지주회사 이사회가 선임하도록 하는 것이 타당할 것이다. 여기서 株主總會의 特別決議를 요구할 정도의 중요성에 대한 것은 그 기준을 일률적으로 규정할 수 없고,[35] 이는 자회사가 지주회사 자산의 상당 부분을 실질적으로 지배하고 있기 때문에 투시이론을 허용하지 않는다면, 株主의 권리를 규정한 회사법 규정이 왜곡될 가능성이 있는 경우 등 제반 사정을 고려하여 판단할 것이다.

3) 정관의 변경

가) 자회사가 실질적인 자산 전부를 보유

회사법상 定款變更(certificate amendment) 자체가 기업의 구조를 변경시키는 것은 아니지만, 이를 악용할 경우 회사법상 규정된 경영진과 주주 사이 權限分配의 지배구조를 변경시키는 것이 가능하게 된다. 즉 정관의 변경에 의하여 子會社의 事業目的을 지주회사의 이사회가 자의적으로 추가하여 새로운 사업을 시작할 경우 또는 發行株式의 總數를 자의적으로 늘려 이사회의 뜻대로 주식의 발행이 가능하도록 하는 경우 등에는 회사법상 주주권한으로 정해 놓은 규정이 무력화될 수 있다.[36] 또 子會社의 理事에 대한 시

---

35) 여기서 '重要한 子會社(significant subsidiary)'란 당해 자회사가 속해 있는 企業集團의 전체 자산이나 수입 중 10% 이상을 의미하며(SEC Reg. S-X, Rule 1.02(t), 17 C.F.R. § 210.1-02(t)(1974)), 이에 대하여 기업의 公示목적이 아닌 規制목적의 경우 투시이론의 취지상 20% 정도의 기준이 적합하다고 한다(Melvin A. Eisenberg, 「The Structure of the Corporation」, p.306).

차적 임기제도를 도입하는 정관변경도 지주회사의 이사에 대해 시차적 임기제도를 두고 있지 않은 경우 기업의 지배구조에 변경을 가져올 수 있기 때문에 持株會社의 株主의 承認이 필요하다.[37)]

나) 자회사가 실질적인 자산 전부를 보유하지 못함

持株會社집단의 경영에서 경영자는 事業部 방식이나 子會社 방식을 취할 수 있다. 따라서 회사가 事業部 방식을 취할 경우 사업부를 신설하여 새로운 사업을 시작하거나 특정 사업부의 사업내용을 변경하는 때에는 目的事業을 변경하는 것이기 때문에 당해 회사의 株主의 承認을 거쳐야 한다. 또 회사가 子會社 방식을 취함으로써 자회사의 정관변경을 통하여 새로운 목적사업을 시작하는 경우에도 持株會社의 株主의 승인을 얻어야 하며, 자회사의 주주의 권리를 제한하는 정관변경도 마찬가지라고 볼 것이다.[38)]

이처럼 자회사의 정관변경에 持株會社 株主의 承認이 필요한 것은 새로운 사업의 시행과 관련하여 지주회사 理事와 지주회사 株主 사이에 이해관계가 충돌할 수 있기 때문이다. 즉 持株會社가 신규사업 분야에 진출하고자 할 때 사업성공의 가능성이 큰 경우에는 자회사 중 100% 주식을 소유한 자회사의 정관변경으로 신규사업을 수행하여 이윤의 극대화를 꾀할 것이고, 사업성공의 가능성이 희박할 경우에는 적은 주식을 소유한 자회사의 정관변경을 통하여 사업을 시행할 것이다. 만약에 持株會社 이사 개인이 子會社의 주식소유나 이사를 겸직하고 있다면 지주회사의 이익에 배치되는 결정을 할 가능성도 있다. 따라서 자회사 정관변경의 경우 持株會社 株主의 관여가 필요하다고 하겠다.

---

36) 상법상 會社의 定款에는 회사의 목적, 상호, 회사가 발행할 주식의 총수, 1주의 금액, 본점소재지 등 會社의 經營에 중요한 사항들이 기재되어야 하기 때문에(동법§ 289①), 이를 변경할 경우에는 株主總會의 特別決議를 얻도록 하고 있다(동법§ 434).

37) 즉 子會社에서 理事의 시차적(연차적) 임기제도를 도입할 경우 1회에 선임할 수 있는 자회사의 이사의 수가 줄어들기 때문에 지주회사의 소수주주의 집중투표권이 제약될 가능성이 크다(더 자세한 것은, 이동원, "持株會社에 있어서 여러 법적분쟁의 解決方案에 관한 연구", 경영법률, 제15권 제2호, 150면).

38) Melvin A. Eisenberg, 「The Structure of the Corporation」, p.302.

4) 회사의 해산결의

가) 자회사가 실질적인 자산 전부를 보유

子會社에 대한 해산결의는 실질적으로는 지주회사집단 전체의 해산을 의미하는 것이다.[39] 따라서 이는 持株會社 株主의 이해관계와 밀접한 관련이 있기 때문에 지주회사의 이사회의 결의만 가지고 행해질 수 없으며, 지주회사의 법인격에 대한 투시이론에 따라 持株會社 株主들의 特別決議를 거쳐야 할 것이다(상법§517 제2호).

나) 자회사가 실질적인 자산 전부를 보유하지 못함

子會社가 주주총회의 특별결의를 요구할 정도로 重要한 資産을 보유하고 있는 경우 지주회사 주주는 그러한 자회사가 없었더라면 당해 지주회사에 투자하지 않았을 가능성이 크다고 볼 것이며, 이 때문에 持株會社 株主의 승인이 필요하다. 한편 持株會社는 자회사에 대한 의결권을 이용하여 자회사를 해산할 수 있는바, 독립된 子會社의 경우 '법인격부인의 이론'이나 '사용자책임론'을 통하여 지주회사에 직접 책임을 물을 수 있다.[40] 持株會社 株主 또한 스스로의 이익을 위하여 子會社가 심각한 혼돈상태가 계속되어 회복할 수 없는 손해가 생길 염려가 있을 때, 즉 자회사에 대한 보증채무가 있는 경우에는 자회사에 대한 해산판결을 청구할 수도 있을 것이다(상법§520①).

나. 대표소송의 제기

1) 이중대표소송의 의의

株主가 代表訴訟(derivative suit)을 제기할 수 있다는 것은 법이론 내지 판례를 통하여 확립된 이론인데, 상법상 子會社 理事가 법령에 위반하여

39) 상법상 子會社에 대한 해산결의는 株主總會의 特別決議에 의하여야 한다(상법§ 517 제2호, § 518).

40) 川岸工業事件, 仙台地判 1970. 3. 26, 勞民集 第21巻 第2號, 330면, 盛岡市農協事件, 盛岡地判 1985. 7. 26, 勞働判例 第461號 50면 등.

당해 자회사에 손해를 끼친 경우 회사는 그 이사에 대하여 법적 책임을 추궁할 수 있다. 또 株主는 회사에 대하여 이사의 책임을 추궁하는 訴를 청구할 수 있고, 회사가 이를 받아들이지 않는 경우에는 株主가 직접 제소할 수 있다(동법§403).[41] 持株會社 株主의 경우 직접 자회사의 주주는 아니라고 할지라도 子會社를 代表하여(on behalf of a subsidiary) 代表訴訟(이른바 이중대표소송)을 제기할 수 있다는 것도 적당한 요건 아래 받아들여지고 있다.[42]

그 이유는 株主代表訴訟의 제기 여부가 전적으로 持株會社 理事가 결정하기 때문에 완전지주회사의 경우 이를 효과적으로 통제할 수 없고, 회사경영에 관한 株主의 權利로서 주주권임에도 불구하고 한 단계의 법인격에 의해 무력화됨으로써 持株會社 형태의 자의적인 不正行爲를 시정할 수도 없기 때문이다(이른바 대표소송의 차단효과).[43] 또 완전지주회사가 아니라도 持株會社가 악의적으로 이사회결의를 거쳐 중요 재산을 현물출자로 자회사를 설립하고, 지주회사와 자회사 이사를 겸직할 경우 자회사 이사는 책임추궁을 피할 수 있기 때문에 持株會社 少數株主의 입장에서는 자회사에 대한 통제가 곤란해지는 결과가 생긴다.[44]

결국 持株會社 株主는 자회사에 대한 책임추궁을 하지 않았다는 이유로 지주회사 이사에게 책임을 추궁할 수 있겠지만, 子會社의 理事會의 회의록이나 재무제표 등 장부열람권이 당해 회사의 주주나 채권자에만 한정되어 있기 때문에(상법§396, §448) 지주회사 이사의 임무해태에 관한 입증이 불가능하여 실효성이 없다. 이처럼 持株會社 株主는 지주회사 이사에 대한 대표소송을 통하여 책임을 물을 수 없게 되는바, 지주회사 주주가 직접 子會社의 理事에 대하여 책임을 물을 수 있는 방안을 고려할 필요가 있다.[45]

---

41) 특히 폐쇄회사의 경우 회사 내 구성원 사이 친분관계 등으로 인하여 감사에 의한 소송이 거의 불가능하기 때문에 代表訴訟의 효용이 높다(이동원, "持株會社에 있어서 여러 法的紛爭의 解決方案에 관한 연구", 153면).

42) Goldstein v. Groesbeck, 142 F. 2d 422, 425 (2d Cir.) cert. denied, 323 U.S. 737(1944), Birch v. McColgan, 39 F. Supp. 358, 366(S.D. Cal. 1941).

43) 中東正文, "持株會社", 法學セミナー, 제516호, 1997, 54면.

44) 黑沼悅郎, "持株會社の法的諸問題(3)", 資本市場, 第120號, 1995, 74면.

45) 二重代表訴訟의 찬반양론에 관한 자세한 내용은, 김재형・최장현, "二重代表訴訟의 인정근거", 상사판

2) 이중대표소송의 요건

일반적인 입장에서 볼 때 代表訴訟의 요건은 子會社 株主(지주회사의 이사회)의 제소청구 및 子會社(감사)의 제소거절이 될 것이다(상법§403). 하지만 二重代表訴訟의 경우 그 要件은 子會社 株主에 대한 제소청구와 자회사 주주가 제소를 거절한 경우 子會社 株主의 제소청구권의 대위행사 및 子會社(감사)의 제소거절이 된다. 이때 理事의 책임추궁에 대한 範圍는 통상 대표소송의 경우와 같이 그 취지상 법령이나 정관의 위반 및 임무해태로 인한 책임(동법§399)과 신주발행 당시 이사의 인수담보(동법§428)에 대한 책임 내지 會社와 理事 사이의 거래상 채무이행의 청구 등 모든 범위에 걸쳐 가능하다고 할 것이다.[46]

3) 판례의 입장

가) 사실관계[47]

소외 H社(화성사(주))는 염전개발 등을 주된 목적으로 설립된 法人이지만, 현재 소외 S社(성담개발(주))의 발행주식을 80.55% 소유한 支配會社(지주회사)로서 특별히 다른 사업을 영위하지 않는 회사이다. S社는 염 부산물의 생산, 가공, 판매 및 수출입 등을 주된 목적으로 설립된 法人(子會社)으로서 주로 부동산 임대업만을 영위하였다. 위 두 會社는 서로 支配從屬關係에 있으면서 S사는 또한 H사의 발행주식의 19.99%를 소유하고 있다. 원고(甲)는 H社 주식의 약 29.25%를 소유한 株主로서 S社의 대표이사 및 이사, 감사 등에 재직하였던 피고들(乙)을 상대로 업무상 횡령으로 인한 損害賠償청구를 목적으로 하는 株主代表訴訟을 제기하였다.

례연구, 제15권, 2003 참조.

46) 이범찬 · 최준선, (제2판) 「商法(上)」, 삼영사, 2001, 702면, 이철송, (제9판) 「會社法講義」, 박영사, 2001, 632면, 정찬형, (제5판) 「商法講義(上)」, 박영사, 2001, 861면, 최기원, (제11대정판) 「新會社法論」, 박영사, 2001, 660면.

47) 사실관계에 관해서는 서울지방법원 제1심 판결(서울지법 2002. 1. 31, 98가합112403).

나) 법원의 판단

抗訴審에서는 상법 제403조(주주의 대표소송)의 株主에 지배회사의 주주까지 포함되는지와 관련하여, 支配會社 株主(甲)는 종속(자)회사의 경영진에 대한 二重代表訴訟이 가능하다는 전제 아래 피고(乙)에 대한 업무상 횡령으로 인한 손해배상의 청구를 인용하였다.[48)]

즉 지배회사 理事會에 대한 제소청구나 지배회사 이사를 상대로 하는 代表訴訟만으로는 ㉠ 종속회사의 이사의 부정행위로 인한 지배회사의 간접적인 손해액을 평가하기 곤란하고, ㉡ 종속회사의 주식을 전부 소유하고 있지 않은 경우 각 지배회사마다 대표소송이 제기되는 결과를 초래하며, ㉢ 이중대표소송을 허용하지 않으면 지배회사 및 종속회사에 대한 經營權을 모두 지배하고 있는 회사경영진(이사회)이 종속회사를 수단으로 부정행위를 행함으로써 그 책임을 회피할 가능성이 크다는 등의 부작용을 극복하기 어렵다는 점을 근거로 이중대표소송을 인정하였다. 따라서 甲은 乙의 위법행위에 대하여 S사를 위한 대표소송으로서 직접 손해배상을 청구할 수 있다고 판시하였다.

한편, 大法院에서는 원고의 상고를 기각함으로써 다음과 같이 판단하였다.[49)] 즉 종속회사의 주주가 아닌 支配會社의 株主가 종속회사의 이사를 상대로 二重代表訴訟을 제기할 수 있는지의 여부에 대하여[50)] 이를 부정하면서, "한 회사가 다른 회사의 주식의 전부 또는 대부분을 소유하여 두 회사 사이 支配從屬關係가 있고 종속회사가 그 이사 등의 부정행위에 의하여 손해를 입었다고 하여도, 상법상 지배회사와 종속회사는 별개의 법인격을 가진 회사이고 代表訴訟의 제소자격은 책임추궁을 받는 이사가 속한 당해 會社의 株主로 한정되어 있기 때문에, 종속회사의 주주가 아닌 支配會社의

48) 서울고법 제1민사부 판결, 2003. 8. 22, 2002나13746.

49) 대판 2004. 9. 23, 2003다49211(2004. 11. 공보(213), 1702).

50) 支配會社의 株主가 종속회사의 이사를 상대로 二重代表訴訟을 제기할 수 있는지의 여부와 支配會社의 株主의 保護에 관한 것은, 정병석, "二重代表訴訟의 허용가능성", 「기업법연구」, 제19권 제1호(통권 제20호), 2005, 송옥렬, "현행 商法上 二重代表訴訟의 허용여부", 「민사판례연구」, 제28권, 민사판례연구회, 2006, 김대연, "從屬會社 理事의 違法行爲와 支配會社 株主의 保護", 「상사판례연구」 제16집, 한국상사판례학회, 2004 등이 자세하다.

株主는 상법 제403조 및 제415조에 의하여 종속회사의 이사 등에 대하여 책임을 추궁하는 이중대표소송을 제기할 수 없다."고 하였다.

이는 어느 한 회사가 다른 회사의 주식의 전부 또는 그 대부분을 소유하여 두 회사는 지배종속관계가 있고 從屬會社가 그 理事 등의 부정행위에 의하여 손해를 입었다고 하더라도, 지배회사와 종속회사는 상법상 별개의 법인격을 가진 會社이고 또한 대표소송의 제소자격은 책임추궁을 당하는 이사가 속한 당해 會社의 株主로 한정되어 있음을 볼 때, 종속회사 주주가 아닌 支配會社 株主는 상법 제403조 내지 제415조에 의한 종속회사 이사 등에 대하여 책임을 추궁하는 이중대표소송을 제기할 수 없다고 판단한 것이다.

다) 소결

判例의 입장은 항소심에서와 다르게 支配會社(持株會社) 株主의 종속 子會社 理事에 대한 이중대표소송은 가능하지 않다고 보고 있다. 현행법의 엄격한 학리적 해석에서 볼 때 株主代表訴訟의 原告適格性[51]을 자의적으로 확대할 수는 없기 때문에 대법원의 판단은 타당한 것이라고 할 수 있다.[52] 다만 문제의 근본적 해결을 위하여 企業經營의 실무적 차원에서 현행상법의 해석상 代表訴訟을 제기할 수 있는 주주의 개념에 이른바 '會社인 株主의 株主'를 포함하는 법개정(상법§403)을 생각해 볼 있을 것이다.

다. 기타의 권리

1) 회계장부열람권

株主의 회계장부열람권에 관하여, 持株會社 株主가 자회사의 장부 등을 열람할 수 있도록 허용된 것은 미국의 판례법상 法人格의 否認理論에 근거하고 있다.[53] 持株會社 株主의 장부열람권은 제정법상으로도 인정되는 경

51) 株主代表訴訟에 있어서 原告適格性에 관한 자세한 내용은, 안성포, "株主代表訴訟과 原告適格性", 「기업소송연구(229-264)」, 기업소송연구회, 2005 참조.

52) 이와 대비되는 견해는, 정동윤, "株主의 代表訴訟 -실무상의 문제점을 중심으로 하여-", 사법논집 2, 1972, 346면.

우가 있거니와 이는 과거 문제점을 보완하면서 강화되는 추세에 있다.[54] 상법상 이러한 권리가 인정되지 않는 것이 원칙이지만, 학설과 판례에서는 제한적으로 인정하고 있다.[55] 이런 상황에서 持株會社 株主가 代表訴訟을 제기하기 위한 근거자료를 확보하기 위해서라도 회사의 회계장부열람권이나 업무 및 재산상태의 검사권 등을 법률적으로 인정할 필요가 있을 것이다(상법§466①, §467).

2) 이익배당청구권

持株會社 株主의 이익배당청구권은 상법상 주주의 이익배당청구권(상법§462)과 달리, 주로 법인격 투시이론을 통한 권리이다. 여기서 株主의 대표적인 自益權으로서 利益配當請求權에도 위와 같은 이론이 적용될 수 있는지는 의문으로 남는다. 법이론상으로 볼 때, 자회사의 이익에 대한 配當請求權은 주주권의 본질적인 요소이기 때문에[56] 주주로서 持株會社 자신이 가지는 것이 원칙이고, 지주회사의 주주의 입장에서는 이를 강제할 특별한 방법은 없다고 할 것이다.

---

53) State ex. rel. United Brick & Tile Co. v. Wright, 339 Mo. 160, 95 S.W. 2d 804(1936), Siravo v. Sirian Lamp Co., 124 N.J.L. 433, 12 A.2d 682 (Ct. Err. & App. 1940)(Melvin A. Eisenberg, 「The Structure of the Corporation」, p.289). 또한 이것은 二重代表訴訟에 관한 허용이유가 子會社의 法人格이 다른 목적으로 의도되고 있는 경우 訴訟이 가능하다고 보는 입장과 대비된다(Painter, "*Double Derivative Suits and Other Remedies With Regard to Damaged Subsidiaries*", 36 Ind. L.J. 143, 1961, pp.147－149).

54) Cal. Gen. Corp. Law § 1601(a), 日本商法 § 293의 8(親會社の株主の子會社の帳簿閲覽權) 등.

55) 정동윤, (제7판) 「會社法」, 법문사, 2001, 608～609면, 대판 2001. 10. 26, 99다58051, 田中誠二, (再全訂) 「會社法詳論(下)」, 1982, 886면.

56) 권기범, 「現代會社法論」, 920면, U. Hüffer, AktG, § 58, Rn. 28.

Ⅳ. 持株會社 理事의 責任問題

1. 現行法上의 責任規定

현행 상법상 會社의 理事에 대한 책임은 개별회사를 대상으로 하고 있는데, 持株會社 理事의 경우 지주회사제도가 가지는 특성상 그 책임에 관하여 문제가 있다. 商法에서는 지주회사와 자회사를 구분하지 않고 理事의 責任에 관하여 규정하고 있으며, 대표이사와 다른 이사들의 책임도 구분 없이 규정하고 있다. 또 금융 관련 회사에서 그 선임이 강제되는 社外理事에 관해서도 달리 규정한 바 없이 다른 이사와 일괄하여 理事의 責任으로 규정하고 있다. 이처럼 현행 商法에서는 이사 및 대표이사, 업무집행을 겸하는 이사 내지 사외이사를 구분하지 않고 포괄하여 理事의 책임(회사에 대한 責任(§399), 제삼자에 대한 책임(§401))과 義務(선관주의의무(§382②), 충실의무(§382의 3), 비밀유지의무(§382의 4))에 관하여 규정하고 있다.

2. 持株會社 理事의 責任

가. 회사에 대한 책임

1) 사업지주회사의 경우

會社의 理事는 이사회를 구성하는 구성원으로서 대표이사를 선임하고, 선관주의의무, 충실의무 이외 會社 및 제삼자에 대하여 損害賠償責任을 부담한다(동법§399, §401). 한편 기업의 지배구조를 투명하게 하여 경영의 효율성을 제고하기 위한 차원에서 도입된 持株會社의 경우 理事는 개별회사의 이사와 다른 측면이 있다.[57] 즉 持株會社는 상법에서 규정하는 개별회

57) 최성근, "持株會社와 事業會社間 지배·견제의 적정화를 위한 解釋論·立法論", 비교사법 제10권 제2호(통권 제21호), 2003, 296면.

사와 다르게 지주회사집단 내 종속자회사의 경영으로부터 손익이 결정되기 때문에 일반 회사의 주주들과 다르게 從屬子會社의 경영에 대하여 관심을 갖고 影響力(Einfluß)을 행사하게 될 것이다.[58)]

상법 제399조에 따르면, "理事가 법령 또는 정관에 위반한 행위를 하거나 그 임무를 懈怠한 때에는 그 이사는 회사에 대하여 연대하여 損害를 賠償할 책임이 있다."라고 규정하고 있다. 여기서 이사는 임무해태의 경우 회사에 대하여 연대책임을 지도록 하고 있는바, 이사의 '任務 내지 責任'의 내용이 문제된다. 事業持株會社(operating Holding Company)의 경우 子會社에 대한 관계는 株主와 會社의 관계, 즉 사업지주회사 자신과 자회사의 관계로 생각하여 주주의 권리를 행사하는 것으로 볼 수 있을 것이다.

2) 순수지주회사의 경우

사업지주회사와 달리 純粹持株會社(pure Holding Company)는 그 임무가 子會社의 事業支配만을 目的으로 주식을 소유하고 있기 때문에 해석상 자회사의 사업지배가 그 임무가 된다(독점규제법§2). 더욱이 순수지주회사의 경우 完全子會社에 대한 임무는 사업지주회사의 자회사에 대한 임무와 그 내용에 있어서 같지 않다. 즉 이 경우 完全子會社는 형식적으로 法人格이 獨立되어 있을 뿐 실질적으로는 순수지주회사와 동일한 기업집단 내의 조직구조를 가진다고 해석될 수 있다. 그렇지만 상법상 持株會社 株主保護를 위한 차원의 규정은 없고, 독점규제법에서 지주회사와 관련된 규제사항을 정하고 있을 뿐이다.

이렇게 볼 때 순수지주회사와 완전자회사의 경우 持株會社 株主保護에 관한 문제는 현행 회사법의 일반원칙을 적용하기에는 무리가 아닐 수 없다.[59)] 따라서 상법상의 규정에 별도로 持株會社집단에 있어서 理事의 損害賠償責

58) 黑沼悅郎, "持株會社の法的諸問題(3)", 「月刊資本市場」 제120호, 1995, 72면, Marcus. Lutter, in: Lutter(Hrsg.), 「Holding－Handbuch」, Otto. Schmidt, 1998, S.12ff.

59) 여기에 관한 자세한 내용은, 황근수, "持株會社에 관한 硏究－株主 및 會社債權者의 利害調整을 중심으로－", 전남대대학원 박사학위논문, 2002 참조.

任을 추가함으로써, 지주회사 주주보호를 명문화할 필요가 있을 것이다.

나. 이사의 과실책임

理事의 회사에 대한 損害賠償責任에 관하여, 현행 상법은 이사가 法令 또는 定款에 違反한 행위를 하거나 그 임무를 해태한 때에는 회사에 대하여 연대하여 손해배상책임을 부담하도록 규정하고 있다(동법§399①). 책임의 법적 성격에 대해서는 過失책임설, 無과실책임설 및 절충설 등으로 견해가 나뉘고 있으나, 과실책임설이 다수설의 견해이다.[60] 한편 2007년 상법개정안에서는 過失責任으로 규정하였다. 즉 동 개정안 제399조는 '理事가 故意 또는 過失로 인하여 법령 또는 정관에 위반한 행위를 하거나(중략)……로' 규정함으로써, 회사법상 會社의 이사나 持株會社 이사에 대하여 과실책임을 명문화하였다.[61]

다. 사외이사의 책임

1) 사외이사의 임무

社外理事는 사내이사에 대칭되는 용어로서 그 개념은 다의적인 것이다. 광의로 사내이사를 제외한 일체의 非업무집행의 이사를 말하지만, 협의로는 이들 非업부집행의 이사들 중 獨立理事로서 당해 회사와 고용관계나 경제적 이해관계를 갖지 아니하면서 경영진으로부터 독립성을 가진 이사를 말한다. 사외이사의 최소요건은 회사의 업무집행을 담당하지 않고 경영진의 업무집행을 독립적 지위에서 감독한다고 볼 때 협의의 개념이 중심이 된다.[62]

---

60) 최준선, 「商法(上)」, 삼영사, 2004, 775면, 정동윤, (제7판) 「會社法」, 법문사, 2001, 447면, 정찬형, 「商法講義(上)」, 박영사, 2004, 867면, 이철송, (제7판) 「商法講義」, 박영사, 2006, 564면, 대판 1985. 6. 25, 84다카1954 등.

61) 정찬형, "2006년 會社法改正에 관한 商法改正試案의 主要內容", 고려대 법학연구소, 2006, 67면, 황근수, "會社法改正案의 內容과 향후의 展望", 「기업법연구」, 제21권 제2호, 한국기업법학회, 2006, 217면, 법무부 법무심의관실, "會社法改正試案의 主要內容", 공청회자료(2006. 6), 2006. 7. 4. 또한 이것은 執行任員의 會社에 대한 責任의 경우에도 같다(동 개정시안§ 408의 8①).

62) 권기범, 「現代會社法論」, 930면, 김건식・윤영신, "새로운 經營監督체제의 摸索", 상장협, 한국상장협

社外理事는 金融持株會社 등 법률에 의하여 선임이 강제되고 있지만, 그 責任에 있어서 별도의 규정이 없기 때문에 일반회사에 관한 商法의 적용을 받지 않을 수 없다. 즉 社外理事는 회사의 대표이사나 업무집행을 담당하는 이사 등과 구분되기 때문에 그 임무가 문제된다.[63)]

2) 상법상의 규정

현행 商法은 理事를 등기여부에 따라 구분함으로써 경영을 담당하는 理事와 그렇지 않은 社外理事의 임무가 같다고 보게 된다. 한국은 회사경영에 관한 企業의 支配構造를 독일식 이원주의를 채택하였으나, 1980년 이사회제도의 도입을 필두로 최근 社外理事제도를 도입함으로써 미국식 지배구조에 접근하고 있다. 여기서 이사회의 역할 내지 경영진의 임무와 관련하여, 非상근의 社外理事는 이사회에 참석하여 이사로부터 최소한 분기에 1회의 업무집행에 관한 상황을 보고 받는데(상법§393④), 이 경우 社外理事가 (업무담당)理事와 동일하게 회사업무를 파악할 수 있다고 보기는 어려운 점이 있다.

2007년 商法改正案에서도 이사회의장(회장)과 대표집행임원(CEO)을 구분함으로써(동 개정안§408의 2①) 이른바 미국식 지배구조에 접근하고 있는 바,[64)] 상법상의 理事는 경영자로서 대표이사와 이사회에 속한 업무담당이사, 사외이사 및 미등기 집행임원 등이 혼재하고 있는 실정이다. 여기서 社外理事는 등기이사로서 會社에 대한 責任은 상법의 규정에 따르게 되지만, 경영참여의 업무집행임원은 미등기를 이유로 책임을 면하는 불합리를 초래한다(동 개정안에서는 집행임원도 등기). 특히 上場會社의 경우 社外理事가 감사위원회의 3분의 2 이상이 되도록 규정하고 있어(증권거래법§54의 6②)

의회, 추계호, 1998, 105면.

63) 이에 관하여, 2000년 사외이사제도 개선위원회의 '사외이사 직무수행기준'이나 2005년 상장회사협의회의 '사회이사 행동강령'에 따르면, 社外理事는 理事로서의 권한과 의무, 책임이 이사와 같고 會社經營에 관한 意思決定의 주체로서 이사회를 통하여 회사의 경영활동에 관여하는 것이 그 업무라고 하고 있다.

64) 미국의 경우 理事會議長(會長)과 最高經營者(CEO)를 분리함으로써 이사회에 속하는 이사와 경영진에 속하는 대표이사의 역할이 다름을 짐작할 수 있다(홍복기, "株式會社의 支配構造에 관한 2006년 會社法 改正試案", 한국상사법학회 발표문, 2006, 15면 이하).

社外理事의 責任이 회사의 經營인지 경영진에 대한 監督인지에 대한 구분이 모호하다.

3) 소결

會社의 이사・대표이사, 업무담당이사, 사외이사 및 업무집행임원에 관한 명확한 개념의 정립과 책임에 관하여 상법이나 상법개정에서 구분하여 규정할 필요가 있다. 현행 상법상 일괄적으로 理事의 責任이라고 규정하는 것은 이사와 대표이사 또는 사외이사와 업무집행임원에 대한 역할과 권한 및 책임에 대하여 세밀하게 구분하지 못한 결과이다. 장차 상법상 理事의 任務 및 責任에 관한 규정을 각각 별도로 규정할 필요가 있을 것이다.[65]

특히 社外理事의 권한과 의무 및 책임을 (업무담당)理事와 같다고 보는 것은 상법규정의 불비가 아닐 수 없다. 즉 社外理事의 경우 업무의 핵심은 기업경영의 투명성을 확보하기 위한 經營監督에 있으며, 분기마다 1회 이상 이사회에 참석하여 회사의 업무에 관여한다. 따라서 상시 업무를 집행하는 업무담당이사 및 집행임원 등에 비하여 업무파악의 정도에 차이가 있음은 당연하다. 또 持株會社에서 社外理事의 업무성격은 종속자회사의 사업내용을 지배하는 대표이사의 업무 내지 업무집행임원의 業務와 性質上 구별된다. 따라서 회사업무의 관련 정도나 정보수집에서 차이가 있는 社外理事와 업무담당이사 및 집행임원의 책임을 같다고 보는 것은 합당하지 않다. 결국 理事의 業務執行을 적정하게 監督하기 위해 도입된 社外理事제도의 취지에 따라 해당 업무에 맞는 적절한 책임한도 설정이 필요하다.[66]

라. 이사의 책임면제

理事의 회사에 대한 損害賠償責任은 상법 제400조의 규정에 따라 '總株

---

65) 권영애, "企業支配構造의 변환과정과 持株會社 理事 責任의 문제점", 「상사판례연구」, 303면.

66) 권영애, "企業支配構造의 변환과정과 持株會社 理事 責任의 문제점", 「상사판례연구」, 304면. 더 자세한 내용에 관해서는, 홍복기, "韓國에 있어서 社外理事制度와 그 展望", 「한일법학연구」, 제21권, 韓日법학회, 2002, 93면 참조.

主의 同意'로 면제할 수 있다. 이 경우 1인 주주가 반대하더라도 이사의 책임을 면제할 수 없기 때문에 대규모 회사로서 持株會社의 경우 이용될 가능성은 적으며, 특히 1인 회사의 경우 총주주의 동의를 얻는 것이 무의미해질 뿐만 아니라 오히려 이 규정이 악용될 소지가 크다.[67]

한편, 2007년 상법 개정안 제400조 제2항에서는 理事의 故意 및 重過失의 경우, 이사가 회사기회의 유용금지에 위반한 경우(§382의 5), 이사가 경업피지의무에 위반한 경우(§397) 및 이사와 회사 사이의 거래제한에 위반한 경우(398) 등을 제외하고는 그 책임을 최근 1년간 보수액의 6배(社外理事의 경우 3배)를 초과하는 금액에 대하여 그 責任을 감경할 수 있도록 하였다.[68] 그런데 여기서도 (업무담당)理事와 非업무담당이사를 구분하지 않고 있는바, 회사의 이사에 대한 책임은 당해 회사의 업무와 관련하여 부과하는 것이 더 사려 깊은 것이라고 볼 때 이러한 이사와 사외이사의 책임을 구분하여 규정해야 하지 않을까.[69]

Ⅴ. 결 론

회사에 관한 일반법으로서 상법의 입장에서 持株會社 株主의 法的 利益保護와 持株會社의 理事의 責任에 관한 문제는 본질상 株主의 利益保護에 집중되는 문제다. 지주회사는 자회사의 주식을 보유하고 자회사를 관리・감독하여 이로부터 발생하는 이익배당에 의존하는 회사이다. 그렇기 때문에 持株會社의 株主는 자회사의 사업운영에 대하여 어느 정도 관여하지 않을 수 없게 되는데 지주회사와 자회사(손자회사)는 각각의 법인격을 가진

67) 이는 商法이 會社의 규모나 이사의 책임발생의 원인 등을 고려하지 않은 채 總株主의 同意만으로 이사의 회사에 대한 損害賠償責任을 免除할 수 있도록 규정한 결과이다(권영애, "企業支配構造의 변환과정과 持株會社 理事 責任의 문제점", 「상사판례연구」, 305면).

68) 이러한 이사의 책임감경에 관한 규정은 회사의 監事(상법§ 415) 및 執行任員에 대해서도 준용되는바(개정시안§ 408의 9), 이는 일응 바람직한 법개정으로 생각된다.

69) 홍복기, "株式會社의 支配構造에 관한 2006년 會社法 改正試案", 한국상사법학회 발표문, 21면.

회사로서 그 법적인 권리행사에 곤란한 점이 있다.

持株會社의 株主의 利益保護와 관련하여 중요한 것은 子會社에 대한 權利行使인데 자회사의 자산이 지주회사집단에서 차지하는 비중이 큰 경우, 즉 대부분 또는 전부에 해당하는 경우에는 그 실질적인 이해관계를 가지는 持株會社의 株主에게 그 決定權을 인정하는 것이 타당할 것이다. 현행법상 이러한 이론에 대한 근거는 외국의 판례를 중심으로 형성되어 온 법인격의 부인이론(piercing the corporate veil) 내지 투시이론(through the holding company)에 의할 수밖에 없지만, 子會社에 대한 의결권 행사와 대표소송제기 및 장부열람권 등에 대하여 상법상 입법화의 논의가 가능하다고 본다.

또한 현행법상 持株會社의 理事의 責任에 관해서는 상법에서 규정하고 있는 會社의 理事의 責任에 관한 것이 적용된다. 사업지주회사의 경우 상법상 理事의 責任에 관한 규정(§399)을 참조하여 자회사에 대한 관계를 株主와 會社의 관계, 즉 지주회사 자신과 자회사의 관계로 생각하여 株主가 權利를 행사할 수 있을 것이다. 그러나 순수지주회사는 子會社의 事業支配만을 目的으로 주식을 소유하고 있기 때문에 완전자회사에 대한 임무는 사업지주회사의 그것과 다른 점이 있다. 따라서 純粹持株會社의 株主保護에 관한 문제는 현행 회사법의 일반원칙을 적용하기에는 무리가 있고, 상법상 별도의 규정으로 지주회사에 있어서 理事의 損害賠償責任을 규정하는 방안을 생각하는 것이 옳지 않을까.

나아가 社外理事의 경우 그 권한과 의무 및 책임을 (업무담당)理事와 같다고 보는 것은 상법규정의 불비가 아닐 수 없다. 즉 社外理事는 업무의 핵심이 기업경영의 투명성을 확보하기 위한 經營監督에 있기 때문에 상시 업무를 집행하는 업무담당이사에 비하여 업무파악의 정도에 차이가 있다. 이처럼 회사업무의 관련 정도나 정보수집에서 차이가 있는 社外理事와 업무담당이사 내지 집행임원의 책임을 같다고 보는 것은 합당하지 않기 때문에 이사의 업무집행을 적정하게 監督하기 위한 社外理事제도의 도입취지에 맞게 해당 업무에 따른 적절한 책임한도의 설정이 필요할 것으로 생각된다.

제6장

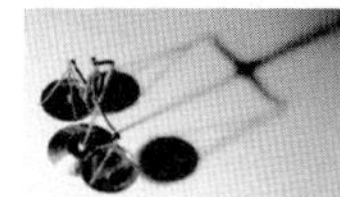

상법개정(안)상 주식·사채의 電子등록제도의 도입

Ⅰ. 서 론

2008년 10월 상법 중 회사 편 관련 사항의 개정을 위하여 정부가 국회에 제출한 '상법 일부개정법률안'(이하 '상법개정안'이라 한다.)은 주식 및 사채의 전자등록제도의 도입에 관한 사항을 포함하고 있다. 주권과 사채를 실물로 발행하지 않고 전자등록기관에 등록한 후 증권을 소지하지 아니하고도 권리양도나 담보설정 및 권리행사가 가능하게 하려는 것이다. 주식과 사채를 전자등록 한 기업은 실물발행의 부담을 덜고, 주주나 사채권자는 쉽게 권리행사를 할 수 있도록 하려는 취지이다. 이는 오늘날의 발달된 정보통신기술을 주식 및 사채제도에 반영하고, 증권의 무권화제도가 세계적인 추세임에 비추어 도입의 필요성을 현재화한 것이다.[1)]

상법상 주식 및 사채의 발행·유통 및 권리행사 등은 모두 이를 화체한 증권의 실물 발행을 전제로 하고 있다. 물론 상법상 주권불소지제도(§358의 2), 특별법에 의한 등록제도나 집중예탁제도[2)] 등에 의하여 증권의 부분적 무권화가 이루어져 있다. 하지만 이러한 제도는 기본적으로 증권실물을 전제로 하는 것이어서 그 소유자가 원하는 경우에는 실물 증권을 발행해야 하는 한계가 있다.[3)]

장차 상법개정안이 입법화되면 주식 및 사채의 발행·유통 및 권리행사 등 모든 단계에 있어서 실물 증권발행을 전제하지 않을 수 있어서 이러한 한계를 극복할 수 있게 된다. 이 경우 발행회사의 입장에서는 자금조달비용

---

1) 김필규, "전자증권도입의 경제적 효과", 「전자증권제도의 효율적 도입을 위한 정책」(세미나발표자료), 한국증권연구원, 2008, 18~22면, 허항진, "유가증권의 전자화와 그 법적 과제에 관한 연구", 법학연구, 제30집, 한국법학회, 2008, 187~194면.

2) 특별법상 등록제도는 공사채등록법에 의하여 공사채의 등록발행이 가능하며, 국채에 대해서는 국채법에 따라 등록발행이 가능하다. 또 집중예탁제도에 대해서는, '자본시장 및 금융투자업에 관한 법률'(이하 '자본시장법'이라 한다.) 제294조 이하의 규정에 따라 한국예탁결제원이 집중예탁기관으로서 주식 및 사채를 포함하여 동법상 '증권 등'에 대한 예탁 및 대체결제업무를 영위하고 있다. 특히 1991년 도입된 '일괄예탁제도'에 의하여 한국예탁결제원 명의로 발행(또는 공사채등록법에 의한 등록)을 할 수 있도록 하여 발행단계에서부터 실물 증권의 발행을 억제하는 기능을 하고 있다(동법§ 309⑤).

3) 정찬형, "전자증권제도 도입에 따른 법적과제", 상사법연구, 제22권, 제3호, 한국상사법학회, 2003, 23~30면.

의 감소, 발행절차의 간소화 및 주주관리업무의 부담 감소 등에 유리하고, 투자자의 입장에서는 실물 증권의 분실·위조 및 변조 등의 위험감소 및 권리행사의 편이성과 또 중개기관인 금융투자업자 등의 측면에서는 중개업무 관련 비용의 감소 등 전체 효율성 제고의 측면에서 무권화제도의 장점이 있다.[4)]

한편 전자등록제는 법리적인 측면에서 문제되는 것이 있는바, 우선 전자등록제는 유가증권의 본질이 무엇인가에 대한 의문을 제기한다. 주식 및 사채 등 상법상 유가증권에 대한 무체화로서 전자등록 된 주식 및 사채 등을 유가증권이라고 볼 수 있는지, 이를 부인한다면 그 법적 성질을 무엇이라고 규정할 수 있는지 등 개념적인 의문에 부딪히게 된다.[5)] 이는 전자등록제를 입법적으로 수용함에 있어서는 기존 유가증권에 대한 법리를 그대로 적용할 수 있는 것인지 아니면 새로운 법리의 개발을 통한 입법이 필요한 것인지에 대한 문제에 귀착한다. 그런데 전자등록제도의 도입에 있어서 개념적인 문제에 앞서 입법적으로 수용되는 전자등록제의 모습이 어떠한 것인가를 살펴보고, 그 내용의 분석을 전제로 하여 개념론적으로 접근하는 방법이 의미가 있을 것이다.

따라서 상법개정안이 어떤 방식으로 전자등록제를 도입하고 있는지를 살펴본다는 것은 이러한 제도 아래 유가증권의 본질론에 접근하기 위한 토대를 마련하는 데 의미가 있다고 할 것이다. 우선 상법개정안상의 전자등록제에 관한 규정체계를 살펴보고, 조문별로 구체적인 내용을 검토하여 입법론적인 적합성에 대한 평가와 아울러 문제되는 조항에 대한 개선방안을 모색해 보기로 하겠다.

---

4) 김순석, "주식 등의 전자등록제 도입의 필요성과 법적 검토과제", 상사법연구, 제24권, 제3호, 2005, 120~125면, 정찬형, "전자증권제도 도입에 따른 법적과제", 상사법연구, 22~23면.

5) 전자등록 된 증권의 법적 성질에 관한 상세한 논의는, 손진화, "주식 등의 전자등록제도의 도입방안", 상사법연구, 제22권, 제3호, 한국상사법학회, 2003, 80~87, 정경영, "전자증권의 법적 성질과 전자등록제도에 관한 고찰", 상사법연구, 제22권, 제3호, 2003, 126~133면.

Ⅱ. 개정법(안)의 규정

1. 개정법(안)의 구조

상법개정안은 전자등록제에 대한 일반규정을 두고 있지 않고, 그 대상별로 개별조항에서 규정하는 방식을 취하고 있다. 개정안에서 전자등록제도를 도입하고 있는 대상은 주식 및 사채뿐만 아니라 신주발행 시의 신주인수권, 신주인수권부사채의 신주인수권, 기타 상법상 유가증권을 모두 포함한다. 상법개정안은 주식에 관하여 전자등록제도를 규정하고(§356의 2), 사채에 대하여 이를 준용하고 있다(§478③).

또한 신주발행 시의 신주인수권 및 신주인수권부사채의 신주인수권의 경우도 주식의 전자등록에 관한 규정을 준용한다(§420의 4 및 516의 7). 그리고 금전의 지급청구권, 물건 또는 유가증권의 인도청구권이나 사원의 지위를 표시하는 유가증권[6]에 대해서도 전자등록제도를 규정하고, 이에 대해서도 주식의 전자등록에 관한 규정을 준용하고 있다(§65). 따라서 주식에 관한 규정이 실질적으로 전자등록제도에 관한 일반규정의 기능을 하고 있다.

상법개정안의 주식에 관한 규정(§356의 2)의 체계를 살펴보면 다음과 같다. 즉 제1항부터 제3항에서 전자등록제도의 근간을 이루는 기본적인 사항을 규정하고, 제4항에서 상세한 사항은 별도의 법률에서 정하는 것으로 규정하고 있다. 제1항에서 실물증권 발행에 갈음하여 전자등록기관의 전자등록부에 등록할 수 있다는 내용으로서 증권 무권화제도로서 전자등록제를 규정한다. 제2항에서는 양도 및 질권설정의 효력발생의 요건을 규정하고, 제3항에서는 전자등록부의 권리추정력과 선의취득제도를 규정하고 있다. 또 제4항에서는 전자등록의 절차・방법 및 효과, 전자등록기관의 지정 및 감독 등

---

6) 사법상의 권리로서 사권(채권, 물권, 사원권 포함)이 화체(Verkörpern)되어 있는 증권으로서 그 권리의 행사를 위하여 증권의 소지가 필요한 것을 말하며, 그 구체적인 예로는 신용거래・지급을 목적으로 하는 어음・수표, 재화유통목적의 화물상환증, 창고증권, 선하증권 등과 자본투자목적의 주권, 채권, 수익증권 등을 들 수 있다. 이는 주로 투자증권의 성격을 가지는 자본시장법(§ 4)상의 '증권'개념과 그 범위가 다르다.

전자등록에 관하여 필요한 사항은 별도의 법률로 정할 것을 규정하고 있다.[7)]

2. 상법과 별도의 법률과의 관계

상법은 주식과 사채 등에 관한 법률관계를 규율하는 일반법규정을 두고 있으므로 실물 증권을 전제로 한 일반규정의 체계를 전반적으로 수정해야 하는 전자등록제도에 관한 사항을 법체계상 원칙적으로 상법에서 규정하는 것이 타당하다. 한편 전자등록제도를 도입하여 운용하는 데 필요한 법규정은 전자등록제도와 관련한 당사자들 사이 복잡한 사법적 법률관계를 규정하여야 할 뿐만 아니라 전자등록기관 등에 관한 행정규제의 측면도 포함해야 한다.

또한 상법이 모든 발행인에 대하여 동일한 법리를 규정하는 데 반해 발행인의 특수성 등 증권의 조건・상황에 따라 다른 법리를 적용하여야 할 필요성도 존재한다. 이와 같이 복잡하고 방대한 법률관계를 상법에서 모두 규율하는 것은, 기본법으로서의 성격에 부합하지 않고 입법기술적인 측면에서도 곤란한 점이 많을 것이다. 따라서 상법에서는 전자등록제도에 관한 기본적인 사항만을 정하고, 더 상세한 사항을 별도의 법률에서 정하도록 규정한 것은 합리적인 방안이라고 생각된다.[8)]

이때 별도의 법률(이하 '전자등록법'이라 한다.)은 상법에 대하여 특별법의 관계에 있기 때문에 양자가 충돌하는 경우 전자등록법이 상법에 우선하여 적용된다고 볼 것이다. 다만 법체계 간의 정합성이란 측면에서 가능한 한 전자등록법과 상법규정이 상충하지 아니하도록 하는 것이 바람직할 것이며, 그러한 측면에서 상법개정안에 담을 내용은 전자등록제도의 골격에 관

---

7) 이러한 주식에 관한 규정을 준용하는 사채 등 여타 상법상 유가증권의 경우에도 동일한 체계가 적용되기 때문에, 결국 상법에서는 유가증권의 전자등록제도에 관한 기본적인 사항만을 규정하고 구체적인 내용은 별도의 법률에 의하여 정하여진다.

8) 상법규정의 적용을 받지 아니하는 증권(자본시장법상 '증권'에는 해당하지만 상법상 유가증권에 해당하지 아니하는 것으로는 합명회사・유한회사 및 익명조합의 지분, 투자계약증권 등)의 무권화를 포괄적으로 추진한다는 측면에서도 그러하다.

한 기본적인 내용만으로 한정하고 전자등록법에서 이를 구체화하는 단계에서 유연한 입법이 가능하도록 해야 할 것이다.

상법부칙 제1조에 의하면, 전자등록제도와 관련한 규정의 시행시기도 공포일로부터 1년 후이다. 그러나 상법개정안의 규정체계상 상법에서 전자등록제 도입에 관한 근거를 마련하여도 현실로 전자등록제를 시행하기 위해서는 전자등록법의 입법이 필수적이라고 생각된다.

Ⅲ. 개정법(안)의 내용과 쟁점[9]

1. 전자등록방식

상법개정안에서 채택하고 있는 주권의 무권화방식은 '전자어음의 발행 및 유통에 관한 법률'에 따른 전자어음과 같이 실물증권을 전자적으로 본뜬 전자문서를 등록하는 방식(이사 '전자문서방식'이라 한다.)이 아니라, 전자등록방식이다. 즉 실물증권을 발행하지 아니하고 전자적 장부에 해당 주식의 수량(사채의 경우에는 금액) 등을 등록하는 방식이다. 개정안에서 주권을 발행하는 대신 전자등록기관의 전자등록부에 '주식'을 등록하고, 이와 같이 등록된 주식의 양도나 입질은 전자등록부에 등록하도록 규정하고 있기 때문이다(§356의 2①②). 대량으로 빈번한 거래가 예상되는 분야이므로 효율성과 거래의 안전성 측면에서 합리적인 선택이다.

전자등록부의 작성·관리·운용 및 구체적인 등록업무 등의 전자등록업무는 누가 담당하게 될 것인가. 개정안은 발행회사가 아닌 별도의 전자등록기관의 존재를 전제로 하여 전자등록업무 취급기관은 '지정'된 기관에 한정될 것임을 예정하고 있다. 그러나 개정안은 지정의 주체, 지정요건과 절차,

9) 상법상의 주식에 관한 규정이 실질적으로 '전자등록제도'에 관한 일반규정의 기능을 하고 있기 때문에 이하는 주식에 관한 규정을 중심으로 검토하고, 사채 등에 관한 사항은 필요한 부분에서 구별되는 점만 언급한다.

지정방식, 등록기관의 숫자, 업무범위 등 계속적인 감독 등에 대해서는 구체적인 규정을 두지 아니하고 전자등록법에서 정하도록 하고 있다. 전자등록제도의 성공적인 도입과 안정적인 운영에 있어서 전자등록기관의 신뢰성 및 시스템의 안전성 확보가 중요한 문제가 될 것이므로 이를 도모하기 위한 세밀한 장치가 마련되어야 할 것이다.

'전자등록'의 구체적인 절차와 방법 및 효과에 관해서도 전자등록법에서 정하도록 하고 있는바, 기본적인 등록방식에 있어서도 직접등록방식 또는 간접등록방식이 될 것인지,[10] 간접등록방식에도 다단계구조로 할 것인지, 2단계의 단순구조로 할 것인지 등도 정해져 있지 않다.[11] 거래안전, 투자자의 편이성, 시스템구축·운영비용 등을 종합적으로 고려하여 결정할 사항이다.[12] 전자등록기관에 관한 사항이나 전자등록의 구체적 의미에 관한 사항에 대하여 상법개정안에서 그 근거규정만 두고 전자등록법에서 정하도록 한 것은 적절한 조치라고 볼 것이다.

2. 발행단계

가. 발행회사의 선택권

상법개정안은 전자등록제를 채택할 것인지의 여부에 대하여 임의적 선택사항으로 규정하고 있다. 개정안에 의해서도 여전히 실물 주권발행이 원칙이고, 그렇지 않고 전자등록을 하려면 정관규정이 있어야 한다.[13] 기존 회사

---

10) 직접등록방식은 모든 투자자가 중앙등록기관에 직접 계좌를 보유하는 방식이며, 간접등록방식은 일반투자자는 기관(금융투자업자 등)에 계좌를 개설하고 그 기관이 다시 중앙등록기관에 계좌를 개설함으로써 일반투자자는 기관을 통하여 간접적으로 계좌를 보유하는 방식이다(현재 주권예탁제도에서 채택한 방식이다).

11) 다단계구조란 일반투자자와 중앙등록기관 사이에 매개하는 기관이 다시 다층구조를 갖는 방식이다(江頭憲治郎, 「株式會社法」, 有斐閣, 2008, 181面).

12) 전자등록방식의 개별적 장단점에 대해서는, 허항진, "유가증권의 전자화와 그 법적 과제에 관한 연구" 195~196면.

13) 상법개정안은 이른바 'opt-in' 방식을 채택하고 있는바, 이는 'opt-out' 방식과 대조되는 것이다. opt-out 방식은 전자등록제를 원칙으로 하고 실물 주권을 발행하려면 정관규정이 필요하게 하는 방식으로서, 제도의 도입 초기에는 혼란을 막기 위하여 상법개정안과 같이 opt-in 방식이 바람직하다고 본다.

에서 전자등록제를 채택하려면 정관변경이 필요하고, 이때 정관변경에 대한 특별한 규정이 없기 때문에 일반적인 정관변경의 요건과 절차가 적용된다(§433 이하).[14)]

그렇다면 회사에서 원하는 경우에는 언제든지 전자등록이 가능한가. 개정안은 이에 대하여 구체적인 규정을 두고 있지 않지만, 전자등록법에서 별도의 정함을 둘 수 있을 것이다. 예컨대 수종의 주식을 발행한 회사에서 일부 종류주식에 대해서만 전자등록 하는 것이 허용되는가. 또 기발행주식의 경우는 어떠한가. 개정안에 의하면 '정관에서 정하는 바에 따라' 전자등록을 할 수 있다고 규정하고 있기 때문에 일응 허용된다고 해석할 수 있다.[15)] 또 어느 범위에서 허용할 것인지의 여부, 구체적인 등록요건, 절차와 방법 등에 대해서는 전자등록법에서 정할 수 있을 것이며, 특히 기발행주식의 전자등록은 기존 주주보호의 장치 등 복잡한 문제가 얽혀 세심한 입법이 필요할 것이다.[16)]

또한 전자등록을 한 회사가 전자등록을 취소하고 실물 발행으로 전환하는 것은 허용되는가. 개정안은 이에 관한 규정을 두고 있지 않지만, 전자등록법에서 정할 수 있을 것이다. 이 경우에도 허용여부 및 허용한다면 필요할 요건과 절차, 주주보호의 장치 등 복잡한 문제가 관련되기 때문에 전자등록법에서 정하는 것이 합리적이다. 나아가 전자등록제의 특성에 비추어 회사의 선택권을 제한할 필요성이 있는 경우도 있다. 이에 대하여 개정안에서는 아무런 규정을 두고 있지 않지만, 전자등록법에서 전자등록제의 특성, 투자자보호의 필요성, 거래의 안전성 확보 등에 비추어 전자등록제를 허용하는 것

14) 만약 상장기업에 대하여 전자등록의무를 부과하고자 한다면, 전자등록법에서 규정하거나 거래소의 상장규정으로 부과할 수 있다. 그러나 상장기업이 아닌 자에게도 전자등록제를 의무적으로 부과하고자 한다면, 전자등록법에서 규정하여야 할 것이다.

15) 즉 양도제한종류주식(개정안§ 344의 4)에 대하여 전자등록제를 채택하지 아니하고 여타 주식에 대해서만 전자등록제를 채택하는 것은 허용될 수 있지만, 동일한 종류의 주식 중 일부만을 전자등록 하는 것은 거래의 안전과 혼란을 막기 위하여 허용되지 않는다고 할 것이다.

16) 기발행주식의 전자등록에 관하여, 우선 전자등록제도의 시행시점에서 일괄하여 기왕의 발행분을 전자등록제로 전환시킬 필요성과 관련하여 문제될 것이고, 전자등록제 도입 이후에도 정관변경을 통하여 전자등록제를 채택한 기업의 경우에는 언제나 발생할 수 있는 문제이다. 사채의 경우에는 일정기간 존속 후 소멸하는 것이 예정되어 있기 때문에 기발행사채의 전환문제는 크게 고려대상이 되지 않는다고 본다.

이 부적절한 경우에는 제한을 둘 필요성이 있을 것이다.

나. 주권발행의 대체효과

정관규정으로 전자등록제를 채택한 회사의 경우에는 실물 주권을 발행할 의무조항(상법§335①)이 배제된다. 전자등록제의 핵심적인 내용으로서 개정안 제356조의 2 제1항에서 '주권을 발행하는 대신' 전자등록을 할 수 있다고 규정하고 있기 때문이다. 전자등록제를 채택한 회사에서 주주가 주권발행을 청구하는 것은 허용되는가. 개정안에 명시적인 규정은 없지만, 전자등록제는 완전한 무권화를 실현하기 위한 제도이므로 원칙적으로 허용되지 않는다고 보아야 할 것이다.[17)]

그렇다면 회사에서 임의로 주권을 발행하는 것은 허용되는가. 주주의 청구권의 경우와 마찬가지로 원칙적으로 허용되지 않는다고 보아야 할 것이다. 전자등록제를 채택한 회사의 경우에도 예외적으로 주권 발행을 허용하여야 할 상황이 있을 수 있기 때문에,[18)] 상법개정안에서 명시적인 규정을 두지 않고서 전자등록법으로 정할 수 있도록 한 것은 합리적이라고 본다.

다. 주식발행 효력과의 관계

전자등록과 주식발행의 효력과의 연관관계가 문제된다. 즉 전자등록제를 채택한 경우 주식발행 시 등록이 그 효력발생의 요건인가. 등록 시 주식발행이 의제되는 효과가 있는가. 바꾸어 말하면 유효한 주식의 발행 없이 등록된 경우의 효과는 어떠한가 등이 그것이다.

주권은 대표적인 선언증권이다. 어음이나 수표와 달리 이미 발생한 권리를 증권에 표시함에 불과한 것이다. 따라서 주식발행 없이 주권만 존재한다고 하여 그로 인하여 주식이 창설되는 효과는 발생하지 않는다(비설권증권).[19)]

---

17) 이전 상법개정안에서 명시적으로 이러한 취지를 규정하고 있었다(§ 356의 2⑤).

18) 예컨대 전자등록법에서 전자등록의 유지요건을 부과한다면, 동 요건미달로 인하여 전자등록이 취소된 경우나 또는 주권발행 회사 측의 임의적인 전자등록 철회를 허용한다면, 상장폐지 등을 이유로 하여 전자등록을 철회할 경우가 생긴다.

개정안에 별도의 규정이 없는 한 '주권 발행을 대신하는' 전자등록의 경우에도 마찬가지로 보아야 할 것이다.

따라서 '주식'의 발행요건과 절차 및 효력은 상법 일반규정에 따라 정하여지는 것이고, 등록이 주식발행의 효력요건도 아니고 전자등록부에 발행된 것으로 기재되었다고 하여도 주식이 창설된 것으로 의제되지 않는다.[20] 전자등록법에서 이와 다른 정함을 할 수 있을 것이지만, 이는 전자등록제도의 근간에 해당하는 사항이므로 그보다는 상법에 일반적 근거규정을 두는 것이 바람직할 것이다.

라. 주식발행 시 전자등록의 시기

정관규정으로 전자등록제를 채택한 회사의 주식발행 시 전자등록시기에 제한이 있는가. 개정안은 이에 관한 명시적 규정을 두고 있지 않다. 실물 주권의 발행시기에 관한 규정(§355)을 준용하거나 이와 유사한 취지를 규정하는 것이 법률관계를 명확히 한다는 측면에서 바람직하다. 즉 ㉠ 원시정관으로 전자등록제를 채택하면 성립 후 지체 없이, 정관변경으로 전자등록제를 채택하면 신주 납입기일 후 지체 없이 전자등록을 하여야 할 의무가 있고, 또 ㉡ 그 이전에는 전자등록을 하는 것이 금지되며 만약 이에 위반하여 전자등록을 하면 무효가 된다.[21]

---

19) 이철송, 제16판 「회사법강의」, 박영사, 2009, 253면, 정찬형, 제12판 「상법강의(상)」, 박영사, 2009, 657면, 666면.

20) 따라서 적어도 일시적으로 주식과 전자등록부상 괴리가 발생할 수 있지만, 그러한 괴리는 주식과 주권의 경우에도 발생할 수 있다. 이는 선의취득제도 등을 통하여 선의의 주주 등을 보호하는 장치를 마련하는 것으로 해결해야 할 것이다.

21) 명시적인 규정이 없어도 해석상 이러한 취지를 도출하는 것이 불가능하지는 않다. 정관규정으로 전자등록제를 채택한 회사의 경우 이사는 선관주의의무 또는 충실의무에 기초하여, 정관에서 전자등록신청시기를 특정하였다면 그 특정된 시기에, 그 시기를 특정하지 않았다면 지체 없이 전자등록을 추진하여야 할 의무가 있다.

3. 유통단계

가. 양도와 입질의 효력발생요건

상법개정안은 전자등록 된 주식의 양도나 입질은 전자등록부에 등록하여야 효력이 발생한다고 규정하고 있다(§356의 2②).[22] 상법상 주식의 양도 및 입질에 있어서는 주권을 교부하는 방법에 의하여야 하는데(§336①, §338①), 주권이 발행되지 아니하는 전자등록제 아래서는 주권의 교부를 요건으로 하지 아니하고 전자등록부에의 등록을 효력발생요건으로 규정하고 있는 것이다. 즉 당사자 사이 의사표시만으로는 주식의 양도나 질권설정의 효력은 발생하지 아니하고, 전자등록부상 등록을 하여야만 회사에 대하여 효력이 생긴다.[23]

자본시장법상 집중예탁제도에서는 실물 주권 발행을 전제로 하기 때문에 계좌부상 기재된 자의 '점유'를 '의제'하고, 계좌부상 양도 또는 입질목적의 대체기재가 있는 경우 '교부'가 있었던 것으로 '의제'하는 방법을 채택하고 있다. 이에 반하여(자본시장법§311①), 상법개정안의 전자등록제에서는 실물 발행을 전제로 하지 않기 때문에 '의제' 방식을 채택하지 않고 직접 효력요건으로 구성할 수 있게 된 것이다.

나. 대항요건규정의 적용여부

전자등록 된 기명주식의 양도 및 입질에 있어서, 주주명부에의 등재라는 회사에 대한 대항요건의 규정(§337① 및 §340①)이 적용되는가. 개정안에서는 이에 대한 규정이 없다. 전자등록 된 경우에 위 대항요건 규정이 적용되지 아니한다는 규정도 없고, 전자등록부에 기재가 주주명부에 등재와 같은

22) 그러나 상속, 합병, 회사분할 등 일반승계의 경우 또는 주식의 포괄적 교환, 주식의 포괄적 이전 등 법률의 규정에 의한 이전의 경우에는 전자등록부상 등록이 효력요건이 아니다(江頭憲治郎, 「株式會社法」, 有斐閣, 2008, 208面).

23) 다만 등록을 하지 아니한 상태에서도 당사자 간에 채권적 효력은 발생하는바, 주식매매계약상 양수인은 양도인을 상대로 전자등록부상 이전등록을 청구할 수 있다.

효력을 가진다는 규정도 없다.

이는 본질적으로 전자등록부에의 등재에 어떠한 효력을 부여할 것인가라는 문제에 귀결된다. 전자등록부와 별개로 주주명부제도를 존치한다고 전제하면,[24] 개정안에서 양도 및 입질의 효력발생요건만을 규정한 취지에 비추어 대항요건은 적용되지 아니한다는 해석론에는 무리가 있다. 따라서 전자등록법에서 이 문제에 관한 명확한 규정을 둘 필요가 있다. 대개 대항요건은 회사에 대한 관계에서 주주로서 또는 질권자로서의 권리행사라는 측면에서 문제될 것이다. 더 근본적으로는 현행법상 기명식인가 무기명식인가에 따라 대항요건이 달리 규정되어 있는데, 전자등록제에서는 사실상 모두 기명(주)식화하여 양자를 나누어 취급할 필요성이 있는지 의문이다.[25]

다. 미등록 시의 법률문제

정관규정으로 전자등록제를 채택한 회사에서 실제 상법개정안 제356조의 2 제1항에 따른 전자등록이 이루어지지 않고 있는 경우의 법률관계는 어떻게 취급할 것인가. 정관규정으로 전자등록제를 채택한 회사라도 현실로 단기간 주식발행시점으로부터 전자등록이 이루어지기까지 사이에 시간적 괴리가 생긴다.[26] 또 회사에서 의도적으로 전자등록을 지연하는 경우나 회사에서 전자등록을 추진하였지만 전자등록기관에서 이를 거부하는 경우 등에도 주식은 발행되었으나 전자등록은 이루어지지 않은 상태가 생긴다.

어떤 이유로든 개정안 제356조의 2 제1항에 의한 전자등록이 이루어지지 않은 경우에는 당해 주식의 양도와 입질을 위한 전자등록을 하지 못할 것이다. 이때 주식의 양도와 입질에 관한 효력발생요건을 충족하지 못하기 때문

---

24) 개정안에서는 사채의 경우 전자등록부를 사채원부로 본다는 명시적인 규정을 두고 있으나(§ 488②), 주식의 경우에는 주주명부에 대하여 상응하는 규정을 두고 있지 않기 때문에 주주명부제도를 존치하려는 것이 입법의도가 아니었나 생각된다.

25) 정찬형, "전자증권제도의 도입에 따른 법적 문제 및 해결방안", 「증권예탁」, 제40호, 한국예탁결제원, 2001, 70~71면.

26) 주식발행 시 전자등록을 효력발생요건으로 하고 발행을 의제하는 법규정을 두지 않는 한, 이처럼 시간적 간격이 발생할 수밖에 없다.

에 양도·입질을 할 수 없는 것인가.

전자등록을 양도 및 입질의 효력발생요건으로 규정한 개정안 동 조의 제2항은 '전자등록부에 등록된' 주식에 대해서만 적용된다. 따라서 정관으로 전자등록제를 채택한 회사라도 실제 전자등록을 하지 아니한 경우 제2항은 적용되지 아니하고, 실물 주권을 전제로 하는 일반조항이 적용된다. 즉 실물주권이 발행되어 있다고 가정하면, 주권의 교부만으로 양도나 입질이 가능하지만(상법§336 및 338), 주권이 발행되어 있지 않다면 주권발행 전 주식양도에 관한 상법 제335조 제3항의 법리가 적용된다.

장차 전자등록제도입과 관련하여 거래의 혼란을 막고, 법적 안정성을 도모하기 위하여 주식발행시점과 전자등록시점 사이 간격을 최소화하기 위한 장치를 전자등록법에 규정할 필요가 있을 것이다.

라. 권리추정과 직접방식

상법개정안은 전자등록부에 등재된 자는 그 등록된 주식에 관한 권리를 적법하게 보유하는 것으로 추정하고 있다(§356의 2③). 실물 주권이 발행된 경우에는 주권의 점유에 의하여 권리추정력이 인정되지만(상법§336②), 실물 주권이 발행되지 아니한 경우, 즉 전자등록제에서는 주권의 점유 자체가 성립할 수 없기 때문에 전자등록부에 등재하는 것에 대하여 권리추정력을 부여하는 것이 합리적인 방안이 될 것이라고 생각된다.[27] 현행법상 주주명부에 인정되는 권리추정력과 관계는 어떻게 되는가. 개정안에는 이에 관한 명시적인 규정이 없지만, 만약 전자등록부와 별개로 주주명부제도를 병존시키고자 한다면 양자의 관계정립을 위한 입법이 필요할 것이다.

또 위 제3항에 의하여 추정되는 권리는 전자등록 된 주식에 대한 권리 그

---

27) 다만 동 조 제3항 전단에서 '전자등록부에 주식을 등록한 자'라는 문구는 다소 부정확한 면이 있어 수정하는 것이 바람직하다고 할 것이다. 즉 전자등록부에 주식을 등록한 자에는 제356조의 2 제1항에 따라 등록하는 발행회사도 해당되고, 동 조 제2항에 따라 양도 및 입질등록을 한 자도 있을 것이다. 양도 및 입질의 경우 등록을 한 자가 양도인(또는 질권설정자)이라고 할 수도 있고, 양수인(또는 질권자)이라고 볼 수도 있다. 따라서 규정의 취지상 양수인 또는 질권자로 전자등록부에 등재된 자라고 해석할 수 있지만, 그러한 취지를 문구에 정확히 반영할 필요가 있다고 본다.

자체이다. 즉 상법개정안은 투자자가 전자등록부상 등재된 수량의 주식에 대한 권리를 직접 보유하는 방식을 채택하고 있다. 자본시장법상 예탁제도 아래서는 중앙예탁기관에 혼장예탁방식을 전제로 투자자계좌부(또는 예탁자계좌부)에 기재된 증권에 대한 공유지분을 갖는 것으로 추정하고 있는 것(§312①, §309④)과 다르게, 중개기관의 매개 없이 투자자가 직접 주식에 대한 권리를 보유하는 방식을 채택하고 있다.[28)]

마. 선의취득의 문제

1) 선의취득의 필요성

상법개정안은 전자등록부의 등재에 권리추정력을 인정하는 당연한 논리적 귀결로 전자등록부를 신뢰한 자를 보호하기 위하여 선의취득제도를 명시적으로 인정하고 있다(§356의 2③). 현행법상 선의취득제도(상법§359, 수표법 §21)는 실물 주권의 점유에 권리추정력을 인정한 규정(§336②)을 전제로 하여 점유라는 외관을 신뢰한다.

반면, 실물 주권을 전제로 하지 않는 전자등록제 아래서는 전자등록부 자체를 신뢰의 대상이 되는 외관으로 보고 있다.[29)] 주식의 유통성 강화라고 하는 선의취득제도의 일반적 취지는 전자등록제 아래서 더욱 강조되어야 할 것이기 때문에 선의취득제도를 인정할 필요성은 분명하다.

2) 선의취득의 범위

그렇다면 어느 범위까지 선의취득을 인정할 것인가가 문제된다. 상법상 선의취득제도는 거래대상인 주권 자체는 유효한 것임을 전제로 하고, 다만 양도인이 무권리자일지라도 권리의 외관을 신뢰한 자(양수인)를 보호하여

---

28) 일본의 전자등록법에서도 이와 같은 법리구성을 하고 있다(정찬형, "전자증권제도의 도입에 따른 법적 문제 및 해결방안", 70~71면).

29) 즉 '전자등록부상 자기계좌의 기재'를 신뢰의 대상이 되는 외관으로 보는 것이며, 종래 선의취득제도에서는 '거래상대방의 점유'를 신뢰의 대상이 되는 외관으로 보고 거래상대방이 무권리자임을 악의 또는 중대한 과실의 대상으로 보았다는 점이 다르다.

그에게 적법하게 주권을 취득하는 효과를 인정하고 있는 것이다.[30] 이처럼 전자등록제 아래서도 양도인 내지 질권설정자가 무권리자인 경우에 선의취득을 인정하는 데 무리는 없다.

그러면 전자등록부상 이전(입질)된 주식이 유효하게 존재하지 아니하는 경우에도 전자등록부를 신뢰한 자를 보호할 것인가. 즉 유효한 주식발행은 없지만, 전자등록부상 등재된 주식(예: 전산상의 오류나 발행회사・전자등록기관 및 계좌관리기관 등의 고의・과실에 의한 행위의 결과)이 이전(입질) 등록된 경우가 문제된다.

전자등록제의 특성상 전자등록부에 대한 신뢰를 보호하지 않고는 시장에서 거래의 안전성을 확보하기 어렵기 때문에 선의취득을 인정할 필요성이 있다. 현실적으로 거래소에서 다자간 집중차감방식에 의한 결제 시 유효하지 아니한 주식이 누구에게 귀속되었는지 특정할 수 없다는 점에서도 그 필요성이 크다. 우선 선의취득을 인정하고 초과 기재된 부분[31]을 신속・공평하게 바로잡는 방법을 강구하는 것이 합리적이라고 생각된다.[32] 개정안에서는 '전자등록부를……신뢰하고'라고 규정하고 있어서, 전자등록법에서 같은 취지로 구체적인 규정을 두어도 상충되지 않을 것으로 해석된다.

3) 소결

결국, 선의취득제도를 규정하고 있는 개정안의 문언은 기본적으로 타당하다고 보며, 다만 제3항 후단의 문구를 더 명확히 할 필요가 있지 않을까. 즉 현재 문언은 '권리를 취득한 자는 그 권리를 취득한다.'는 것이 되어 동어반

30) 이철송, 제16판「회사법강의」, 박영사, 2009, 286면.

31) 선의취득을 인정하여도 유효하지 않은 주식이 유효한 것으로 되지 않기 때문에(즉 주식이 발행되지 않았는데 주금납입도 없이 주식이 발행된 것으로 취급할 수 없을 것이다), 실제 유효하게 발행된 총 주식 수보다 선의취득의 결과를 반영하여 전자등록부상 권리가 인정되는 총 주식 수가 더 많게 될 것이므로 그 차이만큼 초과 기재부분이 발생한다.

32) 일본의 전자등록법도 이러한 입장을 취하고 있는바, 기본적으로 투자자에 대한 관계에서는 전자등록부상 기재된 대로 선의취득을 인정하고, 전자등록기관 등에 초과분을 취득하여 소각할 의무를 지우고 당해 기관이 소각의무를 이행하기까지의 기간에 대한 경과조치를 두고 있다(사채의 경우 § 78~81, 주식의 경우 § 145~148).

복으로 보인다. 당초 취지는 전자등록부에 권리를 갖는 것으로 등재된 자는 등재된 대로 권리를 취득한다는 의미일 것으로 볼 때, '권리를 취득한 자'를 '전자등록부상 해당 주식을 양수 또는 해당 주식에 대하여 질권을 취득한 것으로 등재된 자'로 수정하는 것이 옳지 않을까 한다.[33]

4. 권리행사의 단계

가. 의결권행사와 권리추정력

전자등록 된 주식에 대한 의결권행사, 유무상증자의 참여, 소수주주권 및 단독주주권 행사 등 각종 권리행사의 방법은 어떤가. 개정안에서는 별도 명시적인 규정이 없어서 권리행사가 가능한 경우가 다양하고 각 경우마다 그 요건과 절차가 상이할 수 있기 때문에 이 모든 사항을 기본법으로서 상법에 규율하기는 무리다. 따라서 개정안 제356조의 2 제3항에 따라 전자등록부의 등재에 권리추정력이 인정된다는 전제 아래 동 조 제4항에 따라 전자등록의 '효과'로서 전자등록법에서 규정하는 방식을 택하는 것이 합리적이다.

나. 현행 주주명부와의 관계

입법정책적인 입장에서 중요한 문제는 현행 주주명부제도와 관련된 문제이다. 즉 주주총회에서 의결권을 갖는 자는 전자등록부에 등재된 자인가, 주주명부에 등재된 자인가. 상법상 주주명부에 명의개서를 한 자만이 회사에 대하여 대항할 수 있고 의결권 등 주주권을 행사할 수 있다(§337①). 따라서 전자등록부의 권리추정력과 관계를 어떻게 정립할 것인가에 따라 의결권을 갖는 자가 누구인지 결정될 것이다. 이에 관한 몇 가지 방안을 살펴보면 다음과 같다.

---

33) 일본 전자등록법의 선의취득규정에서도 동일한 형태를 취하고 있다(사채의 경우 § 77, 주식의 경우 § 144).

즉 ㉠ 전자등록부에 등록된 주식에 대하여 기존 주주명부제도를 부인하고, 전자등록부를 주주명부로 보아 현재 주주명부에 인정되는 모든 효력을 전자등록부에 인정하는 것이다.[34] 이 경우 주주명부가 없으므로 양자의 상충문제는 생기지 않고, 전자등록부상 주주로 등재된 자가 의결권을 행사할 수 있다. 회사나 주주의 입장에서 실시간으로 주주의 현황 파악이 가능하다는 장점이 있으나, 시스템구축 및 유지비용이 가중된다는 단점도 있다.

㉡ 기존 주주명부제도를 유지한 채 전자등록부상 등재된 자는 전자등록부상 권리추정력에 의하여 주주명부상 명의개서를 요구할 수 있도록 하는 것이다. 이 경우 회사에 대한 관계에서는 주주명부상 주주만이 주주권을 행사할 수 있다. 이는 집중예탁제도를 가정하지 아니한 상태에서 현행 주주명부제도와 동일한 효과를 나타낼 것이므로, 거래가 대량으로 빈번하게 이루어지는 경우 명의개서 업무처리의 과중과 명부상 주주와 실제 주주 사이 괴리가 발생할 수 있는 문제가 있다.

㉢ 기존 주주명부제도를 유지하되 의결권행사 등 회사에서 권리를 행사할 자를 정할 필요가 있는 경우에만 전자등록부에 등재된 자를 주주명부에 명의개서 된 것과 동일하게 취급하는 방안이다.[35] 이 경우는 현행 집중예탁제도 아래서 실질주주명부제도[36]의 경우와 유사한 구조가 되기 때문에 제도의 장단점이 그대로 노출될 것이다. 다만 차이는 집중예탁 된 주식의 경우

34) 이와 관련하여, 전자등록부와 전자주주명부의 관계에 대하여 명확히 할 필요가 있는바, 2009년 5월 28일 개정상법(공포 뒤 1년 후 시행)으로 전자주주명부제도가 도입되었다. 그러나 전자등록부와 전자주주명부가 동일한 것이 아님은 물론 실무상 양자가 반드시 수반되어야 하는 것도 아니고 보면, 전자주주명부를 채택하면서 전자등록은 하지 않을 수도 있고, 전자등록을 하는 경우에도 전자주주명부를 채택하지 않을 수 있다. 이렇게 볼 때 전자주주명부는 기존 종이로 된 주주명부를 전자문서의 형태로 작성하는 것이므로 물리적 형태만 바뀔 뿐 작성 주체, 기재사항, 효력 등 모든 면에서 주주명부이다. 그런데 전자등록부는 그 작성 주체가 다르고(발행회사가 아니라 전자등록기관 또는 계좌관리기관), 전자등록부를 주주명부로 본다는 규정이 없는 한 기재사항, 효력 등도 당연히 주주명부와 같은 것은 아니다.

35) 일본 전자등록법에서 채택하고 있는 방법도 이와 유사하며, 의결권행사 등 총주주가 주주권을 행사하기 위한 기준일을 정한 경우 등에 있어서만 전자등록기관이 기준일 현재 전자등록부상 등재된 주주 및 지분현황을 회사에 통지(총주주 통지)하고, 회사는 통지받은 주주명부에 명의개서를 한다. 소수주주권행사 등 일부 주주가 주주권을 행사할 필요가 있는 경우에는, 당해 주주가 전자등록기관을 통하여 회사에 자신의 주식소유현황을 통지(개별주주 통지)할 뿐 주주명부상 명의개서는 생기지 않는다(江頭憲治郎, 「株式會社法」, 有斐閣, 2008, 188~190面).

36) 자본시장법 제314조부터 제318조 참조.

예탁결제원이 주주명부상 주주로 등재되고 실제 주주는 자본시장법의 규정에 따라 공유지분을 갖는 데 반하여, 전자등록 된 주식의 경우 이러한 이중구조를 유지할 수 없다는 점이다.

또 기명주식을 질권의 목적으로 하는 경우에도 주주명부제도의 설정방향에 따라 등록질과 약식질의 취급이 달라질 것이다. 위에서 ㉠의 경우에는 모든 질권이 등록질화하게 될 것이고, ㉡의 경우 현재와 같이 등록질과 약식질이 병존하게 될 것이다. ㉢의 경우에는 약식질이 원칙적인 모습이고, 등록질은 예외적으로 일정한 시기에만(일본의 경우에는 총주주 통지) 그리고 질권설정자(주주)뿐만 아니라 질권자도 함께 통지되어 주주명부에 기재된 경우에만 존재하게 될 것이다.

개정안에서는 이러한 문제에 대하여 아무런 방향도 정하지 않고 있기 때문에 전자등록법에서 결정하게 될 것이다. 장차 전자등록제도를 도입함에 있어서 현재 집중예탁제도 아래서 거의 유명무실화된 주주명부제도의 주주현황을 나타내는 장치로서 기능을 되살리는 방안을 생각해 볼 일이다.[37)]

5. 소멸단계

전자등록부에 등록된 주식의 소각, 분할, 합병 등으로 인하여 주식이 그 자체 소멸 또는 증감하는 경우 효과와 절차에 관하여 상법개정안에서는 아무 규정도 두고 있지 않다. 이는 매우 기술적인 사항이므로 제356조의 2 제4항에 따라 전자등록법에서 규정하게 한 개정안의 태도는 옳다고 본다. 또 사채의 상환과 전환 및 교환 등의 경우에도 마찬가지다.

---

37) 상법 제396조는 주주명부 및 사채원부의 비치, 공시의무를 정하고 있는데, 향후 주주명부제도의 운용방향과 관련하여 전자등록제 아래서 주주와 회사채권자의 주주명부 등 열람・등사청구권이 실질적으로 보호되기 위한 방안을 함께 고려하여야 할 것이다.

6. 사채에 관한 문제

가. 개정안 제478조 제3항

주식의 경우와 마찬가지로, 사채에 관하여 전자등록제를 채택할 것인지 여부도 회사의 임의적 선택사항이다(§478③). 일반적인 정관변경의 절차에 따라 정관으로 전자등록제를 채택하여야 할 것이지만, 문제는 사채의 경우에도 주식과 마찬가지로 취급하는 것이 합리적인가. 이에 관하여 개별사채의 발행 시마다 이사회에서 탄력적으로 정하는 방안을 고려해 볼 필요가 있다. 발행 시마다 사채계약에 따라 그 발행조건이 달라지는 사채에 대하여 주식과 마찬가지로 엄격한 취급을 할 필요가 있는지 의문이다. 또 동 조 제3항의 요건 중 '채권'보다는 '사채'가 더 합당한 용어라고 생각된다. 상법 제8절(사채)에서 전체적으로 사채라는 용어를 사용하고 있기 때문에 용어의 통일적인 사용을 위하여 수정하는 것이 바람직하다.

또한 전자등록부에 등록된 기명사채의 양도 및 입질에 있어서, 사채원부에 등재라는 회사 기타 제삼자에 대한 대항요건의 규정(§479① 및 §489①)이 적용되는가. 개정안 제488조 제2항에서 전자등록부를 사채원부로 본다는 규정을 두고 있기 때문에, 전자등록부에 등재가 효력요건이자 대항요건이다.[38] 따라서 전자등록 된 사채의 경우 기명식과 무기명식 간에 양도 및 입질의 방법에 차이가 없다.

또 이권(coupon)의 양도와 입질에 대해서는 어떤가. 사채가 전자등록 된 경우 분리형 이권이 발행된 경우 문제된다.[39] 이권은 당해 이자기간별 이자청구권을 표창하는 독립된 무기명유가증권이므로 사채와 별개로 유통될 수 있다.[40] 따라서 사채의 전자등록 시 이권에도 그 효력이 미치는지 여부, 절

---

38) 따라서 전자등록부를 주주명부로 본다는 규정을 두고 있지 않는 주식의 경우와 다르게 혼란의 소지가 없다.

39) 실물 사채권이 발행된 경우 '분리형'이란 실물 이권이 사채권과 별개로 발행되어 유통될 수 있다는 의미이지만, 전자등록 된 사채의 경우에는 당해 사채계약상 사채에 관한 이자청구권이 사채와 별개로 양도될 수 있는 조건으로 발행되었다는 의미로 보아야 할 것이다.

40) 이철송, 제16판 「회사법강의」, 박영사, 2009, 821면, 정찬형, 제12판 「상법강의(상)」, 1064면.

차, 이권의 양도와 입질방법 등에 대하여 전자등록법에서 명시적인 규정을 두는 것이 바람직하다.

나. 개정안 제488조 제1항 제5호

개정안에서 신설한 제5호는 해석상 논란이 야기된다(§488① 제5호 후단). 개정안 제488조 제2항에 의하면, 전자등록부를 사채원부로 본다고 규정하고 있는바, 이와 동시에 제5호 후단을 규정한 것은 문언상 전자등록기관의 전자등록부와 발행회사의 사채원부가 병존한다는 의미로 볼 수 있다.

이 경우 두 장부상의 내용이 상충되는 문제에 대하여, 기명사채의 경우 각 사채권자로 등록된 자가 다를 경우 어느 것이 우선하는지 해석상 문제이다. 이러한 혼란의 소지를 없애기 위하여 제1항 제5호의 후단을 삭제하고, 전자등록사채의 경우에는 전자등록부만 있고 사채원부는 작성하지 않는다는 명시적 규정을 두는 것이 바람직할 것이다.

다. 제515조 제1항

개정안의 동 조 제1항 단서의 문언 중 '채권'보다 '전환사채'가 더 합당한 용어이다(§515① 단서). 상법 제8절 제3관(전환사채)에서 전체적으로 채권이란 용어는 사용하지 않고, 전환사채란 용어를 사용하고 있기 때문에 용어의 통일적인 사용을 위하여 수정하는 것이 바람직하다. 또 '……증명하는 자료'는 전자등록기관이 발급한 증명서가 될 것으로 예상되는데, 그 구체적인 내용과 절차 등은 전자등록법에서 규정하여야 할 것이다. 그리고 전자등록된 전환사채의 전환청구 시와 동일한 상황이 전자등록 된 전환주식의 경우에도 발생하기 때문에, 제515조 제1항 단서와 같은 취지의 규정을 상법 제349조(전환(주식)의 청구) 제1항 단서로 신설하는 것이 타당하다고 생각된다.

7. 신주인수권에 관한 문제

가. 신주발행 시의 신주인수권(§ 420의 4)

주식을 전자등록 했다고 해서 그 주식소유자에 대해 부여된 신주인수권도 당연히 전자등록 해야 하는 것은 아니다. 신주인수권의 전자등록은 신주인수권증서 발행에 갈음하는 것이므로 신주인수권증서의 발행의무가 있는 경우(상법§420의 2)에만 문제된다. 즉 이사회결의로 주주가 가지는 신주인수권을 양도할 수 있는 것으로 정한 경우에만 그 대상이 된다.[41)]

주식의 경우와 같이 신주인수권을 전자등록 하기 위해서는 정관의 규정이 있어야 하는바, 단기간 유통되는 신주인수권의 전자등록 여부를 굳이 정관 규정으로 정하게 할 필요가 있는지 의문이다. 개별 주식발행 결의 시마다 이사회에서 상황에 따라 융통성 있게 전자등록여부를 결정하게 하는 방안을 정책적으로 고려해 볼 필요가 있다. 또 신주인수권의 양도 및 입질의 효력요건, 권리추정력, 선의취득, 전자등록법이 예정된 점 등 모두 주식의 경우와 같은 법리가 적용된다(§420의 4 후문).[42)]

전자등록 된 신주인수권 소유자의 권리행사방법이 문제되는데, 실물 발행을 전제로 하는 현행 상법 제420조의 4(개정안§420의 5)는 적용될 여지가 없기 때문에 그 행사방법에 관한 규정이 공백이다. 개정안에서 신설한 제516조의 8 제2항 단서(신주인수권의 행사)와 같은 취지의 규정을 두는 것이 바람직하다.

나. 신주인수권부사채의 신주인수권(§ 516의 7, § 516의 8② 단서)

신주인수권부사채가 비분리형으로[43)] 발행된다면, 신주인수권은 신주인수

---

41) 상장회사의 경우 반드시 신주인수권을 발행하여야 한다고 규정한다(금융위원회의 「증권의 발행 및 공시 등에 관한 규정」 제5－19조 제1항).

42) 상법 제420조의 3(신주인수권의 양도)은 적용되지 않는다.

43) 실물 사채권이 발행되는 경우 '비분리형'이란 신주인수권을 표창하는 독립된 증권이 발행되는 것이 아니라 사채와 신주인수권이 결합된 사채권만이 발행되는 것을 의미한다. 그러나 전자등록제도 아래서 '비분

권부사채의 전자등록여부에 따라 운명을 같이한다. 개정안은 신주인수권의 전자등록을 정관규정으로 정하도록 규정하고 있는데(§516의 7), 사채발행의 결의 시에 정할 수 있도록 허용하는 것을 정책적으로 고려해 볼 필요가 있다.

또한 개정안에서 신설한 제516조의 8(신주인수권의 행사) 제2항 단서에서는 제474조(사채청약서) 제2항 제10호의 2를 준용하고 있지만, 이 조항은 사채청약서 기재사항에 관한 규정에 불과한 것이므로, 그 대신 사채의 전자등록에 관한 일반규정인 제478조(채권의 발행) 제3항을 인용하는 것이 타당하다. 또 동 단서에서 사용하고 있는 '채권'이라는 용어는 '신주인수권부사채'가 더 정확한 용어라고 할 것이다. 동 단서에서 '신주인수권증권'이란 용어도 전자등록 한 것은 신주인수권증권이 아니라 '신주인수권'이고 증명할 대상 역시 신주인수권의 존재이므로 신주인수권으로 수정할 필요가 있다.

8. 기타 상법상 유가증권에 관한 문제

상법개정안 제65조 제2항은 일반적인 유가증권에 대하여 전자등록이 가능함을 선언하고 있다. 따라서 동 조의 문언상 어음·수표나 화물상환증, 선하증권, 창고증권 등 투자증권의 성격을 갖지 아니하는 것도 전자등록의 대상이 될 수 있다. 그러나 제356조(주식의 전자등록)의 2 제4항을 준용함으로써 전자등록법의 제정을 예정하고 있으므로, 전자등록법 규정으로 이러한 유가증권의 전자등록을 제한할 수도 있을 것이다. 상법상 유가증권의 종류가 다양하고 각기 경제적 기능이 다를 뿐만 아니라 그 법적 성질이나 법률관계가 상이하기 때문에 유가증권의 종류마다 개별적으로 그 적합성 여부 등을 종합적으로 고려하여 전자등록 대상으로 포섭할지 여부를 결정할 필요가 있다. 개정안의 조문상 통상 상법상 유가증권을 전자등록 대상으로 할 수 있다는 선언적 규정으로 보아야 할 것이다.

리형'이란 당해 사채계약상 사채와 신주인수권이 분리하여 양도될 수 없는 조건으로 발행된 것을 의미한다고 볼 것이다.

또한 이와 같은 상법상의 조문이 있다고 할지라도, 전자등록법 규정으로 ‘동 조 제1항의 유가증권’(상법상 유가증권)에 해당하지 아니하는 것을 전자등록 대상으로 포섭하는 것이 제한되지 않는다. 예컨대 상법상 유가증권에는 해당하지 않지만, 자본시장법상 ‘증권’에 해당하는 것(합명회사, 유한회사, 익명조합의 지분 등)도 전자등록법 규정으로 전자등록제도에 포섭할 수 있을 것이다.

9. 기존 무권화 관련 제도의 문제

전자등록제도가 도입되는 경우 현행법상 인정되고 있는 주권불소지제도, 공사채등록제도, 집중예탁제도는 어떻게 될 것인가. 이에 관하여 상법개정안은 아무런 규정을 두고 있지 않다. 전자등록제 도입 이후에도 개별회사가 실물 주권의 발행을 선택하는 것은 허용되기 때문에, 이러한 회사를 위하여 주권불소지제도는 존치하여야 할 것이다. 다만 공사채등록제도나 집중예탁제도를 전자등록제도와 병존시킬 것인지의 문제는 전자등록법에서 정책적으로 결정할 수 있을 것이다.[44)]

Ⅳ. 결 론

주식, 사채 등에 관한 전자등록제 도입의 필요성에 대해서는 이미 공감대가 형성되어 있다고 생각한다. 전자등록제 도입을 위한 입법체계상 상법에서는 전자등록제의 골격에 관련된 사법관계상의 기본적인 사항만을 정하고, 전자등록법에서 행정규제적인 측면과 구체적인 시행에 필요한 사항을 정하도록 하고 있는 상법개정안의 체계는 합리적이라고 판단된다.

44) 김병연, “증권 등의 전자등록제도의 도입에 관하여”, 증권선물, 제46호, 한국거래소, 2008, 29～32면.

다만 상법개정안의 내용 중 일부 조항의 보완이 필요하다고 본다. 법이론적 측면에서 볼 때, 상법개정안은 유가증권의 본질과 관련하여 전자등록제에 관한 밑그림을 그린 정도이고, 전자등록법의 실체가 형성된 뒤 전자등록법 아래서 전자등록 된 권리의 법적 성질에 대한 심도 있는 논의의 토대가 마련될 것으로 보인다. 전자등록법의 윤곽이 공개되면 이를 바탕으로 상법개정안의 내용과 아울러 전자등록제 아래서 전자등록 된 권리의 법적 성질을 분석하여 유가증권의 본질에 대한 법이론적 접근을 시도할 수 있을 것이다.

전자등록법이 제정된 이후에도 전자등록기관의 지정, 시스템구축, 관련 세부규정의 정비, 발행기업 등 관련자의 교육과 준비, 기발행증권의 전환에 따른 조치 등 전자등록제도를 현실로 시행하기 위해서는 상당한 준비기간이 소요될 것이다. 따라서 전자등록제도의 신속한 시행을 위해서는 상법개정안뿐만 아니라 전자등록법의 조속한 입법이 요구된다고 하겠다. 또 관련법의 정비도 함께 추진되어야 할 것인바, 실물 증권을 전제로 한 법제에서 실물을 배제하는 전자등록제로 전환함에 따라 증권발행을 전제로 하고 있는 각종 특별법, 세법, 자본시장법[45] 등의 손질이 필요한지 여부도 세심하게 검토되어야 할 것이다.

45) 특히 자본시장법의 경우 전자등록제의 시행과 함께 예탁제도를 그대로 존치할 것인지, 일부 수정된 모습으로 남겨둘 것인지 또는 전면 폐지할 것인지 등의 정책결정에 따라 동법상의 관련 조항의 개정이 필요할 것이다. 우선 자본시장법의 '증권'의 개념에 대하여 정의조항(§ 4)이 재검토되어야 할 것인바, 이는 본래 실물 발행을 원칙으로 전제하여 규정되었기 때문에 전자등록제 도입을 계기로 '증권'의 개념조항부터 미래지향적으로 재고해 볼 필요가 생긴다(주식의 경우에는 제4조 제9항).

[참고]

▶ 개정법(안)상의 전자등록제도와 관련한 법조문

제65조(유가증권과 준용규정) ① 금전의 지급청구권, 물건 또는 유가증권의 인도청구권이나 사원의 지위를 표시하는 유가증권에 대해서는 다른 법률에 특별한 규정이 없으면 '민법' 제508조(지시채권의 양도방식)부터 제525조(지명소지인출급채권)까지의 규정을 적용하는 외에도 '어음법' 제12조(배서의 요건) 제1항 및 제2항을 준용한다.
② 제1항의 유가증권은 제356조의 2 제1항의 전자등록기관의 전자등록부에 등록하여 발행할 수 있다. 이 경우 제356조의 2 제2항부터 제4항까지의 규정을 준용한다.

제356조의 2(주식의 전자등록) ① 회사는 주권을 발행하는 대신 정관에서 정하는 바에 따라 전자등록기관(유가증권 등의 전자등록업무를 취급하는 것으로 지정된 기관을 말한다. 이하 같다.)의 전자등록부에 주식을 등록할 수 있다.
② 전자등록부에 등록된 주식의 양도나 입질은 전자등록부에 등록하여야 그 효력이 발생한다.
③ 전자등록부에 주식을 등록한 자는 그 등록된 주식에 대한 권리를 적법하게 보유한 것으로 추정하며, 이러한 전자등록부를 선의로 그리고 중대한 과실 없이 신뢰하고 제2항의 규정에 따라 권리를 취득한 자는 그 권리를 적법하게 취득한다.
④ 전자등록의 절차와 방법 및 효과, 전자등록기관의 지정·감독 등 주식의 전자등록 등에 관하여 필요한 사항은 따로 법률로 정한다.

제420의 4(신주인수권의 전자등록) 회사는 신주인수권증서를 발행하는 대신 정관에서 정하는 바에 따라 전자등록기관의 전자등록부에 신주인수권을 등록할 수 있다. 이 경우 제356조의 2 제2항부터 제4항까지의 규정을 준용한다.

제478조(채권의 발행) ③ 회사는 제1항의 채권을 발행하는 대신 정관에서 정하는 바에 따라 전자등록기관의 전자등록부에 채권을 등록할 수 있다. 이 경우 제356조의 2 제2항부터 제4항까지의 규정을 준용한다.

제488조(사채원부) ① 회사는 사채원부를 작성하고 다음 각 호의 사항을 적어야 한다.
5. 채권의 발행연월일 또는 채권을 발행하는 대신 전자등록기관의 전자등록부에 사채권자의 권리를 등록한 때에는 그 뜻
② 제478조 제3항의 경우에는 전자등록기관의 전자등록부를 사채원부로 본다.

제515(전환의 청구) [제1항 단서 신설] 다만 제478조 제3항에 따라 채권을 발행하는 대신 전자등록기관의 전자등록부에 채권을 등록한 경우에는 그 채권을 증명할 수 있는 자료를 첨부하여 회사에 제출하여야 한다.

제516조의 7(신주인수권의 전자등록) 회사는 신주인수권을 발행하는 대신 정관에서 정하는 바에 따라 전자등록기관의 전자등록부에 신주인수권을 등록할 수 있다. 이 경우 제356조의 2 제2항부터 제4항까지의 규정을 준용한다.

제516의 9(신주인수권의 행사)(종래 제516조의 8)[제2항 단서 실설] 다만 제474조 제2항 제10호의 2 또는 제516조의 7에 따라 채권이나 신주인수권증권을 발행하는 대신 전자등록기관의 전자등록부에 채권이나 신주인수권증권을 등록한 경우에는 그 채권이나 신주인수권증권을 증명할 수 있는 자료를 첨부하여 회사에 제출하여야 한다.

제7장

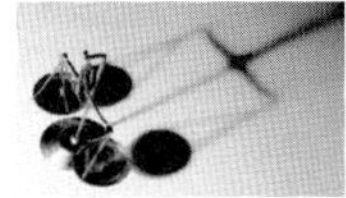

개정상법상 株主 의결권행사의 전자화

Ⅰ. 서 론

2009년 5월 28일 법무부가 마련한 전자투표에 관한 상법개정안이 국회를 통과하여 공포됨으로써 '전자투표제도'가 입법화되었다. 이는 그간 의결권행사의 전자화, 즉 전자투표제도에 관하여 다수의 연구결과가 발표된 바 있거니와,[1] 정보통신기술의 발달과 함께 IT기술을 회사법제에 수용하기 위한 일환이다.

개정상법은 주주의 의결권행사의 전자화를 위하여 전자적 방법에 의한 의결권행사(이른바 전자투표제도)(§368의 4), 전자주주명부(§352의 2), 전자적 방법에 의한 공고제도(§289③~⑨), 전자문서에 의한 소수주주의 주주총회 소집청구(§366①) 등의 규정을 신설함으로써 기업경영의 IT화를 실현하도록 하였다.

주주총회에 IT기술을 도입함으로써 주주총회의 활성화에 기여하고 기업지배구조를 개선할 수 있다는 점에서 전자투표제도는 긍정적인 입법이라고 평가된다. 다만 전자투표제도의 구체적인 시행과 관련된 세부사항에 대하여 시행령에 위임하고 있기 때문에 향후 시행령을 마련해야 하는 것이 과제이다. 이하 전자투표에 관련된 개정상법의 규정을 중심으로 하여 개개의 관련 내용을 살펴보고자 한다.

Ⅱ. 주주의 의결권행사와 전자투표

1. 주주총회의 활성화

주주는 주주총회에 출석하여 토의에 참가하고 결의할 수 있는데, 이러한 권리를 주주총회 참여권이라고 한다. 이 중 가장 중요한 것이 총회결의에

1) 정찬형, "주주총회 활성화를 위한 제도개선방안", 상사법연구, 제23권, 제3호, 2004, 43~87, 정경영, "전자투표제도 도입을 위한 법제 정비 방안에 관한 연구", 상사법연구, 제23권, 제3호, 97면~169면, 정완용, "바람직한 전자투표 인프라 구축방안", 상사법연구, 제23권, 제3호, 2004, 183~245면 등.

참가할 수 있는 권리인 의결권(voting right)이다. 원칙적으로 주주는 1주에 대하여 1의결권을 갖고 있으며, 주주의 의결권행사의 유형은 직접행사방식과 간접행사방식이 있다. (1) 직접행사방식에는 ㉠ 주주의 의결권행사(§368①), ㉡ 서면에 의한 의결권행사(§368의 3)가 있다. (2) 간접행사방식에는 ㉠ 의결권 대리행사(§368③), ㉡ 의결권 대리행사의 권유에 의한 행사, ㉢ 실질주주의 신청에 의한 행사, ㉣ 외국인 실질주주의 의결권행사, ㉤ 발행회사의 요청에 의한 행사(shadow voting) 등이 있다.

이러한 의결권 행사의 방식과 관련하여 주주의 무관심과 주주총회 참석의 곤란, 서면투표제도의 형해화, 발행회사 요청에 의한 의결권행사제도(shadow voting)의 문제, 기관투자자의 의결권행사 등 종래 여러 가지 문제점이 제기되어 왔다. 이와 같은 의결권 행사의 문제점을 극복하기 위한 방안의 하나로 전자투표제도가 도입됨으로써 주주총회의 활성화를 도모할 수 있게 되었다.

2. 전자투표제도

상법상 전자투표라 함은 주주총회에서 의결권을 행사함에 있어서 주주가 현장의 주주총회에 출석하거나 서면투표를 하는 대신 전자적 방법으로 의결권을 행사하는 것을 말한다.[2] 상법에서는 이미 이사회에서 의결권행사의 전자화에 관하여 규정을 두고 있거니와(§391), 여기서 전자투표라 함은 주주총회에서 주주가 전자적 방법으로 의결권을 행사하는 개념으로 사용된다. 이 경우 전자적 방법에는 보통 전자우편에 의한 방법과 인터넷 홈페이지 등을 이용하는 방법이 있는데 대개 후자의 방법이 사용된다.

그렇다면 전자투표제도는 종래 서면투표제도의 전자화인가 혹은 전자주주총회로 나아가기 위한 하나의 단계로서 주주의 의결권행사를 전자적 방법으로 행하는 것으로 이해할 것인가의 문제가 있다. 개정상법은 서면투표제도(§368의 3)와 별도로 제368조의 4에서 전자적 방법에 의한 의결권의 행사규

2) 정경영, “전자투표제도 도입을 위한 법제 정비 방안에 관한 연구”, 99면.

정을 신설하였다. 이는 전자투표제도를 서면투표제도의 전자화로 이해하기 보다는 주주가 현장의 주주총회에 출석하는 대신에 의결권을 전자적 방법으로 행사하는 것으로 이해하여야 할 것이다. 즉 주주총회가 전자화되어 가는 단계에서 소집통지의 전자화로부터 시작하여 궁극적으로 전자주주총회(이른바 사이버주주총회)로 발전하는 단계에서 전자투표제도는 전자적 방법에 의한 의결권의 행사라고 이해하는 것이 타당할 것이다.

2001년 전자투표제도를 도입한 일본의 경우에는, 전자투표제도를 도입하였거나 도입할 예정인 기업이 지속적으로 증가하고 있다.[3] 한국의 경우에도 전자투표가 법적으로 제도화되면 이를 이용할 것이라고 답변한 기업의 수가 전체 조사대상 회사의 50%에 육박하고 있는 것으로 나타나 전자투표에 대한 긍정적인 경향을 보이는 것으로 평가된다.[4]

Ⅲ. 개정상법상 주주의 의결권행사의 전자화에 관한 문제점

1. 전자적 투표의 기본구조

상술한 바와 같이, 회사는 이사회의 결의로써 주주가 주주총회에 출석하지 아니하고, 전자적 방법(electronic transmission)으로 의결권을 행사할 수 있다(§368의 4①). 이와 같은 전자투표제도는 정보기술(information technology, IT)의 발전을 기업경영에 접목시켜 주주총회에 주주의 의사가 직접 반영되게 한 것이다.[5]

전자적 방법에 의한 의결권행사는 주주가 회사에서 제공하는 투표와 관련한 자료 및 양식에 찬성·반대의 표시를 하여 전자문서(웹, E 메일 등)로 회

3) 김순석, “전자주주총회”, 전남대학교 출판부, 2008, 153면.

4) 증권예탁결제원, “전자투표제도 도입에 관한 상법 개정(안)”, 2005, 6면.

5) 최준선, 제4판 「회사법」, 삼영사, 2009, 336면.

사에 전달하여 의결권행사에 갈음한다.[6] 기본적으로 이러한 전자투표제도를 운영하기 위해서는 주주와 주권발행회사 및 의결권 관리기관의 3당사자가 필요하다.[7]

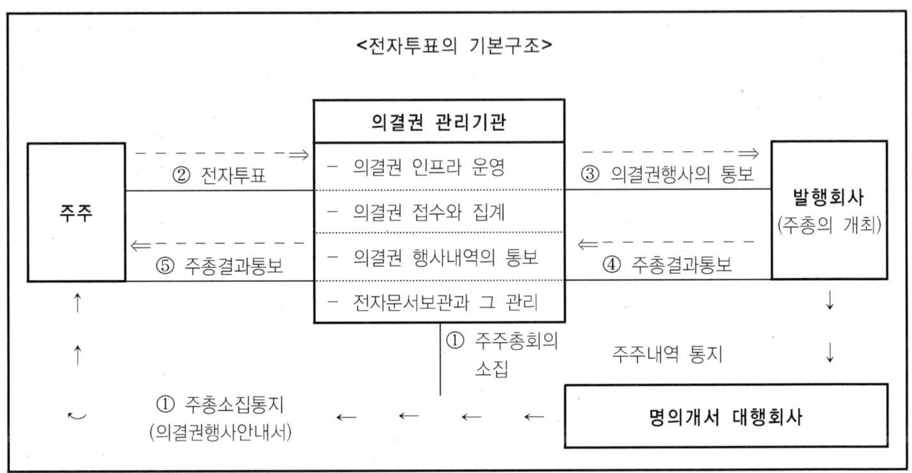

가. 주주

(주식)회사는 이사회의 결의로 전자투표제도를 채택할 수 있다. 전자투표제도를 채택한 회사의 의결권 있는 주주가 전자투표를 이용하기로 동의한 경우에는 전자투표를 이용하여 의결권 행사 및 주주총회 결과를 조회할 수 있다.

나. 발행회사

이사회의 결의로 전자투표제도를 시행하려는 (주식)발행회사는 주주에게 주주총회 소집통지서 및 의결권행사의 안내서를 발송하여야 한다. 또 의결권 관리기관에 주주명부내역 및 주주총회결과를 통보하여야 한다.

---

6) 최초 전자투표제도는 90년대 중반 이후 미국(Delaware 주)에서 시작하여(Del. Gen. Corp. Law § 211(1)(2)), 2000년 영국의 전자통신법(§ 8), 2001년 독일의 주식법 개정법률(기명주식과 의결권행사의 편의를 위한 법률, NaStraG)과 동년 일본의 개정상법(신회사법§ 312)에 의하여 전자적 방법에 의한 의결권행사가 가능하게 되었다(이철송, 제16판「회사법강의」, 박영사, 2009, 455~456면).

7) 정완용, "바람직한 전자투표 인프라 구축방안", 218면.

다. 의결권 관리기관

의결권 관리기관은 전자적 방법으로 주주의 의결권행사를 할 수 있도록 관리하는 기관으로서 의결권행사 인프라(infra－structure)의 구축 및 운영을 담당한다. 의결권 관리기관은 전자투표 웹사이트(Web－site)의 운영, 전자투표 접수, 검사, 집계, 투표내역의 보관 및 주주총회 정보관리업무 등을 수행한다.[8)]

개정상법에서 주주는 주주의 확인 절차 등 대통령령으로 정하는 바에 따라 의결권을 행사하도록 규정하고 있다. 이 경우 회사는 의결권행사에 필요한 양식과 참고자료를 주주에게 전자적 방법으로 제공하여야 한다(§368의 4 ③)고 규정하여, 법률에서 의결권 관리기관에 관하여 규정을 두지 않고 대통령령에 위임하고 있다.

2. 개정상법의 관련 규정

개정상법 제368조의 4(전자적 방법에 의한 의결권의 행사)에서는 다음과 같이 규정하고 있다.

① 제1항: 회사는 이사회의 결의로 주주가 총회에 출석하지 아니하고 전자적 방법으로 의결권을 행사할 수 있음을 정할 수 있다.

② 제2항: 회사는 제363조(소집의 통지, 공고)에 따라 소집통지나 공고를 할 때에는 주주가 제1항에 따른 방법으로 의결권을 행사할 수 있다는 내용을 통지하거나 공고하여야 한다.

③ 제3항: 회사가 제1항에 따라 전자적 방법에 의한 의결권 행사를 정한 경우에 주주는 주주확인 절차 등 대통령령으로 정하는 바에 따라 의결권을 행사하여야 한다. 이 경우 회사는 의결권 행사에 필요한 양식과 참고자료를 주주에게 전자적 방법으로 제공하여야 한다.

---

8) 정완용, "바람직한 전자투표 인프라 구축방안", 220면.

④ 제4항: 동일한 주식에 관하여 제1항 또는 제368조의 3 제1항에 따라 의결권을 행사하는 경우 전자적 방법 또는 서면 중 어느 하나의 방법을 선택하여야 한다.

⑤ 제5항: 회사는 의결권 행사에 관한 전자적 기록을 총회가 끝난 날로부터 3개월간 본점에 갖추어 두어 열람하게 하고, 총회가 끝난 날로부터 5년간 보존하여야 한다.

⑥ 제6항: 주주 확인절차 등 전자적 방법에 의한 의결권 행사의 절차와 그 밖에 필요한 사항은 대통령령으로 정한다.

또한 전자투표를 하기 위한 전 단계로서 ㉠ 소집절차의 전자화 관련 규정(§363)을 두고 있고, ㉡ 전자주주명부의 규정(352의 2), ㉢ 전자적 방법에 의한 회사공고의 규정(289③ 이하) 등을 두고 있다.

3. 주주총회 소집통지의 전자화와 전자주주명부

가. 전자문서에 의한 소집통지

개정상법은 전자문서에 의한 주주총회의 소집통지를 할 수 있도록 규정하고 있다. 즉 주주총회를 소집할 때에는 주주총회일의 2주 전에 각 주주에게 서면으로 통지를 발송하거나 각 주주의 동의를 받아서 전자문서로 통지를 발송하여야 한다. 다만 그 통지가 주주명부상 주주의 주소에 계속하여 3년간 도달하지 아니한 경우에는 회사는 해당 주주에게 총회의 소집을 통지하지 아니할 수 있다(§363①).

한편 자본금 총액이 10억 원 미만인 회사(소규모 회사)가 주주총회를 소집하는 경우에는 주주총회일의 10일 전에 각 주주에게 서면으로 통지를 발송하거나 각 주주의 동의를 받아서 전자문서로 통지를 발송할 수 있도록 하였다. 또 주주 전원의 동의가 있을 경우에는 소집절차 없이 주주총회를 개최하거나 서면에 의한 결의로써 주주총회의 결의를 갈음할 수 있게 하였다

(동 조§④⑤). 나아가 소수주주(발행주식총수의 100분의 3 이상에 해당하는 주식을 가진 주주)의 주주총회 소집청구 시 전자문서에 의한 소집청구를 인정함으로써(§366①), 주주총회소집의 전자화에 의한 기업활동의 편의를 도모하고 있다.

나. 소집통지의 방법

통상 전자문서에 의한 주주총회의 소집통지의 방법은 ㉮ 전자우편으로 발송하는 경우, ㉯ 인터넷 웹사이트에 게시하는 경우를 생각할 수 있다. 개정상법은 주주총회의 소집통지를 각 주주에게 서면 또는 전자문서로 발송하여야 한다고 규정하고 있다. 이에 따라 개정상법상의 주주총회의 소집통지는 위 ㉮의 경우와 같이 전자우편을 통하여 각 주주에게 발송하여야 한다.

그런데 실제 의결권(전자투표) 관리기관의 웹사이트에 소집통지를 공고하고, 주주에게는 웹사이트의 주소와 접속 ID 및 비밀번호(PW)를 통지하는 방식으로 행해질 것이다. 발행회사가 주주에게 주주총회 소집통지를 할 때 전자투표에 의한 의결권 행사방법을 안내하면 주주가 전자투표 관리기관의 웹사이트에 접속할 수 있도록 당해 기관에서는 웹사이트의 주소 및 이용자번호 등을 알려주게 된다.

다. 전자주주명부

개정상법에서는 전자투표제도의 도입과 함께 전자주주명부에 관한 규정을 신설하였다. 즉 회사는 정관으로 정하는 바에 따라 전자문서로 주주명부(전자주주명부)를 작성할 수 있도록 하였다(§352의 2①). 전자주주명부에는 상법 제352조 제1항의 기재사항 이외에 전자우편주소를 적도록 하였고, 전자주주명부의 비치·공시 및 열람의 방법에 관하여 필요한 사항은 대통령령으로 정하도록 하였다(동 조②③). 따라서 대통령령으로 전자주주명부에 관한 구체적인 사항을 정하여야 할 것이다.

4. 회사의 공고방법의 전자화

회사는 정관으로 정하는 바에 따라 전자적 방법으로 공고할 수 있다(§289③). 회사의 공고는 소집통지와 달리 불특정 다수의 주주에 대한 행위이므로 개별 주주의 동의는 불필요하고, 회사의 정관에 전자매체(예: 전자관보, 일간신문의 전자버전, 회사의 인터넷 홈페이지 등)를 통하여 공고하는 방법을 명시하면 될 것이다.[9] 회사의 인터넷 홈페이지에 공고하게 되면 전자관보나 일간신문보다 비용 면에서 장점이 있으며, 회사가 게시한 정보를 주주가 직접 접근하여 취득하는 형식이 된다.[10]

이때 회사는 의결권 행사에 필요한 양식과 참고자료(예: 계산서류나 감사보고서 기타 참고서류 등)를 주주에게 전자적 방법으로 제공하여야 한다(§368의 4③).[11] 또 주주총회 소집공고를 회사의 인터넷 홈페이지에 게시하는 것을 허용하는 경우에는 엄격한 요건이 필요할 것이다.[12] 즉 회사와 해당 주주의 합의(동의)가 있음을 전제로 하여 특정 주주총회에서 당사자 간의 합의된 방식으로 홈페이지에 통지사항의 게시, 홈페이지의 주소, 통지사항에 접근할 수 있는 홈페이지의 위치와 접근방법 등을 당사자에게 통지하여야 하며, 통지사항은 총회의 종료 시까지 계속하여 게시되어야 할 것이다. 회사의 인터넷 홈페이지에 공고를 허용하는 문제를 포함하며 이와 관련된 사항들은 향후 마련될 시행령에서 구체적으로 정해야 할 것이다.[13]

---

9) 정경영, "전자투표제도 도입을 위한 법제 정비 방안에 관한 연구", 146면.

10) 정대익, "전자공시제도에 대한 법적 고찰", 상사법연구, 제22권 제3호, 2003, 249면.

11) 일본의 경우에도 주주총회의 소집통지에 첨부할 참고서류로서 계산서류나 감사보고서(§ 283③) 또는 기타 자료(§ 239의 2③, § 239의 3②)를 규정하고 있다(양만식, "서면투표와 전자투표에 관한 문제점과 해결방안", 상사판례연구, 제16권, 2004, 72면).

12) 독일에서는 주주총회의 소집공고를 '전자연방관보'에 할 것을 규정하고 있는바(투명성 및 공시에 관한 법률에 의하여 개정된 주식법§ 25), 이는 발행회사의 웹사이트에만 게시할 경우 주주의 정보에 대한 접근을 보장하고 그러한 정보의 정확성을 담보하기 위한 것이라고 한다(정대익, "전자공시제도에 대한 법적 고찰", 33면).

13) 한편 미국의 경우에도 웹사이트에 게시함으로써 공고에 갈음하는 방식을 채택하고 있는데, 예컨대 델라웨어 주 회사법에서는 주주에 대한 별도의 통지와 함께 전자통신망에 게시하는 경우에도 통지의 효력을 인정하고 있다(동법§ 232(b)).

5. 의결권의 전자적 행사와 관련문제

가. 의결권자의 신원확인

1) 신원확인의 방식

의결권의 전자적 행사는 온라인(on-line)으로 원격에서 이루어지기 때문에 이를 위해서는 주주의 신원확인절차가 필요하다. 주주의 신원확인을 위하여 전자서명을 사용하는 방법 이외에도 ID, 패스워드(Pass Word) 방식이 사용될 수 있다.

일본의 경우 발행회사는 주주총회 소집통지서를 주주에게 송부하고, 주주는 소집통지서에 기재된 의결권행사의 번호와 패스워드를 사용하여 의결권 관리기관(전자투표 관리기관)의 웹사이트에 접속한 후, 웹사이트에서 주주로서 의결권을 행사할 수 있도록 하였다.[14)]

의결권자의 신원확인에 관하여 첫째, 시행령에 공인전자서명을 이용하도록 구체적인 규정을 두는 방안과 둘째, 전자투표제도를 채택하는 회사가 자율적으로 신원확인의 방법을 정할 수 있도록 하는 일반 규정만을 두는 방안이 있다.

전자의 경우 의결권행사는 주주의 동일성 확인, 의사표시의 진정성, 부인방지 등의 효력이 있는 의사표시여야 한다는 점, 전자투표는 위조·변조가 용이하고 무권한자에 의한 전자투표가 이루어질 위험성이 높다는 점 등 때문에 (공인)전자서명이 첨부된 전자투표만이 회사에 대하여 대항력을 가지도록 시행령에 규정하여야 한다는 견해다.[15)]

반면, 후자의 경우 본인 확인의 방법은 관련 기술의 발달에 따라 계속 새로운 형태가 출현할 수 있고, 법률에서 특정한 방식을 규정한다면 오히려 기술 중립적인 입장이 될 수 없다는 점에서 궁극적으로 본인확인을 위해 어떠한 방식을 채택할 것인지 여부는 회사의 자율에 맡기는 것이 타당하다는

---

14) 中西敏和, "株主總會のIT化と實務の對應", 商事法務, No.256, 2002, 135面.

15) 정경영, "전자투표제도 도입을 위한 법제 정비 방안에 관한 연구", 144면, 박상근, "인터넷 시대의 회사법을 위한 일 시론", 「서울대학교 법학」, 제43권, 제1호, 2002, 123면, 정쾌영, "주주총회의 전자화에 관한 입법론적 고찰", 상사법연구, 제21권, 제3호, 2002, 337면.

견해이다.[16)]

2) 공인전자서명과 전자투표

전자투표에서 본인인증에는 전자투표에 참여하는 자가 정당한 주주인가를 확인하기 위한 동일성 인증과 주주가 송부한 메시지(message)가 도중에 위조・변조되지 않았음을 증명하는 메시지 인증이 있다. 주주의 동일성 인증(신원확인)과 메시지 인증은 주주가 공인인증기관으로부터 공인인증서를 발급받아 전자투표메시지에 공인전자서명을 함으로써 할 수 있다(전자서명법§3).

오늘날 서명자의 신원확인과 전자문서의 위조・변조의 방지를 위하여 공인전자서명이 널리 이용되고 있다. 또 각종 법률에서도 전자서명법상의 전자서명을 신원확인의 목적으로 이용하도록 규정하고 있는 점에 비추어 볼 때,[17)] 시행령에 주주의 신원확인 수단으로 의결권 관리기관이 공인전자서명을 첨부한 전자투표메시지 시스템을 사용할 수 있도록 규정하는 것이 전자투표의 보안과 안정적인 시스템운용을 위하여 필요하다고 본다.

나. 전자투표의 행사기한

1) 두 가지의 견해

전자투표의 행사기한은 어떻게 정할 것인가에 관하여, 다음 두 가지 견해가 있다. ① 전자투표제도는 기본적으로 서면투표제와 같은 구조이기 때문에 전자투표를 하는 주주는 총회 회일의 전일까지 의결권을 행사하도록 하여야 한다는 입장이다.[18)] ② 전자투표제도는 단순히 서면투표제도의 전산화를 넘어서 전자주주총회를 향한 주주권행사의 이전 단계라고 보아서 주주권의 자유로운 행사를 보장한다는 점에서 총회의 결의시점까지 의결권행사를

16) 김순석, 「전자주주총회」, 156면, 홍복기, "전자주주총회 제도의 도입", 상사법연구, 제22권, 제3호, 2003, 211면.

17) 전자거래를 함에 있어서 전자서명에 관한 사항은 전자서명법이 정하는 바에 따른다(전자거래기본법§ 11).

18) 김순석, 「전자주주총회」, 161면, 양만식, "서면투표와 전자투표에 관한 문제점과 해결방안", 569면.

보장하여야 한다는 입장이다. 이 경우 회사의 기술개발수준과 여건 등을 감안하여 정관에 위임하는 것이 타당하다고 본다.[19)]

위 ①의 경우에서는 주주총회 결의 시까지로 의결권행사의 시한을 정한다면, 전자투표내역의 송·수신의 오류 등 시스템적 위험 및 업무처리의 번잡 등으로 주주총회운영에 지장을 초래할 수 있다는 점, 전자투표를 행사하는 주주는 주주총회 소집의 통지시점(2주간)부터 주주총회 회일의 전일까지 의결권행사가 보장되므로 주주의 의결권행사를 제한하는 것이 아니라는 점 등을 그 근거로 든다.

2) 총회의 결의시점

전자투표는 서면투표의 전자화와 다른 측면에서 전자주주총회의 이전 단계로 이해하여야 하고, 전자투표제도의 마감시한의 문제는 전자주주총회의 도입 및 IT기술의 발전 등을 고려하여 결정하여야 한다는 점에서 볼 때 주주총회에서 전자투표결과를 집계하는 데 기술적인 문제가 없는 한, 전자주주총회의 경우와 동일하게 총회의 결의시점까지 의결권행사를 보장하는 것이 타당하다고 할 것이다.[20)]

이처럼 의결권 행사시한을 주주총회 의결 시까지 허용하는 경우에도 이러한 내용을 발행회사의 정관에서 정하도록 위임할 것인가 또는 시행령에서 의결권 행사시한을 명확하게 규정하는 것이 바람직할 것인가에 관한 문제가 있다. 회사의 정관에 위임하여 정하도록 하는 것도 하나의 방법일 수 있다. 그러나 법에서 전자투표의 채택을 이사회의 결의로 가능하도록 정하고 있는데, 정관에서 이러한 사항을 정하도록 할 경우 전자투표제도를 위하여 다시 정관개정절차를 밟아야 하는 것은 문제이다.

---

19) 정경영, "전자투표제도 도입을 위한 법제 정비 방안에 관한 연구", 135면, 정쾌영, "주주총회의 전자화에 관한 입법론적 고찰", 334면. 일본 신회사법의 경우 총회 전일의 영업시간까지를 전자투표 마감시한으로 하고 있고(§ 312), 미국의 경우 델라웨어 주 회사법에서는 전자적 전송에 의한 투표를 인정하면서 투표시한을 특별히 규정하고 있지 않다(§ 211(e)).

20) 특히 의결권 관리기관이 전자투표 관련 기술을 개발하여 지원하게 되면 발행회사는 의결권 관리기관의 전자투표 시스템을 이용하여 주주총회에서는 인터넷을 이용하여 투표결과를 집계할 수 있는 시설만 갖추어 놓는다면 아무런 문제가 없을 것으로 예상되기 때문이다.

이 문제는 시행령에서 의결권 관리기관의 운용시스템이 갖추어야 할 구체적인 기준요건과 함께 전자투표 행사시한을 총회 결의시점까지 행사할 수 있다는 것을 명확하게 규정하는 것이 법적 안정성 측면에서도 바람직하다고 본다.

다. 의안에 대한 수정동의안의 처리

전자투표와 관련하여, 주주총회에서 의안에 대한 수정동의안이 제출된 경우 전자투표의 내용을 어떻게 처리할 것인가가 문제된다. 서면투표의 경우에도 마찬가지의 문제가 발생하는바, 서면투표의 경우에는 ㉠ 결석한 것으로 본다는 견해, ㉡ 수정동의안에 반대한 것으로 취급해야 한다는 견해, ㉢ 기권으로 계산하여야 한다는 견해 등이 대립한다.[21]

주주총회에서 수정동의안이 있는 경우 전자투표의 결과를 주주총회에 참석한 출석자들의 의사에 비례적으로 반영하거나 또는 미리 그 처리에 대한 지침을 정해 놓고 이를 전자투표자가 결정하도록 하는 방안이 있는데, 이는 장차 한국에서 전자투표의 경우에 참고할 수 있을 것이다.[22]

라. 의결권행사의 철회와 변경

주주총회에서 주주의사의 정확한 반영을 위하여 주주의 의결권행사의 철회, 변경을 인정하되, 최종 의사표시를 진정한 의결권행사로 보아야 할 것이다. 이런 문제를 명확히 하기 위하여 발행회사가 미리 의결권행사의 철회, 변경을 인정하고 유효 투표로 계산할 수 있는 기준을 정할 필요가 있다.

마. 의결권행사에 따른 기록보존

1) 전자적 의결권행사

주주가 의결권을 전자적으로 행사하는 방법에는 인터넷이나 전용회선을

---

21) 양만식, “서면투표와 전자투표에 관한 문제점과 해결방안”, 상사판례연구, 제16권, 2004, 61면.

22) 정경영, “전자투표제도 도입을 위한 법제 정비 방안에 관한 연구”, 139～140면.

이용하여 직접 회사의 홈페이지 또는 의결권 관리기관의 홈페이지에 접속하여 투표하는 방법이 있을 것이다.[23)]

발행회사는 주주가 의결권을 전자적으로 행사하는 데 어려움이 없도록 하기 위하여 회사 또는 의결권 관리기관의 홈페이지 주소, 주주의 신원확인절차(ID, 패스워드, 공인인증서에 의한 전자서명 등), 투표사이트의 위치, 전자투표에 관련된 회사공시서류의 게시와 열람, 기표방식, 정정방식 및 송신절차 등의 방법을 주주가 구체적으로 알 수 있도록 하여야 한다. 주주의 전자투표결과는 자동적으로 집계・처리할 수 있는 시스템이 갖추어져야 하며, 주주는 투표결과를 온라인으로 확인할 수 있어야 할 것이다.

2) 투표결과의 게시 및 보존

주주의 전자투표 내역은 의결권 관리기관이 주주총회 종료 후 일정기간 동안 주주에게 열람할 수 있도록 하고, 이를 일정기간 동안 회사가 반드시 보존함으로써 향후 분쟁 발생 시 입증자료로 제공될 수 있어야 한다. 회사는 전자투표 행사기록을 총회가 끝난 날부터 3개월간 본점에 갖추어 두어 열람하게 하고, 총회가 끝난 날부터 5년간 보존하여야 한다(§368의 4⑤).[24)]

이 보존된 전자투표기록(전자문서)이 원본이며, 위조・변조되지 않았다는 무결성을 증명하기 위해 의결권 관리기관이 암호화 기술을 이용한 전자서명(인증)기능을 수행할 수 있어야 할 것이다. 또 전자투표에서 사용되는 전자서명인 디지털서명(공인전자서명)의 공인인증서 유효기간은 1년인 데 비하여, 생성된 전자서명은 시간이 경과할수록 안전성이 낮아지므로 전자서명의 장기보증장치도 요구된다.[25)]

---

23) 이것은 전자우편으로 전자양식을 전송하여 투표하는 '전송형'에 대비하여, '접속형'이라고 부른다(정경영, "전자투표제도 도입을 위한 법제 정비 방안에 관한 연구", 150면).

24) 한편 공인인증기관은 공인인증업무 기록을 공인인증서 효력이 소멸된 날로부터 10년 동안 보관하도록 되어 있다(전자서명법§ 22②, 전자서명 인증업무지침§ 25①).

25) 정완용, "바람직한 전자투표 인프라 구축방안", 238면, 전자서명법§ 15 및 전자서명 인증업무지침 참조.

바. 의결권행사의 전자적 위임

1) 의결권의 대리행사

주주가 의결권을 대리 행사하는 경우 위임장을 대리인에게 수여함으로써 대리인을 선임하는데, 의결권을 대리행사 하고자 하는 대리인은 대리권을 증명하는 서면인 위임장을 총회에 제출하여야 한다(§368③). 그런데 공개회사의 경우 의결권 대리행사의 권유가 널리 행해지고 있다. 전자적 방식으로 의결권을 대리 행사하는 경우 위임장을 수여하는 주주의 신원확인이 필요하다.

이를 위하여 주주가 의결권 관리기관의 웹사이트에 관리번호(control number)와 비밀번호(PIN)를 입력하는 방법으로 신원확인을 하거나 공인인증서를 이용하여 신원확인을 할 수 있다. 발행회사는 주주 소집통지 시에 전자문서에 의한 위임장 양식을 주주에게 송부하면, 주주가 전자식 위임장에 기재한 후 인터넷을 통하여 대리인이나 대리행사의 권유를 한 회사에 송부한다. 이때 전자식 위임장을 받은 대리인은 이를 가지고 총회에 제출하여 대리권을 증명하고 의결권을 행사하게 된다.

2) 의결권의 전자적 위임

주주의 위임장에 의한 의결권 대리 행사는 위임장의 수여를 받아서 대리행사를 전문으로 하는 회사(이른바 proxy firm) 또는 의결권 관리기관의 웹사이트를 통하여 할 수 있다. 이 경우 발행회사는 주주총회 소집통지 시에 그러한 의결권 대리행사 회사의 웹사이트 주소와 주주 신원확인번호 및 비밀번호 등을 주주에게 송부하여야 한다. 대리권을 증명하는 서면으로서 위임장은 진본이어야 하고, 전자식 위임장을 이용한 전자투표를 하는 경우에 그 위임장의 원본성은 공인전자서명을 사용하여 담보할 수 있다.

미국의 경우 주주총회에서 전자투표의 일반적 형태는 의결권의 전자적 위임방식에 의하고, 이는 대부분 의결권위임의 권유를 통하여 행해지고 있다. 실질주주는 위임장이나 전자우편을 통하여 전달받은 관리번호와 비밀번호를 전자투표 관리기관의 웹사이트에 입력하여 단말기에서 온라인으로 위임장을 작성하여 송신함으로써 전자투표를 하게 된다.

한국의 경우에도 향후 상법 제368조(총회의 결의방법과 의결권의 행사) 제3항의 개정을 통하여 전자적 방식에 의한 의결권 대리행사가 가능하도록 법개정이 필요하다고 할 것이다. 즉 현행 상법 제368조 제3항을 "주주는 대리인으로 하여금 그 의결권을 대리행사 하게 할 수 있다. 의결권의 대리행사는 전자적 방법으로 할 수 있다. 이 경우에는 그 대리인은 대리권을 증명하는 서면 또는 전자문서를 총회에 제출하여야 한다."로 개정할 것이다.[26]

사. 정보통신수단의 결함과 전자투표의 효력

전자투표를 실시하는 도중에 발행회사의 과실 없이 통신수단의 장애가 발생하거나 의결권 관리기관의 시스템의 결합 등으로 전자투표가 원활하게 진행되지 못한 경우에 전자투표의 효력이 문제된다. 전자투표의 흠결이 주주총회의 투표결과에 영향을 미친 경우에는 주주총회 결의의 하자문제로 다루어야 할 것이다.

그러나 발행회사의 과실 없이 의결권 관리기관의 시스템 결함이나 통신수단의 장애 등으로 전자투표를 행사할 수 없게 된 경우에는 발행회사에 귀책사유가 없으므로 회사는 면책되며, 주주총회의 결의의 효력에 영향이 없다.[27] 만약 전자투표 흠결이 결의결과에 영향을 미칠 정도의 다수이면 결의절차 내지 방법상의 하자에 해당하여 주주총회 결의 취소의 원인이 될 수도 있을 것이다.

26) 미국 델라웨어 주 회사법에도 대리인을 선임하는 서면작성에 의하여 위임장을 수여할 수 있으며, 대리인에게 위임장을 전자적으로 전송함으로써 선임할 수 있도록 규정하고 있다(§ 212a(2)).

27) 김순석, 「전자주주총회」, 162면.

Ⅳ. 결 론

지금까지 회사에서 의결권행사의 전자화, 즉 전자투표에 따르는 법률문제를 개별적으로 살펴보았다. 장차 이러한 제도가 잘 정착되어 운영되기 위해서는 전자투표 당사자인 발행회사와 의결권 관리기관 및 주주의 전자투표에 대한 이해와 참여가 필요하고, 그에 따르는 안정적인 운용시스템을 갖추어야 할 것이다. 이와 더불어 개정상법에서 대통령령에 위임하고 있는 전자투표와 관련된 구체적인 사항들을 확정하고 이를 바탕으로 한 전자투표제도와 운용시스템이 마련되어야 할 것이다.

이미 선진외국(미국, 일본, 독일, 프랑스 등)에서는 수년 전부터 전자투표제를 마련하여 시행하고 있다. 따라서 한국의 경우 이들 외국의 운영사례를 참고하여 전자투표제의 실시에 따르는 시행착오를 방지하고 안정적인 전자투표제도의 운용을 확보하도록 노력해야 할 것이다.

이하에서는 앞에서 검토한 내용을 토대로 하여 개정상법에서 시행령에 위임한 사항에 대한 구체적인 입법방안을 제시해 보고자 한다.

(1) 전자주주명부의 비치, 공시 및 열람방법을 대통령령으로 정해야 한다(§352의 2②③). 전자투표를 실시하기 위해서는 주주의 동의를 얻어 주주에게 주주총회 소집통지를 전자문서로 하여야 한다. 전자주주명부가 작성되면, 회사의 홈페이지에 전자주주명부를 비치하여 공시하고 주주는 일정한 신원확인 절차를 거쳐서 언제든지 열람할 수 있도록 시행령에 규정하여야 할 것이다.

(2) 상법에서는 의결권 관리기관에 대하여 규정하지 않고 있기 때문에 다음과 같은 운영방안이 고려된다. 즉 ㉠ 개별적인 전자투표 관리기관을 구축하여 운영하는 방안, ㉡ 통일된 형태의 전자투표 플랫폼을 구축하여 운영하는 방안 및 ㉢ 중앙증권예탁기관이 전자투표 인프라를 구축하여 운영하는 방안 등이 있다.

위 ㉠의 방안은 명의개서 대리인으로서 은행, 신탁회사 등 금융기관이 개별적으로 전자투표 관리기관으로서 인프라를 구축하고, 발행회사로부터 전자투표 관리업무를 위탁받아 시행하는 형태이다. ㉡의 방안은 외국인 투자자와 기관투자자의 의결권행사를 용이하게 하기 위하여 외국 전자투표시스템과 합작으로 구축하여 운영하는 형태이다. ㉢의 경우에는 영국, 스위스 등에서 취하고 있는 방식이다. 전자투표관리의 시스템을 추축하는 데 상당한 비용이 소요될 뿐만 아니라 의결권 관리기관은 주주투표 내역의 공정한 관리(공정성 요건)와 전자투표 관리업무를 효율적이며 안정적으로 수행할 수 있는 기술능력과 전문성을 갖추어야 하고(전문성 요건), 업무의 표준화(표준화 요건)도 필요할 것이다.[28] 따라서 시행령에서는 이러한 의결권 관리기관으로서의 역할과 기능을 수행할 수 있는 요건을 제시할 필요가 있다.

(3) 전자투표에 의한 의결권행사의 절차와 방법의 문제이다. ㉠ 전자투표의 행사방법과 주주의 본인확인방법에 관한 구체적인 사항은 시행령으로 정해야 한다. 전자투표는 의결권 관리기관이나 회사의 홈페이지에 접속을 통하여 행사하게 되며, 주주의 본인확인은 전자서명을 이용하거나 주주의 ID, 패스워드 등을 이용하는 방법이 있다. 그런데 주주 본인확인절차는 오늘날 전자서명이 일반화되어 있을 뿐만 아니라 전자서명법에 의한 공인인증제도를 이용하면 본인확인 외에도 전자문서의 진정성과 전자문서에 대한 송수신의 시점확인, 부인방지 등의 기능이 있으므로 공인인증서를 기반으로 한 공인전자서명을 사용하는 것이 전자투표의 보안성과 안정성을 도모하는 데 도움이 될 것이다.[29] ㉡ 전자투표 행사기한의 문제는 시행령으로 주주총회 결의 시까지 행사할 수 있다는 규정을 마련할 필요가 있다. ㉢ 전자투표 시 수정동의안에 대한 처리문제와 의결권행사의 철회·변경에 관해서는 시행령에서 그 처리지침을 회사가 사전에 정하는 바에 따른다는 일반조항을 두어 해결하는 것이 바람직하다.

---

28) 정완용, "바람직한 전자투표 인프라 구축방안", 220~221면.

29) 또한 공인인증제도를 이용하는 것이 사후 의결권행사에 따르는 법률관계를 명확히 하는 데 도움이 될 것이며, 시행령에서 이러한 사항을 구체적으로 정하는 것이 바람직하다.

제8장

株式會社의 資本制度(무액면주식, 최저자본 폐지)

Ⅰ. 서 론

주식회사에 있어서 자본제도는 기본적이며 핵심적 사안이다. 상법상 자본은 회사가 발행하는 주식의 액면총액(§451), 즉 회계학적으로 자본금이라고 분류되는 것을 의미한다. 통상 자본제도라고 할 때는 자본을 포함하여 일정한 금액을 반드시 회사에 유보시키고 주주에게 유출을 금지시키도록 하는 제도를 말한다. 이처럼 자본의 개념을 인정하고 있는 이유는 회사채권자를 보호하기 위한 것이 그 목적이다. 특히 채권의 발생과 관련하여 회사와 협상이 불가능한 불법행위 채권자라든가 소비자, 근로자 등이 그 주된 보호의 대상이 된다.

자본은 회사가 이러한 채권자를 위하여 유지해야 할 책임재산의 여유분(equity cushion)이라고 생각되었기 때문에, 단순히 장부상의 숫자로만 존재하는 것이 아니라 실질적으로 회사에 존재할 필요가 있다. 그 결과 회사법 이론에서 자본의 3원칙이라고 부르는 일련의 규정들이 마련된 것이다. 예컨대 액면미달발행의 규제(§330, §417), 주금납입의 상계금지(§334), 이사 등의 인수 또는 납입담보책임(§321, §428), 배당재원의 규제(§462) 등이 그것인바, 이하에서는 2006년부터 진행된 회사법개정에서 언급된 자본제도와 관련된 논의를 검토해 보고자 한다.

Ⅱ. 자본제도 개정의 필요성

1. 자본제도의 정책적 의의

회사법이 채권자보호에 관심을 두는 이유는 근본적으로 주주의 유한책임제도에 기인한다. 이러한 고려는 주식회사에만 필요한 것이며 사원이 유한책임을 누리지 못하는 다른 회사의 형태에서는 큰 의미를 갖지 못한다. 유한책임제도는 주식회사로 하여금 다수의 일반투자자로부터 자금을 조달할 수 있도록 하는 것이지만,[1] 또 반면에 잔여지분 청구권자인 주주가 부담해야 할 사업의 위험을 채권자로 이전하는 효과도 있다.

그렇다고 반드시 보호받아야 한다거나 또는 법이 개입해야 한다는 결론이 도출되는 것은 아니다. 문제가 되는 것은 이처럼 채권자의 부가 주주에게 이전된다는 것 자체보다는, 이로 인하여 주주가 사회적으로 비효율적인 의사결정을 내릴 가능성이 높아진다는 점이다. 자본제도는 이러한 주주의 인센티브를 일정부분 교정함으로써 사회적 효율성의 증진에 기여하는 효과를 가진다.

예컨대 주주는 회사에 이익이 있다면 투자한 금액에 대한 배당을 받지만, 채권자는 정해진 명목상의 이자를 받는다. 만약에 기업이 호황일 경우 증가된 이익은 모두 주주에게 귀속되지만, 불황일 때 손실은 주주유한책임을 통하여 일부 채권자에게 전가될 수 있으며, 더욱이 사업이 실패할 경우 채권자는 투자한 금액의 원금도 회수할 수 없게 될 것이다. 즉 주주는 회사의 사업수익률에 대한 기댓값에 비례하여 사업실패의 경우에도 주주의 부는 손실이 되지 않는 결과이다. 이 때문에 사업의 위험이 클수록 주주의 기대이익은 증가하고, 심지어 주주는 기댓값이 더 적더라도 더 위험한 사업을 선택[투자]할 가능성도 있다.

결국, 기업의 비효율로 인한 손실을 채권자에게 부담하게 한다고 할 수 있다. 이는 주주의 유한책임에 기인하는 것이지만, 그렇다고 주주의 유한책임을 없앤다면 회사의 자본조달이 불가능해지기 때문에 회사에 책임재산의 여유분을 일정부분 요구함으로써 문제를 해결하고자 하는 것이 자본제도이다. 이처럼 자본제도는 피해자가 사후적으로 적절한 구제를 받지 못할 가능성을 줄인다는 일차적 목적이 있지만, 주주가 사전에 투자선택에 주의를 덜 기울이거나 더 위험한 사업을 함으로써 비효율을 초래하는 것을 방지하는 이차적 효과도 가지는 것이다.[2]

---

1) Frank H. Easterbrook & Daniel R. Fischel, "Limited Liability and the Corporation", 52 University of Chicago Law Review 89, 1985, 94~97.

2. 자본제도에 관한 개정논의

가. 개정논의의 전개

책임재산의 여유분으로서 회사의 자본은 채권자, 특히 협상력이 거의 없거나 비자발적인 채권을 가지게 된 채권자를 보호함으로써 주주의 인센티브를 교정하는 기능을 한다. 그런데 이러한 자본제도를 재검토해야 하는 논의의 발단은 자본제도가 실제 그 본래의 기능을 하지 못하고 있다는 지적이 있기 때문이다. 현재 이에 대한 논의에 있어서 지배적인 견해는, 자본제도가 오히려 자유로운 회사운영에 대한 걸림돌이 될 뿐이고, 본래 의도했던 채권자보호의 정책으로는 그 의미를 거의 잃어 가고 있다는 것이다. 그 이유를 보면 다음과 같다.

나. 개정의 이유

1) 회사의 자본이란 실제 그만큼 자산을 보유하고 있는지 여부가 중요하지만, 현실로 장부상 자본의 잠식이 일어나지 않는 한 장부상의 자본이 계속 유지되는 것으로 본다. 그러나 장부상 자본의 잠식이 발생하지 않는다고 하여도, 부실채권이나 외부부채 등이 존재하여 실제 순자산은 장부상의 순자산보다 적을 수 있다. 회계상 자산의 평가원칙이 완전한 것이 아니기 때문에, 회사의 재산상태와 장부상의 숫자가 차이가 날 가능성은 항상 존재한다.

2) 실제 채권자들은 자본에 계상된 금액을 보고 추후 채권회수가 가능할 것으로 생각하지 않는다. 현재 회사의 종합적인 재무상황을 고려하고, 장래 회사의 사업에 대한 수익력 내지 수익 가능성을 예측하여 채무불이행의 위험을 평가한다.

3) 채권자가 협상의 제반 조건 등에서 회사와 대등하다면, 주주는 자발적

---

2) 특히 불법행위의 피해자와 같은 회사에 대한 비자발적 채권자의 경우에는 처음부터 주주 또는 회사와 협상을 할 여지가 없기 때문에, 회사에 일정한 수준의 책임재산을 요구함으로써 위와 같은 주주의 인센티브를 차단하는 것은 그 한 가지 방법이 될 것이다.

으로 채권자를 보호하게 될 것이다. 따라서 은행과 같은 금융기관을 전제하는 경우에는 굳이 회사의 자본제도로써 채권자를 보호해야 할 이유가 없다.

4) 자본제도는 일률적으로 적용되기 때문에 회사의 구체적인 사정과 무관하게 적용될 가능성이 있다. 따라서 실제 책임재산이 크게 필요하지 않는 경우에까지 일정한 자본을 요구함으로써 비효율을 야기한다.

다. 개정방향

현재 회사의 자본제도가 불필요한 규제처럼 기능하고 있기 때문에 그 기능을 축소하는 방향으로 개정이 논의되었다. 몇 가지 쟁점을 보면 다음과 같다. ㉮ 회사의 책임재산으로 '부채총액+일정한 여유분'을 확보하도록 할 것인가. ㉯ 만일 이러한 여유분을 강제로 확보하게 할 경우 그 금액을 결정하는 방법으로서 '액면'이라는 개념을 채용할 필요가 있는가. ㉰ 여유분의 필수적인 확보의 요구는 회사의 자본조달에 걸림돌이 되지 않을까. ㉱ 이미 확보된 여유분을 주주에게 반환하지 못하게 하는 것은 어느 정도 규제해야 하는 것인가 등이다.

이하 각 쟁점의 순서에 따라 최근 개정논의를 살펴보고자 한다. 이미 자본제도는 2006년 상법개정위원회에서 많은 사항들이 결정되었는데,[3] 각 제도에 관한 입법례는 해당 자료 및 기타 많은 논문에 맡기고, 여기서는 이론적 쟁점 및 상법개정위원회의 논의를 중심으로 그 개정방향을 살펴보기로 한다.

3. 외국의 동향

대강의 외국의 입법동향을 살펴보면, EU 및 독일을 중심으로 한 규제주의적인 접근방법과 미국을 중심으로 한 자유주의적인 접근방법에 차이가 있

3) 법무부, 제2판 「2008년 상법개정작업 기초실무자료」, 2008, 권종호, "2006년 회사법 개정시안의 주요 내용: 자금조달 관련 사항을 중심으로", 상사법연구, 제25권, 제2호, 2006 등 참조.

다. 유럽의 EU국가들은 여전히 최저자본금을 유지하고 있으며, 액면주식을 원칙으로 하고 있다. 현물출자에 대한 평가와 회사재산의 반환에 대한 규제도 전통적인 틀을 그대로 유지하고 있다. 이에 비하여 미국에서는 자본이라는 개념은 역사적 유물로 사라지고 있는 경향이다. 즉 최저 자본금을 요구하지도 않고, 무액면주식이 광범위하게 이용되고 있을 뿐만 아니라 회사재산의 반환도 지급불능의 가능성이 높지 않는 한 널리 주주에게 반환을 인정하고 있다.

이러한 대립되는 견해 가운에 특이한 것은 영국과 일본의 경우이다. ① 영국은 영미법국가로서 EU국가에 속하기 때문에 EU회사법 제2지침을 수용하기도 했지만, 1985년 회사법 자체는 대단히 전통적인 자본제도를 유지하고 있었다. 그러나 이는 회사법의 현대화·국제화라는 측면에서 많은 비판이 있었고, 2000년에 들어와 다양한 위원회를 통하여 종래의 자본제도에 대한 개정논의가 있었다. 2006년 현재 최종 성안된 회사법은 종래와 크게 바뀐 것이 없음을 볼 때,[4] 이 분야의 제도개혁의 어려움을 엿볼 수 있다. ② 일본의 경우에는 1990년대 말부터 시작된 일련의 회사법개정을 통하여 미국식 자본제도로의 전환을 모색하였으며, 2005년 신회사법에서는 전면 미국식 자본제도를 채택하였다고 해도 무방할 것이다.

이처럼 회사의 자본제도에 대해서는 다양한 입법례가 존재하기 때문에 어느 하나의 유일한 국제기준이 있다고 할 수 없다. 최근 유럽이나 일본에서도 주로 미국식의 자유주의적 접근방법을 도입하거나 검토하고 있는 실정이다. 그러나 한국의 경우 개정논의에서 중요한 것은 한국의 기업현실과 정합성 문제를 따지는 것인 만큼, 이를 위해 현재 기업실무와 이해관계자의 수요를 정확하게 파악하는 것이 제도개선의 첫걸음이 되어야 할 것이다.

4) 공개회사에 대해서는 종래 액면주식의 틀을 유지하되, 폐쇄회사에 대하여 무액면주식을 도입할 것을 제안하였으나, 2006년 회사법에서는 종전 제도를 그대로 유지하였다(Eilis Ferran, Principles of Corporate Finance Law, 2008, p.88).

Ⅲ. 회사의 자본 확정

현 행	개정안
제289조(정관의 작성, 절대적 기재사항) ① 발기인은 정관을 작성하여 이에 다음의 사항을 기재하고 각 발기인이 기명날인 또는 서명하여야 한다. 1~3. 〈생략〉 4. 1주의 금액 5~9. 〈생략〉	**제289조(정관의 작성, 절대적 기재사항)** ① 발기인은 정관을 작성하여 다음의 사항을 적고 각 발기인이 기명날인 또는 서명하여야 한다. 1~3. (현행과 같음) 4. 액면주식을 발행하는 경우 1주의 금액 5~9. (현행과 같음)
제291조(설립 당시의 주식발행사항의 결정) 회사설립 시에 발행하는 주식에 관하여 다음의 사항은 정관에 다른 정함이 없으면 발기인 전원의 동의로 이를 정한다. 1. 주식의 종류와 수 2. 액면 이상의 주식을 발행한 때에는 그 수와 금액 〈신설〉	**제289조(설립 당시의 주식발행사항의 결정)** 회사설립 시에 발행하는 주식에 관하여 다음의 사항은 정관에서 달리 정하지 않으면 발기인 전원의 동의로 이를 정한다. 1. 주식의 종류와 수 2. 액면주식의 경우에 액면 이상의 주식을 발행할 때에는 그 수와 금액 3. 무액면주식을 발행하는 경우에는 주식의 발행가액과 주식의 발행가액 중 자본금으로 계상하는 금액
제329조(자본의 구성, 주식의 권면액) ① 주식회사의 자본은 5천만 원 이상이어야 한다. ② 주식회사의 자본은 이를 주식으로 분할하여야 한다. ③ 주식의 금액은 균일하여야 한다. ④ 1주의 금액은 100원 이상으로 하여야 한다.	**제329조(자본의 구성, 주식의 권면액)** ① 회사는 정관에서 정한 경우에는 주식의 전부를 무액면주식으로 발행할 수 있다. 다만 무액면주식을 발행하는 경우에는 액면주식을 발행할 수 없다. ② 액면주식의 금액은 균일하여야 한다. ③ 액면주식 1주의 금액은 100원 이상으로 하여야 한다. ④ 회사는 정관에서 정하는 바에 따라 발행된 액면주식을 무액면주식으로 전환하거나 무액면주식을 액면주식으로 전환할 수 있다. ⑤ 제4항의 경우에는 제440조, 제441조 본문 및 제442조를 준용한다.
제451조(자본) 회사의 자본은 본 법에 다른 규정이 있는 경우 외에는 발행주식의 액면총액으로 한다.	제451조(자본금) ① 회사의 자본금은 이 법에 달리 규정한 경우 외에는 발행주식의 액면총액으로 한다. ② 회사가 무액면주식을 발행하는 경우 회사의 자본금은 주식발행가액의 2분의 1 이상의 금액으로서 이사회(제416조 단서에서 정한 주식발행의 경우에는 주주총회를 말한다.)에서 자본금으로 계상하기로 한 금액의 총액으로 한다. 이 경우 주식의 발행가액 중 자본금으로 계상하지 아니하는 금액은 자본준비금으로 계상하여야 한다. ③ 회사의 자본금은 액면주식을 무액면 주식으로 전환하거나 무액면주식을 액면주식으로 전환함으로써 변경할 수 없다.

1. '자본금' 용어의 채택

회사법개정에서는 상법규범과 회계규범 사이에 존재하는 괴리의 문제를 어떻게 해결할 것인가가 논의되었다. 개정위원회에서는 재무제표나 자산의 평가와 관련된 상법규정들이 현실적인 규범력을 상실하였다고 보고, 이러한 영역에서 회계규범을 따르기로 하는 것에 많은 공감이 있었다. 따라서 종래 상법에서 '자본'이라고 부르고, 회계에서는 '자본금'이라고 부르던 것을 상법에서도 '자본금'이라고 통일하였다.

이미 널리 자본금이라는 용어가 널리 정착되어 있고, 오히려 자본이라고 하면 주주지분 전체를 의미하는 것인지 자본금을 의미하는 것인지 혼동을 초래하는 경우가 많기 때문에 이는 타당한 입법이라고 본다.

2. 최저자본금의 폐지

가. 최저자본금에 대한 회의론

회사의 자본제도와 관련하여 회사의 책임재산으로 '부채총액+일정한 여유분'을 확보하도록 할 것인가. 이것은 최저자본금에 관한 논의이지만, 발행주식당 최소한 확보해야 할 금액이 액면이라는 점에서 액면제도와 연관되기도 한다. 최저자본금에 관하여 현재 상법 제329조 제1항에서는 5천만 원의 최저자본금을 유지하고 있으나, 일부 벤처기업이나 근로자 수 10인 미만의 소규모 기업의 경우에는 특례가 인정되고 있다.[5)]

한편 이러한 최저자본금 규정이 채권자를 보호할 수 있는지에 대하여 이미 많은 의문이 제기되고 있다. ㉮ 우선 최저자본금을 규정하고 있는 현행

---

5) '벤처기업 육성에 관한 특별조치법' 제10조의 2 제1항에서는 벤처기업의 경우 500만 원을 최저자본금으로 하고(이전 2천만 원에서 2005년 개정), 더욱이 '중소기업 및 소상공인 지원을 위한 특별조치법' 제8조의 2 제1항에서는 소기업(중소기업기본법 제2조 제2항, 동 시행령 제8조에 따라 특정 업종을 제외하고 일반적으로 상시 근로자 수 10인 미만의 기업)의 경우 자본금을 5천만 원 미만으로 할 수 있도록 하여 그 제한 자체를 폐지하고 있다.

법에서도 소규모 회사에서는 가장납입의 방법으로 납입을 하였다가 다시 인출하는 방식으로 실제 최저자본금이 확보되지 못하는 사례도 있고, ㉯ 특히 보호대상으로 삼고 있는 불법행위 채권자 등 일반채권자는 도산절차에서 담보채권자나 우선변제권을 가지는 채권자보다 후순위에 처하게 되어 회사의 최저자본금으로부터 받을 수 있는 몫은 거의 없다.[6] 또 ㉰ 사업의 위험을 미리 법률로 정하는 것이 불가능하기 때문에 최저자본금으로써 이에 대처할 수 없을 뿐만 아니라, 만일 다소간 회사의 손실을 흡수하는 역할을 수행할 목적이라면 최저자본금보다는 부채비율이나 자기자본비율 등을 법정하는 것이 더 효과적이라는 주장도 가능하다.[7]

나. 외국의 동향

회사의 최저자본금이 채권자보호의 기능을 거의 상실한 점에서, 미국을 비롯한 일본이나 영국·호주 등 많은 선진외국에서 최저자본금제도를 폐지하고 있는 것이 국제적인 흐름이다. 여전히 많은 유럽국가에서 이를 존치시키고 있지만, 그 폐지를 위한 압력이 상당한 것으로 보인다.[8] 실제 유럽에서는 모든 영업을 EU국가에서 하면서도 회사의 설립지를 최저자본금을 요구하지 않는 영국으로 하는 시도가 있는바, 이는 EU조약의 틀에서 적법한 것이라고 한다.

다. 상법개정(안)

상법개정위원회에서도 최저자본금이 채권자보호라는 본래의 목적을 달성

---

6) 윤영신·송옥렬, "자본제도", 제2판(김건식 외 6인, 21세기 회사법 개정의 논리: 2008년 법무부 상법개정작업 실무자료), 2008, 170면.

7) 이러한 관점에서 2002년 EU회사법 보고서에서도 최저자본금제도는 '개인이 회사를 쉽게 설립하지 못하도록' 하는 부작용을 낳을 뿐이라고 하면서, 이를 폐지할 것을 권고한 바 있다(High Level Group of Company Law Experts, "A Modern Regulatory Framework for Company Law in Europe", Final Report, 2002, p.82).

8) 2005년 현재 독일은 25,000유로, 오스트리아는 35,000유로, 덴마크 16,800유로, 스웨덴은 10,650유로 등 상당한 금액을 요구하고 있다(Marco Becht, Colin Mayer & Hannes F. Wagner, "Where Do Firms Incorporate? Deregulation and the Cost of Entry", 14 Journal of Corporate Finance, 2008, 241~256).

하지 못하고 있다는 점에 대하여 공감하고, 그 개선이 필요하다는 점에 동의하였다. 다만 최저자본금 제도는 채권자보호라는 목적 이외에도 주식회사 남설의 방지라는 목적도 가지고 있다는 점이 지적되었고, 최저자본금 규정이 형해화된 것에는 가장설립을 엄격히 규제하지 못한 현행 판례에도 원인이 있다고 지적되었다.

최근 지식기반형 산업구조에서는 물적자본보다 아이디어나 특정한 기술과 같은 무형재산만을 가지고 회사를 설립하는 것도 장려되고 있으며, 이러한 관점에서 오히려 회사를 쉽게 설립할 수 있도록 해야 한다고 할 것이다. 물적설비가 많지 않은 회사의 경우(예: 지식기반형 회사) 회사의 불법행위책임이 문제되는 경우는 생각하기 힘들고, 그 회사에 투자한 자들의 보호문제만 남는다. 이는 종래 자본제도의 틀에서 해결할 것이 아니라 당사자 간 협상으로 해결하면 충분할 것이다. 이러한 이유에서 상법개정위원회는 최종적으로 상법 제329조 제1항을 삭제하여 최저자본금 제도를 폐지하기로 결정한 것이다.

3. 무액면주식

가. 액면제도의 개선

1) 개선의 필요성

회사의 책임재산으로 '부채총액+일정한 여유분'을 확보하도록 할 것인가 하는 문제는 다음과 같이 개별 주식을 단위로 하여 생각해 볼 수 있다. ① 회사에 채권자보호를 위한 일정한 쿠션(손실흡수장치)을 남겨둘 것인가, 또 ② 그 개별 주식 단위의 (액면금액)크기를 어떻게 정할 것인가 하는 점이다. 무액면주식을 채택한다고 해서 반드시 쿠션을 남길 필요가 없다는 것은 아니지만, 무액면주식에 관한 문제는 대개 후자에 관한 것이다. 무액면주식을 채택하는 경우에도 주주총회 또는 이사회가 정하는 일정한 금액을 회사에 남기도록 하는 경우가 대부분이다. 이렇게 볼 때 무액면주식은 자본제도의 본질과는 큰 관계가 없다고 할 수 있다.

상법은 자본을 '주식의 액면총액'으로 정의하고(§451), 이러한 액면은 정관의 절대적 기재사항이기 때문에(§289 제4호, 여기서 금액이란 액면을 의미) 액면주식의 발행만이 인정되고 있다.[9] 본래 액면이란 채권자에 대한 담보의 역할을 하도록 도입된 것이지만, 주식이 액면 이상으로 할증발행 되는 경우가 많아지고, 이런 경우에 주식발행초과금 역시 상법상 자본준비금(§459 ① 제1호: 회계상 자본잉여금)으로 주주에게 원칙적으로 반환이 불가능하기 때문에(자본거래) 채권자 입장에서도 주식의 발행가액과 액면을 구별할 실익이 없다.

액면제도의 효용이 서로 다른 시기에 출자한 주주 사이에 공평성을 담보하기 위한 제도라는 견해도 있지만,[10] 설립 이후의 신주발행가액은 액면과 무관하기 때문에 설득력이 없다. 이처럼 회사에 책임재산의 여유분(equity cushion)을 확보하도록 강제하는 경우에도 그것이 반드시 액면이어야 하는지에 대하여 많은 의문이 제기되고 있다.

2) 외국의 입법례

미국, 캐나다, 호주 등은 무액면주식이 원칙이거나 널리 이용되고 있으며, 일본의 경우에도 2001년부터 무액면주식만을 발행하도록 하였다. 이 경우 이사회가 일정금액으로 자본금을 정하여 그 유출을 금지하고 있으며(stated capital), 일본에서도 발행가액의 2분의 1 이상을 자본금으로 계상하도록 규정하고 있다(§445②). 이처럼 액면의 개념을 없애는 것이 세계적인 추세에 있지만, 영국을 비롯한 EU국가에서는 아직도 액면을 고수하고 있다.[11]

---

9) 그러나 무액면주식의 발행의 필요성은 이미 1960년대 문헌에도 등장하고 있을 정도이다(강인수, "무액면주식제도와 주식의 할인발행제도에 관한 연구: 특히 입법론을 중점으로", 서울대학교대학원, 석사학위논문, 1967).

10) Bayless Manning & James J. Hanks, Jr., Legal Capital, 1990, 24면.

11) Eilis Ferran, Principles of Corporate Finance Law, pp.87－88, High Level Group of Company Law Experts, "A Modern Regulatory Framework for Company Law in Europe", pp.82－83.

나. 상법개정(안)

상법개정위원회에서 무액면주식의 도입은 별다른 논쟁 없이 통과되었는바, 이는 무액면주식의 채택이 세계적인 흐름으로 되고 있다는 점에 동의하고 있었기 때문으로 보인다. 그렇다고 바로 액면주식을 폐지하기에는 제도적 충격이 너무 크기 때문에 무액면주식을 도입하면서 이를 액면주식과 병존시킴으로써 단계적으로 도입하기로 하였다. 다만 이처럼 병행하더라도, 한 회사에 액면주식과 무액면주식을 함께 발행할 수 없도록 하였는바, 개정안은 제329조 제1항 단서를 두어서 무액면주식을 발행하는 회사는 액면주식을 발행할 수 없게 하였다.

무액면주식을 도입한 이상, 제289조 제1항 제4호의 필요적 기재사항은 액면주식에 한하는 것으로 한정해야 하고, 제451조에서 무액면주식의 경우 자본금의 결정에 대하여 일본 신회사법 제445조를 참고하여 규정하고 있다.

다. 액면미달발행의 규제문제

1) 법적 규정

상법상 자본은 액면을 기준으로 정하고 있기 때문에 액면미달발행은 원칙적으로 금지되거나(§330), 회사가 성립한 날로부터 2년을 경과한 다음 주주총회의 특별결의와 법원의 인가를 얻어야 가능하도록 하여 엄격하게 제한하고 있다(§417).

이와 같이 상법상 액면미달발행은 엄격하게 제한하고 있기 때문에 금지하는 것과 크게 다르지 않다. 다만 1990년 후반 IMF 구제금융 이후 많은 상장기업의 주가가 액면 이하로 하락하였는데, 이때 기업은 자금조달을 해야 할 필요성이 있었기 때문에 상장법인의 경우에는 주주총회의 특별결의만으로 액면미달발행이 가능하도록 하였다(자본시장과 금융투자업에 관한 법률 §165의 8①, 이하 '자본시장법'이라 한다).[12)]

12) 이러한 규제는 액면제도를 유지하는 국가에서는 공통적으로 나타나는 현상인데, 예를 들어 영국에서도 액면미달발행은 금지된다(§ 580).

2) 비판과 검토

액면미달발행의 규제에 대해서는 비판의 견해도 있다. 주식을 액면미달 가격으로나마 발행할 필요가 생기는 것은 회사의 자금사정이 어렵게 된 경우가 대부분인데, 이 경우 액면미달의 발행을 할 수 없다면 결국 주식으로 자금조달을 할 수 없다는 것을 의미한다는 것이다. 따라서 재정곤란에 부딪힌 회사라도 액면미달로 주식을 발행하면 이를 인수할 투자자가 있을 수 있는데, 이런 경우 채권자보호의 관점에서 전혀 문제가 없다는 것이다.

즉 ㉠ 기존 채권자 입장에서 본다면, 회사의 책임재산이 늘어난 것은 분명하고 새로 진입한 투자자(주주)는 채권자 자신보다 후순위이기 때문에 오히려 이익이 된다. 따라서 기존 채권자의 이익을 보호하기 위해서 액면미달 발행을 규제하는 것이 아님은 분명하다. ㉡ 그렇다면 미래의 채권자 입장에서는 어떨까. 즉 만약 회사의 장부상으로는 자본금이 액면 100원만큼 늘어난 것으로 기록되어 있는데, 실제 회사의 재산이 50원밖에 늘어나지 않았다면, 그러한 외관을 신뢰하고 자금을 대여하게 될 미래의 채권자는 불측의 손해를 입는가. 전술한 바와 같이, 이때 채권자는 자본금 계정의 숫자만을 신뢰하고 투자하는 것은 아니기 때문에 이러한 논리는 설득력이 없다. 더욱이 채권자가 회사의 정보와 회사에 대해 협상력을 가진 경우(예: 기관투자자)에는 현재의 액면미달발행은 미래의 채권자를 해하지 못한다.

반면, 그러한 정보와 협상력이 없는 채권자 또는 원재료의 공급자와 같은 영업상의 채권자의 이익은 침해되는가. 그렇지 않다고 본다. 왜냐하면 어차피 협상력이 없다면 장부의 숫자가 어떻든 아무 상관도 없을 것이다. 또 액면미달발행이 금지되어 회사에 50원이 들어오지 못하는 경우와 액면미달발행을 통하여 회사에 50원이라도 들어오는 경우를 생각하면, 미래의 (불법행위)채권자 입장에서는 후자가 더 이익이다. 역시 주주보다 우선순위에 서는 자이기 때문이다.

3) 소결

결국 액면미달발행을 규제하는 것은 '자본＝액면총액'이라는 공식을 기계적으로 적용한 사례에 불과하고, 이를 논리적으로 설명할 수 있는 이론적 근거는 없다. 설령 채권자의 보호를 위해서 일정금액을 회사에 확보해야 하고, 그 금액은 주식의 액면을 기준으로 해야 하는 입장에서도, 일단 성립된 회사의 액면미달발행을 막을 이유는 없다. 상법개정안에서 도입한 무액면주식의 경우에는 이러한 문제가 처음부터 발생할 여지가 없지만, 액면주식의 경우 여전히 이러한 문제가 발생한다. 따라서 가령 액면주식을 유지하는 회사의 경우에도 액면미달발행이 쉽게 이루어질 수 있도록 개선할 필요가 있다.[13)]

Ⅳ. 회사의 자본납입제도

현 행	개정안
제299조(검사인의 조사, 보고) ① 검사인은 제290조 각 호의 사항과 제295조의 규정에 의한 현물출자의 이행을 조사하여 법원에 보고하여야 한다. ② 검사인은 전항의 조사보고서를 작성한 후 지체 없이 그 등본을 각 발기인에게 교부하여야 한다. ③ 검사인의 조사보고서에 사실과 상위한 사항이 있는 때에는 발기인은 이에 대한 설명서를 법원에 제출할 수 있다.	**제289조(검사인의 조사, 보고)** ① 검사인은 제290조 각 호의 사항과 제295조에 따른 현물출자의 이행을 조사하여 법원에 보고하여야 한다. ② 제1항은 다음 각 호의 어느 하나에 해당할 경우에는 적용하지 아니한다. 1. 제290조 제2호 및 제3호의 재산총액이 자본금의 5분의 1을 초과하지 아니하고 대통령령으로 정한 금액을 초과하지 아니한 경우 2. 제290조 제2호 또는 제3호의 재산이 거래소에서 시세가 있는 유가증권인 경우로서 정관에 적힌 가격이 대통령령으로 정한 방법으로 산정된 시세를 초과하지 아니하는 경우 3. 그 밖에 제1호 및 제2호에 준하는 경우로서 대통령령으로 정하는 경우 ③ 검사인은 제1항의 조사보고서를 작성한 후 지체 없이 그 등본을 각 발기인에게 교부하여야 한다. ④ 검사인의 조사보고서에 사실과 다른 사항이 있는 경우에는 발기인은 이에 대한 설명서를 법원에 제출할 수 있다.
제334조(주주의 회사에 대한 상계금지) 주주는 납입에 관하여 상계로써 회사에 대항하지 못한다.	〈삭제〉
제421조(주식에 대한 납입) ① 이사는 신주의 인수인으로 하여금 그 배정한 주수에 따라 납입기일에 그 인수한 각 주에 대한 인수가액의 전액을 납입시켜야 한다.	**제421조(주식에 대한 납입)** ① 이사는 신주의 인수인으로 하여금 그 배정한 주수(株數)에 따라 납입기일에 그 인수한 주식에 대한 인수가액의 전액을 납입시켜야 한다. ② 신주의 인수인은 회사의 동의 없이 제1항의 납입채무와 주식회사에 대한 채권을 상계할 수 없다.

13) 그러나 금번 상법개정 논의에서는 이 부분은 다루어지지 않았다.

현 행	개정안
제422조(현물출자의 검사) ① (생략) 〈신설〉 ②~④ (생략)	**제422조(현물출자의 검사)** ① (현행동일) ② 다음 각 호의 어느 하나에 해당할 경우에는 제1항을 적용하지 아니한다. 1. 제416조 제4호의 현물출자의 목적인 재산의 가액이 자본금의 5분의 1을 초과하지 아니하고, 대통령령으로 정한 금액을 초과하지 아니한 경우 2. 제416조 제4호의 현물출자의 목적인 재산이 거래소의 시세 있는 유가증권인 경우 제416조 본문에 따라 결정된 가격이 대통령령으로 정한 방법으로 산정된 시세를 초과하지 아니한 경우 3. 변제기에 돌아온 회사에 대한 금전채권을 출자의 목적으로 하는 경우로서 그 가격이 회사장부에 적혀 있는 가액을 초과하지 아니하는 경우 4. 그 밖에 제1호부터 제3호까지의 규정에 준하는 경우로서 대통령령으로 정하는 경우 ③~⑤호 (현행 제2항부터 제4항까지 같음)

1. 현물출자에 대한 검사제도의 개선

가. 개선의 필요성과 경과

1) 법적 규정

실무상 현물출자에 대한 불편은 계속 제기되어 왔다. 상법은 회사설립 시(§299) 및 신주발행 시(§422) 현물출자에 대하여 검사인의 검사를 받고 이를 법원이 통제하도록 하고 있다. 이 규정은 부당하게 평가된 자산이 현물출자되지 못하도록 하는, 즉 회사에서 발행되는 주식의 가치에 상응하는 재산이 회사에 유입될 수 있게 하는 제도이다. 그러나 이와 관련된 문제를 이사의 책임으로 돌려 해결하지 않고 법원에 의한 규제로 해결해야 하는 이론적 근거는 없다.

2) 문제점

현실로 문제되는 것은 제삼자(법원, 회계전문가 등)에 의한 평가를 이해관계 있는 당사자들의 합의에 우선시키고 있기 때문에, 때로는 큰 문제가 없는 거래가 성사되지 못하는 경우도 있다. 이는 사전적 거래의 결과에 대한 불확실성을 높이는 부정적인 효과를 야기할 수 있다. 대립되는 당사자 사이 정상적인 협상을 통하여 결정된 가격이라면, 불공정을 야기할 특별한 사유가 없는 한 이를 존중하여야 바람직하다. 그 이유는 아무 이해관계가 없는 외부전문가의 평가를 당사자 간 협의보다 더 신뢰할 수 있다는 근거도 없고, 또 이러한 평가를 당사자들이 받아들일 수 없는 경우도 많을 것이기 때문이다.

대개 현물출자에 대한 검사제도의 논거를 자본충실의 원칙에서 찾는다. 그러나 이 역시 타당하지 않은 이유는, 출자대상의 과대평가는 단순히 기존 주주의 이익을 현물출자자에게 이전시키는 효과만 가질 뿐이기 때문이다. 따라서 이와 관련되는 이해관계자는 채권자가 아니라 주주이다. 만약 현물출자에 대한 검사가 채권자의 보호를 위한 것이라면, 현행법에서는 그 출자된 재산의 가치가 그에 상응하여 발행된 주식의 액면총액보다 높은지의 여부만 확인하면 될 것이다.

3) 개정안

결국 현물출자 시 재산의 과대평가 문제는 이사회의 회사 또는 주주에 대한 충실의무로 해결하는 것이 옳은 방향이다. 미국을 제외한 대부분의 국가에서는 이러한 사전규제를 폐지하지 않고 그 근간을 유지하면서, 다만 예외적으로 검사를 받지 않아도 되는 경우를 확대하고 있다.[14] 상법개정위원회에서도 평가제도를 아예 없애는 것보다는 출자재산의 가액이 회사의 규모에 비하여 대단히 적거나, 또는 그 평가가 부당할 가능성이 없는 경우에 한하여 평가를 생략할 수 있도록 함으로써 그 소요되는 시간과 비용을 절약할 수 있게 하였다.[15]

---

14) 윤영신 · 송옥렬, "자본제도", 제2판(김건식 외 6인, 21세기 회사법 개정의 논리: 2008년 법무부 상법개정작업 실무자료), 174∼178면.

15) 이에 대하여 실제 소규모 회사의 경우에는 지배주주가 재산가치가 거의 없는 현물을 출자하는 방식으로 다른 주주의 이익을 침해하는 경우가 많다는 지적도 있었지만, 가액의 평가가 명백한 때에는 그러한 가능성이 그리 크지 않다는 점에서 별다른 논의 없이 통과되었다.

나. 상법시행령의 내용

1) 법적 규정

상법개정안의 국회통과를 전제로 하여, 2008년 법무부 주관으로 위 조문에서 대통령령에 위임된 사항에 대하여 시행령을 만드는 작업이 진행되었다. 현물출자의 검사와 관련하여, 시행령에 위임된 사항은 제299조 제2항(회사설립 시)과 제422조 제2항(신주발행 시)에서 동일하게 다음 3가지가 있었다.[16)]

㉠ 검사가 면제되는 출자대상재산의 상한은 5천만 원으로 하고(제1호), 또 ㉡ 시장성 있는 유가증권의 가액산정방법은 효력발생일 이전 1개월 평균종가, 1주일 평균종가, 직전 거래일 종가를 산술평균 하여 산정한 금액과 효력발생일 직전 거래일의 종가 가운데 낮은 금액으로 하는 방법을 말한다고 하였다(제2호). ㉢ 면제대상으로 현물출자재산이 부동산이고, 그 가격이 부동산 가격공시 및 감정평가에 관한 법률에 따른 개별공시지가 및 개별주택가격, 공동주택가격을 초과하지 않는 경우를 규정하고 있다(제422조 제2항의 경우 제4호). 부동산의 가격공시는 신뢰도가 높을 뿐만 아니라 통상적으로 시가보다 다소 낮은 가격으로 결정되기 때문에 이 가격으로 부동산을 평가하는 경우에는 자본충실의 원칙을 해할 우려가 적다는 것이다.

2) 개정안

실제 현물출자재산이 부동산인 경우에 관하여 논란이 있었다. 공시지가의 신뢰에 대해서는 대체로 공감하였으나, 한국의 경우 현실상 부동산에 많은

---

16) 일본 신회사법에도 제33조 제10항(회사설립 시)과 제207조 제9항(신주발행 시)에 상법과 동일한 조문을 두고 있다. 즉 일본 신회사법상 회사설립 시 검사가 면제되는 경우는 다음과 같다(제33조 제10항). ① 대상재산의 가액이 500만 엔을 초과하지 않는 경우, ② 대상재산이 시장가격이 있는 유가증권인 경우에는 법무성령이 정한 방법으로 산정한 시장가격을 초과하지 아니한 경우, ③ 대상재산의 가액이 상당한 것이라는 변호사(법인), 공인회계사, 감사법인, 세무사(법인) 등의 증명을 받은 경우 등이다. 또한 신주발행 시 검사가 면제되는 경우는 위 3가지 이외에 다음 2가지 사유가 추가된다(제207조 제9항). ① 모집주식의 인수인에게 배정한 주식의 총수가 발행주식총수의 10분의 1을 초과하지 않는 경우로서 당해 모집주식의 인수인이 출자한 현물출자재산의 경우, ② 현물출자재산이 주식회사에 대한 금전채권(변제기가 도래한 것)으로서 당해 금전채권에 대하여 정해진 가액이 당해 금전채권에 관한 부채의 장부가액을 초과하지 않는 경우 등이다.

담보권이 설정되어 있는 경우에는 어떻게 평가할까. 아직 채무불이행으로 담보가 실행되지 않은 이상, 담보권이 설정되어 있다는 것을 이유로 해당 피담보채권액을 공제하여 평가하는 것도 이해되지 않지만, 담보권이 설정되어 있음에도 불구하고 이를 무시하고 평가하는 것도 과대평가의 위험이 있다.

따라서 위 어느 경우든 문제가 없지는 않다. 나아가 전형적인 담보뿐만 아니라 다양한 형태의 사용·수익에 대한 물권적 내지 채권적 제한이 있는 경우 이를 어떻게 평가해서 부동산의 가치에 반영할 것인지는 쉽게 정할 수 없다는 견해도 있었다. 결국 이러한 문제를 법규정으로 해결하기도 힘들고, 그렇다고 '가액의 평가가 상당히 명백하여 검사인의 검사가 불필요한 경우'라고 보기도 힘들다는 점에서 볼 때 다시 원칙론으로 돌아가 현물출자의 검사대상으로 삼기로 하였다.

2. 주금납입에 대한 상계금지

가. 법적 규정

상법 제334조는 주금을 기존의 채권을 상계하는 방식으로 납입할 수 없도록 함으로써, 회사의 채권자가 그 채권을 주식으로 전환시키는 것을 금지하고 있다. 이처럼 출자전환(debt－equity swap: DES)을 금지시키는 것은 일반적으로 자본충실을 기하고자 한다고 설명하고 있는바, 예외적으로 회생절차에 있어서는 재정적 위기를 벗어나는 매우 중요한 수단이 될 수 있기 때문에 '채무자회생 및 파산에 관한 법률' 제206조 제1항에서는 명문으로 이를 인정하고 있다. 과거에는 정리계획이 20년이 일반적이었으나, 1998년 회사정리법의 개정으로 이 기간이 10년으로 단축되었다(§195). 이 때문에 실무에서는 채무를 모두 변제하는 계획보다는 일부는 출자전환을 시키는 회생계획이 더욱 선호되고 있다.[17)]

17) 그러나 이러한 출자전환은 회생절차가 개시된 이후에 가능하므로, 그 이전의 워크아웃(work－out)단계라든가 그보다 더 이전에는 원칙적으로 금지된다(§ 334).

한편 회사와 채권자가 모두 합의하여 출자전환 하기로 하는 경우까지 금지되는 것인지는 의문이 있다. 그러나 실무상 상업등기법에서 금융기관의 납입금보관증명서를 설립등기(제80조 제11호)와 신주발행으로 인한 변경등기(제82조 제5호)의 첨부서류로 규정하고 있어서 합의에 의한 상계도 허용되지 않는 것으로 보인다.[18)]

다만 1990년 IMF 금융위기 이후 구조조정과정에서 금융기관 대출채권의 출자전환을 위하여 대법원 등기예규(제960호)로 위 납입금보관증명서 대신 상계합의서면을 제출할 수 있도록 하여 출자전환을 할 수 있게 하였다. 그러나 이 예규는 기업구조조정촉진법에서 채권금융기관이 기업의 구조조정을 위하여 부채를 출자전환 할 수 있는 것을 전제로 하고 있음을 이유로 제정된 것이기 때문에, 기업구조조정촉진법에 의한 구조조정이 아니라 단순히 회사와 주주 사이에 출자전환을 합의하여 이를 공증한 '출자전환합의서'는 납입금보관증명서에 갈음할 수 없다는 것이 대법원의 해석이다(대법원 상업등기선례 1－211, 2003).

그러나 일반적인 구조조정의 경우에도 출자전환의 필요성은 여전히 있을 수 있기 때문에, 근본적으로 상법 제334조가 이러한 출자전환을 막지 않는 것으로 개정될 필요가 있다. 외국에서도 독일의 경우를 제외하면, 대부분의 국가에서 상계금지에 관한 규정이 없거나 최소한 출자전환을 위한 회사에 의한 상계는 허용하는 것이 일반적이다.[19)]

나. 문제점

상법개정위원회에서 지적된 문제는 크게 다음 2가지로 요약된다. ㉮ 지배주주가 특별한 채권도 없으면서 장부에 가수금 또는 가지급금 등을 기재한 다음, 이를 가지고 출자전환을 하는 경우가 있을 수 있기 때문에 문제가 될

---

18) 윤영신・송옥렬, "자본제도", 제2판(김건식 외 6인, 21세기 회사법 개정의 논리: 2008년 법무부 상법개정작업 실무자료), 181면.

19) 윤영신・송옥렬, "자본제도", 제2판(김건식 외 6인, 21세기 회사법 개정의 논리: 2008년 법무부 상법개정작업 실무자료), 182～184면.

수 있다. 그러나 이러한 회계장부의 조작이나 사기 또는 그에 이르지 않아도 증빙자료의 부족 등은 그 자체로 별개의 문제일 것이며, 출자전환을 허용할 것인가의 문제와 결부시킬 수 없다고 볼 것이다. 왜냐하면 지배주주가 그러한 사기적인 행위를 할 수 있는 상황이라면, 굳이 출자전환에 의하지 않아도 자신의 채권을 자동채권으로 하여 회사의 채권과 상계한다거나 그 채권을 양도하는 방식 등을 통하여 같은 문제를 야기할 수 있기 때문이다.

㉯ 출자전환을 고려하는 기업의 경우에는 채권의 가치가 권면액에 미달하는 것이 대부분일 것인데, 그렇다면 전환비율을 정하면서 그 채권의 가치를 평가해야 한다는 문제가 있다. 이는 마치 현물출자와 같은 검사인의 검사 등의 규제가 필요한 것이 아닌지 의문이 든다. 일견 출자전환은 단순히 부채 항목이 자산 항목으로 바뀌는 것으로 계정의 재분류에 불과하다거나, 단순히 채권자가 자신의 채권을 포기하고 후순위 증권(주식)으로 전환하는 것이어서 낮은 가치를 가질 것이므로 평가의 문제는 생기지 않는다고 생각할 수도 있다.

그러나 실제 출자전환에서 전환비율의 결정은 중요한 문제이다. 예를 들면 현재 채권자의 채권은 상환금액기준으로 100원인데, 회사가 파산할 확률이 50%이고 이 경우 채권자는 40원밖에 회수할 수 없다고 하면(－60원 손실), 나머지 50%의 확률로 100원을 모두 회수할 가능성도 있기 때문에 현재 가치는 대략 70원 정도로 거래될 것이다. 한편 출자전환(주식)을 하면, 50%의 확률로 회사가 파산하여 0원이 될 수도 있고, 나머지 50%의 확률로 200원 또는 300원이 될 수도 있기 때문에 그 기대치는 적어도 70원 이상이 될 것이다.

그런데 이러한 상황에서 원래의 채권자의 몫이 200원 또는 300원이 될지, 기껏 10원에 불과할지는 회사의 성공여부와 전환된 지분의 비율에도 달려 있다. 회사가 재정적 어려움에 처한 상황에서 채권의 평가나 기존 주식의 옵션가치에 대한 평가가 잘못되어 채권자에게 과다한 지분이 허용되는 경우에는 결과적으로 기존 주주의 이익침해, 즉 주주의 몫을 출자전환을 행한 채권자가 가지게 된다. 결국 출자전환의 비율문제는 기존 주주의 이익을 어떻게 보호할 것인가에 관한 문제인데, 이를 이론적으로 본다면 전술한 현물출자에서의 과대평가문제와 같이 주주의 이익이 문제되는 상황이다. 그렇다면 출자전환을 막는 것보다는 이를 허용하고 이사의 주주에 대한 충실의무로 해결하는 것이 바람직하지 않을까.

다. 개정안

상법개정위원회는 출자전환을 허용하기로 하고, 제334조를 삭제하였다. 그 대신에 신주발행 부분에서 제421조 제2항을 신설하여 신주의 인수인의 상계는 금지하지만, 회사 측의 상계는 허용하는 방식을 취하였다. 또 현물출자의 검사와 관련하여, 제422조 제2항 제3호에서 '변제기에 돌아온 회사에 대한 금전채권을 출자의 목적으로 하는 경우로서 그 가액이 회사장부에 적혀 있는 가액을 초과하지 아니하는 경우'에는 현물출자에 대한 검사를 면제하는 규정을 두어서, 출자전환의 경우에도 원칙적으로 검사인의 검사라는 틀이 그대로 유지되고 있다. 여기서 출자전환의 성격이 현물출자가 아님은 실제 회사의 재산이 늘어나지 않기 때문이다.

Ⅴ. 자본반환의 규제문제

현 행	개정안
〈신설〉	**제461조의 2(준비금의 감소)** 회사는 적립된 자본준비금 및 이익준비금의 총액이 자본금의 1.5배를 초과하는 경우에 주주총회의 결의에 따라 그 초과한 금액 범위에서 자본준비금과 이익준비금을 감액할 수 있다.

1. 법적 규정

회사에 확보된 여유분(준비금)을 다시 주주에게 반환하지 못하게 하는 것은 어느 정도 규제해야 하는가. 상법 제462조 제1항은 순자산 중 자본(액)

및 법정준비금을 공제한 다음 잔액이 있는 경우에만 주주에게 배당할 수 있도록 하고 있으며, 이러한 배당규제는 상법개정안에서 허용된 자기주식취득의 경우에도 동일하게 적용된다(개정안§341① 단서).

그러나 최근 자본제도의 의미가 축소되면서 회사에 잉여자금이 충분하다면, 설령 그것이 주주가 회사에 납입한 부분이거나 또는 채권자를 위하여 회사에 유보되어 있는 부분이라고 하여도, 이를 주주에게 다시 반환할 수 있어야 하는 것이 아닐까.

이에 관한 논의의 쟁점은 다음 두 가지이다. ㉠ 종래 배당재원에 대한 범위를 지급불능기준(insolvency test)으로 대폭 전환하는 것과, ㉡ 그렇지 않으면 종래 배당재원의 범위를 더 확대하는 것이다. 금번 상법개정안에서 논의된 것은 위의 ㉡ 준비금에 관한 부분이다.

2. 외국의 동향

미국의 경우 지급불능기준이 널리 채택되고 있는바, 회사가 배당을 실시한 결과 지급불능이 발생하지 않는다면 가능하다고 하여, 결국 아무런 제한 없이 주주에게 회사재산을 반환할 수 있다는 것으로 생각된다.[20] 미국에서는 이러한 회사재산의 반환이 모두 이사회의 권한이고, 주식소유가 분산된 상황에서 이사회는 근본적으로 회사재산을 회사에 유보시키고자 하는 인센티브를 가지고 있다. 따라서 이사회가 회사재산을 반환하는 것에 제한이 없다고 하여도 사실 회사재산의 반환이 과다하게 이루어지는 경우는 생각하기 어렵다.[21]

그렇다고 할지라도 이러한 지급불능기준은 미국과 뉴질랜드 등 일부 국가에서만 채택되고 있을 뿐, EU 등 대부분의 국가에서는 여전히 전통적인 틀

20) 미국에서 지급불능기준은 일반적으로 대차대조표, 즉 분배 이후에 대차대조표상 자산총액이 부채총액의 1배 또는 1.5배 등 일정한 비율 이상이어야 한다는 기준과 함께 적용된다(윤영신 · 송옥렬, "자본제도", 제2판(김건식 외 6인, 21세기 회사법 개정의 논리: 2008년 법무부 상법개정작업 실무자료), 188~193면).

21) 이에 비하여, 한국의 경우에는 주식소유가 집중되어 있고 배당과 같은 의사결정에서 (대)주주의 영향력이 과다하기 때문에 쉽게 배당재원의 틀을 완화 내지 자유화하기 어려운 면이 있다.

을 유지한다. 즉 최근 EU와 영국에서도 지급불능기준이 논의되었으나 채택되지 않았던바, 다음과 같은 이유에서이다.[22] ㉠ 지급불능기준은 결국 이사회에 더 큰 재량을 주는 것을 의미하는데, 이사의 충실의무를 가지고 이를 통제할 수 있을지 확신할 수 없고, ㉡ 회사에 장기적인 부채가 있는 경우나 또는 영업환경이나 재무상황의 변동이 심해지는 경우 등에는 지급불능기준이 회사를 부실화시킬 우려가 높다는 것이다.

3. 개정안

상법개정안 제461조의 2에서는 주주총회 보통결의에 의한 준비금의 감소절차를 도입함으로써 종래 틀에서 배당재원을 확대하는 방법을 채택하였다.[23] 현재 한국의 경우 회사의 이익준비금은 매우 미미하고, 대신 자본준비금이 자본금의 약 150%에 달하고 있기 때문에, 그 이상의 자본준비금을 배당재원으로 활용할 수 있도록 한 것이다. 물론 준비금의 용도를 자본금의 결손전보 또는 자본전입에 한정하는 상법 제460조 제1항, 제461조의 규정은 그대로 두었기 때문에 준비금을 감소절차 없이 바로 배당재원으로 활용할 수는 없다.

Ⅵ. 결 론

지금까지 상법개정안의 자본제도의 개정방향을 중심으로 살펴보았다. 자본제도는 주주와 채권자 사이 이해상충을 해결하기 위하여 등장한 제도이지

22) Eilis Ferran, Principles of Corporate Finance Law, pp.263－264.

23) 이러한 입법은 일본 신회사법 제448조에서 규정하는 준비금의 감소절차를 가져온 것이다. 다만 동법 제449조의 채권자보호의 절차는 따르지 않고 있는바, 이처럼 채권자보호절차를 채택하지 않은 것은 준비금의 감소한도를 자본금의 150%로 상당히 높여 놓았기 때문이다.

만, 오늘날 기업의 자본조달의 기동성이나 효율적인 자원배분 등이 더욱 강조됨에 따라 그 의미가 대폭 축소되었다. 특히 미국법제가 국제적으로 영향을 미치면서 더욱 의미가 축소되고 있는 것이 사실이다.

이러한 상황에서 한국의 경우 채권자, 특히 비자발적인 채권자의 보호를 통하여 효율적인 의사결정을 유도하는 자본제도의 의의는 여전히 유효하다고 보아야 한다. 이러한 의미에서 최근 상법개정안은 자본제도의 의미를 축소시킨 것이라기보다 그동안 경직되어 운영되어 온 회사의 자본제도를 보다 더 합리적으로 개선한 것이라고 보아야 할 것이다. 특히 최저자본금의 폐지나 무액면주식의 도입, 현물출자에 대한 검사제도의 개선 등은 오래전부터 주장되어 온 것들이다.

제9장

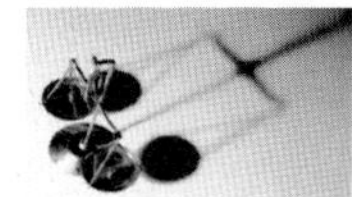

주식회사의 社債제도의 개선방안에 관한 연구

Ⅰ. 서 론

현행 상법의 사채 편은 전환사채와 신주인수권부사채에 관하여 규정하고 있다.[1] 그간 이러한 규정 이외 상법상 사채에 관해서는 다른 검토가 없었다. 개정안에서는 상법의 사채 편에 자금조달의 강화와 사채권자보호를 강화하는 차원에서 다음과 같은 검토를 하였다.

즉 주로 ㉠ 자금조달의 편의를 위하여 사채발행과 관련한 비합리적인 제한을 삭제하고, ㉡ 사채발행의 기동성을 확보하기 위하여 발행사항결정의 위임에 관한 기준을 제시, ㉢ 사채관리 회사제도를 도입하여 사채권자보호를 도모하고, ㉣ 사채권자집회제도를 정비하였다.[2] 이하 사채제도에 관한 개정안의 내용 및 취지를 살펴보고, 향후 논의 또는 개정이 필요한 부분에 대해 검토해 본다.

Ⅱ. 사채발행에 관한 규정의 개선

1. 사채발행결정의 위임

현 행	개정안
제469조(사채의 모집) 회사는 이사회의 결의에 의하여 사채를 모집할 수 있다.	**제469조(사채의 발행)** ① 회사는 이사회의 결의에 의하여 사채를 발행할 수 있다. ④ 제1항에도 불구하고 정관에서 정하는 바에 따라 이사회는 대표이사에게 사채의 금액 및 종류를 정하여 1년을 초과하지 아니하는 기간 내에 사채를 발행할 것을 위임할 수 있다.

1) 통상 사채를 분류할 때, 일반사채와 상법상 규정하는 (특수)사채로 전환사채(§ 513∼516)와 신주인수권부사채(§ 516의 2∼10)가 있고, 다른 특별법에서 규정하는 이익참가부사채, 교환사채, 담보부사채 등이 있다.

2) 그러나 사채 편의 개정검토는 개정안 작성 당시 시간의 부족으로 인하여 논점 전반에 대한 충분한 검토가 없이 성안된 것이라, 기본적인 몇 가지 사항에 대해서만 우선적으로 개정제안이 이루어졌다는 한계가 있다.

회사의 사채발행은 이사회의 결의사항이다. 이사회 결의사항에서 세부적인 사항의 결정은 대표이사에게 위임할 수 있다고 해석되는데, 이 경우 이사회에서 어느 정도 구체적으로 기준을 정하여야 할 것인가. 시장의 동향에 신속하게 대응한 조건으로 사채를 발행할 수 있기 위해서는 어느 정도 광범위한 위임이 필요하지만, 그렇다고 자칫 이사회 결의요건을 충족시키지 못하여 이사의 책임문제 등이 발행할 수 있다.[3] 최근 사외이사가 증가하여 이사회가 수시로 개최될 수 없는 상황에서 이는 더욱 심각한 문제이다. 이에 따라 개정안에서는 이사회에서 위임할 수 있는 범위를 명확히 하였다. 즉 금액과 종류 및 기간을 이사회가 정하고 나머지는 대표이사에게 위임할 수 있도록 하였다.[4]

또한 파생결합사채 등 다양한 유형의 채권이 사채의 개념에 포함되게 되므로 이사회에서 발행할 사채의 총액뿐만 아니라 발행할 사채의 종류도 정하도록 하는 것이 바람직하다(예: 일반사채, 전환사채, 신주인수권부사채, 파생결합사채 등 그 종류를 정하도록 함). 나아가 사채의 발행은 공모나 사모의 방식으로 발행할 수 있다. 현행 상법에서는 '사채를 모집할 수 있다.'고 규정하고 있는데, 모집이라는 용어는 '자본시장과 금융투자업에 관한 법률'(이하 '자본시장법'이라 한다.)상으로 공모를 의미할 수 있으므로 개정안에서는 이를 '발행'으로 수정하였다.

3) 이사회결의가 없거나 그 내용에 위반하여 발행된 경우에 이사가 회사에 대한 책임을 지는 것은 별론으로 하고, 그 사채 자체의 효력에는 영향이 없다는 것이 통설적 견해이다(집필대표 김건식 · 김교창 · 최완진 · 권기범, 「주석상법(회사법Ⅳ)」, 2003, 235면).

4) 일본의 경우에도 2005년 신회사법상 사채발행 시 결정하여야 할 사항으로, ⓐ 모집총액, ⓑ 각 사채의 금액, ⓒ 이율, ⓓ 상환의 방법 및 기한, ⓔ 이자지급의 방법 및 기한, ⓕ 사채를 발행하는 경우에는 그러한 뜻, ⓖ 사채권자가 기명식과 무기명식 간의 전환을 청구할 수 있는 권리가 있는 경우에는 그러한 뜻 등……이하 생략(§ 676)(神田秀樹, 第10版 「會社法」, 有斐閣, 2008, 284~285面).

2. 사채발행의 제한규정의 삭제

현 행	개정안
제470조(총액의 제한) ① 사채의 총액은 최종의 대차대조표에 의하여 회사에 현존하는 순자산액의 4분의 1을 초과하지 못한다. ③ 구사채를 상환하기 위하여 사채를 모집하는 경우에는 구사채의 액은 사채의 총액에 산입하지 아니한다. 이 경우에는 신사채의 납입기일, 수회에 분납하는 때에는 제1회의 납입기일로부터 6개월 내에 구사채를 상환하여야 한다.	〈삭제〉
제471조(사채모집의 제한) 회사는 전에 모집한 사채의 총액의 납입이 완료된 후가 아니면 다시 사채를 모집하지 못한다.	〈삭제〉
제472조(사채의 금액) ① 각 사채의 금액은 1만 원 이상으로 하여야 한다. ② 동일 종류의 사채에서는 각 사채의 금액은 균일하거나 최저액으로 정제할 수 있는 것이어야 한다.	〈삭제〉
제473조(권면액초과상환의 제한) 사채권자에게 상환할 금액이 권면액을 초과할 것을 정한 때에는 그 초과액은 각 사채에 대하여 동률이어야 한다.	〈삭제〉

가. 사채발행총액제한

상법에서 회사의 부채에 자금조달 액수에 대한 제한은 없다. 회사나 회사의 다른 채권자에게 미치는 영향은 은행대출과 같은 부채에 의한 자금조달이나 사채발행이나 차이가 없는데도 불구하고, 사채발행총액만을 제한하는 것은 논리적 근거가 없다. 실제 기업은 일반부채에 의한 자금조달보다 사채발행을 통한 자금조달이 유리한 경우에도, 위의 제한으로 인하여 오히려 불리한 자금조달의 방법을 택할 수밖에 없어서 기업활동에 장애가 되고 있다. 선진외국(미국, 영국, 독일, 프랑스 등)에서도 사채발행 총액제한을 하고 있는 예는 없으며, 일본의 경우에도 '93년 상법개정을 통하여 사채발행한도에 관한 규정을 삭제하였다.

나. 기존사채의 미납이 있는 경우 사채발행금지

이 제도는 사채의 남발을 방지하기 위한 것이지만, 자금조달의 기동성을 저해하는 문제가 있다. 즉 ㉠ 납입이 완료되기 전 새로운 사채발행이 반드시 사채남발이 되는 것은 아니라는 점, ㉡ 동 조를 위반하여 발행된 사채도 무효가 되는 것은 아니라고 해석되는 점, ㉢ 실제 총액이 납입되지 않는 경우도 없기 때문에 실효성 없는 규제라는 점 등을 고려하여 이 규정을 삭제할 필요가 있다. 기존사채의 미납은 분할납입의 경우 발생할 수 있는데, 한국의 경우 실제 분할납입의 방법을 취하는 예는 없다.[5] 일본의 경우 2005년 신회사법에서 이러한 제한규정을 삭제하였다.

다. 사채의 권면액 규제

이 규정은 사채권자집회에서 의결권 산정을 용이하게 하기 위한 것이다. 그러나 의결권의 산정을 위해 반드시 사채의 금액에 대해 제한할 필요가 있는지 의문이다. 의결권의 산정은 사채권자가 가지고 있는 미상환 사채의 합계액을 기준으로 하는 것이 가장 합리적이므로 사채의 금액에 대한 제약은 불필요하다. 미국이나 영국, 독일에서도 이러한 제한은 존재하지 않으며, 일본도 2005년 신회사법에서 이러한 제한을 폐지하였다.

라. 동률에 의한 권면액의 초과상환

사채는 권면액으로 상환하는 것이 원칙이지만, 권면액을 초과하거나 그 미만으로 상환할 것을 정할 수 있다. 이 규정은 할증상환이 도박으로 악용되는 것을 방지하기 위한 것이라고 한다.[6] 그러나 이 규정으로 말미암아 상환기간의 장단에 따라 다른 할증금을 주는 상환(예: 발행 후 5년간은 105%, 그 후 5년간은 103%, 그 이후에는 101% 등)이 허용되는지와 추첨식 할증상환이 적법한 것인가에 대한 의문이 있다. 사행심에 대한 규제는 형법 등 다른 법률에 맡기고 상법에 의한 규제는 불필요하다고 보아 개정안에서 이를 삭제하였다.

5) 집필대표 김건식 · 김교창 · 최완진 · 권기범, 『주석상법(회사법Ⅳ)』, 243면.

6) 鴻常夫, "社債の發行に關する商法の規定について", 「社債法の諸問題Ⅰ」, 有斐閣, 1987, 138面 이하.

Ⅲ. 다양한 종류의 사채발행

현 행	개정안
〈신설〉	**제469조(사채의 발행)** ② 제1항의 사채에는 다음 각 호의 사채를 포함한다. 1. 이익배당에 참가할 수 있는 사채 2. 주식이나 그 밖의 다른 유가증권으로 교환 또는 상환할 수 있는 사채 3. 유가증권이나 통화 또는 그 밖에 대통령령으로 정하는 자산이나 지표 등의 변동과 연계하여 미리 정하여진 방법에 따라 상환 또는 지급금액이 결정되는 사채 ③ 제2항에 따라 발행하는 사채의 내용 및 발행방법 등 발행에 필요한 구체적인 사항은 대통령령으로 정한다.

1. 신종사채의 발행 가능성

현행법상 특수사채로서 전환사채와 신주인수권부사채를 규정하고 있으며, 이 외 구 증권거래법상 교환사채와 이익참가부사채에 대해 규정하고 있다(§191의 5). 이러한 규율체계와 관련하여, 상법상 또는 구 증권거래법상 명시적으로 규정하고 있는 종류의 사채만을 발행할 수 있는 것인지, 아니면 상법이나 구 증권거래법의 규정을 예시규정으로 보아 다른 종류의 사채도 발행할 수 있는 것인지가 문제된다. 현행법상 새로운 종류의 사채의 발행이 금지되는 것은 아니라고 해석해야 할 것이지만,[7] 적어도 감독당국의 입장은 법률상 규정된 것만 발행할 수 있다는 한정적 입장을 취하는 것으로 보인다. 이처럼 사채의 종류와 발행방법에 대한 비탄력적인 해석 및 운용의 결과 자본시장에서 발행수요가 있는 상품의 발행에 장애가 된다.[8]

따라서 다양한 종류의 사채발행을 통한 자금조달을 촉진하기 위해서는 상

7) 윤영신, "법률에 근거규정이 없는 사채발행의 가부", 「상사법연구」, 제22권, 제1호, 2003 참조.

8) 구 증권거래법상 신종사채가 유가증권인가 여부가 불확실하였다. 동법에서는 유가증권을 한정적으로 열거하고 있는데, 신종사채는 사채의 요소와 파생상품의 요소도 함께 가지고 있기 때문에 이것이 사채로서 유가증권에 해당되는 것인가의 여부가 불확실하였다. 이러한 불확실성은 2005년 3월 증권거래법 시행령과 동법 시행규칙의 개정을 통하여 '파생결합증권'으로 명시함으로써 실질적으로 해결되었고, 2007년 제정된 자본시장법에서도 이러한 기준을 그대로 일반화하여 파생결합증권을 '증권'으로 명시하였다.

법이나 구 증권거래법상 특수사채 및 신종사채에 관한 규정은 한정적 열거가 아니라 발행 가능한 증권을 예시하는 규정임을 명시함으로써, 불확실성을 불식시키는 것이 필요하게 되었다. 따라서 회사법 개정안에서는 제469조 제2항을 신설하여 다양한 사채발행의 근거를 명시하였다.[9)]

2. 신종사채의 종류

가. 이익참가부사채(§ 469② 제1호)

상법개정안에서 이익참가부사채는 기본적으로 구 증권거래법상의 그것과 유사한 것으로 이해할 수 있다. 다만 구 증권거래법상 이익참가부사채는 시행령에서 사채의 이율에 따른 이자를 받는 외에 이익배당에도 참가할 수 있는 사채로 규정하고 있었다(구 증권거래법 시행령§84의 12①). 그런데 개정안 시행령안에서는 사채의 이율에 따른 이자를 받는 것을 요건으로 하지 아니하고 이익배당에 참가할 수 있는 사채로 넓게 규정하였다.

나. 교환사채와 상환사채(§ 469② 제2호)

개정안 시행령안에 따르면, 교환사채는 사채권자가 콜옵션을 보유하는 사채로서 사채권자의 선택으로 회사가 소유하고 있는 주식이나 그 밖의 다른 유가증권으로 교환을 청구할 수 있는 사채를 의미한다. 또 동 시행령안에서 상환사채는 현물상환을 하거나 또는 회사의 선택에 따라 현물상환을 할 수 있는 사채를 말한다. 상환사채는 만기 이전에 상환할 수 있는 선택권이 인정된 것으로 회사의 선택에 의하여 현금이 아니라 주식이나 그 밖의 유가증권으로 상환할 수 있는 사채이며, 회사의 선택으로 만기 이전에 상환도 가능한 것으로 규정하였다.

---

9) 이는 유가증권법정주의를 비탄력적으로 해석하여 회사의 권리능력에 대해 규정하는 상법에서 발행근거가 있어야만 한다는 우려가 있었으므로, 이를 근본적으로 방지하기 위하여 상법에서 일반적 발행근거를 둘 필요가 있다는 취지이다.

다. 파생결합사채(§ 469② 제3호)

파생결합사채는 자본시장법상 파생결합증권을 원용한 것이다(§4⑤). 여기서 파생결합증권이란 기초자산의 가격이나 이자율·지표·단위 또는 이를 기초로 하는 지수 등의 변동과 연계하여 미리 정하여진 방법에 따라 지급금액 또는 회수금액이 결정되는 권리가 표시된 것(자본시장법§4⑦)을 말한다. 즉 이는 사채에 파생상품의 요소가 결합된 것이라고 말할 수 있다. 기초자산에 대한 제한이나 파생상품의 거래구조 및 거래장소에 대한 제한을 하지 않음으로써 다양한 종류의 사채가 발행될 수 있는 근거를 광범위하게 인정하였다.[10)]

3. 주주와의 이익충돌의 조정

기업환경의 변화에 따른 결과, 상법상 새로운 유형의 사채가 발행된다면 경우에 따라 기존주주의 이익이 침해될 수도 있다. 이에 따라 회사법 개정안에서는 제469조 제3항을 신설하여 이러한 신종사채의 내용 및 발행방법 등 발행에 필요한 구체적인 사항은 대통령령으로 정한다고 규정하였다.[11)]

4. 자본시장법과의 관계

사채에 파생상품을 결합시킨 '신종증권'은 자본조달의 목적보다는 금융투자상품으로서 발행되는 것이 원칙이다. 이를 상법상 사채로 규정함에 따라

---

10) 실제 제1호 이익참가부사채와 제2호의 교환사채 및 상환사채는 그 실질은 일반사채에 옵션이 결합된 것으로서 제3호의 파생결합증권의 일종으로서 예시한 것이라고 보아야 할 것이다.

11) 상법의 기본적 입장은 부채와 주식을 구분하여, 부채에 대해서는 규제를 하지 않고 회사의 재량에 맡기고 있지만 주식에 대해서는 주주 간 이익조정 등에 관하여 강행규정으로써 규제하고 있다. 따라서 신종사채가 주식성을 가지고 있는 경우(예: 일정한 조건에 따라 주주의 이익 등에 영향)에는 이익충돌의 조정을 위한 규정이 필요할 것이다(윤영신, "회사법 개정안에 따른 다양한 사채발행과 주주와의 이익충돌의 조정", 「중앙법학」, 2007 참조).

금융투자업자가 아닌 일반 주식회사가 금융투자상품의 성격을 가지는 신종증권을 발행할 수 있게 되는 것이 아닌가 하는 의문이 든다. 여기에는 자본시장법에 의한 제한이 적용되는데, 동법상 증권의 발행은 투자매매업으로서 금융투자업에 포함되고 무인가영업행위가 금지되므로 인가를 받지 아니하는 경우에는 증권을 발행할 수 없는 것이 원칙이다.

다만 ㉠ 주식등연계증권과 원금비보장형 파생결합사채를 제외한 파생결합사채를 발행하는 경우(시행령§7① 제1호 및 제2호), ㉡ 투자매매업자를 상대방으로 하는 경우(시행령§7⑥)에는 금융투자업자가 인가를 받지 아니하고도 파생결합사채를 발행할 수 있으므로, 이러한 경우 금융투자업자가 아닌 일반주식회사가 파생결합사채를 발행할 수 있다. 시행령안에서는 상법상의 파생결합사채는 자본시장법이 정하는 내용과 절차에 따라 발행한다고 규정함으로써 자본시장법에 의한 제한을 명확히 하였다.

Ⅳ. 사채관리회사

현 행	개정안
〈신설〉	**제480조의 2(사채관리회사의 지정 · 위탁)** 회사는 사채를 발행하는 경우에 사채관리회사를 정하여 변제의 수령, 채권의 보전, 그 밖에 사채의 관리를 위탁할 수 있다.

1. 사채관리회사의 도입

가. 도입배경

한국의 경우 사채발행은 회사의 중요한 자금조달 방법 중의 하나다. 과거 1997년 말에 IMF 금융위기 이전에 회사채는 거의 대부분이 보증사채였고, 보증기관인 금융기관의 도산은 상상할 수 없었기 때문에 사채의 지급불능은 사채권자의 관심사가 아니었다. 또 증권회사가 인수할 수 있는 무보증사채는 BBB 이상의 신용평가등급을 받은 사채로 한정하여, 간접적으로 투자등급사채만이 발행될 수 있도록 제한하고 있었다. 만기가 3년 이하의 단기사채가 90% 이상을 차지하고 5년 이상의 장기사채는 10%에도 미치지 못하고 있었다. 따라서 사채의 투자자는 거의 기관투자자로서 만기 시까지 사채를 그대로 보유하고 있는 투자형태를 보였으며, 사채의 시가평가도 없어서 만기에 지급불능만 없으면 가격변동에 민감할 필요가 없었다.[12)]

이와 같은 사채발행 환경은 IMF 금융위기 이후 변화를 겪었다. 즉 보증사채는 시장에서 사라지게 되었고, 사채의 시가평가제도가 도입되었다. 사채발행이 무보증사채를 중심으로 발행되어 기존에 투자등급사채만 발행할 수 있도록 하던 규제가 폐지되어 투기등급의 고수익사채가 발행될 수 있는 여건이 마련되었다. 이러한 사채발행환경의 변화에 따라 지급불능위험에서 사채권자보호의 문제에 대한 관심이 증대되었고, 그 방안의 하나로 검토되기 시작한 것이 사채모집의 위탁을 받은 회사, 즉 (사채)모집의 수탁회사의 역할에 관한 것이다.

나. 사채모집의 수탁회사

모집의 수탁회사는 그 법적 지위나 권한 등이 명확하지 않다. 상법상 수탁회사와 구 증권거래법상 유가증권의 응모를 권유하는 행위를 하는 회사, 즉 인수인과의 관계가 명확하지 않다. 이러한 문제는 일본상법의 규정이 증권업과 은행업의 겸영을 금지함으로써 상법상의 '모집'과 증권거래법상의 '모집'의 의미가 달라져 발생한 것으로 보인다.

일본은 1948년 증권거래법시행 이전 증권업과 은행업을 겸영하였기 때문에 은행이나 신탁회사가 발행사무와 사채의 응모를 권유하는 현재 증권거래법상의 모집사무를 모두 취급하였다. 즉 당시에는 모집사무를 수행하는 수탁회사에 대한 공중의 신뢰를 고려하여 사채의 상환을 받기 위하여 필요한

12) 윤영신, "회사법 개정안에 따른 다양한 사채발행과 주주와의 이익충돌의 조정", 「중앙법학」, 17~27면.

행위 등 사채관리에 관한 한정된 범위의 권리 및 의무를 상법에서 특별히 인정하고 있었다.

그러나 일본의 증권거래법이 시행된 이후 유가증권의 인수 및 모집업무는 증권회사만이 할 수 있게 되었고, 증권회사는 상법상 수탁자가 되는 것이 금지되었기 때문에 은행이나 신탁회사만 상법상의 수탁회사가 될 수 있었다. 따라서 증권회사는 발행회사와 인수 및 모집주선계약을 체결하여 사채모집의 주선과 잔액인수를 하고, 은행이나 신탁회사는 발행회사와 사채모집의 위탁계약을 체결하여 발행사무를 하는 위탁인수모집의 방법이 이용되었다. 이러한 과정에서 일본상법상의 모집위탁에서 '모집'이라는 용어에도 불구하고 모집업무는 제외되고, 사채의 '발행'사무의 위탁이라는 의미로 쓰이게 되었다.[13)]

이로써 현행 한국의 상법과 동일한 내용을 가지고 있던, '93년 이전 일본 상법상의 '사채모집의 위탁'이란 증권거래법상의 모집이 아니라 발행회사에 갈음하여 발행사무를 처리하는 것을 의미하게 되었다. 즉 사채청약서 작성, 응모자에게 사채의 납입을 시키며 납입금을 발행회사에 인도하는 등의 사무를 위탁받은 자를 말한다. 따라서 증권거래법과 상법상의 모집의 개념이 차이가 나 혼란이 발생하였다.

또 모집의 수탁회사는 발행회사를 위한 발행사무의 처리를 하는 지위에 있으면서, 사채권자를 위한 업무를 동시에 수행할 것이 기대된다. 그런데 상호 대립되는 이해당사자 간의 문제, 즉 발행회사와 사채권자 양자를 위해 업무를 수행한다는 양면적 지위가 사채권자보호의 견지에서 바람직한 것인가도 문제된다.

다. 개정안

결국 개정안에서는 '모집'이라는 용어 사용으로 인한 혼란을 해소하기 위해서 명칭을 '사채관리회사'로 변경하고, 그 기능을 사채관리로 단일화한 일본의 1993년 개정상법을 모범으로 사채관리회사제도를 도입하고자 하였다.

---

13) 稻葉威雄,, "사채법개정방향(下)", 「商事法務」, 第1142号, 1988, 11面.

2. 사채관리회사의 권한

현　행	개정안
제484조(수탁회사의 권한) ① 사채모집의 위탁을 받은 회사는 사채권자를 위하여 사채의 상환을 받음에 필요한 재판상 또는 재판 외의 모든 행위를 할 권한이 있다. ② 전항의 회사가 사채의 상환을 받은 때에는 지체 없이 그 뜻을 공고하고, 알고 있는 사채권자에 대해서는 각별로 이를 통지하여야 한다. ③ 전항의 경우에 사채권자는 채권과 상환하여 상환액의 지급을 청구할 수 있다.	**제484조(사채관리회사의 권한)** ① 사채관리회사는 사채권자를 위하여 사채에 관한 채권을 변제받거나 채권의 실현을 보전하기 위하여 필요한 재판상 또는 재판 외의 모든 행위를 할 수 있다. ② 사채관리회사는 제1항의 변제를 받으면 지체 없이 그 뜻을 공고하고, 알고 있는 사채권자에게 통지하여야 한다. ③ 제2항의 경우에 사채권자는 사채관리회사에 사채상환액 및 이자 지급을 청구할 수 있다. 이 경우 사채권이 발행된 때에는 사채권과 상환하여 상환액지급 청구를 하고, 이권과 상환하여 이자지급청구를 하여야 한다. ④ 사채관리회사가 다음 각 호의 어느 하나에 해당하는 행위(사채에 관한 채권을 변제받거나 채권의 실현을 보전하기 위한 행위는 제외한다.)를 하는 경우에는 사채권자집회의 결의에 의하여야 한다. 다만 사채를 발행하는 회사는 제2호의 행위를 사채관리회사가 사채권자집회의 결의에 의하지 아니하고 할 수 있음을 정할 수 있다. 1. 해당 사채 전부에 대한 지급의 유예, 그 채무의 불이행으로 발생한 책임의 면제 또는 화해 2. 해당 사채 전부에 관한 소송행위 또는 채무자회생 및 파산에 관한 절차에 속하는 행위 ⑤ 사채관리회사가 제4항 단서에 따라 사채권자집회의 결의에 의하지 아니하고 제4항 제2호의 행위를 한 때에는 지체 없이 그 뜻을 공고하고, 알고 있는 사채권자에게는 따로 통지하여야 한다. ⑥ 제2항과 제5항의 공고는 사채를 발행한 회사가 하는 공고와 같은 방법으로 하여야 한다. ⑦ 사채관리회사는 그 관리를 위탁받은 사채에 관하여 제1항 또는 제4항 각 호에서 정한 행위를 위하여 필요하면 법원의 허가를 받아 사채를 발행한 회사의 업무와 재산상태를 조사할 수 있다.

가. 변제의 수령 및 채권의 실현보전

1) 변제의 수령권

현행법상 사채모집의 위탁계약에서 명시적으로 규정하고 있지 않은 경우에도 수탁회사는 사채의 상환을 받음에 필요한 모든 행위를 할 권한이 있다고 규정하고 있다. 이 경우 이자지급청구권이나 이자지급청구의 소의 제기권도 법정권한인가 하는 것이 문제되는바, 상법상 '상환'이란 용어의 의미는 이자지급청구권에 관한 권한이 포함되지 않는다고 이해되기 때문이다. 사채청약서 기재사항에서는 '사채의 상환과 이자지급의 방법과 기한'으로 구별하여 규정하고 있다는 점(§474 제8호)은 이러한 해석의 근거가 될 수 있다. 다만 '상환'을 이처럼 좁게 해석할 경우에는 사채관리회사를 두는 실효성이 떨어진다.

2) 채권의 실현보전

가압류나 가처분과 같이 채권을 보전하기 위한 행위를 할 권한이 있는가도 명확하지 않고, 어떠한 행위가 사채권을 처분하는 행위인가에 대해서도 분명한 기준이 설정되어 있지 않는 등 수탁회사의 법정권한의 범위가 불분명한 측면이 있었다. 사채권자의 원리금지급청구권은 사채권자의 가장 기본적인 권리로서 양자를 분리하여 취급할 필요가 없고, 사채권의 변제는 변제자체에 관한 행위 이외에 이를 확보하기 위한 다른 행위에 의하여 더욱 강화될 수 있다. 그렇기 때문에 개정안에서는 채권의 실현을 보전하기 위한 행위도 사채관리회사가 재량에 의해 할 수 있다는 점을 명확히 하였다.[14]

3) 채권자취소권의 문제

사채관리회사가 사채권자집회의 결의 없이 민법상 채권자취소권을 행사할 수 있는가에 대하여 견해가 갈린다.

㉠ 변제의 수령을 위한 직접적인 행위라고 할 수 없기 때문에 사채관리회사가 단독으로 결정할 수 없다고 해석하는 견해가 있다. 반면, ㉡ 민법상의 채권자취소권의 행사는 채권을 보전하기 위한 행위이고, 회사가 어느 사채권자에 대하여 행한 변제나 화해 기타의 행위가 현저하게 불공정한 때에는 사채관리회사가 소에 의하여 그 행위의 취소를 청구할 수 있게 되어 있는

14) 한편 도산절차에서 채권의 신고(다른 채권자에 의해 개시된 강제집행절차에서의 배당요구 포함)는 사채권자에게 어떠한 불이익을 발생시키는 것이 아니고, 수탁회사의 재량의 여지가 없기 때문에 사채관리회사가 단독으로 할 수 있다(松下淳一, "社債管理會社の地位・權限と民事手續法との關係について", 「法學會雜誌」, 第31巻 第1号, 法學院大學, 1995, 42面).

바(일본상법§340), 이 조문과 균형을 위하여 사채관리회사가 사채권자집회의 결의 없이 단독으로 행사할 수 있는 권한이라고 해석하는 견해도 있다.

또 사채관리회사가 제기하는 지급청구소송, 채권자취소소송, 도산절차에 있어서 채권확정소송 등에서 상소하기 위하여 사채권자집회의 결의를 거쳐야 하는가. 소송의 위임에 기초한 소송대리인의 경우에는 별도의 수권이 필요하지만, 법령에 의한 소송대리인에 관해서는 이러한 제한이 없고, 상소의 제기 자체가 실체권의 처분이 아닌 보전행위라고 해석할 수 있기 때문에 사채관리회사의 재량범위 내라고 해석할 수 있다는 견해가 있다.

나. 사채권자집회의 권한과의 관계

1) 서언

한국의 경우 사채권자집회에 관한 규정을 두고 있고, 상법 제490조(결의사항)를 사채권자의 이해에 중대한 영향을 미치는 사항은 반드시 사채권자집회를 통하여 결정해야 하는 것으로 해석하고 있다. 이는 사채관리의 경우 신속한 관련 업무의 처리에 지장을 초래하여 사채권자에게 손해를 미칠 수 있다.

반면, 사채관리회사의 단독적인 결정에 맡기는 경우에는 사채권자의 의사에 부합하지 않는 사채관리의 가능성도 있다. 따라서 사채관리회사가 사채권자집회의 동의 없이 단독으로 결정하여 행사할 수 있는 권한의 범위를 어떻게 정할 것인가에 관한 것이 문제된다.

2) 사채권자집회의 결의에 의하는 사항

가) 사채권자집회의 결의 필요

개정안에서는 사채관리회사가 단독으로 할 수 있는 행위는 사채권의 완전한 만족을 얻는 행위에 한정되고, 사채권을 일부라도 처분하는 행위는 포함되지 않는 것으로 하였다. 즉 해당 사채 전부에 대한 지급유예, 그 채무의 불이행으로 발생한 책임의 면제 또는 화해는 사채권자집회의 결의에 의하여만 사채관리회사가 할 수 있는 것으로 규정하였다.

채무불이행으로 인하여 발생한 책임의 면제는 발행회사·보증인 등이 사채의 지급기한을 지나 발생한 이행지체의 손해배상책임의 전부 또는 일부를 무상으로 소멸시키는 행위 등이 해당된다. 더 흔하게 발생할 수 있는 경우는 발행회사가 재무상의 특약 등에 위반하여 기한의 이익이 상실된 경우 기한이익이 상실되지 않은 것으로 취급하는 것을 들 수 있다. 화해의 예로는 발행회사에 대한 지급유예를 하는 대신 새로운 재무상의 특약을 부과하는 행위를 들 수 있다. 이러한 행위는 사채권의 처분에 해당하기 때문에 사채권자집회의 결의에 의해 이루어져야 한다.[15)]

또한 자백, 소의 취하, 청구의 포기, 재판상 화해 등도 사채권의 처분에 해당된다고 볼 수 있다. 사채관리회사가 제기한 지급청구소송에서 소멸시효 혹은 기한의 미도래에 대한 자백 등 사채권자 전체의 패소가능성을 높이는 자백은 사채권자집회의 결의를 얻어야 하고, 청구의 포기도 같다고 본다. 사채관리회사가 제기한 지급청구소송에 관하여 종국판결 후에 소를 취하는 것도, 소송계속의 효과가 소멸할 뿐 아니라 재소금지의 효력이 발생하기 때문에 사채권의 처분에 준하는 것으로서 사채권자집회의 결의를 얻어야 한다고 해석된다.[16)] 재판상의 화해도 사채권자집회의 결의에 의하여야 하고, 민사조정신청 및 중재의 개시도 화해의 권한을 전제로 하기 때문에 사채권자집회의 결의에 의하여야 할 것이다.

나) 사채관리회사의 권한범위의 해석

사채관리회사의 권한범위의 해석에 관하여 문제되는 것은 사채관리회사가 도산절차의 개시신청을 할 수 있는가에 대한 것이다. (1) 이에 대하여 사채권자집회의 결의가 필요하다는 입장은 ㉠ 도산신청은 채권 전부의 만족을 얻는 것을 포기하는 것이므로 사채권의 처분에 해당되고, ㉡ 도산신청에는

15) 일본상법 제309조의 2 제1항 제1호의 화해는 재판 외의 화해를 말하고, 재판상의 화해는 동 조 동 항 제2호에 해당되는 것을 말한다.

16) 松下淳一, “社債管理會社の地位・權限と民事手續法との關係について”, 「法學會雜誌」, 法學院大學, 1995, 41面.

채권의 회수전망에 대한 판단이 포함되어 있기 때문에 그러한 종류의 판단을 사채관리회사가 단독으로 할 수 있게 하는 것에는 의문이 있다는 것이다.

반면, (2) 도산절차의 개시신청은 사채권의 처분에 해당되지 않는다거나 사채권의 처분에 해당되는 행위라도 제도의 실효성을 살리는 차원에서 수탁(사채관리)회사가 단독으로 결정할 수 있다고 보아야 한다는 반대의견도 있다. 사채권의 처분에 해당되지 않는다는 견해는, ㉠ 변제의 수령 또는 채권보전을 위한 행위를 할 권한은 사채권자의 완전한 만족을 얻기 위한 것이라고 하지만, 실제 사채의 원리금 전액의 지급을 청구하는 소송도 강제집행의 단계에 들어서면 반드시 전액의 만족을 보증하는 것은 아니며, 전액을 회수하지 못하는 것은 발행회사의 재산상태가 악화되었기 때문이며 도산절차의 신청에 의하여 회수가 불가능해지는 것은 아니기 때문에 어떠한 처분행위도 있다고 볼 수 없다. 또 ㉡ 도산절차의 신청은 적절하게 행해진다면 사채권자의 최대의 이익을 보호하는 행위로서 사채권의 처분에는 해당되지 않고, 오히려 채권의 보전행위라고 보는 것이 실질적인 기능에 합치하는 것이라고 주장한다. 결국 '파산절차에 속하는 일체의 행위'라는 문언을 좁게 해석하여 사채권의 처분은 권리의 실체적인 내용의 변경을 수반하는 사항으로 한정해야 한다는 것이다.[17)]

또한 사채권의 처분에 해당된다고 하여도 수탁회사의 단독권한으로 해석하여야 한다는 입장은, ㉠ 채무자에 의한 편파적인 행위를 방지하기 위하여 긴급히 도산절차를 신청하여야 할 필요가 있는 경우가 존재하고, ㉡ 도산신청은 일정한 요건을 충족시키면 각 사채권자가 단독으로 할 수 있는 행위이며 사채권자집회의 집단적 의사결정이 필요한 사항이 아니라는 점, ㉢ 사채관리는 사채권자집회보다 사채관리회사 등 전문가에게 위임하는 것이 합리적이라는 인식이 점차 강해지고 있고, 사채모집의 수탁회사에 인정하였던 권한을 제한하는 것을 생각하기는 무리가 따른다는 점을 고려한다면 사채관리회사가 자신의 판단으로 도산절차 개시신청을 할 수 있다고 해석하여야

17) 松下淳一, "社債管理會社の地位・權限と民事手續法との關係について", 「法學會雜誌」, 法學院大學, 1995, 39面.

한다고 주장한다.[18]

다) 채권확정소송과 즉시항고

도산절차에서 신고된 채권에 대하여 이의가 있는 경우에도 별도의 채권확정소송이 필요한 경우가 있다. 채권확정소송은 채권의 신고내용을 관철시키기 위한 수단에 불과하고 사채권의 실체적 내용을 처분하는 것이 아니며, 사채관리회사가 일반적인 지급청구의 소의 제기권을 가진다고 해석하고 있는 것과 균형상 '변제를 받기 위하여 필요한 행위'에 속한다(일본상법§309①)고 해석해야 한다는 주장이 있다.[19] 이 입장에서는 배당에 대한 이의소송도 채권확정소송과 유사하므로 사채권자집회의 결의 없이 행할 수 있다고 해석하고 있는 반면, 수탁회사가 채권확정의 소를 제기하기 위해서는 사채권자집회의 결의가 필요하다고 해석하는 견해도 있다.

또한 도산절차에 있어서 각종 재판에 대한 즉시항고에 관하여[20] 사채권자집회의 결의가 필요하다는 견해도 있다. 그러나 이러한 행위는 오히려 채권보전행위에 가깝고 사채권자집회의 소집으로부터 결의까지 최단기간이 2개월 정도인 점을 고려하면, 즉시항고의 수권을 위해서만 집회를 개최한다는 것은 비합리적이므로 수탁회사가 재량으로 권한행사를 할 수 있다는 견해가 있다.

3) 사채관리회사의 단독권한으로 정할 사항

개정안에서는 해당 사채 전부에 관한 소송행위 또는 채무자회생 및 파산에 관한 절차에 속하는 행위는 원칙적으로 사채권자집회의 결의에 의하여야 하지만, 회사가 정하는 경우에는 사채관리회사의 단독권한으로 할 수 있도록 하였다. 이는 사채권처분에 관한 행위를 제외한 나머지의 소송행위 또는 도산절차상의 행위를 말한다.

---

18) 江頭憲治郎, "更生手續と社債權者", 「판례タイムズ」, 第866号, 1995, 286面.

19) 松下淳一, "社債管理會社の地位・權限と民事手續法との關係について", 「法學會雜誌」, 法學院大學, 1995, 39面.

20) 즉시항고에는 파산선고, 회사정리절차개시의 결정에 대한 즉시항고, 갱생계획의 인부결정에 대한 즉시항고, 화의의 인부결정에 대한 즉시항고 등이 있다.

3. 사채관리회사의 자격

현 행	개정안
〈신설〉	제480조의 3(사채관리회사의 자격) ① 은행, 신탁회사, 그 밖에 대통령령으로 정하는 자가 아니면 사채관리회사가 될 수 없다. ② 사채의 인수인은 그 사채의 사채관리회사가 될 수 없다. ③ 사채를 발행한 회사와 특수한 이해관계가 있는 자로서 대통령령으로 정하는 자는 사채관리회사가 될 수 없다.

가. 사채인수인의 사채관리회사 겸무금지

현행 상법에서는 은행, 신탁회사, 증권회사가 모집의 수탁회사가 될 수 있다고 규정하고 있다(동법 부칙§6). 그런데 모집의 수탁회사는 거의 대부분이 사채의 인수주간사회사가 겸직하고 있으며, 그 모집에 대한 수탁회사의 행위는 인수업무 수주에 대한 서비스 차원에서 명목적인 수수료만을 받고 계약을 체결하는 요식행위에 불과하다.[21]

사채의 인수인이 사채관리회사를 겸하는 경우에는 이익충돌의 문제가 있다. 인수인은 발행회사와 거래관계를 계속하기 위하여 발행회사의 이익을 우선하여 고려할 유인이 있다. 결국 사채관리계약은 발행회사와 인수인 간의 협상에 따라 결정될 것인바, 이러한 상황에서 인수인이 사채관리회사가 된다면 인수인이 사채관리자로서 자신의 의무 및 책임을 정하는 데 있어서 소극적으로 될 수밖에 없을 것이다. 더욱이 현행법상 사채의 인수업무는 증권회사만이 할 수 있는데, 증권회사는 재벌의 계열사인 경우가 많아서 이익충돌의 문제가 첨예화될 소지가 있다. 이는 실제 수탁계약을 통한 사채권자의 이익보호가 이루어지고 있지 못한 구조적 원인이 되고 있는데, 인수인이 사채관리회사를 겸하는 것을 금지하는 것은 바람직하다.[22]

21) Changyong Rhee/Sunghwan Shin/Youngshin Yoon, Designing a Governance Structure for Corporate Bonds in Korea: Empirical Study on Corporate Bond Indentures, *Journal of Economic Research*, Vol.10, No.1, 2005, pp.84-86.

나. 사채관리회사가 될 수 있는 자

1) 외국의 경우

가) 영미

미국에서는 보통 은행이나 신탁회사가 사채의 수탁회사가 되고 있다(The Trust Indenture Reform Act of 1990, §310(a)). 영국에서는 사채에 관하여 수탁자를 둘 것을 강제하거나 수탁자의 자격에 대한 규정을 두고 있지 않다. 그러나 실제 예외 없이 수탁자를 선임하고 있으며, 대개는 회사가 수탁자가 된다고 한다.[23]

특히 담보부사채의 경우에는 담보권의 수탁을 위하여 수탁자가 선임되어야 하고, 상장규정에서는 수탁회사를 둘 것을 상장요건으로 하고 있으므로 그러한 한도에서 수탁회사의 설치가 간접적으로 강제된다. 신탁증서에서는 수탁자는 '신탁회사(trust corporation)'이어야 한다고 규정하고 있는 것이 전형적이다.[24]

나) 일본

일본 신회사법은 은행, 신탁회사 및 이들에 준하는 자로서 법무성령에서 정한 자만이 사채관리회사가 될 수 있다고 규정하고 있다(§703). 동법 시행규칙 제170조에서는 다음과 같이 열거하고 있다. ⓐ 담보부사채신탁법 제3조의 면허를 받은 자, ⓑ 상공조합중앙회, ⓒ 농업협동조합 또는 농업협동조합연합회, ⓓ 신용협동조합 또는 동 사업의 협동조합연합회, ⓔ 신용금고 또는 신용금고연합회, ⓕ 노동금고연합회, ⓖ 장기신용은행, ⓗ 보험업법(§2

22) 그러나 인수인의 이익충돌을 이유로 인수인은 사채관리회사가 될 수 없도록 하는 경우에 현재와 같이 명목적인 액수로 사채관리 서비스를 제공할 수는 없을 것이기 때문에 수수료 상승으로 인한 사채발행비용의 증가에 대한 가능성이 있다.

23) P. Davies, *Gower and Davies' Principles of Modern Company Law,* Sweet & Maxwell, London, 2003, p.810.

24) 과거에는 은행이 사채의 수탁자가 되는 것이 보통이었지만, 은행이 발행회사에 대하여 대출채권자로서의 지위를 가지는 경우에는 이익충돌이 문제된 이래 현재는 보험회사와 같은 여타의 신탁회사가 담당한다. 그러나 경우에 따라서는 은행이 설립한 별도의 신탁회사가 수탁자가 되기도 하고, 드물게는 개인수탁자가 이용되는 경우도 있다.

②)상 보험회사, ⓘ 농림중앙금고 등이다.

일본은 회사법제정 이전 구 상법에서 사채관리회사의 자격을 은행, 신탁회사로 규정하고 있다가, '93년 개정상법에서 은행, 신탁회사 또는 담보부사채신탁법 제5조의 면허를 받은 회사로 확대하였다.[25] 이후 2005년 신회사법 제정에서 그 범위를 확장하여 '보험회사'까지도 사채관리회사가 될 수 있게 하였다.

2) 사채관리회사가 될 수 있는 자의 범위[26]

가) 금융기관으로서 은행

개정안에서는 은행이 사채관리회사가 될 수 있는 것으로 규정하고 있는데, 이 경우 은행이란 어떠한 기관을 의미하는지 명확하지 않다. 은행법에서는 '금융기관'을 은행업을 규칙적·조직적으로 영위하는 한국은행 이외 모든 법인으로 정의하고 있고(§2① 제2호), 농업협동조합중앙회 및 수산업협동조합중앙회의 신용사업 부문은 이를 하나의 금융기관으로 본다고 규정하고 있다(§5).

한편 시중에서 통상 은행이라는 명칭을 사용하는 금융기관들, 예컨대 산업은행이나 중소기업은행 같이 특별법에 의하여 설립된 은행은 은행법상의 금융기관에 속하지 않는다. 이처럼 '은행'의 범위가 명확하지 않음에 따른 혼란을 방지하기 위하여 시행령안에서는 은행이란 은행법상의 금융기관을 의미하는 것을 상정하고, 그에 맞추어 이와 동일시할 수 있는 기관으로서 산업은행과 중소기업은행을 열거하였다. 또 자본시장법에서는 신탁회사란 용어를 사용하지 않고 '신탁업자'라는 용어를 사용하고 있기 때문에(§9⑦) 회사법 개정안에서도 자본시장법의 용어에 따라 수정할 필요가 있다.

---

25) 그러나 담보부사채신탁법상 면허를 받은 회사는 은행 등 금융기관에 한정되었으므로 실제 개정 전과 차이가 없었다.

26) 이에 관한 자세한 내용은, 윤영신, "회사법 개정안상 사채관리회사의 자격에 관한 연구", 「상사판례연구」, 제21집, 제4권, 2008 참조.

나) 증권회사의 자격여부

개정안은 은행이나 신탁업자 이외 대통령령으로 정하는 자를 사채관리회사의 자격을 가진 자로 추가할 수 있는 여지를 두었다. 그렇다면 여기서 '증권회사'도 사채관리회사가 될 수 있도록 할 것인가. 현행법상 증권회사는 자본시장법상 신탁업의 인가를 얻어 개정안상의 신탁업자로서 사채관리회사가 될 수 있다. 다만 증권회사가 당해 사채의 양수인인 경우 개정안 제480조의 3 제2항에 따라 사채관리회사가 되는 것이 금지된다. 그러나 여기에 해당하지 아니한 경우에도 잠재적 양수인으로서 사채발행회사의 이익을 대변할 가능성이 높다는 점에서 사채권자와 이익이 충돌하고, 국제적 관행도 증권회사가 사채의 수탁회사가 되는 경우가 없다는 점에서 볼 때 증권회사는 사채관리회사가 될 수 없도록 해야 할 것이다.

그렇지만 ㉠ 한국의 경우 부동산신탁을 제외한 전업신탁회사가 존재하지 아니하고, 은행의 수도 많지 않은 상황에서 증권회사에 사채관리회사의 자격을 인정하지 않는다면 사채관리회사가 될 수 있는 자의 범위가 너무 한정되어 수수료의 상승으로 인한 자본비용의 증가를 초래할 것이다. 또 ㉡ 은행이 사채관리회사가 되는 경우에도 은행이 발행회사에 대해 대출채권자라면 자신의 채권을 먼저 회수할 유인이 있기 때문에 이익충돌에서 자유롭지 않다는 점에 비추어 증권회사에 대해서도 사채관리회사의 자격을 인정하는 정책적 판단이 가능하다고 생각된다.

다. 사채관리회사의 독립성

1) 영미

영국에서는 이익충돌의 상황에 대해 구체적인 규정을 두고, 수탁회사의 자격을 제한하는 등의 구체적 성문법상 규정은 두고 있지 않다. 그렇지만 수탁회사는 사채권자에 대한 의무와 자신의 이익이 충돌하거나 수탁회사의 다른 수익자에 대한 의무와 충돌하는 입장에 있어서는 안 된다는 일반적인 원칙의 적용을 받는다. 따라서 원칙적으로 이익충돌이 있는 경우에는 수탁회사가 될 수 없지만, 상사신탁(회사)에서는 이익충돌의 제한을 완화할 필요가 있어서 신탁증서상 이익충돌의 허용을 규정할 수 있다고 해석한다.[27]

한편 미국의 신탁증서법에서는 수탁회사의 이익충돌을 방지하기 위한 명문의 규정을 두고 있다. 발행회사가 수탁회사를 지배하거나 동일인의 지배하에 있는 경우 사채발행 당시부터 수탁회사가 될 수 없도록 금지하고(TIA§310(a)(5)), 그 외에 신탁증서법상 열거된 이익충돌의 사유가 있는 경우에는 수탁회사가 될 수는 있지만 신탁증서위반(default)이 발생한 후에는 사임하도록 하고 있다(§310(b)).[28]

2) 개정안

지분의 소유관계 등의 특별한 사정에 따라 사채관리회사로서 사채권자의 이익을 보호하는 것보다 자신의 이익을 우선시킬 우려가 있는 경우가 존재하기 때문에 이에 대한 규제가 필요하다. 이에 따라 회사법 개정안에서는 사채를 발행한 회사와 특수한 이해관계가 있는 자로서 대통령령으로 정하는 자는 사채관리회사가 될 수 없다고 규정하였는데(§480의 3③), 시행령에서 무엇을 기준으로 사채관리회사의 결격사유를 정할 것인가 문제된다. 사채관리회사가 사채권자의 이익보다 자신 또는 사채발행회사의 이익을 우선시킬 수 있는 경우를 다음과 같이 살펴볼 수 있다.

① 발행회사 측(발행회사 및 그 임원)이 사채관리회사에 영향을 가지는 경우에는 사채관리 위탁계약의 위반의 감독 및 위반 시 조치 등 사채관리업무를 해태할 우려가 있다. 이러한 경우 발행회사 측이 사채관리회사의 지분을 소유하는 것이나 발행회사의 임원이 사채관리회사의 임원을 겸하는 것을 생각할 수 있다. 이때 지분보유로 인하여 사채권자의 이익보호가 소홀해질 우려가 발행회사 측이 사채관리회사를 지배할 수 있을 정도의 다수지분을

27) 영국에서는 수익자가 정보에 의해 동의하고, 1985년 회사법 제192조에 위반하지 않는 이상 이러한 조항이 허용된다고 한다(P. Wood, Law and Practice of International Finance, Sweet & Maxwell, 1995, § 9.12[7](e)).

28) 윤영신, “사채권자보호에 관한 연구”, 서울대학교 박사학위논문, 106～113면.

보유하는 경우에만 발생할 수 있고, 단순히 소수의 지분을 보유하는 경우에는 사채관리회사가 그 책임의 위험을 감수하면서 사채관리업무를 해태하도록 강요할 수는 없을 것이다.

② 사채관리회사 측(사채관리회사 및 그 임원)이 발행회사의 주주인 경우에는 사채관리회사가 자신의 주주로서의 이익을 우선하여, 사채관리업무를 해태할 유인이 있다. 이런 경우에는 지배력을 가질 정도의 지분보유를 하지 않은 경우에도 주주로서의 경제적 이익을 고려하여 업무를 해태할 우려가 있다는 점은 위 ①의 경우와 차이가 있다.

③ 동일인이 발행회사와 사채관리회사 양자와 일정한 관계가 있는 경우에도 사채권자의 이익이 제대로 보호되지 못할 우려가 있다. 이는 동일인이 사채관리회사에 대해서는 지배력을 가지고 있고, 발행회사에 대해서는 지배력의 유무와 상관없이 지분을 보유하고 있는 경우이다. 사채관리회사에 지배력을 갖지는 못하고 단순한 소수지분만을 보유하는 경우에는 위 ①의 경우와 같이 사채관리회사의 업무해태의 우려는 크지 않다고 할 것이다.

3) 이익충돌의 제한문제

상술한 바와 같이 사채관리회사가 이익충돌사유가 있는 경우를 분설할 수 있다면, 여기에 상응하게 이익충돌의 제한사유도 정해야 하는 것이 아닐까. 그렇다고 선진외국(영국, 미국 등)의 경우를 본받아 다소 엄격한 기준을 회사법 시행령안에서 그대로 규정하는 것에 대해서는 현실상의 문제점이 따른다.

즉 ㉠ 사채발행회사나 사채관리회사는 법령상의 제한에 있어서나 기타 각 회사의 구체적인 상황에 따라 그 지배구조에서도 많이 다르다. 이러한 상황에서 지배력을 가지는 지분보유나 단순한 지분보유의 기준을 설정하는 것은 사실상 쉽지 않다.

㉡ 외국의 경우(특히 미국) 이러한 엄격한 기준을 채택하고 있는 것은 수탁회사자격을 당초부터 배제하는 것이 아니라 채무불이행 발생 이후 사임하도록 하고 있는 것에 기인하는데, 이와 달리 한국의 경우에는 발행 시부터

사채관리회사가 될 수 없도록 하고 있다.

㉢ 이처럼 엄격한 기준을 설정하여 적용하는 경우에는 위반여부의 판단이 어렵기 때문에 경우에 따라 사채관리회사도 이익충돌의 사유가 있는지를 파악하지 못하는 경우도 있을 것이다.

4) 현실적 대안

위와 같은 점에 비추어 볼 때 현실적인 대안으로 다음과 같은 기준을 생각해 볼 수 있을 것이다.

(1) 사채관리회사가 사채발행회사에 대하여 영향력을 가지는 경우로서 상장회사 특례상의 '최대주주' 또는 '주요주주'의 지위를 가지는 경우

(2) 사채발행회사가 사채관리회사에 대하여 영향력을 가지는 경우는 사채관리회사가 될 수 있는 금융기관의 성격에 따라, ㉠ 사채관리회사가 은행인 경우에는 '은행법'상 '대주주'(은행법§2① 제10호), ㉡ 사채관리회사가 자본시장법상 신탁업자 및 투자매매업자인 경우에는 자본시장법상의 '대주주'(자본시장법§9①)

(3) 사채관리회사와 사채발행회사가 동일인의 영향력 아래 있는 경우에는 '독점규제 및 공정거래에 관한 법률' 제2조 제3호의 동일한 기업집단에 속하는 경우를 열거하고 그 외에

(4) 기타 사채발행회사와 특수한 이해관계가 있어 공정한 사채관리를 하기 어려운 경우를 포괄규정으로 하여 열거하는 방안이다.

이러한 기준에 의할 때, 사채관리회사가 사채발행회사의 채권자인 경우는 특수한 이해관계가 있는 경우에 해당하지 아니하여 제한을 받지 아니하게 될 것이다. 이러한 입장의 타당성 여부에 대해서는 외국(미국, 일본 등)에서와 같은 논의가 있을 수 있지만, 이를 자격상실의 사유로 규정하면 현실로 사채관리회사를 찾기 어렵게 될 것이다. 다만 개정안에서는 보완책을 마련하기보다는 도산법의 일반적인 부인권이나 채권자취소권의 일반원칙에 맡기고 있지만, 이러한 법리에 의한 구제는 쉽지 않을 것이다. 따라서 외국(미국,

일본 등)의 경우와 같이 사채관리회사가 받은 변제를 일정한 요건을 갖춘 경우에는 부인할 수 있는 규정을 둘 필요가 있다.

4. 사채관리회사의 의무와 책임

현 행	개정안
〈신설〉	**제484조의 2(사채관리회사의 의무 및 책임)** ① 사채관리회사는 사채권자를 위하여 공평하고 성실하게 사채를 관리하여야 한다. ② 사채관리회사는 사채권자에 대하여 선량한 관리자의 주의로 사채를 관리하여야 한다. ③ 사채관리회사가 이 법이나 사채권자집회의 결의를 위반한 행위를 한 때에는 사채권자에 대하여 연대하여 이로 인하여 발생한 손해를 배상할 책임이 있다.

가. 현행법

사채관리회사가 권한행사를 제대로 하지 못한 경우 등에 있어서 사채권자에게 어떠한 책임을 부담시킬 것인가에 대하여 현행법에는 명확한 규정이 없다. 따라서 사채관리회사의 의무와 책임에 대해 정리해 볼 필요가 있다. 의무와 책임의 정도에 대하여 사채관리회사의 의무와 책임의 강화는 수수료의 증가로 인해 사채발행비용을 증가하게 되므로 적절한 수준에서 균형점을 모색하는 것이 중요하다.

나. 개정안

1) 선관주의의무와 책임

개정안에서는 사채관리회사에 대하여 '선량한 관리자의 주의'로 사채를 관리하도록 하고, 이에 위반한 경우에는 '손해배상책임'을 부담하도록 하였다. 일본의 경우 과거에 사채의 관리란 법정권한만을 지칭하고 약정권한의 행사에 관하여 사채관리자가 어떠한 의무를 부담하는 것은 사채관리 위탁계약상의 약정된 내용에 따른 것이라고 해석되어 왔다. 회사법의 규정에 근거하여, 이른바 법제문제를 둘러싼 대립도 해소하고, 사채관리자의 약정권한에 관한 규정도 두어 사채의 관리에는 약정권한의 행사도 포함된다고 해석된다.29)

2) 공평 · 성실의무

그 밖에 개정안에서는 사채권자를 위하여 공평 · 성실하게 행위할 일반적인 의무도 규정하였다. 일본의 경우 이를 구체화하여 사채관리자는 발행회사의 경영이 곤란하게 되면 자기의 계산으로 발행회사에 한하여 가지는 채권(은행의 대출채권 등)의 회수를 우선시켜서 사채권의 회수를 해태할 위험이 있기 때문에 일정한 요건 아래 특별한 손해배상책임을 부담하는 것으로 하고 있다(§172).

미국의 경우에도 수탁회사가 발행회사에 대해 채권자의 지위를 가지는 경우 채무불이행 전 3개월 이내에 수탁회사가 변제를 받거나 또는 변제의 담보를 위하여 재산을 제공받았다면, 이를 특별계정에 별도 예치하고 이 특별계정을 수탁회사와 사채권자 간의 권면액에 따라 분배한다(TIA§311(a)).

5. 사채관리회사의 사임과 해임 및 사무승계자

현 행	개정안
第483조(수탁회사의 사무승계자) ① 전 2조의 경우에 사채모집의 위탁을 받은 회사가 없게 된 때에는 사채를 발행한 회사와 사채권자집회의 일치로써 그 사무의 승계자를 정할 수 있다.	**第483조(사채관리회사의 자격)** ① 사채관리회사의 사임 또는 해임으로 인하여 사채관리회사가 없게 된 경우에는 사채를 발행한 회사는 그 사무를 승계할 사채관리회사를 정하여 사채권자를 위하여 사채관리를 위탁하여야 한다. 이 경우 회사는 지체 없이 사채권자집회를 소집하여 동의를 받아야 한다.

이 규정은 사채관리회사의 사임 및 해임의 경우 사채관리회사의 부재로 인한 공백을 우려하여 둔 규정으로, 발행회사가 사무승계자의 선정에 적극

29) 江頭憲治郎, 제2판「株式會社법」, 654面.

적이지 않은 경우에 사채권자보호를 위해 마련한 것이다. 상법개정안은 사무승계자의 선임을 사채발행회사의 의무사항으로 하였다. 즉 사채관리회사의 사임 또는 해임으로 인하여 사채관리회사가 없게 된 때에는 사채를 발행한 회사는 그 사무를 승계할 사채관리회사를 정하여 사채권자를 위하여 사채의 관리를 행할 것을 위탁하여야 한다. 이 경우 회사는 지체 없이 사채권자집회를 소집하여 동의를 얻어야 한다고 규정하였다(§483).

6. 사채관리회사에 관한 개정의 의의

한국의 경우 1997년 말 IMF 금융위기 이후 사채발행환경이 많은 변화를 겪었지만, 아직도 수탁회사가 각종 거래비용을 절감할 수 있는 여지가 크지 않은 것으로 보인다. 수탁회사에 의한 사채관리가 효율적으로 이루어지기 위한 환경으로는, ⓐ 다수의 분산된 사채권자가 존재하고 더불어 사채권자가 전문성이 없는 경우, ⓑ 사채의 신용도가 높지 않고, 복잡한 특약조항을 규정하고 있는 경우 및 ⓒ 만기가 장기인 경우[30)]등이라고 말한다.[31)]

결국 사채발행시장에서 수탁회사에 기대되는 가장 큰 역할은 집단행동의 문제로 인한 거래비용을 감소시키고, 전문성을 이용하고자 하는 것이다. 그런데 한국의 현재 사채발행 및 보유환경에서는 집단행동문제가 극복할 수 없는 장애는 되고 있지 않는 것으로 보인다. 또 사채권자는 기관투자자가 거의 대부분이기 때문에 수탁회사의 전문성 이용에 대한 이점도 상대적으로 크지 않을 것이다. 이러한 사채발행의 환경에서 수탁회사를 통한 일원화된 사채관리의 편익을 부정할 수는 없지만, 그렇다고 반드시 필수 불가결한 제도라고 보기도 어려운 것이 아닐까.

---

30) 한국의 경우 상환기간별 회사채발행 상황을 보면 4년 미만인 단기채가 압도적으로 다수를 차지한다(금융감독원, 금융통계월보, 2008(http://fisis.fss.or.kr)).

31) R. I. Landdeau/J. E. Krueger, *Corporate Trust Administration and Management*, Columbia University Press, 1998, p.44.

Ⅴ. 사채권자집회

1. 법원의 허가생략

현행	개정안
제490조(결의사항) ① 사채권자집회는 본 법에 다른 규정이 있는 경우 외에는 법원의 허가를 얻어 사채권자의 이해에 중대한 관계가 있는 사항에 관하여 결의를 할 수 있다.	**제490조(결의사항)** ① 사채권자집회는 이 법에서 규정하고 있는 사항 및 사채권자의 이해관계가 있는 사항에 관하여 결의를 할 수 있다.

사채권자집회의 결의는 이에 반대하는 사채권자도 구속한다. 따라서 상법은 사채권자집회에서 다수결로 소수자의 이익을 침해할 수 있다는 점을 우려하여 법정의 결의사항 이외 사채권자의 이해관계가 있는 사항에 대하여 법원의 허가를 얻도록 한 것이다.

그러나 이는 법원의 허가절차를 밟아야 함으로써 부담이 증가하고, 그 지연으로 인하여 사채관리를 실기할 수 있다는 문제점이 있다. 이에 따라 개정안에서는 담보부사채신탁법에서 결의의 허가 및 인가에 관한 제한이 없다는 점, 다수자에 의한 소수자의 이익침해는 결의인가절차에 의하여 방지할 수 있다는 점을 고려하여 기존 허가요건을 삭제하였다.

2. 소집권자

현 행	개정안
제491조(소집권자) ① 사채권자집회는 사채를 발행한 회사 또는 사채모집의 위탁을 받은 회사가 소집한다. ② 사채총액의 10분의 1 이상에 해당하는 사채권자는 회의의 목적인 사항과 소집의 이유를 기재한 서면을 전항의 회사에 제출하여 사채권자집회의 소집을 청구할 수 있다.	**제491조(소집권자)** ① 사채권자집회는 사채를 발행한 회사 또는 사채관리회사가 소집한다. ② 사채의 종류별로 해당 종류의 사채총액(상환받은 액은 제외한다.)의 10분의 1 이상에 해당하는 사채를 가진 사채권자는 회의 목적인 사항과 소집이유를 적은 서면 또는 전자문서를 사채를 발행한 회사 또는 사채관리회사에 제출하여 사채권자집회의 소집을 청구할 수 있다.

개정안에 의하면 사채권자집회는 사채종류별로 구성하므로 당해 종류의 사채총액의 10분의 1 이상에 해당하는 사채권자가 소집청구를 할 수 있음을 명확하게 규정하였다. 또 주주총회와 마찬가지로(개정안§386①) 전자문서에 의한 소집청구를 인정하였다.

3. 의결권

현 행	개정안
제492조(의결권) ① 각 사채권자는 사채의 최저액마다 1개의 의결이 있다.	**제492조(사채관리회사의 자격)** ① 각 사채권자는 그가 가지는 해당 종류의 사채 금액의 합계액(상환받은 금액은 제외한다.)에 따라 의결권을 가진다.

사채권면액에 대한 제한을 폐지하는 경우에는 사채권자집회에서의 의결권을 산정하는 기준을 새로 규정하여야 한다. 이는 의결권 산정기준의 실질적인 변경은 아니고, 권면액의 제한폐지에 따른 규정이다.

4. 결의방법

현 행	개정안
제495조(결의의 방법) ①~② (생략) 〈신설〉	**제495조(사채관리회사의 자격)** ①~②(현행과 동일) ③ 사채권자집회에 출석하지 아니한 사채권자는 서면에 의하여 의결권을 행사할 수 있다. ④ 서면에 의한 의결권행사는 의결권행사 서면에 필요한 사항을 적어 사채권자집회 전일까지 의결권행사 서면을 소집자에게 제출하여야 한다. ⑤ 제4항에 따라 서면에 의하여 행사한 의결권의 수는 출석한 의결권자의 의결권 수에 포함한다. ⑥ 사채권자집회에 대해서는 제368조의 4를 준용한다.

상법상 주주총회에 대하여 서면에 의한 의결권행사가 가능하고(§368의 3), 개정안에서 전자적 방법에 의한 의결권행사를 할 수 있다(§368의 4). 사채권

자집회의 성립은 주주총회의 경우보다 더욱 어려우므로, 간소화된 의결권행사 방법의 필요성이 사채의 경우에 더욱 크다. 이에 따라 개정안에서는 서면에 의한 의결권행사와 전자적 방법에 의한 의결권행사를 인정하였다.

다만 현행 상법에서는 주주의 서면에 의한 의결권 행사방법은 정관의 규정을 두고 있는 경우에 이용할 수 있다. 이에 반하여 사채권자의 의결권행사방법은 이러한 제한 없이 이용할 수 있도록 함으로써 더욱 간편하도록 하고 있다.[32)]

5. 결의의 효력

현 행	개정안
제498조(결의의 효력) ① 사채권자집회의 결의는 법원의 인가를 얻음으로써 그 효력이 생긴다. ② 사채권자집회의 결의는 총사채권자에 대하여 그 효력이 있다.	**제498조(결의의 효력)** ① 사채권자집회의 결의는 법원의 인가를 받음으로써 그 효력이 생긴다. 다만 그 종류의 사채권자 전원이 동의한 결과는 법원의 인가가 필요하지 아니하다. ② 사채권자집회의 결의는 그 종류의 사채를 가진 모든 사채권자에게 그 효력이 있다.

사채권자집회결의의인가제도 또한 결의에 반대한 사채권자를 후견적으로 보호하기 위한 규정이다. 그러나 이는 인가절차를 밟는 데 시간과 비용이 소요되어 신속한 사채관리에 장애가 된다. 이에 따라 개정안에서는 사채권자 전원이 동의한 때에는 인가절차를 생략할 수 있도록 하였다.

32) 일본 신회사법에서는 주주의 서면에 의한 의결권행사에 관해서도 정관의 규정에 제한 없이 의결권행사를 할 수 있도록 규정하고 있다(§ 311).

6. 기한의 이익의 상실

현 행	개정안
제505조(기한의 이익의 상실) ① 회사가 사채의 이자의 지급을 해태한 때 또는 정기에 사채의 일부를 상환하여야 할 경우에 그 상환을 해태한 때에는 사채권자집회의 결의에 의하여 회사에 대하여 일정한 기간 내에 그 변제를 하여야 한다는 뜻과 기간 내에 변제를 하지 아니할 때에는 사채의 총액에 관하여 기한의 이익을 잃는다는 뜻을 통지할 수 있다. 그러나 그 기간은 2개월을 내리지 못한다. ② 전항의 통지는 서면으로 하여야 한다. ③ 회사가 제1항의 기간 내에 변제를 하지 아니하는 때에는 사채의 총액에 관하여 기한의 이익을 잃는다.	〈삭제〉
제506조(기한이익상실의 공고, 통지) 전항의 규정에 의하여 회사가 기한의 이익을 잃는 때에는 전조 제1항의 결의를 집행하는 자는 지체 없이 그 뜻을 공고하고 알고 있는 사채권자에 대해서는 각별로 이를 통지하여야 한다.	〈삭제〉

가. 유예기간에 관한 규정

사채에 관하여 기한의 이익상실의 조치를 취하기 위해서는 사채권자집회를 개최하여 동의를 얻어야 하고, 그 경우에도 발행회사의 이익을 고려하여 2개월 이상의 유예기간을 두어야 한다는 조항은 강행규정으로 해석될 여지가 있다. 이러한 해석은 계약에 의하여 사채관리회사에 기한의 이익을 상실시킬 수 있는 권한을 수여함으로써 적기의 사채관리에 심각한 장애가 된다. 사채권자집회의 결의에 의한 기한의 이익상실에 있어서 2개월의 유예기간은 기한의 이익상실의 조치로 인하여 회사가 파탄을 촉진하게 될 것을 우려하여 둔 것이다. 그러나 실무상은 일정한 사유가 발생한 경우 유예기간 없이 즉시 기한의 이익을 상실시킬 수 있도록 하고 있다('유가증권인수업무에 관한 규칙' 제12조(표준무보증사채 수탁계약서 3－1)).

나. 사채관리 위탁계약

이러한 규정이 없는 경우 사채관리 위탁계약에서 사채관리회사의 약정기한이익상실의 권한에 관하여 규정을 두지 않으면, 기한의 이익상실의 조치를 취할 수 없는 것인가. 이에 대하여 사채권자집회는 필요한 경우 사채권자의 이해에 중대한 영향을 미치는 사항에 대하여 결의할 수 있기 때문에 계약상 기한의 이익상실에 관한 조항이 없는 경우에도 사채권자보호에 문제될 것은 없다고 할 것이다.

7. 전자등록부에 채권등록

현 행	개정안
제474조(공모발행, 사채청약서) ① (생략) ② 사채청약서는 이사가 이를 작성하고, 다음의 사항을 기재하여야 한다. 〈신설〉	**제474조(공모발행, 사채청약서)** ① (현행과 동일) ② 사채청약서는 이사가 작성하고, 다음의 사항을 적어야 한다. 제1～15호 (생략) 제10호의 2. 채권을 발행하는 대신 전자등록기관의 전자등록부에 사채권자의 권리를 등록하는 때에는 그 뜻
제478조(채권의 발행) ①～② (생략)	**제478조(채권의 발행)** ①～② (현행과 동일) ③ 회사는 제1항의 채권을 발행하는 대신 정관에 정하는 바에 따라 전자등록기관의 전자등록부에 채권을 등록할 수 있다. 이 경우 제356조의 2 제2항부터 제4항까지의 규정을 준용한다.
제488조(사채원부) 회사는 사채원부를 작성하고 다음의 사항을 기재하여야 한다. 1. 사채권자의 성명과 주소 5. 채권의 발행연월일	**제488조(사채원부)** ① 회사는 사채원부를 작성하고 다음 각 호의 사항을 적어야 한다. 1. 사채권자(무기명식 채권이 발행되어 있는 사채의 사채권자는 제외한다.)의 성명과 주소 5. 채권의 발행연월일 또는 채권을 발행하는 대신 전자등록기관의 전자등록부에 사채권자의 권리를 등록하는 때에는 그 뜻 ② 제478조 제3항의 경우에는 전자등록기관의 전자등록부를 사채원부로 본다.
제515조(전환의 청구) ① 전환을 청구하는 자는 청구서 2통에 채권을 첨부하여 회사에 제출하여야 한다.	**제515조(전환의 청구)** ① 이하 생략…… 다만 제478조 제3항에 따라 채권을 발행하는 대신 전자등록기관의 전자등록부에 채권을 등록한 경우에는 그 채권을 증명할 수 있는 자료를 첨부하여 회사에 제출하여야 한다.

현 행	개정안
〈신설〉	**제516조의 7(신주인수권의 전자등록)** ① 회사는 신주인수권증권을 발행하는 대신 정관에서 정하는 바에 따라 전자등록기관의 전자등록부에 신주인수권을 등록할 수 있다. 이 경우 제356조의 2 제2항부터 제4항까지의 규정을 준용한다.
제516의 8조(신주인수권의 행사) ① (생략) ② 제1항의 규정에 의하여 청구서를 제출하는 경우에 신주인수권증권이 발행된 때에는 신주인수권증권을 첨부하고, 이를 발행하지 아니한 때에는 채권을 제시하여야 한다. 〈단서 신설〉	**제516의 8조(신주인수권의 행사)** ① ……다만, 제478조 제3항 또는 제516조의 2에 따라 채권이나 신주인수권증권을 발행하는 대신 전자등록기관의 전자등록부에 채권이나 신주인수권증권을 등록한 경우에는 그 채권이나 신주인수권증권을 증명할 수 있는 자료를 첨부하여 회사에 제출하여야 한다.

Ⅵ. 향후 사채제도의 개선방향

1. 사채관리회사

가. 사채관리회사의 강제

개정안에서는 사채관리회사를 강제하지 않았지만, 외국의 경우 공모사채에 대해서는 사채관리회사의 설치를 강제하고 있다.

① 영국의 경우 사채에 관하여 수탁자를 둘 것을 강제하거나 수탁자의 자격에 대한 규정을 두고 있지 않다. 그러나 실제로는 예외 없이 수탁자를 선임하고, 대개는 회사가 수탁자가 된다고 한다.[33)]

② 미국에서는 신탁증서(법)는 공모된 사채에 대하여 적용되는바(TIA§302), 증권법상 등록을 하여야 하는 무보증의 부채증권은 유가증권신고서 제출 시 신탁증서의 사본을 제출하여 인증(qualification)을 받아야 하므로(Trust Indenture Act of 1990 §§304～308) 수탁회사의 설치가 강제된다.

33) P. Davies, *Gower and Davies' Principles of Modern Company Law*, Sweet & Maxwell, London, 2003, p.809. 특히 담보부사채의 경우에는 담보권의 수탁을 위하여 수탁자가 선임되어야 하고, 상장규정에서는 수탁회사를 둘 것을 상장요건으로 하고 있기 때문에 그러한 한도에서 수탁회사의 설치가 간접적으로 강제된다.

③ 일본의 경우에도 원칙적으로 사채관리회사의 설치가 강제된다. 다만 각 사채금액이 1억 엔 이상의 경우(신회사법§702)와 어떠한 종류의 사채(§681 제1호) 총액을 해당 종류의 각 사채 금액의 최저액으로 나눈 수가 50 미만의 경우, 즉 사채권자의 수가 50인 이상이 될 가능성이 없는 경우에는 사채관리자를 둘 필요가 없다.

사채권자보호를 강화하기 위하여 사채관리회사의 설치를 강제하는 방안도 고려될 수 있지만, 이에 수반되는 비용이 문제된다. 사채관리회사는 분산된 다수의 사채권자가 존재하는 경우에 그 효용이 인정될 수 있는 제도라는 점을 감안할 때, 한국의 경우 이러한 시장상황이 아닌 현실에서 이를 강제할 필요는 없다고 본다.

나. 사채관리주체의 권한행사

현행법상 사채모집의 수탁회사는 사채의 상환을 받음에 필요한 재판상 또는 재판 외의 모든 행위를 할 권한이 있다. 그런데 사채모집 위탁계약은 발행회사와 사채모집의 수탁회사 간의 계약체결이기 때문에, 사채모집의 수탁회사는 사채권자에 대하여 계약관계에 있는 것은 아니다. 이때 사채권자의 지위를 어떻게 볼 것인가 하는 것이 문제되는바, 한국에서는 일종의 법정대리로 보고 있다.[34]

이와 같은 경우 재판상 행위에서 당사자 표시를 함에 있어서 당사자 전원의 성명 및 주소를 표시하도록 되어 있는 현행 민사소송법의 원칙과 관계에서 각 사채권자를 표시하여야 할 것인지 또는 재판 외의 행위에서도 각 사채권자를 본인으로 표시하여야 할 것인지의 문제가 있다. 현실로 다수의 사채권자를 모두 표시한다는 것은 번거롭고, 무기명사채의 경우 불가능한 점도 있으므로 이에 대한 배려가 필요하다고 할 것이다.

일본의 경우 사채관리회사 또는 사채권자와 사채관리회사의 이익충돌의

---

34) 이철송, 제16판 「회사법강의」, 박영사, 2009, 794면, 정찬형, 제12판 「상법강의(상)」, 박영사, 2009, 1016면.

경우에 선임되는 특별대리인이 사채권자를 위하여 재판상 또는 재판 외의 행위를 하는 경우 각별로 사채권자를 표시하지 않아도 된다고 명시하고 있다(§390의 5). 미국에서도 신탁증서(법)상 수탁회사의 청구에도 불구하고 발행회사가 지급을 하지 못하는 경우에 수탁회사는 자신의 명의로 제소 등의 사법절차를 취할 권한이 있다고 명시하고 발행회사에 관한 사법절차에서 채권의 신고나 기타 서류를 제출할 권한이 있다고 규정하고 있다(§317(a)).[35]

다. 사채관리회사의 권한행사와 사채권자의 권리행사

사채권(관리)자가 총사채권자를 위하여 원리금 지급청구의 소나 기타 사채관리행위를 하였을 경우, 각 사채권자가 별개로 소를 제기하거나 권리를 행사할 수 있을 것인가에 대해서는 견해가 갈린다. 일본에서는 ㉠ 사채관리자가 총사채권자를 위하여 원리금 지급청구의 소를 제기한 때에는 각 사채권자가 별개로 소를 제기할 수 없다고 보는 견해가 있고, ㉡ 사채관리자가 제기한 소송 중에 각 사채권자에게 독립한 소송행위를 인정하는 견해도 있다.[36]

2. 사채권자집회

가. 결의요건

1) 현행법

현행법상 사채권자집회의 결의에 관해서는 주주총회의 특별결의에 관한 제343조를 준용한다(§495). 따라서 출석한 사채권자의 의결권의 3분의 2 이상의 수와 발행사채의 의결권의 3분의 1 이상의 수로써 하여야 한다.

다만 수탁회사의 사임(§481), 수탁회사의 해임(§482), 수탁회사의 사무승

35) 이 밖에도 수탁회사의 권한행사의 방법 등과 관련하여 많은 문제점이 있지만, 한국의 경우에도 수탁회사의 명의로 재판상 또는 재판 외의 행위를 할 수 있다는 조항을 신설할 필요가 있을 것이다.

36) 松下淳一, "社債管理會社の地位・權限と民事手續法との關係について", 「法學會雜誌」, 法學院大學, 53面.

계자(§483) 및 사채발행회사의 대표자의 출석청구(§494)의 경우에는 출석한 사채권자의 의결권의 과반수로 결정할 수 있다(§495). 한국에서는 다수의 분산된 사채권자가 존재하는 경우가 드물기 때문에 크게 문제될 것은 없겠지만, 한편 거의 대부분이 무기명사채가 발행되는 현실을 감안할 때 결의요건을 완화할 필요가 없는지 검토해야 할 것이다.

2) 개정안

상법개정안에서는 주주총회의 특별결의는 의결권을 행사할 수 있는 주주의 의결권의 과반수에 해당하는 주주의 출석과 출석한 주주의 의결권의 3분의 2 이상의 다수로써 하여야 한다고 규정한다(§434). 사채권자집회의 결의는 제434조를 준용하므로 개정안이 통과되는 경우에는 사채권자집회의 결의도 과반수 출석의 정족수 요건이 추가된다. 향후 상법개정작업에서 이러한 결의요건의 완화에 대한 논의가 필요할 것이다.

3) 외국의 경우

외국의 경우를 본다면, ① 일본에서는 사채권자집회는 출석한 의결권자의 의결권 총액의 과반수의 찬성에 의하여 성립하는 것이 원칙이다(보통결의 §724①). 그러나 일정한 중요 사항에 관한 특별결의는 의결권자의 의결권 총액의 5분의 1 이상이고, 출석한 의결권자의 의결권 총액의 3분의 2 이상을 가진 자의 동의가 있어야 한다(특별결의).[37] 일본에서는 과거 사채권자집회의 특별결의 정족수를 총사채권자의 의결권의 3분의 1 이상으로 하고 있었으나, 실무상 그 확보의 어려움으로 2005년 신회사법에서 특별결의에 관한 정족수를 폐지하였다.

② 독일의 사채법에서 보통결의는 출석한 사채권자의 단순다수결로써 결

37) 특별결의사항은 ㉠ 사채의 전부에 관한 지급의 유예, 책임의 면제 등 또는 갱생절차에서 의결권행사 등의 결정(§ 724② 제1호), ㉡ ㉠의 행위를 사채관리자·수탁회사가 사채권자를 위하여 행하는 것을 승인(§ 724② 제2호, § 706①), ㉢ 대표사채권자, 결의집행자의 선임 및 해임, ㉣ 담보부사채에 관한 담보의 변경(§ 32) 등이다.

의한다(사채법§10). 또 사채권자의 권리의 포기나 제한에 관한 결의, 특히 이자율의 인하 또는 지급유예에 관한 결의는 지급정지나 파산절차의 개시를 방지하기 위해서만 허용되는데(§11), 이와 같은 결의는 출석 사채권자의 의결권의 4분의 3과 액면총액의 2분의 1 이상의 동의로써 가결된다.

나. 사채권자집회 결의의 인가제도

사채권자집회 결의의 인가제도는 선진외국(미국, 영국 및 독일 등)에는 없다. 이는 사채관리를 위한 신속한 조치가 필요한 경우 실기의 문제가 있고, 또 담보부사채의 경우에는 결의의 인가제도가 없으므로 무담보사채에 관하여 결의의 효력을 구분하여 달리 취급할 논리적 근거도 없다. 뿐만 아니라 주주의 경우에는 이러한 후견적 보호를 전제로 하여 규율하고 있지 않다는 점 등을 고려할 때, 인가제도를 폐지하는 것도 고려해 볼 일이다.[38] 이때 다수결 남용으로부터 소수자의 보호는 사후적으로 사채권자 집회결의 취소의 소를 제기할 수 있도록 하는 방안을 생각할 수 있을 것이다.

한편 미국의 경우 신탁증서(법)상 규정된 지급기일 및 그 이후에 원금 및 이자의 지급을 받거나 그 지급을 구하는 소를 제기할 절대적 권리가 있고, 이러한 권리는 사채권자 개인의 동의가 없으면 침해할 수 없다(TIA316(b)). 독일에서는 사채의 액면가에 기한 청구권을 포기시키는 결의는 할 수 없다(사채법§12③). 이러한 규정에 의하여 사채권자집회에서 다수결 남용에 최소한의 보장이 인정되고 있다는 점에서 한국의 경우와 차이가 있다.

3. 국제적 사채발행과 회사법 적용

한국회사가 외국에서 사채를 발행하는 경우에 그 준거법을 외국(영국이나 미국)법으로 하는 경우 발행회사에 한국의 회사법이 적용된다고 하면, 법률

38) 藤田友敬, "社債權者集會と多數決による社債の内容の變更", 「現代企業立法の軌跡と展望」, 1995, 240~241面.

상의 충돌이 생긴다. 종래 일본에서는 일본회사가 외국에서 사채를 발행하는 경우와 외국회사가 일본에서 사채를 발행하는 경우에 일본 회사법의 사채에 관한 규정의 적용이 있는가에 대하여 견해의 대립이 있었다. 이는 그 기준설정에 대한 문제이다.

4. 기타의 문제

가. 주식회사 이외 회사에서 사채발행

현행법에서는 합명회사, 합자회사에 사채발행에 관한 규정이 없기 때문에 이러한 회사가 사채를 발행할 수 있는지가 명확하지 않다. 유한회사의 경우에는 비공개성을 이유로 사채발행을 허용하고 있지 않는바, 이러한 점이 유한회사의 형태를 선택하지 않는 이유가 되기도 한다. 기본으로 돌아가 사채가 회사에 대한 채권이라는 점을 고려한다면, 주식회사 이외의 회사에서도 사채를 발행하지 못하도록 하는 것은 논리적 정당성이 부족한 것으로 보인다.

일본에서는 종래 위와 같은 회사의 경우에도 사채발행이 가능하다고 해석되어 왔지만, 명시적인 규정은 없었다. 그러나 2005년 회사법에서는 사채에 대하여 별도의 편을 두어 규율함으로써 사채 관련 규정이 모든 종류의 회사에 공통적으로 적용될 수 있게 되었다. 그 결과 현재는 회사의 종류를 불문하고 사채를 발행할 수 있다는 것이 명백한 사실이다.

나. 자본시장법과 회사법상 사채의 개념문제

사채의 개념과 관련하여, 자본시장법에서는 '증권'을 (1) 채무증권, (2) 자본증권, (3) 수익증권, (4) 투자계약증권, (5) 파생결합증권, (6) 증권예탁증권 등으로 구분하고 있으며(§4①), 이 중 사채권은 채무증권에 속한다고 규정하고 있다(§4②).

상법상 사채의 개념에는 파생결합사채가 포함되는데, 자본시장법에서는 채무증권과 구분하여 파생결합증권으로 규정하고 있기 때문에 상법상의 사채와 자본시장법상의 사채의 개념이 어떤 관계인지 명확하지 않다. 구 증권거래법상 사채와 파생결합증권은 다 같이 상법상의 사채에 속하지만, 투자자보호를 목적으로 하는 구 증권거래법상 파생결합증권의 고유한 위험요소적인 성질을 고려하여 구분되는 것으로 규정한 것이라고 이해할 것이다.[39]

39) 정순섭, “금융상품 관련법제의 최근 변화”, 「BFL」, 제14호, 2005, 49면.

10장

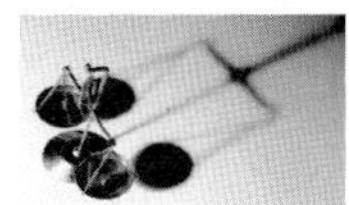

상법상 회사의 會計제도의 현상과 발전방향

Ⅰ. 서 론

2005년 7월부터 시작된 법무부의 회사법개정 특별분과위원회에 의하여 마련된 상법개정 중 '회사 편'에 대한 개정(안)은 2006년 7월 공청회를 거쳐 국회에 제출되었다. 법무부가 마련한 회사법 개정(안)은 많은 새로운 제도를 도입하고, 기존 회사법상의 문제점을 보완하는 방대한 내용으로 구성되었다. 이하 회사의 회계제도에 관한 개정(안)의 내용을 살펴보고자 한다.

회계란 약속된 언어와 기준을 이용해 기업의 경제적 활동과 현실 및 미래에 대한 가치평가를 위한 유용한 정보를 제공한다. 즉 회계제도란 누가 어떠한 기준으로 어떠한 서류를 통해 누구를 위하여 정보를 제공해야 할지를 정하는 것이라고 할 수 있다. 여기서 누구는 기업(법인)에 해당하는 것이고, 이를 개인기업과 회사 등으로 구분할 수 있으며, 회사는 그 종류와 규모 및 상장여부에 따라 구분이 가능하다.

또한 회계기준은 (기업 관련) 정보를 정확하고 이해하기 쉽게 알릴 수 있도록 하여야 할 것인바, 회계 관련 서류는 회계정보의 내용범위를 결정하며 그 작성절차 및 방식과 공시에 관한 내용이 포함될 것이다. 회계의 목적은 누구를 위하여 기업의 재무현황을 정확하고 명확히 나타내어야 하는가와 밀접한 관계가 있다. 상장기업의 경우 투자자의 보호가 주된 목적이 될 것이다. 이에 비하여 비상장 소규모 회사의 경우에는 투자자의 보호목적보다는 소수주주에게 회사의 현황을 알림으로써 경영통제의 역할을 담당할 수 있도록 하고, 뿐만 아니라 당해 회사가 자금조달이 필요한 경우에는 대출자(회사채권자)에게 의사결정에 필요한 회사의 재무현황을 알려주는 역할을 담당할 것이다.

위와 같은 점을 고려하면서 개정안 중 회사의 회계에 부분이 투자자와 회사채권자 등의 이해관계를 적절하게 조화시키고 있는지를 살펴보고, 보완할 부분이 있다면 이에 대한 개선책을 논의할 필요가 있다. 현행 상법상 회계제도는 실무상 이용되는 회계제도와 차이가 있어서 기업회계를 선도 내지 적절히 규율하는 것이 아니라 기업회계에 혼란을 초래하는 것으로 비판을 받아 왔다. 이에 개정안이 그러한 문제를 적절히 해소하고 있는지, 또 새로운 회계제도가 기업에 과도한 부담을 주지 않고 국제적 기준에 맞는 회계제도를 만들기 위한 올바른 기초를 제공하고 있는지 등을 살펴볼 필요가 있다. 이하 2008년 10월 국회에 제출된 '상법 일부개정안'을 기준으로 하여, 그 시행령의 내용에 관한 것을 살펴보기로 한다.

Ⅱ. 현행 회사의 회계제도 및 개정안

1. 회계제도와 회계원칙

가. 현행 상법

현행 '상법'에서는 모든 기업의 회계원칙으로 제29조 제2항에서 상업장부의 작성에 관한 원칙을 정하고 있다. 즉 상법에서 규정한 것을 제외하고는 일반적으로 공정·타당한 회계관행에 의하여 상업장부를 작성하여야 한다. 이에 따라 상법이 정하고 있는 것은 회계장부의 작성기준으로 자산평가의 원칙이다(§31). 이것은 모든 유형자산을 금액으로 인식하여 상업장부에 기재하여야 하기 때문에 상법은 자산을 유동자산과 고정자산으로 구분하여 그 평가원칙을 정하고 있다.[1)]

그러나 대차대조표에 관하여 상법은 이를 회계장부에 의하여 작성하고 그 작성자가 기명날인 또는 서명하여야 한다고 규정하고 있을 뿐이다(§30②). 따라서 대차대조표의 기재사항이나 방식에 대해서는 정하고 있지 않기 때문

1) 상법 제31조(자산평가의 원칙) 회계장부에 기재될 자산은 다음의 방법에 의하여 평가하여야 한다.
   1. 유동자산은 취득가액·제작가액 또는 시가에 의한다. 그러나 시가가 취득가액 또는 제작가액보다 현저하게 낮은 때에는 시가에 의한다(이른바 저가주의).
   2. 고정자산은 취득가액 또는 제작가액으로부터 상당한 감가액을 공제한 가액에 의하되, 예측하지 못한 감손이 생긴 때에도 상당한 감액을 하여야 한다.

에 일반적으로 공정·타당한 회계관행에 의하여 작성하여야 할 것이다. 상법은 회사의 종류를 합명회사·합자회사·주식회사·유한회사로 규정하면서 합명회사와 합자회사의 경우에는 회계에 관한 특별한 규정을 하고 있지 않으며,[2) 주식회사와 유한회사의 경우에는 회사의 계산과 관련하여 회계에 관한 규정을 두고 있다. 즉 주식회사와 유한회사의 경우에는 자산평가에 관한 특칙을 정하고 있다.

나. 주식회사의 외부감사에 관한 법률

현재 '주식회사의 외부감사에 관한 법률'은 주식회사 중에서 일정 규모 이상의 회사가 독립된 외부 감사인으로부터 회계감사를 받도록 한다. 이러한 법률의 적용대상이 되는 주식회사는, ㉠ 직전 사업연도 말의 자산총액이 100억 원 이상인 주식회사(그 주식회사가 분할하거나 다른 회사와 합병하여 새로운 회사를 설립한 경우에는 설립 시의 자산총액이 100억 원 이상인 주식회사<2001년 1월 개정>) 또는 ㉡ '자본시장과 금융투자업에 관한 법률'(이하 '자본시장법'이라 한다.)에 따른 주권상장법인과 해당 사업연도 또는 다음 사업연도 중에 주권상장법인이 되고자 하는 주식회사이다.[3)

주식회사의 외부감사에 관한 법률은 회계처리기준을 금융위원회가 증권선물위원회의 심의를 거쳐 정하도록 하고(§13①), 금융위원회가 이 업무를 전문성을 갖춘 민간법인이나 단체에 위탁할 수 있도록 한다(동 조④). 주식회

2) 따라서 합명회사와 합자회사는 매 결산기에 회계장부에 의하여 대차대조표를 작성하는 등 상법총칙에서 정하고 있는 상업장부에 관한 규정에 따라야 한다.

3) 다음에 해당하는 회사는 그 적용대상에서 제외된다.
(1) '공공기관의 운영에 관한 법률'에 따라 공기업 또는 준정부기관으로 지정받은 주식회사 중 주권상장법인이 아닌 회사
(2) 지방자치단체가 자본금의 2분의 1 이상을 출자한 주식회사
(3) '자본시장과 금융투자업에 관한 법률'에 따른 투자회사
(4) '기업구조조정 투자회사법'에 의한 기업구조조정투자회사
(5) '은행법'에 의한 금융기관으로부터 당좌거래의 정지처분 중에 있는 주식회사. 다만 '채무자회생 및 파산에 관한 법률'에 따라 회생절차의 개시가 결정된 주식회사를 제외한다.
(6) 청산 중에 있거나 1년 이상 휴업 중인 주식회사
(7) '상법'에 의하여 합병절차가 진행 중인 회사로서 당해 사업연도 내에 소멸될 주식회사
(8) 위 (2) 내지 (7)호에 준하는 사유로 증권선물위원회가 외부감사를 실시할 필요가 없다고 인정하여 지정하는 주식회사

사의 외부감사에 관한 법률이 적용되는 회사는 위 회계처리기준에 따라 재무제표 또는 연결재무제표를 작성하여야 한다(동 조③). 현재 주식회사의 외부감사에 관한 법률에 따라 회계처리기준은 한국회계기준원에서 정한다.

다. 상법 개정안

1) 개정경위

이와 같은 회계기준에 관한 제도는 회사법의 규정과 기업회계기준과 충돌을 야기하여 상법과 기업회계기준과 조화의 필요성이 계속적으로 대두되었다. 이러한 충돌의 해결을 위하여 상법개정 특별위원회의 개정안에서는 다음과 같이, '상법에는 회계에 관한 원칙만 규정하고 구체적인 회계기준은 시행령으로 정하는 안'을 채택하였으며,[4] 동 시행령에서는 기업회계기준과 같이 자세한 회계기준을 정하는 것은 아닌 것으로 논의되었다.[5]

2) 개정안의 내용

가) 개정안

[유한책임회사]

제287조의 32(회계의 원칙) 유한책임회사의 회계는 이 법과 대통령령으로 규정한 것 외에는 일반적으로 공정하고 타당한 회계관행에 따른다.

[주식회사]

제446조의 2(회계의 원칙) 회사의 회계는 이 법과 대통령령으로 규정한 것을 제외하고는 일반적으로 공정하고 타당한 회계관행에 따른다.

상법 개정안은 유한책임회사를 도입하면서, 그에 관한 회계 관련 규정도 마련하고 있다. 동 안은 주식회사와 유한책임회사에 관하여 회사의 계산이

4) 당시에 채택되지는 않았지만, 다음과 같은 방안도 제시되었다. 즉 상법의 회계기준에 관한 규정을 유지하고 기업회계기준을 최대한 반영하는 방안과 상법에 '일반적으로 공정 · 타당한 회계관행'에 의할 것이라는 대원칙만 규정하고 계산규정을 두지 않는 방안 등이 그것이다.

5) 법무부, "상법개정 특별위원회 회의록[회사편]", 2006, 268~269면.

라는 용어 대신에 회사의 '회계'란 용어를 사용하면서 회계의 원칙을 정하고 있다. 다만 개정안에 따르면 유한회사의 경우는 회계원칙을 선언하는 조항이나 제538조에 제446조의 2를 준용하는 규정을 두지 않았다. 또 제583조에서도 '계산'이란 용어를 '회계'로 변경하지 않은 미비점이 있다.

또한 개정안은 주식회사와 유한회사의 자산의 평가방법 등 구체적인 회계규정을 대폭 삭제하고, 원칙규정으로 대체하고 있다. 이에 따르면 '공정·타당한 회계관행에 따른다.'는 원칙규정이 구체적인 회계기준에 대하여 기업회계기준에 의하도록 하는 근거를 마련한 것으로 설명한다.[6] 그 결과 상법 개정안에 따르면, 상법에는 재무제표의 종류, 자본금, 준비금, 이익배당자원 등 기본적인 사항만을 정하게 된다. 또 유한책임회사의 경우는 동일한 이유로 회계기준의 기본사항으로 재무제표의 종류, 자본금, 잉여금에 대해서만 규정하게 된다.

나) 시행령

위 개정안에 따라 시행령에서 제정해야 할 회계기준은 무엇을 어느 정도 자세히 규정해야 하는지 논의가 있어야 할 것인바, 현재 시행령에서는 아무런 내용도 정하지 않기로 하였다. 그 이유는 유한책임회사와 주식회사의 회계는 상법과 일반적으로 공정하고 타당한 회계관행에 따르게 되는데, 개정안 제287조의 32와 제446조의 2에서 '대통령령으로 규정한 것'이 있는 경우에는 이를 따르도록 하여 '일반적으로 공정하고 타당한 회계관행'이 아닌 특별한 경우를 정할 수 있는 것으로 하고 있으나, 현재 이러한 필요성이 없어서 대통령령으로 정하지 않기로 한 것이다.

이러한 시행령안은 회계기준에 관하여 법령에는 원칙만 규정하고 대부분의 것은 한국회계기준원의 기업회계기준에 위임하는 입장이다. 이와 달리 일본이나 영국의 경우에는 회계기준을 법령에 자세히 규정하고 있다. ⓐ 일본 신회사법에서는 "주식회사의 회계는 일반적으로 공정·타당하다고 인정되는 기업회계의 관행에 따른다."고 규정하고(§431), 계산서류의 종류와 내

6) 법무부, "상법(회사편) 개정안 설명자료", 2007, 196면.

용, 자산평가, 계산서류·사업보고·부속명세서의 방식은 법무성령에 위임하고 있다. ⓑ 영국의 경우 회계원칙으로써 회사의 회계는 '진실하고 공정한 표시(true and fair view)'의 기준에 따르도록 하면서 자세한 회계기준은 회사법에서 규정하지 않고 주무장관의 시행규칙(regulation)으로 정하도록 한다. 현행 시행규칙은 소규모 회사 및 소규모 기업집단에 대한 시행규칙과 대규모 및 중규모 회사와 기업집단에 대한 시행규칙이 있다.[7)]

2. 재무제표

가. 개관

1) 의의

재무제표란 기업의 생활관계에서 가장 핵심이 되는 재무보고의 수단으로서 기업실체의 경제적 자원(자산)과 의무(부채), 그리고 자본과 이들의 변동에 관한 정보를 제공하는 자료이다.[8)] 이에 따라 재무제표의 목적은 광범위한 정보이용자의 경제적 의사결정에 유용한 정보를 제공, 즉 기업의 재무상태, 성과 및 재무상태의 변동에 관한 정보를 제공하는 것이다.[9)]

2) 현행 상법

상인은 영업상의 재산 및 손익의 상황을 명백히 하기 위하여, 상업장부로서 회계장부와 대차대조표를 작성하여야 한다(§29). 주식회사와 유한회사

7) The Small Companies, Large and Midium-sized Companies and Groups(Accounts and Directors' Report) Regulation 2008, SI 2008, p.410. 영국의 회계제도에 대한 더 자세한 내용은, 심영, "영국회사법상 회계제도에 관한 연구", 「상사법연구」, 제27권, 제4호, 2009 참조.

8) 한국회계기준원(KASB), "재무회계의 개념체계", 2003, 문단 7.

9) 한국회계기준원, "한국채택국제회계기준 재무제표의 작성과 표시를 위한 개념체계", 2003, 문단 12. 여기서 한국채택국제회계기준(K-IFRS)이라 함은 국내 기업이 준수하여야 하는 회계처리기준으로서 국내의 법체계상 효력을 갖추기 위해 법적 권위 있는 기관이 공식적인 정규절차를 거쳐 한국에서 적용되는 회계기준으로 채택된 국제회계기준(Korean International Financial Reporting Standards: K-IFRS)을 말한다.

는 재무제표와 그 부속명세서를 작성하여야 한다(§447, §579). 또 현행 상법은 주식회사와 유한회사가 작성하여야 하는 재무제표로, ① 대차대조표, ② 손익계산서, ③ 이익잉여금처분계산서 및 결손금처리계산서를 정하고 있다. 상법개정 특별위원회에서는 '상법은 대규모 회사뿐만 아니라 중소규모의 회사까지 규율하는 법이기 때문에 상법에는 가장 일반적인 회계서류인 대차대조표와 손익계산서만 명시하고 그 외의 것은 시행령에 위임'하는 안을 채택했다.10)

3) 개정안

[유한책임회사]

제287조의 33(재무제표의 작성 및 보존) 업무집행자는 결산기마다 대차대조표, 손익계산서, 그 밖에 유한책임회사의 재무상태와 경영성과를 표시하는 것으로서 대통령령으로 정하는 서류를 작성하여야 한다.

[주식회사]

제447조(재무제표의 작성) ① 이사는 결산기마다 다음 각 호의 서류와 그 부속명세서를 작성하여 이사회의 승인을 얻어야 한다.
1. 대차대조표11)
2. 손익계산서12)
3. 그 밖에 회사의 재무상태와 경영성과를 표시하는 것으로서 대통령령으로 정하는 서류
② 대통령령으로 정하는 회사의 이사는 연결재무제표를 작성하여 이사회의 승인을 받아야 한다.

[유한회사]

제579조(재무제표의 작성) ① 이사는 매 결산기에 다음의 서류와 그 부속명세서를 작성하여야 한다.
1. 대차대조표
2. 손익계산서
3. 그 밖에 회사의 재무상태와 경영성과를 표시하는 것으로서 제447조 제1항 제3호에 따른 서류

상법 개정안은 주식회사 · 유한책임회사 · 유한회사 모두 재무제표로서 대

10) 당시에는 대차대조표와 손익계산서 외에 현금흐름표 · 자본변동표 · 주석 등을 상법상 재무제표로 규정하는 방안도 제시되었다(법무부, "상법개정 특별위원회 회의록[회사편]", 2006, 276~279면).

11) 2009년 2월에 개정된 '주식회사의 외부감사에 관한 법률'에서는 대차대조표를 '재무상태표'로 용어를 변경하였다. 이에 따라 상법상 용어와 차이가 발생하여 부칙 제8조에 재무상태표 또는 포괄손익계산서를 상법에 따른 대차대조표 또는 손익계산서로 간주하는 규정을 두었다. 한국채택 국제회계기준(K-IFRS)에서는 대차대조표를 재무상태표로 표시한다.

12) 2009년 2월에 개정된 '주식회사의 외부감사에 관한 법률'에서는 손익계산서 또는 포괄손익계산서를 재무제표의 일부로 보고 있다. 여기서 포괄손익계산서(statement of comprehensive income)란 당기손익과 당기손익으로 인식하지 않는 수익과 비용인 기타 포괄손익의 구성요소를 표시하는 보고서이다.

차대조표와 손익계산서를 작성하도록 하면서 시행령에서 기타 서류를 정할 수 있도록 하고 있다. 개정안 제447조 제2항에서는 대통령령으로 정하는 주식회사의 경우는 연결재무제표를 작성하도록 하고 있으며, 이사는 이들 서류(연결재무제표를 포함)를 정기주주총회에 제출하여 그 승인을 요구하여야 한다.[13] 또 개정안에 따라 제정하여야 할 시행령의 내용은 ㉠ 유한책임회사, 주식회사 및 유한회사의 재무제표에 포함시킬 서류의 종류, ㉡ 연결재무제표를 작성할 주식회사의 범위에 관한 것이다.

나. 재무제표의 범위

1) 자본변동표

재무제표에 포함될 수 있는 서류는 개정안에서 정하고 있는 대차대조표 및 손익계산서 이외 '자본변동표'와 '현금흐름표'가 있다. 동 시행령에서는 유한책임회사, 주식회사 및 유한회사의 재무제표에 자본변동표만을 포함하게 되었다.

자본변동표는 기업실체에 대한 자본의 크기와 그 변동에 관한 정보, 즉 자본을 구성하고 있는 자본금, 자본잉여금, 자본조정, 기타포괄손익누계액, 이익잉여금(또는 결손금) 등의 변동에 대한 정보를 제공한다. 이러한 자본변동표는 현행 상법에서 요구하고 있는 이익잉여금처분계산서 또는 결손금처리계산서를 대체하는 재무제표이므로 유한책임회사, 주식회사 및 유한회사가 모두 작성할 필요가 있다.

2) 현금흐름표

가) 의의

현금흐름표(cash flow)는 기업자금의 원천과 운용을 명확히 보고하기 위해 1회계기간의 현금자금의 변동상황을 표시해 주는 하나의 보고서이다. 현금

13) 상법 개정안 제449조 및 동 개정안 제449조의 2에서는 재무제표의 승인에 대한 특칙을 두고 있다.

흐름표는 영업활동을 통한 현금창출에 관한 정보, 투자활동에 관한 정보 및 자본조달을 위한 재무활동에 대한 정보를 제공한다. 이러한 현금흐름의 정보는 기업실체의 현금지급능력, 재무적 탄력성, 수익성 및 위험 등을 평가하는 데 유용하며, 여러 기업실체의 미래의 현금흐름의 현재가치를 비교하고 기업가치를 평가하는 데 필요한 기초자료를 제공한다.[14]

나) 작성요구에 관한 문제

현금흐름표는 기업의 재무정보를 제공하는 중요한 역할을 담당하고 있으나, 소규모의 기업을 포함한 모든 기업에 이를 작성할 것을 요구할 필요는 없다고 본다. 상법은 대규모 상장회사와 중소기업에 모두 적용되는 법이므로 회사에 요구하는 재무제표에 대하여 상법은 공시의 필요성을 감안하여 최소화할 필요가 있다. 즉 기업에 대한 부담을 가중하지 않기 위하여 현금흐름표를 모든 회사(기업)에 작성할 것을 요구하는 것보다는 특별법 및 시장의 요구에 따라 작성하도록 요구하는 것이 바람직할 것이다.

또한 어느 종류의 회사든 당연히 현금흐름표를 작성하게 된다. 이에 따라 상법 시행령이 재무제표의 하나로 현금흐름표를 규정하면 실제 비상장회사로서 다른 상장회사의 종속회사에 해당하지 아니하는 회사에서도 현금흐름표의 작성을 요구하는 것이 된다. 상법에서 최소한의 재무제표 작성을 요구한다고 해도 개별 회사는 주주의 요구(예컨대 정관의 규정으로)나 채권자 또는 시장에서 요구하는 경우에는 중소기업의 경우에도 현금흐름표를 작성하게 될 것이다. 즉 개별적인 필요에 따라 현금흐름표를 작성하도록 하여 보다 유연한 회사법제를 가질 수 있을 것이다.

3) 주석

가) 의의

'주석'은 재무제표를 구성하는 항목의 하나로서, 재무제표의 전반적 이해

14) 한국회계기준원, "재무회계개념체계", 2003, 문단 81.

를 증진시킨다. 주석은 각 재무제표에서 인식되어 본문에 표시되는 항목에 관한 설명이나 금액의 세부내역과 우발적 상황 또는 약정사항과 같이 재무제표에 인식되지 않는 항목에 대한 추가적인 정보로 구성된다. 중요한 회계방침이나 자원(자산) 및 의무(부채)에 대한 대체적인 측정치에 대한 설명 등과 같은 주석은 재무제표가 제공하는 정보를 이해하는 데 필수적인 요소로서 회계기준에 따라 작성된 재무제표의 중요한 부분으로 인식된다. 이와 같은 주석을 재무제표의 독립된 서류로 명시할 필요가 있는지에 대한 논의가 있어야 할 것이다.[15]

나) 기능

이처럼 주석이란 재무제표를 통하여 정보를 파악할 때 중요한 역할을 담당한다. 즉 재무제표는 필요에 따라 주석과 부속명세서 그 밖의 정보도 포함하여야 하며, 이러한 주석 등은 재무제표의 일정한 항목에 대하여 이용자의 정보수요의 목적에 적합한 추가정보를 포함할 수 있기 때문이다. 또 이러한 정보는 기업에 영향을 미치는 위험과 불확실성 및 대차대조표에 인식되지 않은 자원과 의무에 대한 공시를 포함할 수 있고, 지역 또는 산업에 따른 부문별 정보와 기업에 영향을 미치는 물가변동의 정보도 추가하여 제공될 수 있기 때문이다.[16]

다) 주석의 독립성에 관한 문제

주석은 재무제표를 구성하는 항목의 하나이며, 재무제표의 전반적인 이해를 위하여 필요한 것이므로 주석이 필요한 경우에는 주석을 작성할 것을 요구하는 것은 당연하다.[17] 그렇다고 독립된 서류는 아니다. 만약 주석을 독립

---

15) 한국회계기준원, "재무회계개념체계", 2003, 문단 7. 2009년 2월에 개정된 '주식회사의 외부감사에 관한 법률' 시행령에서는 '주석'을 재무제표에 포함되는 하나의 서류로 규정하고 있다.

16) 한국회계기준원, "한국채택 국제회계기준 재무제표의 작성과 표시를 위한 개념체계", 2003, 문단 21.

17) 한국회계기준원의 기업회계기준서 제21호의 재무제표의 작성과 별표1에서는 주석을 다음과 같이 설명한다.
 1. 주석은 다음의 사항을 포함한다.
  (1) 재무제표 작성기준 및 중요한 거래와 회계사건의 회계처리에 적용한 회계정책
  (2) 기업회계기준에서 주석공시를 요구하는 사항
  (3) 대차대조표, 손익계산서, 이익잉여금처분계산서(또는 결손금처리계산서), 현금흐름표 및 자본변동표

된 서류로 본다면, 주석사항을 포함할 필요가 없는 소규모 회사의 재무제표에도 이를 요구하는 것이 된다. 따라서 주석을 재무제표로서 독립된 하나의 서류로 정할 수는 없다. 더욱 바람직한 방식은 차라리 상법에 재무제표에 해당하는 각 서류를 작성하는 경우 주석을 포함할 것을 요구하는 것이 더 낫지 않을까.

라) 외국의 경우

일본의 경우 지분회사가 작성할 계산서류로서 대차대조표 이외에는 법무성령에 위임하고 있다(§617②). 법무성령인 회사계산규칙은 합동회사의 경우 손익계산서, 사원자본등변동계산서 및 개별주석을 정하고 있다(동 계산규칙§103②). 또 일본 회사법은 주식회사가 작성할 계산서류로서 대차대조표와 손익계산서 이외에는 법무성령에 위임한다(§435②). 법무성령인 회사계산규칙은 주주자본등변동계산서 및 개별주석을 정하고 있다(동 계산규칙§91②). 한편 영국에서는 이사가 작성할 재무제표로 대차대조표와 손익계산서를 요구하고 있다.[18)]

다. 연결재무제표

1) 의의

'연결재무제표'라 함은 지배·종속관계에 있는 회사들 전체를 하나의 기업실체로 보아서 작성하는 재무제표이다. 즉 정보이용자들에게 그 정보의

의 본문에 표시되지 않는 사항으로서 재무제표를 이해하는 데 필요한 추가정보
2. 주석은 체계적인 방법으로 표시한다. 대차대조표, 손익계산서, 이익잉여금처분계산서(또는 결손금처리계산서), 현금흐름표 및 자본변동표의 본문에 표시된 개별 항목에 관련된 주석내용과 상호 연결하는 기호 등을 표시한다.
3. 주석은 일반적으로 재무제표의 이용자가 재무제표를 이해하고, 다른 기업의 재무제표와 비교하는 데 도움이 될 수 있도록 다음의 순서로 작성한다.
   (1) 기업회계기준에 준거하여 재무제표를 작성하였다는 사실의 명기
   (2) 재무제표작성에 적용된 중요한 회계정책의 요약
   (3) 재무제표의 본문에 표시된 항목에 대한 보충정보(재무제표의 배열 및 각 재무제표 본문에 표시된 순서에 따라 공시한다).
   (4) 기타 우발상황, 약정사항 등의 계량정보와 비계량정보

18) Companies Act 2006, s.396(1).

유용성을 부여하기 위해 지배·종속관계에 있는 회사들의 경우 지배회사와 종속회사는 단일의 법적인 실체는 아니지만, 단일한 경제적 실체를 형성하여 하나의 회계단위로서 연결재무제표의 작성대상이 되는 것으로 하고 있다.[19]

2) 대상회사

연결재무제표를 작성해야 할 주식회사의 범위와 관련하여, 시행령에서는 "'주식회사의 외부감사에 관한 법률' 제2조의 대상이 되는 회사로서 같은 법에서 정하는 바에 따라 다른 회사를 지배하는 회사", 즉 주식회사의 외부감사에 관한 법률에 관한 적용대상회사로 한정하는 것으로 정했다. 이는 중소기업을 포함하여 모든 주식회사에 적용되는 상법이 특별법인 '주식회사의 외부감사에 관한 법률'에 비해 적용범위가 넓어서는 아니 된다는 점, 또 필요 이상의 규제는 기업에 비용을 가중시키는 이상의 효용을 얻을 수 없다는 점 등 때문이다. 이와 같이 정하는 경우에는 주식회사의 외부감사에 관한 법률의 적용대상에 변동이 있을 경우에도 자동적으로 그 범위가 일치하도록 할 수 있다.

3) 외국의 경우

연결재무제표와 관련하여, 일본의 경우 신회사법상 회계감사인 설치회사는 연결계산서류를 작성하도록 하고 있다(§444①). 영국에서는 지배회사의 이사는 연결재무제표(대차대조표 및 손익계산서)를 작성하도록 하면서,[20] 지배회사가 소규모 회사에 해당하는 경우와 중간지배회사인 경우에는 원칙적으로 연결재무제표의 작성을 면제하고 있다.[21]

---

19) 한국회계기준원, "재무회계개념체계", 2003, 문단 62.

20) Companies Act 2006, s.415(2).

21) Companies Act 2006, s.398, Companies Act 2006, ss.400 and 401.

3. 자본금 및 준비금

가. 현행 상법

상법상 물적회사의 자본이 가지는 중요한 역할로서 회사재산만이 회사채권자를 위한 담보가 되는바, 이 가운데 자본은 그 담보의 기준이 되고 이익배당의 결정에서 공제액이 된다. 현행 상법은 주식회사의 경우 자본은 상법에 다른 규정이 있는 경우 외에는 발행주식의 액면총액으로 한다. 동 조의 자본은 기업회계상으로는 자본금을 말하는 것으로 상법과 기업회계기준과의 용어통일이 필요하다.

기업회계에서의 자본은 자본금, 자본잉여금, 자본조정, 기타포괄손익누계액 및 이익잉여금 등으로 분류한다. 자본금은 주주들이 납입한 법정자본금으로 한다. 한국의 경우에는 법률적으로 액면금액제도를 따르고 있어서 그 법적 요구사항을 충족하고 있는지를 파악할 수 있도록 조달된 자본금을 액면총액인 액면자본금과 액면을 초과하여(액면에 미달) 납입한 금액인 액면초과(또는 미달)의 자본금으로 구분하고 있는 것이다.[22)]

나. 개정안

1) 개정경위

상법개정 특별위원회는 주식회사의 자금조달과 재무관리의 유연화를 위하여 무액면주식제도를 도입하고, 동시에 현재 액면주식제도와 병행하는 개정안을 채택하였다. 따라서 무액면주식을 발행하는 경우에는 자본금의 확정이 필요하게 되었다.

현행 상법상 주식회사는 법정준비금으로 이익준비금과 자본준비금을 적립하도록 규정한다. 이는 기업회계와 용어상의 차이가 있고,[23)] 일반적으로 자

---

22) 한국회계기준원, "기업회계기준서 제21호의 재무제표의 작성과 표시1", 2003, 문단 A27.

23) 기업회계에서는 '이익잉여금'과 '자본잉여금'이라는 용어를 사용한다.

본거래를 재원으로 하는 자본준비금은 그 항목이 기업회계상 자본잉여금과 반드시 일치하는 것은 아니라는 점이 지적되고 있다.[24)]

2) 개정안의 내용

[유한책임회사]

제287조의 35(자본의 액) 사원이 출자한 금전이나 그 밖의 재산의 가액을 유한책임회사의 자본금으로 한다.
제287조의 36(자본금의 감소) ① 유한책임회사는 정관변경의 방법으로 자본금을 감소할 수 있다.
② 제1항의 경우에는 제232조(채권자의 이의)를 준용한다. 다만 감소 후의 자본금의 액이 순자산액 이상인 경우에는 그러하지 아니하다.

[주식회사]

제438조(자본금감소의 결의) ① 자본금의 감소에는 제434조에 따른 결의가 있어야 한다.
② 제1항에도 불구하고 결손의 보전을 위한 자본금의 감소는 제368조 제1항의 결의에 의한다.
③ 자본금의 감소에 관한 의안의 주요 내용은 제363조에 따른 통지와 공고에 적어야 한다.
제439조(자본금 감소의 방법, 절차) ① 자본금 감소의 결의에서는 그 감소의 방법을 정하여야 한다.
② 자본금 감소의 경우에는 제232조를 준용한다. 다만 결손의 보전을 위하여 자본금을 감소하는 경우에는 그러하지 아니하다.
③ 사채권자가 이의를 제기하려면 사채권자집회의 결의가 있어야 한다. 이 경우에는 법원은 이해관계인의 청구에 의하여 사채권자를 위하여 이의제기 기간을 연장할 수 있다.
제451조(자본금) ① 회사의 자본금은 이 법에 달리 규정한 경우 외에는 발행주식의 액면총액으로 한다.
② 회사가 무액면주식을 발행하는 경우 회사의 자본금은 주식발행가액의 2분의 1 이상의 금액으로서 이사회(제416조 단서에서 정한 주식발행의 경우에는 주주총회를 말한다.)에서 자본금으로 계상하기로 한 금액의 총액을 말한다. 이 경우 주식의 발행가액 중 자본금으로 계상하지 아니하는 금액은 자본준비금으로 계상하여야 한다.
③ 회사의 자본금은 액면주식을 무액면주식으로 전환하거나 무액면주식을 액면주식으로 전환함으로써 변경할 수 없다.
제458조(이익준비금) 회사는 그 자본금의 2분의 1이 매 결산기에 이익배당액의 10분의 1 이상을 이익준비금으로 적립하여야 한다. 다만 주식배당의 경우에는 그러하지 아니하다.
제459조(자본준비금) ① 회사는 자본거래에서 발생한 잉여금을 대통령령으로 정하는 바에 따라 자본준비금으로 적립하여야 한다.
② 합병이나 제530조의 2에 따른 분할 또는 분할합병의 경우 소멸 또는 분할되는 회사의 이익준비금이나 그 밖의 법정준비금은 합병·분할·분할합병 후 존속되거나 새로 설립되는 회사가 승계할 수 있다.
③
제460조(법정준비금의 사용) 제458조 및 제459조의 준비금은 자본금의 결손 보전에 충당하는 경우 외에는 처분하지 못한다.
제461조의 2(준비금의 감소) 회사는 적립된 자본준비금 및 이익준비금의 총액이 자본금의 1.5배를 초과하는 경우에 주주총회의 결의에 따라 그 초과한 금액의 범위에서 자본준비금과 이익준비금을 감액할 수 있다.

[유한회사]

제583조(준용규정) 유한회사의 계산에 대해서는 제449조 제1항·제2항, 제450조, 제458조부터 제460조까지, 제462조, 제462조의 3 및 제466조를 준용한다.

---

24) 법무부, "상법(회사법) 개정안 설명자료", 219면.

개정안 제459조 제1항에 따르면, 주식회사는 자본거래에서 발생한 잉여금을 대통령령으로 정하는 바에 따라 자본준비금으로 적립하여야 하기 때문에, 동 시행령에서는 적립할 자본금의 범위를 정해야 한다. 동 시행령안은 동법 제459조 제1항에 따라 자본준비금으로 적립해야 할 금액은 한국회계기준원이 정한 회계처리기준에 따른 자본잉여금의 금액으로 하는 것으로 정해졌다.

상법개정안은 자본잉여금과 자본준비금을 동일하게 보고 있으며, 자본준비금과 이익준비금의 총액이 자본금의 1.5배를 초과하는 경우에 주주총회의 결의에 의하여 그 초과한 금액의 범위 내에서 자본준비금 및 이익준비금을 감액하여 배당재원으로 사용할 수 있게 하였다. 이처럼 자본준비금의 정의를 기업회계기준의 자본잉여금과 일치시킴으로써 회계환경의 변화에 적시에 대응할 수 있도록 하였다.

다. 기업회계기준

기업회계기준에서는 자본잉여금은 주식발행초과금과 기타자본잉여금으로 구분하여 표시하도록 하고 있다.[25] 기업회계기준 제31조(자본잉여금)에서 정한 자본잉여금의 과목으로는 주식발행초과금, 감자차익, 기타자본잉여금 등이 있다.

주식발행초과금은 주식발행가액(증자의 경우에 신주발행의 수수료 등 신주발행을 위하여 직접 발생한 기타의 비용을 차감한 후의 가액)이 액면가액을 초과하는 경우 그 초과하는 금액으로 한다. 감자차익은 자본감소의 경우에 그 자본금의 감소액이 주식의 소각, 주금의 반환에 필요한 금액과 결손의 보전에 충당한 금액을 초과한 때에 그 초과금액으로 한다.

다만 자본금의 감소액이 주식의 소각, 주금의 반환에 필요한 금액에 미달하는 금액이 있는 경우에는 동 금액을 차감한 후의 금액으로 한다. 기타자본잉여금은 자기주식의 처분이익으로서 자기주식의 처분손실을 차감한 금액과 그 밖의 기타자본잉여금으로 한다.

---

25) 한국회계기준원, “기업회계기준서 제21호의 재무제표의 작성과 표시1”, 문단 53.

4. 이익배당과 미실현이익

가. 서언

회사는 상행위 기타 영리를 목적으로 하는 법인으로서 영업의 결과 발생한 이익을 사원에게 분배할 것이 요구된다. 사원에 대한 이익분배의 전형적인 형태가 정기결산 이후 행하는 이익배당이다. 합명회사와 합자회사의 무한책임사원은 직접・연대의 무한책임을 부담하기 때문에 이들 회사의 경우에는 이익분배에 관한 기준을 정할 필요가 없으며, 특별히 회사채권자에 대한 보호장치를 둘 필요도 없다.[26)]

그러나 물적회사의 경우에는 이익배당에 대한 기준을 설정하지 않으면, 이익에 해당하지 아니하는 자금이 회사로부터 유출되어 자본충실의 원칙을 해치게 되고 회사채권자가 손해를 입을 가능성이 있다. 따라서 물적회사의 이익배당에 관해서는 무엇을 배당할 수 있게 할 것인가(배당가능의 이익)와 위법배당 시 회사와 채권자를 보호할 법적 장치를 마련하는 것이 요구된다.

나. 현행 상법

현행 상법은 배당가능 한 이익의 계산을 위하여 자산과 부채의 평가기준으로 취득원가주의를 채택하고 순자산액을 기초로 하는데, 기업회계기준은 공정가액회계를 도입하여 자산의 평가 시 시가주의를 기준으로 하고 있다. 이러한 차이점으로 인하여 기업이 어떤 이익을 근거로 하여 배당을 하여야 하는지에 대한 문제가 있다.[27)]

상법 개정안에서는 기업회계기준을 채택함으로써 배당가능이익에 대한 계산상의 충돌을 없앴다. 그러나 기업회계기준에 따를 경우에 배당가능이익에 미실현이익이 포함되는데, 재무제표에 표시된 미실현이익을 그대로 배당가

---

26) 손주찬, 제15보정판「상법(상)」, 박영사, 2004, 496~497면.

27) 홍복기・박정우, "회사의 계산제도 개선에 관한 연구－배당가능이익의 산정을 중심으로－",「상사법연구」, 제20권, 제3호, 2001.

능이익으로 인정할 수는 없기 때문에 미실현이익을 배당가능이익에서 제외하는 것이 필요하다.

그 밖에 법무부 개정안에서 도입, 추진하고 있는 유한책임회사의 경우에는 조합적 요소에 유한책임을 가미하고 있는 회사의 형태이다. 유한책임회사의 사원의 책임은 출자금을 한도로 하기 때문에(§287의 7), 다른 물적회사와 같이 이익배당에 관한 기준과 회사 및 회사채권자를 보호할 장치를 규정할 필요가 있다.

다. 상법 개정안

[유한책임회사]

제287조의 37(잉여금의 분배) ① 유한책임회사는 대차대조표상의 순자산액으로부터 자본금의 액을 뺀 액(이하 이 조에서 '잉여금'이라 한다.)을 한도로 하여 잉여금을 분배할 수 있다.
② 제1항을 위반하여 잉여금을 분배한 경우에는 유한책임회사의 채권자는 그 잉여금을 분배받은 자에 대하여 회사에 반환할 것을 청구할 수 있다.
③ 제2항의 청구에 관한 소는 본점소재지의 지방법원의 관할에 전속한다.
④ 잉여금은 정관에 다른 규정이 없으면 각 사원이 출자한 가액에 비례하여 분배한다.
⑤ 잉여금의 분배를 청구하는 방법이나 그 밖에 잉여금의 분배에 관한 사항은 정관에서 정할 수 있다.
⑥ 사원의 지분의 압류는 잉여금의 배당을 청구하는 권리에 대해서도 그 효력이 있다.

[주식회사]

제462조(이익의 배당) ① 회사는 대차대조표의 순자산액으로부터 다음의 금액을 공제한 액을 한도로 하여 이익배당을 할 수 있다.
1. 자본금의 액
2. 그 결산기까지 적립된 자본준비금과 이익준비금의 합계액
3. 그 결산기에 적립하여야 할 이익준비금의 액
4. 대통령령으로 정하는 비실현이익
② 이익배당은 주주총회의 결의로 정한다. 다만 제449조의 2 제1항에 따라 재무제표를 이사회가 승인하는 경우에는 이사회의 결의로 정한다.
③ 제1항을 위반하여 이익을 배당한 경우에 회사채권자는 배당한 이익을 회사에 반환할 것을 청구할 수 있다.
④ 제3항의 청구에 관한 소에 대해서는 제186조를 준용한다.

[유한회사]

제583조(준용규정) 유한회사의 계산에 대해서는 제449조 제1항 · 제2항, 제450조, 제458조부터 제460조까지, 제462조, 제462조의 3 및 제466조를 준용한다.

1) 미실현이익과 기타포괄손익누계액

상법 개정안은 이익배당에 관하여, 이익배당에 대한 최종결정권을 회사의

선택에 따라 이사회에서 결정할 수 있도록 보다 더 유리하게 제도개선을 하였고,[28] 배당가능이익의 산정을 하는 때에는 시행령이 정하는 미실현이익을 제외하도록 하였다. 개정안이 배당가능이익을 산정하는 경우 시행령에서 정하는 미실현이익을 공제하도록 한 것은 다음과 같은 이유에서다. 즉 현행 상법상 자산을 보수적으로 평가하기 때문에 미실현이익으로 배당하는 것이 가능하지 않지만, 기업회계기준에 의하여 배당가능이익을 산정하게 되는 개정안에 따르면, 당기순이익에 미실현이익을 포함하고 있어 추후 자산의 처분으로 이익이 실현될 때에는 종전 계상되었던 미실현이익과 실현된 이익과 상당한 차이가 생길 수 있기 때문이다.

개정안은 배당이익에서 제외될 미실현이익을 시행령에서 정하도록 하고 있는데, 어떠한 미실현이익을 제외할 것인가를 주주, 회사 및 회사채권자 간의 이익이 대립하기 때문에 적정한 기준을 설정할 필요가 있다. 현재 시행령에 규정할 미실현이익에 관해서는 기타포괄손익누계액만을 배당가능이익에서 제외하는 것으로 논의되고 있다.

그러나 기업의 배당을 결정하는 중요한 사항이 될 이익배당의 경우에 미실현이익을 어떻게 규정해야 할지에 대하여, 이익배당청구권은 주주의 권리 중 가장 중요한 권리이지만 회사채권자를 해하지 않는 범위에서 이익배당이 가능하도록 하여야 하므로 이익배당의 요건을 엄격히 규정할 필요성이 있다는 것을 고려해야 한다.

미실현이익은 당기순이익에 반영되지 않는 미실현이익(비유동항목에 대한 미실현이익)과 당기순이익에 반영되는 미실현이익(유동항목에 대한 미실현이익)으로 구분할 수 있다. 기업회계기준에 따라 당기순이익에 반영되는 미실현이익은 '기타포괄손익누계액'과 당기순이익에 반영되는 '평가손익'으로 구분된다.

기타포괄손익누계액에는 매도가능증권의 평가이익, 해외사업 환산이익, 지분법 자본변동, 현금흐름 위험회피의 파생상품 평가이익 등이 있다.[29] 당

28) 법무부, "상법(회사편) 개정안 설명자료", 231~233.

29) 한국회계기준원, "기업회계기준서 제21호의 재무제표의 작성과 표시", 문단 48.

기순이익에 반영되는 평가손익에는 단기매매증권 평가이익, 외화환산차익, 지분법 평가이익, 부의영업권환입,[30] 공정가치위험회피 및 투기를 목적으로 투자한 파생상품에서 발생한 평가이익, 이연법인세자산 등이 포함된다.

2) 미실현이익의 배당가능성 여부

기타포괄손익누계액을 배당가능이익에서 제외하여야 한다는 점에서는 대부분이 동의하고 있다. 그러나 당기순이익에 반영되는 미실현이익을 배당자원에 포함시킬 것인가에 대하여 의견이 갈린다. 당기순이익에 반영되는 미실현이익에 대해서는 단기간에 현금화가 가능하기 때문에 배당재원에 포함시켜야 한다는 주장이 있다.

그러나 당기순이익에 반영되는 미실현이익의 경우에도 모두 실현되기 전에 미리 이익으로 계상될 뿐이어서 추후 자산의 처분 등으로 실제 이익이 실현될 때에는 종전 계상되었던 금액과 많은 차이가 있을 수 있어서 기업회계기준상 발생하는 모든 미실현이익을 공제할 필요성이 있다. 즉 미실현이익의 파악은 기업회계기준에 따른다고 하여도 어떠한 내용의 것을 얼마만큼 배당가능이익으로 할 것인지는 주주, 회사 및 회사채권자의 이해관계를 조정하는 차원에서 자본충실의 원칙과 회사채권자보호라는 관점을 감안해 상법에서 정하여야 할 것이며, 이를 회계기준에 맡길 수는 없다고 할 것이다.

3) 상법 개정안의 규정

상법 개정안은 자본준비금과 이익준비금의 사용용도의 구별을 폐지하고

---

30) '부의영업권(negative goodwill)'이란 어떤 자산을 취득할 때 그 자산의 공정가액보다 더 낮은 값으로 매입할 경우 발생한다. 예컨대 20억 원짜리 회사를 15억 원에 샀다면 5억 원 부의영업권이 발생하는 것이다. 2000년 7월 22일 제정된 '기업인수 · 합병 등에 관한 회계처리준칙'에는 "매수일에 피매수회사로부터 취득한 식별이 가능한 자산 · 부채의 공정가액 중 매수회사의 지분이 매수원가를 초과하는 경우에는 그 초과액을 부의영업권으로 계상한다."고 명시되어 있다. 이는 프리미엄을 주고 기업을 매수할 때 발생하는 영업권과 반대되는 개념이며, 두 회사가 합병할 때 발생하는 합병차익도 부의영업권에 해당된다. 영업권을 상각하면 비용처리가 되지만 부의영업권은 환입이 되므로 이익이 발생하게 되는바, 이 이익을 20년 이내 합리적인 기간을 정해 정액법으로 환입하는 것이 기업회계기준의 해석이다 (http://search.daum.net/search?).

(§462② 삭제), 자본금의 150%(1.5배)를 초과하는 법정준비금은 주주총회의 결의에 따라 배당 등 자본결손금의 보전 이외의 용도로 사용할 수 있도록 허용하고 있다(§461의 2). 그 밖에 현물배당도 명시적으로 허용하고 있다(§462의 4). 이러한 개정내용은 자원의 효율적 배분이라는 근거에 기초하여, 회사로 하여금 현행 상법에 따르는 경우보다 더 완화된 기준으로 배당을 할 수 있도록 하고 있는 것이다. 한편 이와 같은 배당기준의 완화에 대하여 미실현이익의 경우에는 보다 더 엄격한 기준을 설정해야만 회사에 부담이 될 수 있는 배당압력을 방지하고, 회사채권자를 더욱 두텁게 보호할 수 있는 방안이 될 것이다.

다만 당기 순이익에 반영되는 미실현이익을 배당가능재원에서 제외하는 것은 기업에 부담이 된다는 점에서 경과규정을 두어야 할지 여부에 대한 논의가 필요할 것이다.[31] 또 추후 회사에 대한 배당압력 등의 문제점이 해소된 경우에는 당기 순이익에 반영되는 평가이익 중에서 배당가능이익에 포함시킬 수 있도록 하는 입법적 고려도 필요할 것이다.

그 밖에 시행령에서는 미실현이익에 대한 개념을 매도가능증권 평가이익, 해외사업 환산이익, 지분법 자본변동, 현금흐름 위험회피의 파생상품 평가이익 등과 같이 확정적으로 규정하고 있다. 그런데 이렇게 규정하는 것보다 공정하고 타당한 회계관행에 따라 자산 및 부채를 평가하는 것으로 포괄적으로 규정함으로써 장차 회계기준의 개정 등에 적절하게 대응할 필요가 있다고 할 것이다.

---

31) 배당가능이익을 구하기 위하여 순자산액에서 미실현이익을 제거하는 과정에서 직접 자본에 반영된 미실현이익은 제거가 용이하지만, 이익잉여금에 반영된 미실현이익은 어떤 항목에서 얼마의 금액이 이익잉여금에 포함되었는지를 확인하는 것은 상당히 어렵다. 왜냐하면 이를 정확히 구분해 내기 위해서는 미실현이익을 발생시킨 각 원본자산 및 부채의 취득일을 확인하고 취득일 이후 현재까지 각 항목별 미실현이익의 증가와 그 감소내역을 밝혀내야 하지만, 이는 실무상 거의 불가능할 것으로 예상되기 때문이다.

Ⅲ. 회계제도의 개선방향

1. 국제적 정합성 문제

가. 회계기준의 국제적 통일화

기업경제의 글로벌(global)화와 자본시장의 개방을 통해 국제적 자본이동이 자유롭게 되고, 이는 궁극적으로 세계경제의 효율적 자본배분을 추구한다. 회계기준의 국제화가 필요한 것은, 투자자의 경우 국가 간 회계기준의 차이로 인하여 발생하는 비용 때문에 국제적 회계기준의 통일을 요구한다. 또 국제기준에 미달하는 회계기준을 따르는 국가에 대해서는 투자를 꺼리거나 불투명으로 인한 위험성에 상응하는 만큼의 추가수익을 요구하게 된다. 기업의 경우 국제적 활동이나 국제자본시장에서 자금조달의 필요가 있는 경우 국제적 기준에 적합한 회계기준의 통일이 절실하다. 국가마다 회계기준이 다른 경우에 기업은 각 국가에 따른 회계기준별 재무제표를 작성하여야 하기 때문에 시간과 비용의 면에서 커다란 장애가 될 것이다.

나. 국제회계기준의 도입

한국은 2007년 3월에 발표한 '국제회계기준의 도입 로드맵'에 따라 주권상장법인 및 금융기관에 대해서는 2011년부터 국제회계기준을 적용하기로 하였다(다만 현재 그 적용을 희망하는 기업의 경우는 2009년부터 가능).[32] 국제회계기준의 도입계획을 보면 다음과 같다.

32) 국회 정무위원회, "주식회사의 외부감사에 관한 법률 일부 개정법률안 검토보고서", 2008, 6면.

기업구분 \ 적용연도*	'08년까지	'09~'10년	'11년 이후
-한국채택 국제회계기준(K-IFRS) 선택기업**	현행 기준	K-IFRS	K-IFRS
-주권상장회사 및 금융기관	현행 기준	현행 기준	K-IFRS
-주권비상장법인	현행 기준	현행 기준	비상장기업회계기준

* 적용연도 이후에 최초 개시하는 사업연도부터 적용한다는 의미임.
** 자발적 K-IFRS의 적용을 받고자 하는 기업으로서 한번 선택한 후에는 계속 적용됨.

이처럼 국제회계기준을 따라야 하는 이유는 국내기업에 대한 대외신뢰도를 제고하고, 글로벌 기업에 대한 회계처리의 부담을 경감하고자 하는 데 있다. 한국이 국제회계기준을 따르는 경우 외국증권시장에 상장된 기업은 국내 회계기준에 따른 재무제표와 국제회계기준에 따른 재무제표 두 가지를 작성할 필요가 없이, 단일한 재무제표를 작성하기 때문에 업무의 효율과 비용의 절감을 가져온다.

또 국내 회계제도에 대한 투명성 및 신뢰성을 대외적으로 인정받는다는 의미도 있다.[33] 그렇다고 국내 모든 일반기업에 국제회계기준을 따르도록 요구할 필요는 없다. 즉 반드시 국제회계기준을 적용하여야 할 기업의 범위를 정하고, 그 밖의 경우에는 국제회계기준을 따르기를 원하는 국내기업(특히 외국과 거래가 빈번한 기업들)이 선택적으로 적용할 수 있도록 함으로써, 당해 기업 및 국내 회계정보의 신뢰가 높아질 수 있도록 하면 될 일이다.

다. 상법 개정안의 방향

상법 개정안은 기업회계기준을 회사의 회계기준으로 정함으로써, 기업회계기준과 상법상 기준과의 충돌을 없애고, 국제회계기준의 수용을 위해 시행령이 정하는 주식회사는 연결재무제표를 작성하도록 하고 있다. 이와 같은 개정안의 방향은 한국의 회계기준이 국제적 정합성을 갖도록 하는 중요한 결정이다.

그렇지만 상법에서 국제회계기준이 적용되는 회사의 범위를 명시적으로

33) 유럽공동체(EC)의 경우 2008년 12월에 한국회계기준에 대해 IFRS 동등성을 부여하여 유럽증시에 상장된 한국기업들의 비용절감이 가능해졌다(금융위원회, "금융감독원 보도자료", 유럽집행위원회, 2008. 12 참조).

규정하는 것이 보다 더 적정한 방안이 될 것이다. 이때 중소규모의 회사에 이전보다 많은 비용이 수반되는 국제회계기준을 반드시 따르도록 강제할 필요는 없다고 보고, 당해 기업이 선택적으로 채택할 수 있도록 하면 충분할 것으로 생각된다. 또 국제회계기준의 적용을 받지 않는 기업의 경우에는 그 선택권을 부여하여 국제회계기준을 적용할 수 있도록 하고, 일단 국제회계기준을 적용한 이후에는 원칙적으로 비상장기업의 회계기준을 적용할 수 없도록 해야 한다. 다만 예외적으로 비상장회계기준을 적용할 수 있는 경우를 시행령에서 엄격하게 정하는 것도 고려해 볼 일이다.[34]

2. 회사의 종류와 규모에 따른 회계제도의 정비

가. 상법 개정안

상법 개정안이 정하고 있는 회사의 회계제도는 인적회사의 경우 특별한 정함을 하지 않고, 물적회사의 경우에 회계의 일반원칙, 자본금, 회사가 작성할 재무제표의 종류, 배당가능이익의 계산과 관련한 규정 등을 두고 있다. 상법은 인적회사와 물적회사의 차이를 인정하고 재무제표의 승인이나 공시에 대하여 차이를 두고 있으나, 물적회사의 종류에 따른 큰 차이는 두고 있지 않다.

그 예는 상법 개정안이 정하고 있는 회사가 작성해야 할 재무제표의 종류가 그것이다. 상법 개정안은 유한책임회사, 주식회사 및 유한회사 모두가 작성해야 할 재무제표의 종류를 정하면서 법률에는 대차대조표와 손익계산서만을 정하고, 그 밖에 회사가 재무상태와 경영성과를 표시하는 것에 관해서는 시행령에서 정하도록 하고 있다.

---

34) 현재 개정논의에서는 비상장회사가 희망하는 경우에 국제회계기준을 적용하는 것을 허용하되, 적용 이후에는 그 적용의 변경을 할 수 없는 것으로 논의되고 있다(한국회계기준원, “국제회계기준 전문도입 로드맵(안)”, 2006, 11 참조).

나. 상법 개정안 시행령

시행령에서 각종 회사에 요구되는 재무제표의 범위를 정하기 위해서는 우선 유한책임회사, 주식회사 및 유한회사에 요구되는 재무제표의 종류를 동일하게 할 것인지 또는 차이를 둘 것인지에 대한 결정이 필요하다. 현재 논의는 이러한 물적회사의 경우 회사의 종류와 관계없이 동일한 종류의 재무제표를 요구하는 것으로 가닥을 잡아 시행령에서 규정하는 것으로 하고 있다. 그 이유는 회사에 요구할 수 있는 재무제표에는 현금흐름표가 포함될 수 있고, 또 일정한 회사에 대해서는 재무제표에 주석을 반드시 포함하도록 할 수도 있기 때문이다.

예컨대 유한책임회사의 경우는 원칙적으로 현금흐름표를 작성할 의무를 부담하지 않지만, 주식회사와 유한회사는 현금흐름표를 작성하도록 하는 것과 같이 분리하여 규정해야 할 경우가 그것이다. 그러나 현재의 논의와 같이 회사의 종류에 관계없이 회사가 작성해야 하는 재무제표의 종류를 동일하게 정하는 경우, 상법은 그 종류와 규모에 관계없이 적용되기 때문에 최소한의 것만을 정할 수밖에 없을 것이다.

다. 상법 개정안의 방향

최근 상법 개정에 있어서, 상술한 개정방향보다는 회사의 종류와 규모에 차이를 두어서 요구되는 재무제표의 범위를 정하는 것이나 회계기준의 적용대상을 정하는 것이 더 바람직할 것이다. 이는 각 회사별로 회계가 수행하는 궁극적 목적이 다르기도 하거니와 기업별 회계제도의 차등적 적용은 기업의 회계비용을 덜어 주는 역할도 하기 때문이다.[35] 이럴 경우에는 상장회

---

35) 2009년 2월에 개정된 '주식회사의 외부감사에 관한 법률'도 기업의 부담을 줄이는 방향으로 개정되었는데, 내부회계관리제도의 적용대상을 축소(§ 2의 2①)한 것이 그것이다. 그 이유는 (1) 국제적으로 내부회계관리제도는 상장기업만을 대상으로 하고 있으나, 한국의 경우 외부감사를 받은 모든 회사를 그 대상으로 하고 있어서 인력 및 자금력이 부족한 중소기업에 과도한 부담으로 작용하고 있고, (2) 주권상장법인이 아닌 회사로서 직전 사업연도 말의 자산총액이 1천억 원 미만인 회사는 내부회계관리제도의 적용대상에서 제외하도록 함으로써, 비상장법인의 부담이 완화되고 국제적인 기준에 부합하는 내부회계관리제도를 운영할 수 있을 것으로 보기 때문이다(정부안, "주식회사의 외부감사에 관한 법률 일부개정안 제안이유", 2008. 11 참조).

사나 비상장회사를 구분하여 상장회사에 보다 더 구체적이고 엄격한 회계기준의 적용과 더 많은 종류의 회계서류의 작성을 요구할 수 있게 된다.

주식회사와 유한회사, 유한책임회사는 원칙적으로 종류에 따른 규제의 차이를 설정할 수 있다. 즉 주식회사에는 가장 엄격한 기준과 더 많은 회계서류를 요구하고, 유한회사 및 유한책임회사에는 이보다 더 완화된 기준 및 더 적은 종류의 회계서류를 요구할 수 있을 것이다. 그렇다고 하여 단지 회사의 종류만을 기준으로 할 것은 아니며, 회사의 규모 역시 중요한 역할을 하기 때문에 이를 적절히 고려할 필요가 있다. 회사의 규모에 따른 규제의 내용은 시행령으로 정할 수 있도록 한다면, 필요에 따라 신속한 개정이 가능하기 때문에 더욱 유연한 회사법제를 마련하는 길이 될 것이라고 생각한다.

Ⅳ. 결 론

2006년 7월 법무부가 마련한 회사법 개정(안)(2008년 10월 국회에 제출된 '상법 일부개정안')은 많은 새로운 제도를 도입하고, 기존 회사법상의 문제점을 보완하는 방대한 내용으로 구성되었다. 그중 회사의 회계제도에 관한 개정(안)의 내용은 상장기업의 경우 투자자를 두텁게 보호하고, 비상장 소규모 회사의 경우 소수주주에게 회사의 현황을 알림으로써 경영통제의 역할을 담당할 수 있도록 하고 있다. 이러한 점에서 볼 때, 개정안 중 회사의 회계(제도)에 관한 부분이 투자자와 회사채권자 등의 이해관계를 적절하게 조화시키고 있는지, 또 각 회사의 종류나 규모에 합당한 것인지를 살펴보고 그 보완책을 논의할 필요가 있다.

첫째, 국제적 정합성의 문제와 관련하여, 회계기준의 국제적 통일화의 일환으로서 국제회계기준(IFRS, International Financial Reporting Standards)에 따른 관련 규정을 상법 개정안에 도입하는 것이 요망된다. 한국은 2007년 3월에 발표한 '국제회계기준의 도입 로드맵'에 따라 주권상장법인 및 금융기관에 대해서는 2011년부터 국제회계기준을 적용하기로 하였다(다만 현재 그 적용을 희망하는 기업의 경우는 2009년부터 가능). 이처럼 한국이 국제회계기준을 따르는 경우 외국증권시장에 상장된 기업은 국내 회계기준에 따른 재무제표와 국제회계기준에 따른 재무제표 두 가지를 작성할 필요가 없이, 단일한 재무제표를 작성하기 때문에 업무의 효율과 비용의 절감을 가져온다. 또 국내 회계제도에 대한 투명성 및 신뢰성을 대외적으로 인정받는다는 의미도 있다.

상법 개정안은 기업회계기준을 회사의 회계기준으로 정함으로써, 기업회계기준과 상법상 기준과의 충돌을 없애고, 국제회계기준의 수용을 위해 시행령이 정하는 주식회사는 연결재무제표를 작성하도록 하고 있다. 그렇지만 상법에서 국제회계기준이 적용되는 회사의 범위를 명시적으로 규정하는 것이 보다 더 적정한 방안이 될 것이다. 이때 중소규모의 회사에 이전보다 많은 비용이 수반되는 국제회계기준을 반드시 따르도록 강제할 필요는 없다고 보고, 당해 기업이 선택적으로 채택할 수 있도록 하면 충분할 것으로 생각된다. 또 국제회계기준의 적용을 받지 않는 기업의 경우에는 그 선택권을 부여하여 국제회계기준을 적용할 수 있도록 하고, 일단 국제회계기준을 적용한 이후에는 원칙적으로 비상장기업의 회계기준을 적용할 수 없도록 해야 한다.

둘째, 회사의 종류와 규모에 따른 회계제도의 정비와 관련하여, 상법 개정안은 인적회사의 경우 특별한 정함을 하지 않고, 물적회사의 경우에 회계의 일반원칙, 자본금, 회사가 작성할 재무제표의 종류, 배당가능이익의 계산과 관련한 규정 등을 두고 있다. 특히 인적회사와 물적회사의 차이를 인정하고 재무제표의 승인이나 공시에 대하여 차이를 두고 있으나, 물적회사의 종류에 따른 큰 차이는 두고 있지 않아서 문제된다. 또 시행령에서 각종 회사에 요구되는 재무제표의 범위를 정하기 위해서는 우선 유한책임회사, 주식회사 및 유한회사에 요구되는 재무제표의 종류를 동일하게 할 것인지 또는 차이를 둘 것인지에 대한 결정이 필요하다.

현행 상법 개정안에서 회사의 종류와 규모에 차이를 두어서 요구되는 재무제표의 범위를 정하는 것이나 회계기준의 적용대상을 정하는 것이 바람직할 것이다. 이런 경우에는 상장회사나 비상장회사를 구분하여 상장회사에 보다 더 구체적이고 엄격한 회계기준의 적용과 더 많은 종류의 회계서류의 작성을 요구할 수 있게 된다.

또 주식회사와 유한회사, 유한책임회사에 대하여 원칙적으로 종류에 따른 규제의 차이를 설정할 수 있을 것인바, 주식회사에는 가장 엄격한 기준과 더 많은 회계서류를 요구하고, 유한회사 및 유한책임회사에는 이보다 더 완화된 기준 및 더 적은 종류의 회계서류를 요구할 수 있을 것이다. 이러한 경우에도 회사의 종류만을 기준으로 할 것은 아니며, 회사의 규모 역시 중요한 역할을 하기 때문에 이를 적절히 고려할 필요가 있다. 나아가 법제상 회사의 규모에 따른 규제의 내용은 시행령으로 정할 수 있도록 함으로써, 필요에 따라 신속한 개정이 가능하도록 하여 기존보다 더 유연한 회사법제를 마련해야 할 것으로 본다.

– 끝 –

■ 2009년 개정상법의 주요 내용[요약]

1. 2009년 개정상법 개관

가. 2009년 2월(3일) 개정(상장회사에 관한 특례)

- '상장회사에 관한 특례' 부분은 2009년 2월 4일부터 시행된(1.30 개정) '자본시장과 금융투자업에 관한 법률'('자본시장법')에 따라 폐지된 구 증권거래법을 반영한 것
- 자본시장법의 시행에 맞추어 정부안 중에 '상장회사에 관한 특례' 부분은 국회법사위에서 가결되어 이때부터 발효
- 주요 내용은 구 증권거래법상 상장법인의 지배구조에 관한 규정을 그대로 옮겨 상법 **제542조의 2부터 제542조의 12**까지의 규정을 신설하고, 그와 관련된 사외이사의 근거와 자격요건 및 벌칙 등을 개정
- 재무구조에 관한 부분은 자본시장법(**제165조의 2부터 제165조의 18**)에 포함되어 개정되었으며, 이 또한 2009년 2월 4일부터 발효

나. 2009년 5월(28일) 개정(소규모 회사에 관한 규정)

- 국회는 창업절차를 간소화하고 기업경영의 IT화를 지원하는 내용의 상법 개정안을 국회법사위에 제안하여 2009년 4월 29일에 이를 통과시켰으며, 동 개정안은 동년 5월 28일 공포 및 시행
- 이하 일부조항을 제외하고는 공포한 날로부터 1년 후에 발효할 예정이다. 그 주요 내용을 보면 다음과 같다.
- ㉠ 발기설립을 하는 경우 정관에 대한 공증의무를 면제하고 주주총회의 소집절차를 간소화(§292)

- ㉡ 회사설립 시 주금납입의 보관증명서 대신 잔고증명서로 대체가 가능(§318)
- ㉢ 현행 5천만 원 이상인 최저자본금제도를 폐지하고(§329)
- ㉣ 기업경영의 IT화를 지원하는 차원에서 전자투표제도를 도입, 전자문서(E-mail)에 의한 주주제안권 및 주주총회 소집청구권의 행사가 가능(§363)
- ㉤ 이사의 인원수, 임기 등(§383), 동일상호가 아닌 유사상호의 사용 허용에 대한 가능성
- ㉥ 창업절차를 간소화하기 위하여 자본금 10억 원 미만의 소규모(주식)회사에 대해 감사선임 의무를 면제하고(§409)
- 한편, 최저자본금폐지 및 유사상호의 사용가능은 주식회사 전반에 관련된 간소화

다. 동년 동월[기업경영의 IT화(주식·사채의 전자등록, 의결권행사의 전자화 등)]

{개정 1년 후 시행(이하 일부 조항은 공포한 날로부터 시행)}

- 제292조(정관의 효력발생), 제318조(납입금보관자의 증명과 책임)
- 제329조(자본의 구성, 주식의 권면액), 제363조(소집의 통지, 공고)
- 제383조(원수, 임기), 제409조(선임) ④⑤⑥ 신설 등

1) 주식 · 사채의 전자등록

- 제65조(유가증권과 준용규정)
- **제356조의 2(주식의 전자등록)**
- 제420의 4(신주인수권의 전자등록)
- 제478조(채권의 발행)
- 제488조(사채원부)
- 제515(전환의 청구)
- 제516조의 7(신주인수권의 전자등록)

－제516의 9(신주인수권의 행사)

2) 의결권행사의 전자화

가) 전자적 의결권행사(전자투표)(§368의 4)

나) 전자주주명부(§352의 2)

다) 전자적 공고제도(§289③～⑨)

라) 전자문서에 의한 소주주주의 주주총회 소집청구(§366①)

2. 上場會社에 관한 특례규정

가. 폐지된 법률['07. 8 자본시장법제정/'09. 2 시행]

－ 증권거래법, 선물거래법, 간접투자자산운용업법

－ 신탁업법, 종합금융회사에 관한 법률, 한국증권선물거래소법 등

나. 상법관련조문(자본시장법의 내용 포함)

1) 상법(회사의 지배구조의 부분), '09. 1. 30 신설

－상장법인의 지배구조에 관한 규정이 그대로 옮겨짐

－상법 제542조의 2부터 제542조의 12까지의 규정을 신설

조문별 내용: **제3절 상장회사에 대한 특례(§ 542의 2～§ 542의 12)

· 제542의 2(적용범위), 제542의 3(주식매수선택권)

· 제542의 4(주주총회 소집공고 등), 제542의 5(이사·감사의 선임방법)

· 제542의 6(소수주주권), 제542의 7(집중투표에 관한 특례)

· 제542의 8(사외이사의 선임), 제542의 9(주요주주 등 이해관계자와의 거래)

· 제542의 10(상근감사), 제542의 11(감사위원회)

· 제542의 12(감사위원회의 구성 등) 등

2) 자본시장법(회사의 재무관리의 부분), '09. 2. 3 신설

－상장법인의 재무구조에 관한 부분은 자본시장법에 규정함
－자본시장법 제165조의 2부터 제165조의 18에 규정

조문별 내용: **제3장의 2 주권상장법인의 특례(§ 165의 2～§ 165의 18)

· **제165의** 2(자기주식 취득의 특례), 제165조의 3(이익소각의 특례)
· 제165조의 4(합병 등의 특례), 제165조의 5(주식매수청구권의 특례)
· 제165조의 6(일반공모증자), 제165조의 7(우리사주조합원에 대한 우선배정)
· 제165조의 8(액면미달발행의 특례), 제165조의 9(현물출자의 검사에 관한 특례)
· 제165조의 10(사채발행의 특례), 제165조의 11(신종사채의 발행)
· 제165조의 12(이익배당의 특례), 제165조의 13(주식배당의 특례)
· 제165조의 14(공공적 법인의 배당 등의 특례), 제165조의 15(의결권 없는 주식의 특례)
· 제165조의 16(주권상장법인 재무관리기준), 제165조의 17(주식매수선택권 부여 신고 등)
· **제165조의** 18(주권상장법인에 대한 조치) 등

－자본시장법상 '상장법인'에 관한 **상법상의 규정 등**

· 상장법인의 개념: 상법 제542조의 2(적용범위) 제1항, 시행령 제8조
· 한국거래소(이하 '거래소'): 증권 공개매매시장의 개설－자본시장법 제386조 제2항
· 위 한국거래소의 상장요건: 유가증권시장 상장규정 제32조 제1항 제4호
· 상장주식의 유통과 상장법인의 관리 등: 자본시장법과 기타 특별법이 적용됨

3. 小規模 주식회사에 관한 특칙규정

2009년 5월 28일 개정된 상법의 내용 중 자본금 10억 미만인 소규모 주식회사와 관련된 것을 보면 다음과 같다.

- ㉠ 발기설립을 하는 경우 정관에 대한 공증의무를 면제하고 주주총회의 소집절차 간소화(§292)[(10일 전 통지, 2주 전 공고, 주주 전원 서면동의-주주총회결의 대체)]
- ㉡ 회사설립 시 주금납입의 보관증명서 대신 잔고증명서로 대체가 가능(§318)
- ㉢ 현행 5천만 원 이상인 최저자본금제도를 폐지하고(§329)
- ㉣ 기업경영의 IT화를 지원하는 차원에서 전자투표제도를 도입, 전자문서(E-mail)에 의한 주주제안권 및 주주총회 소집청구권의 행사가 가능(§363)
- ㉤ 이사의 인원수, 임기 등(§383)
- ㉥ 상호에 관하여 동일상호가 아닌 유사상호의 사용을 허용 가능성
- ㉦ 창업절차를 간소화하기 위해 자본금 10억 원 미만의 소규모(주식)회사에 대하여 감사선임 의무를 면제하고(§409)
- 한편, 최저자본금폐지 및 유사상호의 사용가능은 주식회사 전반에 관련된 간소화

4. 기업경영의 IT화[주식 · 사채의 전자등록, 의결권행사의 전자화 등]

가. 주식·사채의 전자등록

- 제65조(유가증권과 준용규정)
- **제356조의 2(주식의 전자등록)** ① 회사는 주권을 발행하는 대신 정관에서 정하는 바에 따라 전자등록기관(유가증권 등의 전자등록업무를 취

급하는 것으로 지정된 기관을 말한다. 이하 같다.)의 전자등록부에 주식을 등록할 수 있다.

② 전자등록부에 등록된 주식의 양도나 입질은 전자등록부에 등록하여야 그 효력이 발생한다.

③ 전자등록부에 주식을 등록한 자는 그 등록된 주식에 대한 권리를 적법하게 보유한 것으로 추정하며, 이러한 전자등록부를 선의로 그리고 중대한 과실 없이 신뢰하고 제2항의 규정에 따라 권리를 취득한 자는 그 권리를 적법하게 취득한다.

④ 전자등록의 절차와 방법 및 효과, 전자등록기관의 지정・감독 등 주식의 전자등록 등에 관하여 필요한 사항은 따로 법률로 정한다.

- 제420의 4(신주인수권의 전자등록)
- 제478조(채권의 발행)
- 제488조(사채원부)
- 제515(전환의 청구)
- 제516조의 7(신주인수권의 전자등록)
- 제516의 9(신주인수권의 행사)

나. 의결권행사의 전자화

가. 전자적 의결권행사(전자투표)(§368의 4)

나. 전자주주명부(§352의 2)

다. 전자적 공고제도(§289③～⑨)

라. 전자문서에 의한 소주주주의 주주총회 소집청구(§366①)

5. 2010년 5월(29일) 시행조문과 계류 중 법안

가. 2010년 5월 시행조문['09년 5월(28일) 개정/신설]

1) 개정조문(항)

- 제289조(정관의 작성, 절대적 기재사항) ④⑤⑥항 [신설]
- 제366(소수주주에 의한 <임시총회> 소집청구) ① [개정]
- 제368조의 2(의결권의 불통일행사) ① [개정]
- 제382조의 2(집중투표) ② [개정]

2) 신설조문

- 제352조의 2(전자주부명부) ①~③ [신설]
- 제368조의 4(전자적 방법에 의한 의결권행사) ①~⑥ [신설]

나. 계류 중 법안[핵심쟁점]

1) 株式會社의 支配構造(집행임원제도의 도입)
2) 새로운 企業形態의 도입문제
3) 株式제도의 개선(다양한 종류의 주식)
4) 理事의 의무와 책임감경에 관한 문제
5) 회사의 社債제도의 개선
6) 會計제도의 개선방향(국제적 정합성) 등

■ 부록 개정상법[회사 편]

상법 중 회사(제3편〈§ 169～§ 637의 2〉)

법률 제1000호 신규제정 1962. 01. 20.

법률 제1212호 일부개정 1962. 12. 12.

법률 제3724호 일부개정 1984. 04. 10.

법률 제4372호 일부개정 1991. 05. 31.

법률 제4470호 일부개정 1991. 12. 31.

법률 제4796호(도농복합형태의시설치에따른행정특례) 일부개정 1994. 12. 22.

법률 제5053호 일부개정 1995. 12. 29.

법률 제5591호 일부개정 1998. 12. 28.

법률 제5809호(해양사고의조사및심판에관한법률) 일부개정 1999. 02. 05.

법률 제6086호 일부개정 1999. 12. 31.

법률 제6488호 일부개정 2001. 07. 24.

법률 제6545호 일부개정 2001. 12. 29.

법률 제9416호, 2009. 2. 6, 타법개정[시행 2010. 2. 7.]

법률 제9746호, 2009. 5. 28, 일부개정[시행 2010. 5. 29.]

제3편 회사법

[법률 제9746호, 2009. 5. 28, 일부개정](시행 2010. 5. 29.)
법무부(상사법무과), 02－2110－3167

제1장 통칙

제169조(의의) 본 법에서 회사라 함은 상행위 기타 영리를 목적으로 하여 설립한 사단을 이른다.

제170조(회사의 종류) 회사는 합명회사, 합자회사, 주식회사와 유한회사의 4종으로 한다.

제171조(회사의 법인성, 주소) ① 회사는 법인으로 한다.

② 회사의 주소는 본점소재지에 있는 것으로 한다.

제172조(회사의 성립) 회사는 본점소재지에서 설립등기를 함으로써 성립한다.

제173조(권리능력의 제한) 회사는 다른 회사의 무한책임사원이 되지 못한다.

제174조(회사의 합병) ① 회사는 합병을 할 수 있다.

② 합병을 하는 회사의 일방 또는 쌍방이 주식회사 또는 유한회사인 때에는 합병 후 존속하는 회사 또는 합병으로 인하여 설립되는 회사는 주식회사 또는 유한회사이어야 한다.

③ 해산 후의 회사는 존립 중의 회사를 존속하는 회사로 하는 경우에 한하여 합병을 할 수 있다.

제175조(동전－설립위원) ① 회사의 합병으로 인하여 신회사를 설립하는 경우에는 정관의 작성 기타 설립에 관한 행위는 각 회사에서 선임한 설립위원이 공동으로 하여야 한다.

② 제230조, 제434조와 제585조의 규정은 전항의 선임에 준용한다.

제176조(회사의 해산명령) ① 법원은 다음의 사유가 있는 경우에는 이해관계인이나 검사의 청구에 의하여 또는 직권으로 회사의 해산을 명할 수 있다.

1. 회사의 설립목적이 불법한 것인 때
2. 회사가 정당한 사유 없이 설립 후 1년 내에 영업을 개시하지 아니하거나 1년 이상 영업을 휴지하는 때
3. 이사 또는 회사의 업무를 집행하는 사원이 법령 또는 정관에 위반하여 회사의 존속을 허용할 수 없는 행위를 한 때

② 전항의 청구가 있는 때에는 법원은 해산을 명하기 전일지라도 이해관계인이나 검사의 청구에 의하여 또는 직권으로 관리인의 선임 기타 회사재산의 보전에 필요한 처분을 할 수 있다.

③ 이해관계인이 제1항의 청구를 한 때에는 법원은 회사의 청구에 의하여 상당한 담보를 제공할 것을 명할 수 있다.

④ 회사가 전항의 청구를 함에는 이해관계인의 청구가 악의임을 소명하여야 한다.

제177조(등기기간의 기산점) 본 편의 규정에 의하여 등기할 사항으로서 관청의 허가 또는 인가를 요하는 것에 관해서는 그 서류가 도달한 날로부터 등기기간을 기산한다.

제2장 합명회사

제1절 설립

제178조(정관의 작성) 합명회사의 설립에는 2인 이상의 사원이 공동으로 정관을 작성하여야 한다.

제179조(정관의 절대적 기재사항) 정관에는 다음의 사항을 기재하고 총사원이 기명날인 또는 서명하여야 한다. <개정 1995. 12. 29.>

1. 목적

2. 상호

3. 사원의 성명 · 주민등록번호 및 주소

4. 사원의 출자의 목적과 가격 또는 평가의 표준

5. 본점의 소재지

6. 정관의 작성연월일

제180조(설립의 등기) 합명회사의 설립등기에 있어서는 다음의 사항을 등기하여야 한다. <개정 1995. 12. 29.>

1. 제179조 제1호 내지 제3호 및 제5호의 사항과 지점을 둔 때에는 그 소재지. 다만 회사를 대표할 사원을 정한 때에는 그 외의 사원의 주소를 제외한다.
2. 사원의 출자의 목적, 재산출자에는 그 가격과 이행한 부분
3. 존립기간 기타 해산사유를 정한 때에는 그 기간 또는 사유
4. 회사를 대표할 사원을 정한 때에는 그 성명
5. 수인의 사원이 공동으로 회사를 대표할 것을 정한 때에는 그 규정

제181조(지점설치의 등기) ① 회사의 설립과 동시에 지점을 설치하는 경우에는 설립등기를 한 후 2주간 내에 지점소재지에서 제180조 각 호의 사항(다른 지점의 소재지를 제외한다.)을 등기하여야 한다. <개정 1995. 12. 29.>

② 회사의 성립 후에 지점을 설치하는 경우에는 본점소재지에서는 2주간 내에 그 지점소재지와 설치연월일을 등기하고, 그 지점소재지에서는 3주간 내에 제180조 각 호의 사항(다른 지점의 소재지를 제외한다.)을 등기하여야 한다. <개정 1995. 12. 29.>

③ 삭제 <1995. 12. 29.>

제182조(본점, 지점의 이전등기) ① 회사가 본점을 이전하는 경우에는 2주간 내에 구소재지에서는 신소재지와 이전연월일을, 신소재지에서는 제180조 각 호의 사항을 등기하여야 한다. <개정 1995. 12. 29.>

② 회사가 지점을 이전하는 경우에는 2주간 내에 본점과 구지점소재지에서는 신지점소재지와 이전연월일을 등기하고, 신지점소재지에서는 제180조 각 호의 사항(다른 지점소재지를 제외한다.)을 등기하여야 한다. <개정 1995.

12. 29.>

③ 삭제 <1995. 12. 29.>

第183조(변경등기) 제180조에 게기한 사항에 변경이 있는 때에는 본점소재지에서는 2주간 내, 지점소재지에서는 3주간 내에 변경등기를 하여야 한다.

第183조의 2(업무집행정지가처분 등의 등기) 사원의 업무집행을 정지하거나 직무대행자를 선임하는 가처분을 하거나 그 가처분을 변경·취소하는 경우에는 본점 및 지점이 있는 곳의 등기소에서 이를 등기하여야 한다.

[본조신설 2001. 12. 29.]

第184조(설립무효, 취소의 소) ① 회사의 설립의 무효는 그 사원에 한하여, 설립의 취소는 그 취소권 있는 자에 한하여 회사성립의 날로부터 2년 내에 소만으로 이를 주장할 수 있다.

② 민법 제140조의 규정은 전항의 설립의 취소에 준용한다.

第185조(채권자에 의한 설립취소의 소) 사원이 그 채권자를 해할 것을 알고 회사를 설립한 때에는 채권자는 그 사원과 회사에 대한 소로 회사의 설립취소를 청구할 수 있다.

第186조(전속관할) 전 2조의 소는 본점소재지의 지방법원의 관할에 전속한다.

第187조(소제기의 공고) 설립무효의 소 또는 설립취소의 소가 제기된 때에는 회사는 지체 없이 공고하여야 한다.

第188조(소의 병합심리) 수개의 설립무효의 소 또는 설립취소의 소가 제기된 때에는 법원은 이를 병합심리 하여야 한다.

第189조(하자의 보완등과 청구의 기각) 설립무효의 소 또는 설립취소의 소가 그 심리 중에 원인이 된 하자가 보완되고 회사의 현황과 제반 사정을 참작하여 설립을 무효 또는 취소하는 것이 부적당하다고 인정한 때에는 법원은 그 청구를 기각할 수 있다.

第190조(판결의 효력) 설립무효의 판결 또는 설립취소의 판결은 제삼자에 대해서도 그 효력이 있다. 그러나 판결확정 전에 생긴 회사와 사원 및 제삼자 간의 권리의무에 영향을 미치지 아니한다.

제191조(패소원고의 책임) 설립무효의 소 또는 설립취소의 소를 제기한 자가 패소한 경우에 악의 또는 중대한 과실이 있는 때에는 회사에 대하여 연대하여 손해를 배상할 책임이 있다.

제192조(설립무효, 취소의 등기) 설립무효의 판결 또는 설립취소의 판결이 확정된 때에는 본점과 지점의 소재지에서 등기하여야 한다.

제193조(설립무효, 취소판결의 효과) ① 설립무효의 판결 또는 설립취소의 판결이 확정된 때에는 해산의 경우에 준하여 청산하여야 한다.

② 전항의 경우에는 법원은 사원 기타의 이해관계인의 청구에 의하여 청산인을 선임할 수 있다.

제194조(설립무효, 취소와 회사계속) ① 설립무효의 판결 또는 설립취소의 판결이 확정된 경우에 그 무효나 취소의 원인이 특정한 사원에 한한 것인 때에는 다른 사원 전원의 동의로써 회사를 계속할 수 있다.

② 전항의 경우에는 그 무효 또는 취소의 원인이 있는 사원은 퇴사한 것으로 본다.

③ 제229조 제2항과 제3항의 규정은 전 2항의 경우에 준용한다.

제2절 회사의 내부관계

제195조(준용법규) 합명회사의 내부관계에 관해서는 정관 또는 본 법에 다른 규정이 없으면 조합에 관한 민법의 규정을 준용한다.

제196조(채권출자) 채권을 출자의 목적으로 한 사원은 그 채권이 변제기에 변제되지 아니한 때에는 그 채권액을 변제할 책임을 진다. 이 경우에는 이자를 지급하는 외에 이로 인하여 생긴 손해를 배상하여야 한다.

제197조(지분의 양도) 사원은 다른 사원의 동의를 얻지 아니하면 그 지분의 전부 또는 일부를 타인에게 양도하지 못한다.

제198조(사원의 경업의 금지) ① 사원은 다른 사원의 동의가 없으면 자기 또는 제삼자의 계산으로 회사의 영업부류에 속하는 거래를 하지 못하며 동종영업을 목적으로 하는 다른 회사의 무한책임사원 또는 이사가 되지 못한다.

② 사원이 전항의 규정에 위반하여 거래를 한 경우에 그 거래가 자기의 계산으로 한 것인 때에는 회사는 이를 회사의 계산으로 인한 것으로 볼 수 있고 제삼자의 계산으로 한 것인 때에는 그 사원에 대하여 회사는 이로 인한 이득의 양도를 청구할 수 있다. <개정 1962. 12. 12.>

③ 전항의 규정은 회사의 그 사원에 대한 손해배상의 청구에 영향을 미치지 아니한다.

④ 제2항의 권리는 다른 사원 과반수의 결의에 의하여 행사하여야 하며 다른 사원의 1인이 그 거래를 안 날로부터 2주간을 경과하거나 그 거래가 있은 날로부터 1년을 경과하면 소멸한다.

제199조(사원의 자기거래) 사원은 다른 사원 과반수의 결의가 있는 때에 한하여 자기 또는 제삼자의 계산으로 회사와 거래를 할 수 있다. 이 경우에는 민법 제124조의 규정을 적용하지 아니한다.

제200조(업무집행의 권리의무) ① 각 사원은 정관에 다른 규정이 없는 때에는 회사의 업무를 집행할 권리와 의무가 있다.

② 각 사원의 업무집행에 관한 행위에 대하여 다른 사원의 이의가 있는 때에는 곧 행위를 중지하고 총사원 과반수의 결의에 의하여야 한다.

제200조의 2(직무대행자의 권한) ① 제183조의 2의 직무대행자는 가처분명령에 다른 정함이 있는 경우 외에는 법인의 통상업무에 속하지 아니한 행위를 하지 못한다. 다만 법원의 허가를 얻은 경우에는 그러하지 아니하다.

② 직무대행자가 제1항의 규정에 위반한 행위를 한 경우에도 회사는 선의의 제삼자에 대하여 책임을 진다.

[본조신설 2001. 12. 29.]

제201조(업무집행사원) ① 정관으로 사원의 1인 또는 수인을 업무집행사원으로 정한 때에는 그 사원이 회사의 업무를 집행할 권리와 의무가 있다.

② 수인의 업무집행사원이 있는 경우에 그 각 사원의 업무집행에 관한 행위에 대하여 다른 업무집행사원의 이의가 있는 때에는 곧 행위를 중지하고 업무집행사원 과반수의 결의에 의하여야 한다.

제202조(공동업무집행사원) 정관으로 수인의 사원을 공동업무집행사원으

로 정한 때에 그 전원의 동의가 없으면 업무집행에 관한 행위를 하지 못한다. 그러나 지체할 염려가 있는 때에는 그러하지 아니하다.

제203조(지배인의 선임과 해임) 지배인의 선임과 해임은 정관에 다른 정함이 없으면 업무집행사원이 있는 경우에도 총사원 과반수의 결의에 의하여야 한다.

제204조(정관의 변경) 정관을 변경함에는 총사원의 동의가 있어야 한다.

제205조(업무집행사원의 권한상실선고) ① 사원이 업무를 집행함에 현저하게 부적임하거나 중대한 의무에 위반한 행위가 있는 때에는 법원은 사원의 청구에 의하여 업무집행권한의 상실을 선고할 수 있다.

② 전항의 판결이 확정된 때에는 본점과 지점의 소재지에서 등기하여야 한다.

제206조(준용규정) 제186조의 규정은 전조의 소에 준용한다.

제3절 회사의 외부관계

제207조(회사대표) 정관으로 업무집행사원을 정하지 아니한 때에는 각 사원은 회사를 대표한다. 수인의 업무집행사원을 정한 경우에 각 업무집행사원은 회사를 대표한다. 그러나 정관 또는 총사원의 동의로 업무집행사원 중 특히 회사를 대표할 자를 정할 수 있다.

제208조(공동대표) ① 회사는 정관 또는 총사원의 동의로 수인의 사원이 공동으로 회사를 대표할 것을 정할 수 있다.

② 전항의 경우에도 제삼자의 회사에 대한 의사표시는 공동대표의 권한이 있는 사원 1인에 대하여 이를 함으로써 그 효력이 생긴다.

제209조(대표사원의 권한) ① 회사를 대표하는 사원은 회사의 영업에 관하여 재판상 또는 재판 외의 모든 행위를 할 권한이 있다.

② 전항의 권한에 대한 제한은 선의의 제삼자에게 대항하지 못한다.

제210조(손해배상책임) 회사를 대표하는 사원이 그 업무집행으로 인하여 타인에게 손해를 가한 때에는 회사는 그 사원과 연대하여 배상할 책임이 있다.

제211조(회사와 사원 간의 소에 관한 대표권) 회사가 사원에 대하여 또는 사원이 회사에 대하여 소를 제기하는 경우에 회사를 대표할 사원이 없을 때에는 다른 사원 과반수의 결의로 선정하여야 한다.

제212조(사원의 책임) ① 회사의 재산으로 회사의 채무를 완제할 수 없는 때에는 각 사원은 연대하여 변제할 책임이 있다.

② 회사재산에 대한 강제집행이 주효하지 못한 때에도 전항과 같다.

③ 전항의 규정은 사원이 회사에 변제의 자력이 있으며 집행이 용이한 것을 증명한 때에는 적용하지 아니한다.

제213조(신입사원의 책임) 회사성립 후에 가입한 사원은 그 가입 전에 생긴 회사채무에 대하여 다른 사원과 동일한 책임을 진다.

제214조(사원의 항변) ① 사원이 회사채무에 관하여 변제의 청구를 받은 때에는 회사가 주장할 수 있는 항변으로 그 채권자에게 대항할 수 있다.

② 회사가 그 채권자에 대하여 상계, 취소 또는 해제할 권리가 있는 경우에는 사원은 전항의 청구에 대하여 변제를 거부할 수 있다.

제215조(자칭사원의 책임) 사원이 아닌 자가 타인에게 자기를 사원이라고 오인시키는 행위를 하였을 때에는 오인으로 인하여 회사와 거래한 자에 대하여 사원과 동일한 책임을 진다.

제216조(준용규정) 제205조와 제206조의 규정은 회사의 대표사원에 준용한다.

제4절 사원의 퇴사

제217조(사원의 퇴사권) ① 정관으로 회사의 존립기간을 정하지 아니하거나 어느 사원의 종신까지 존속할 것을 정한 때에는 사원은 영업연도 말에 한하여 퇴사할 수 있다. 그러나 6개월 전에 이를 예고하여야 한다.

② 사원이 부득이한 사유가 있을 때에는 언제든지 퇴사할 수 있다.

제218조(퇴사원인) 사원은 전조의 경우 외에 다음의 사유로 인하여 퇴사한다.

1. 정관에 정한 사유의 발생
2. 총사원의 동의
3. 사망
4. 금치산
5. 파산
6. 제명

제219조(사원사망 시 권리승계의 통지) ① 정관으로 사원이 사망한 경우에 그 상속인이 회사에 대한 피상속인의 권리의무를 승계하여 사원이 될 수 있음을 정한 때에는 상속인은 상속의 개시를 안 날로부터 3개월 내에 회사에 대하여 승계 또는 포기의 통지를 발송하여야 한다.

② 상속인이 전항의 통지 없이 3개월을 경과한 때에는 사원이 될 권리를 포기한 것으로 본다.

제220조(제명의 선고) ① 사원에게 다음의 사유가 있는 때에는 회사는 다른 사원 과반수의 결의에 의하여 그 사원의 제명의 선고를 법원에 청구할 수 있다.

1. 출자의 의무를 이행하지 아니한 때
2. 제198조 제1항의 규정에 위반한 행위가 있는 때
3. 회사의 업무집행 또는 대표에 관하여 부정한 행위가 있는 때, 권한 없이 업무를 집행하거나 회사를 대표한 때
4. 기타 중요한 사유가 있는 때

② 제205조 제2항과 제206조의 규정은 전항의 경우에 준용한다.

제221조(제명사원과 회사 간의 계산) 제명된 사원과 회사와의 계산은 제명의 소를 제기한 때의 회사재산의 상태에 따라서 하며 그때부터 법정이자를 붙여야 한다.

제222조(지분의 환급) 퇴사한 사원은 노무 또는 신용으로 출자의 목적으로 한 경우에도 그 지분의 환급을 받을 수 있다. 그러나 정관에 다른 규정이 있는 때에는 그러하지 아니하다.

제223조(지분의 압류) 사원의 지분의 압류는 사원이 장래이익의 배당과

지분의 환급을 청구하는 권리에 대해서도 그 효력이 있다.

제224조(지분압류채권자에 의한 퇴사청구) ① 사원의 지분을 압류한 채권자는 영업연도 말에 그 사원을 퇴사시킬 수 있다. 그러나 회사와 그 사원에 대하여 6개월 전에 그 예고를 하여야 한다.

② 전항 단서의 예고는 사원이 변제를 하거나 상당한 담보를 제공한 때에는 그 효력을 잃는다.

제225조(퇴사원의 책임) ① 퇴사한 사원은 본점소재지에서 퇴사등기를 하기 전에 생긴 회사채무에 대해서는 등기 후 2년 내에는 다른 사원과 동일한 책임이 있다.

② 전항의 규정은 지분을 양도한 사원에 준용한다.

제226조(퇴사원의 상호변경청구권) 퇴사한 사원의 성명이 회사의 상호중에 사용된 경우에는 그 사원은 회사에 대하여 그 사용의 폐지를 청구할 수 있다.

제5절 회사의 해산

제227조(해산원인) 회사는 다음의 사유로 인하여 해산한다.

1. 존립기간의 만료 기타 정관으로 정한 사유의 발생
2. 총사원의 동의
3. 사원이 1인으로 된 때
4. 합병
5. 파산
6. 법원의 명령 또는 판결

제228조(해산등기) 회사가 해산된 때에는 합병과 파산의 경우 외에는 그 해산사유가 있은 날로부터 본점소재지에서는 2주간 내, 지점소재지에서는 3주간 내에 해산등기를 하여야 한다.

제229조(회사의 계속) ① 제227조 제1호와 제2호의 경우에는 사원의 전부 또는 일부의 동의로 회사를 계속할 수 있다. 그러나 동의를 하지 아니한

사원은 퇴사한 것으로 본다.

② 제227조 제3호의 경우에는 새로 사원을 가입시켜서 회사를 계속할 수 있다.

③ 전 2항의 경우에 이미 회사의 해산등기를 하였을 때에는 본점소재지에서는 2주간 내, 지점소재지에서는 3주간 내에 회사의 계속등기를 하여야 한다.

④ 제213조의 규정은 제2항의 신입사원의 책임에 준용한다.

제230조(합병의 결의) 회사가 합병을 함에는 총사원의 동의가 있어야 한다.

제231조 삭제 <1984. 4. 10.>

제232조(채권자의 이의) ① 회사는 합병의 결의가 있은 날부터 2주 내에 회사채권자에 대하여 합병에 이의가 있으면 일정한 기간 내에 이를 제출할 것을 공고하고 알고 있는 채권자에 대해서는 따로따로 이를 최고하여야 한다. 이 경우 그 기간은 1개월 이상이어야 한다. <개정 1984. 4. 10, 1998. 12. 28.>

② 채권자가 제1항의 기간 내에 이의를 제출하지 아니한 때에는 합병을 승인한 것으로 본다. <개정 1984. 4. 10.>

③ 이의를 제출한 채권자가 있는 때에는 회사는 그 채권자에 대하여 변제 또는 상당한 담보를 제공하거나 이를 목적으로 하여 상당한 재산을 신탁회사에 신탁하여야 한다.

제233조(합병의 등기) 회사가 합병을 한 때에는 본점소재지에서는 2주간 내, 지점소재지에서는 3주간 내에 합병 후 존속하는 회사의 변경등기, 합병으로 인하여 소멸하는 회사의 해산등기, 합병으로 인하여 설립되는 회사의 설립등기를 하여야 한다.

제234조(합병의 효력발생) 회사의 합병은 합병 후 존속하는 회사 또는 합병으로 인하여 설립되는 회사가 그 본점소재지에서 전조의 등기를 함으로써 그 효력이 생긴다.

제235조(합병의 효과) 합병 후 존속한 회사 또는 합병으로 인하여 설립된 회사는 합병으로 인하여 소멸된 회사의 권리의무를 승계한다.

제236조(합병무효의 소의 제기) ① 회사의 합병의 무효는 각 회사의 사

원, 청산인, 파산관재인 또는 합병을 승인하지 아니한 회사채권자에 한하여 소만으로 이를 주장할 수 있다.

② 전항의 소는 제233조의 등기가 있은 날로부터 6개월 내에 제기하여야 한다.

제237조(준용규정) 제176조 제3항과 제4항의 규정은 회사채권자가 전조의 소를 제기한 때에 준용한다.

제238조(합병무효의 등기) 합병을 무효로 한 판결이 확정된 때에는 본점과 지점의 소재지에서 합병 후 존속한 회사의 변경등기, 합병으로 인하여 소멸된 회사의 회복등기, 합병으로 인하여 설립된 회사의 해산등기를 하여야 한다.

제239조(무효판결확정과 회사의 권리의무의 귀속) ① 합병을 무효로 한 판결이 확정된 때에는 합병을 한 회사는 합병 후 존속한 회사 또는 합병으로 인하여 설립된 회사의 합병 후 부담한 채무에 대하여 연대하여 변제할 책임이 있다.

② 합병 후 존속한 회사 또는 합병으로 인하여 설립한 회사의 합병 후 취득한 재산은 합병을 한 회사의 공유로 한다.

③ 전 2항의 경우에 각 회사의 협의로 그 부담부분 또는 지분을 정하지 못한 때에는 법원은 그 청구에 의하여 합병 당시의 각 회사의 재산상태 기타의 사정을 참작하여 이를 정한다.

제240조(준용규정) 제186조 내지 제191조의 규정은 합병무효의 소에 준용한다.

제241조(사원에 의한 해산청구) ① 부득이한 사유가 있는 때에는 각 사원은 회사의 해산을 법원에 청구할 수 있다.

② 제186조와 제191조의 규정은 전항의 경우에 준용한다.

제242조(조직변경) ① 합명회사는 총사원의 동의로 일부사원을 유한책임사원으로 하거나 유한책임사원을 새로 가입시켜서 합자회사로 변경할 수 있다.

② 전항의 규정은 제229조 제2항의 규정에 의하여 회사를 계속하는 경우에 준용한다.

제243조(조직변경의 등기) 합명회사를 합자회사로 변경한 때에는 본점소재지에서는 2주간 내, 지점소재지에서는 3주간 내에 합명회사에 있어서는 해산등기, 합자회사에 있어서는 설립등기를 하여야 한다.

제244조(조직변경에 의하여 유한책임사원이 된 자의 책임) 합명회사사원으로서 제242조 제1항의 규정에 의하여 유한책임사원이 된 자는 전조의 규정에 의한 본점등기를 하기 전에 생긴 회사채무에 대해서는 등기 후 2년 내에는 무한책임사원의 책임을 면하지 못한다.

제6절 청산

제245조(청산 중의 회사) 회사는 해산된 후에도 청산의 목적범위 내에서 존속하는 것으로 본다.

제246조(수인의 지분상속인이 있는 경우) 회사의 해산 후 사원이 사망한 경우에 그 상속인이 수인인 때에는 청산에 관한 사원의 권리를 행사할 자 1인을 정하여야 한다. 이를 정하지 아니한 때에는 회사의 통지 또는 최고는 그중의 1인에 대하여 하면 전원에 대하여 그 효력이 있다.

제247조(임의청산) ① 해산된 회사의 재산처분방법은 정관 또는 총사원의 동의로 이를 정할 수 있다. 이 경우에는 해산사유가 있는 날로부터 2주간 내에 재산목록과 대차대조표를 작성하여야 한다.

② 전항의 규정은 회사가 제227조 제3호 또는 제6호의 사유로 인하여 해산한 경우에는 이를 적용하지 아니한다.

③ 제232조의 규정은 제1항의 경우에 준용한다.

④ 제1항의 경우에 사원의 지분을 압류한 자가 있는 때에는 그 동의를 얻어야 한다.

⑤ 제1항의 회사는 그 재산의 처분을 완료한 날부터 본점소재지에서는 2주간 내에, 지점소재지에서는 3주간 내에 청산종결의 등기를 하여야 한다. <신설 1995. 12. 29.>

제248조(임의청산과 채권자보호) ① 회사가 전조 제3항의 규정에 위반하

여 그 재산을 처분함으로써 회사채권자를 해한 때에는 회사채권자는 그 처분의 취소를 법원에 청구할 수 있다.

② 제186조와 민법 제406조 제1항 단서, 제2항 및 제407조의 규정은 전항의 취소의 청구에 준용한다.

제249조(지분압류채권자의 보호) 회사가 제247조 제4항의 규정에 위반하여 그 재산을 처분한 때에는 사원의 지분을 압류한 자는 회사에 대하여 그 지분에 상당하는 금액의 지급을 청구할 수 있다. 이 경우에는 전조의 규정을 준용한다.

제250조(법정청산) 제247조 제1항의 규정에 의하여 회사재산의 처분방법을 정하지 아니한 때에는 합병과 파산의 경우를 제외하고 제251조 내지 제265조의 규정에 따라서 청산을 하여야 한다.

제251조(청산인) ① 회사가 해산된 때에는 총사원 과반수의 결의로 청산인을 선임한다.

② 청산인의 선임이 없는 때에는 업무집행사원이 청산인이 된다.

제252조(법원선임에 의한 청산인) 회사가 제227조 제3호 또는 제6호의 사유로 인하여 해산된 때에는 법원은 사원 기타의 이해관계인이나 검사의 청구에 의하여 또는 직권으로 청산인을 선임한다.

제253조(청산인의 등기) ① 청산인이 선임된 때에는 그 선임된 날로부터, 업무집행사원이 청산인이 된 때에는 해산된 날로부터 본점소재지에서는 2주간 내, 지점소재지에서는 3주간 내에 다음의 사항을 등기하여야 한다. <개정 1995. 12. 29.>

1. 청산인의 성명·주민등록번호 및 주소. 다만 회사를 대표할 청산인을 정한 때에는 그 외의 청산인의 주소를 제외한다.
2. 회사를 대표할 청산인을 정한 때에는 그 성명
3. 수인의 청산인이 공동으로 회사를 대표할 것을 정한 때에는 그 규정

② 제183조의 규정은 제1항의 등기에 준용한다. <개정 1995. 12. 29.>

제254조(청산인의 직무권한) ① 청산인의 직무는 다음과 같다.

1. 현존사무의 종결

2. 채권의 추심과 채무의 변제

3. 재산의 환가처분

4. 잔여재산의 분배

② 청산인이 수인인 때에는 청산의 직무에 관한 행위는 그 과반수의 결의로 정한다.

③ 회사를 대표할 청산인은 제1항의 직무에 관하여 재판상 또는 재판 외의 모든 행위를 할 권한이 있다.

④ 민법 제93조의 규정은 합명회사에 준용한다.

제255조(청산인의 회사대표) ① 업무집행사원이 청산인으로 된 경우에는 종전의 정함에 따라 회사를 대표한다.

② 법원이 수인의 청산인을 선임하는 경우에는 회사를 대표할 자를 정하거나 수인이 공동하여 회사를 대표할 것을 정할 수 있다.

제256조(청산인의 의무) ① 청산인은 취임한 후 지체 없이 회사의 재산상태를 조사하고 재산목록과 대차대조표를 작성하여 각 사원에게 교부하여야 한다.

② 청산인은 사원의 청구가 있는 때에는 언제든지 청산의 상황을 보고하여야 한다.

제257조(영업의 양도) 청산인이 회사의 영업의 전부 또는 일부를 양도함에는 총사원 과반수의 결의가 있어야 한다.

제258조(채무완제불능과 출자청구) ① 회사의 현존재산이 그 채무를 변제함에 부족한 때에는 청산인은 변제기에 불구하고 각 사원에 대하여 출자를 청구할 수 있다.

② 전항의 출자액은 각 사원의 출자의 비율로 이를 정한다.

제259조(채무의 변제) ① 청산인은 변제기에 이르지 아니한 회사채무에 대해서도 이를 변제할 수 있다.

② 전항의 경우에 이자 없는 채권에 관해서는 변제기에 이르기까지의 법정이자를 가산하여 그 채권액에 달할 금액을 변제하여야 한다.

③ 전항의 규정은 이자 있는 채권으로서 그 이율이 법정이율에 달하지

못하는 것에 이를 준용한다.

④ 제1항의 경우에는 조건부채권, 존속기간이 불확정한 채권 기타 가액이 불확정한 채권에 대해서는 법원이 선임한 감정인의 평가에 의하여 변제하여야 한다.

第260条(잔여재산의 분배) 청산인은 회사의 채무를 완제한 후가 아니면 회사재산을 사원에게 분배하지 못한다. 그러나 다툼이 있는 채무에 대해서는 그 변제에 필요한 재산을 보류하고 잔여재산을 분배할 수 있다.

第261条(청산인의 해임) 사원이 선임한 청산인은 총사원 과반수의 결의로 해임할 수 있다.

第262条(동전) 청산인이 그 직무를 집행함에 현저하게 부적임하거나 중대한 임무에 위반한 행위가 있는 때에는 법원은 사원 기타의 이해관계인의 청구에 의하여 청산인을 해임할 수 있다.

第263条(청산인의 임무종료) ① 청산인은 그 임무가 종료한 때에는 지체없이 계산서를 작성하여 각 사원에게 교부하고 그 승인을 얻어야 한다.

② 전항의 계산서를 받은 사원이 1개월 내에 이의를 하지 아니한 때에는 그 계산을 승인한 것으로 본다. 그러나 청산인에게 부정행위가 있는 경우에는 그러하지 아니하다.

第264条(청산종결의 등기) 청산이 종결된 때에는 청산인은 전조의 규정에 의한 총사원의 승인이 있은 날로부터 본점소재지에서는 2주간 내, 지점소재지에서는 3주간 내에 종결의 등기를 하여야 한다.

第265条(준용규정) 제183조의 2 · 제199조 · 제200조의 2 · 제207조 · 제208조 · 제209조 제2항 · 제210조 · 제382조 제2항 · 제399조 및 제401조의 규정은 청산인에 준용한다.

[전문개정 2001. 12. 29.]

第266条(장부, 서류의 보존) ① 회사의 장부와 영업 및 청산에 관한 중요 서류는 본점소재지에서 청산종결의 등기를 한 후 10년간 이를 보존하여야 한다. 다만 전표 또는 이와 유사한 서류는 5년간 이를 보존하여야 한다.

<개정 1995. 12. 29.>

② 제1항의 경우에는 총사원 과반수의 결의로 보존인과 보존방법을 정하여야 한다. <개정 1995. 12. 29.>

제267조(사원의 책임의 소멸시기) ① 제212조의 규정에 의한 사원의 책임은 본점소재지에서 해산등기를 한 후 5년을 경과하면 소멸한다.

② 전항의 기간경과 후에도 분배하지 아니한 잔여재산이 있는 때에는 회사채권자는 이에 대하여 변제를 청구할 수 있다.

제3장 합자회사

제268조(회사의 조직) 합자회사는 무한책임사원과 유한책임사원으로 조직한다.

제269조(준용규정) 합자회사에는 본 장에 다른 규정이 없는 사항은 합명회사에 관한 규정을 준용한다.

제270조(정관의 절대적 기재사항) 합자회사의 정관에는 제179조에 게기한 사항 외에 각 사원의 무한책임 또는 유한책임인 것을 기재하여야 한다.

제271조(등기사항) 합자회사의 설립등기에 있어서는 제180조 각 호의 사항 외에 각 사원의 무한책임 또는 유한책임인 것을 등기하여야 한다.

[전문개정 1995. 12. 29.]

제272조(유한책임사원의 출자) 유한책임사원은 신용 또는 노무를 출자의 목적으로 하지 못한다.

제273조(업무집행의 권리의무) 무한책임사원은 정관에 다른 규정이 없는 때에는 각자가 회사의 업무를 집행할 권리와 의무가 있다.

제274조(지배인의 선임, 해임) 지배인의 선임과 해임은 업무집행사원이 있는 경우에도 무한책임사원 과반수의 결의에 의하여야 한다.

제275조(유한책임사원의 경업의 자유) 유한책임사원은 다른 사원의 동의없이 자기 또는 제삼자의 계산으로 회사의 영업부류에 속하는 거래를 할 수 있고 동종영업을 목적으로 하는 다른 회사의 무한책임사원 또는 이사가 될

수 있다.

제276조(유한책임사원의 지분양도) 유한책임사원은 무한책임사원 전원의 동의가 있으면 그 지분의 전부 또는 일부를 타인에게 양도할 수 있다. 지분의 양도에 따라 정관을 변경하여야 할 경우에도 같다.

제277조(유한책임사원의 감시권) ① 유한책임사원은 영업연도 말에 있어서 영업시간 내에 한하여 회사의 회계장부·대차대조표 기타의 서류를 열람할 수 있고 회사의 업무와 재산상태를 검사할 수 있다. <개정 1984. 4. 10.>

② 중요한 사유가 있는 때에는 유한책임사원은 언제든지 법원의 허가를 얻어 제1항의 열람과 검사를 할 수 있다. <개정 1984. 4. 10.>

제278조(유한책임사원의 업무집행, 회사대표의 금지) 유한책임사원은 회사의 업무집행이나 대표행위를 하지 못한다.

제279조(유한책임사원의 책임) ① 유한책임사원은 그 출자가액에서 이미 이행한 부분을 공제한 가액을 한도로 하여 회사채무를 변제할 책임이 있다.

② 회사에 이익이 없음에도 불구하고 배당을 받은 금액은 변제책임을 정함에 있어서 이를 가산한다.

제280조(출자감소의 경우의 책임) 유한책임사원은 그 출자를 감소한 후에도 본점소재지에서 등기를 하기 전에 생긴 회사채무에 대해서는 등기 후 2년 내에는 전조의 책임을 면하지 못한다.

제281조(자칭무한책임사원의 책임) ① 유한책임사원이 타인에게 자기를 무한책임사원이라고 오인시키는 행위를 한 때에는 오인으로 인하여 회사와 거래를 한 자에 대하여 무한책임사원과 동일한 책임이 있다.

② 전항의 규정은 유한책임사원이 그 책임의 한도를 오인시키는 행위를 한 경우에 준용한다.

제282조(책임을 변경한 사원의 책임) 제213조의 규정은 유한책임사원이 무한책임사원으로 된 경우에, 제225조의 규정은 무한책임사원이 유한책임사원으로 된 경우에 준용한다.

제283조(유한책임사원의 사망) ① 유한책임사원이 사망한 때에는 그 상속인이 그 지분을 승계하여 사원이 된다.

② 전항의 경우에 상속인이 수인인 때에는 사원의 권리를 행사할 자 1인을 정하여야 한다. 이를 정하지 아니한 때에는 회사의 통지 또는 최고는 그 중의 1인에 대하여 하면 전원에 대하여 그 효력이 있다.

제284조(유한책임사원의 금치산) 유한책임사원은 금치산의 선고를 받은 경우에도 퇴사되지 아니한다.

제285조(해산, 계속) ① 합자회사는 무한책임사원 또는 유한책임사원의 전원이 퇴사한 때에는 해산된다.

② 전항의 경우에 잔존한 무한책임사원 또는 유한책임사원은 전원의 동의로 새로 유한책임사원 또는 무한책임사원을 가입시켜서 회사를 계속할 수 있다.

③ 제213조와 제229조 제3항의 규정은 전항의 경우에 준용한다.

제286조(조직변경) ① 합자회사는 사원 전원의 동의로 그 조직을 합명회사로 변경하여 계속할 수 있다.

② 유한책임사원 전원이 퇴사한 경우에도 무한책임사원은 그 전원의 동의로 합명회사로 변경하여 계속할 수 있다.

③ 전 2항의 경우에는 본점소재지에서는 2주간 내, 지점소재지에서는 3주간 내에 합자회사에 있어서는 해산등기를, 합명회사에 있어서는 설립등기를 하여야 한다.

제287조(청산인) 합자회사의 청산인은 무한책임사원 과반수의 결의로 선임한다. 이를 선임하지 아니한 때에는 업무집행사원이 청산인이 된다.

제4장 주식회사

제1절 설립

제288조(발기인) 주식회사를 설립함에는 발기인이 정관을 작성하여야 한다.
[전문개정 2001. 7. 24.]

제289조(정관의 작성, 절대적 기재사항) ① 발기인은 정관을 작성하여 이에 다음의 사항을 기재하고 각 발기인이 기명날인 또는 서명하여야 한다. <개정 1984. 4. 10, 1995. 12. 29, 2001. 7. 24>

1. 목적
2. 상호
3. 회사가 발행할 주식의 총수
4. 1주의 금액
5. 회사의 설립 시에 발행하는 주식의 총수
6. 본점의 소재지
7. 회사가 공고를 하는 방법
8. 발기인의 성명·주민등록번호 및 주소
9. 삭제 <1984. 4. 10.>

② 회사의 설립 시에 발행하는 주식의 총수는 회사가 발행할 주식의 총수의 4분의 1 이상이어야 한다. <개정 1984. 4. 10.>

③ 회사의 공고는 관보 또는 시사에 관한 사항을 게재하는 일간신문에 하여야 한다. <개정 1984. 4. 10.>

제289조(정관의 작성, 절대적 기재사항) ① 발기인은 정관을 작성하여 이에 다음의 사항을 기재하고 각 발기인이 기명날인 또는 서명하여야 한다. <개정 1984. 4. 10, 1995. 12. 29, 2001. 7. 24.>

1. 목적
2. 상호
3. 회사가 발행할 주식의 총수
4. 1주의 금액
5. 회사의 설립 시에 발행하는 주식의 총수
6. 본점의 소재지
7. 회사가 공고를 하는 방법
8. 발기인의 성명·주민등록번호 및 주소
9. 삭제 <1984. 4. 10.>

② 회사의 설립 시에 발행하는 주식의 총수는 회사가 발행할 주식의 총수의 4분의 1 이상이어야 한다. <개정 1984. 4. 10.>

③ 회사의 공고는 관보 또는 시사에 관한 사항을 게재하는 일간신문에 하여야 한다. 다만 회사는 그 공고를 정관으로 정하는 바에 따라 전자적 방법으로 할 수 있다. <개정 2009. 5. 28.>

④ 회사는 제3항에 따라 전자적 방법으로 공고할 경우 대통령령으로 정하는 기간까지 계속 공고하고, 재무제표를 전자적 방법으로 공고할 경우에는 제450조에서 정한 기간까지 계속 공고하여야 한다. 다만 공고기간 이후에도 누구나 그 내용을 열람할 수 있도록 하여야 한다. <신설 2009. 5. 28.>

⑤ 회사가 전자적 방법으로 공고를 할 경우에는 게시 기간과 게시 내용에 대하여 증명하여야 한다. <신설 2009. 5. 28.>

⑥ 회사의 전자적 방법으로 하는 공고에 관하여 필요한 사항은 대통령령으로 정한다. <신설 2009. 5. 28.>

[시행일 2010. 5. 29, 이상 개정 및 신설조문 동일]

제290조(변태설립사항) 다음의 사항은 정관에 기재함으로써 그 효력이 있다.

1. 발기인이 받을 특별이익과 이를 받을 자의 성명
2. 현물출자를 하는 자의 성명과 그 목적인 재산의 종류, 수량, 가격과 이에 대하여 부여할 주식의 종류와 수
3. 회사성립 후에 양수할 것을 약정한 재산의 종류, 수량, 가격과 그 양도인의 성명
4. 회사가 부담할 설립비용과 발기인이 받을 보수액

제291조(설립 당시의 주식발행사항의 결정) 회사설립 시에 발행하는 주식에 관하여 다음의 사항은 정관에 다른 정함이 없으면 발기인 전원의 동의로 이를 정한다.

1. 주식의 종류와 수
2. 액면 이상의 주식을 발행하는 때에는 그 수와 금액

제292조(정관의 효력발생) 정관은 공증인의 인증을 받음으로써 효력이

생긴다. 다만 자본금 총액이 10억 원 미만인 회사를 제295조 제1항에 따라 발기설립(發起設立) 하는 경우에는 제289조 제1항에 따라 각 발기인이 정관에 기명날인 또는 서명함으로써 효력이 생긴다.

[전문개정 2009. 5. 28. 공포 및 시행]

제293조(발기인의 주식인수) 각 발기인은 서면에 의하여 주식을 인수하여야 한다.

제294조 삭제 <1995. 12. 29.>

제295조(발기설립의 경우의 납입과 현물출자의 이행) ① 발기인이 회사의 설립 시에 발행하는 주식의 총수를 인수한 때에는 지체 없이 각 주식에 대하여 그 인수가액의 전액을 납입하여야 한다. 이 경우 발기인은 납입을 맡을 은행 기타 금융기관과 납입장소를 지정하여야 한다. <개정 1995. 12. 29.>

② 현물출자를 하는 발기인은 납입기일에 지체 없이 출자의 목적인 재산을 인도하고 등기, 등록 기타 권리의 설정 또는 이전을 요할 경우에는 이에 관한 서류를 완비하여 교부하여야 한다.

제296조(발기설립의 경우의 임원선임) ① 전조의 규정에 의한 납입과 현물출자의 이행이 완료된 때에는 발기인은 지체 없이 의결권의 과반수로 이사와 감사를 선임하여야 한다.

② 발기인의 의결권은 그 인수주식의 1주에 대하여 1개로 한다.

제297조(발기인의 의사록작성) 발기인은 의사록을 작성하여 의사의 경과와 그 결과를 기재하고 기명날인 또는 서명하여야 한다. <개정 1995. 12. 29.>

제298조(이사 · 감사의 조사 · 보고와 검사인의 선임청구) ① 이사와 감사는 취임 후 지체 없이 회사의 설립에 관한 모든 사항이 법령 또는 정관의 규정에 위반되지 아니하는지의 여부를 조사하여 발기인에게 보고하여야 한다.

② 이사와 감사 중 발기인이었던 자 · 현물출자자 또는 회사성립 후 양수할 재산의 계약당사자인 자는 제1항의 조사 · 보고에 참가하지 못한다.

③ 이사와 감사의 전원이 제2항에 해당하는 때에는 이사는 공증인으로 하여금 제1항의 조사 · 보고를 하게 하여야 한다.

④ 정관으로 제290조 각 호의 사항을 정한 때에는 이사는 이에 관한 조

사를 하게 하기 위하여 검사인의 선임을 법원에 청구하여야 한다. 다만 제299조의 2의 경우에는 그러하지 아니하다.

[전문개정 1995. 12. 29.]

제299조(검사인의 조사, 보고) ① 검사인은 제290조 각 호의 사항과 제295조의 규정에 의한 현물출자의 이행을 조사하여 법원에 보고하여야 한다. <개정 1995. 12. 29.>

② 검사인은 전항의 조사보고서를 작성한 후 지체 없이 그 등본을 각 발기인에게 교부하여야 한다.

③ 검사인의 조사보고서에 사실과 상위한 사항이 있는 때에는 발기인은 이에 대한 설명서를 법원에 제출할 수 있다.

제299조의 2(현물출자 등의 증명) 제290조 제1호 및 제4호에 기재한 사항에 관해서는 공증인의 조사·보고로, 제290조 제2호 및 제3호의 규정에 의한 사항과 제295조의 규정에 의한 현물출자의 이행에 관해서는 공인된 감정인의 감정으로 제299조 제1항의 규정에 의한 검사인의 조사에 갈음할 수 있다. 이 경우 공증인 또는 감정인은 조사 또는 감정결과를 법원에 보고하여야 한다. <개정 1998. 12. 28.>

[본조신설 1995. 12. 29.]

제300조(법원의 변경처분) ① 법원은 검사인 또는 공증인의 조사보고서 또는 감정인의 감정결과와 발기인의 설명서를 심사하여 제290조의 규정에 의한 사항을 부당하다고 인정한 때에는 이를 변경하여 각 발기인에게 통고할 수 있다. <개정 1998. 12. 28.>

② 제1항의 변경에 불복하는 발기인은 그 주식의 인수를 취소할 수 있다. 이 경우에는 정관을 변경하여 설립에 관한 절차를 속행할 수 있다. <개정 1998. 12. 28.>

③ 법원의 통고가 있은 후 2주 내에 주식의 인수를 취소한 발기인이 없는 때에는 정관은 통고에 따라서 변경된 것으로 본다. <개정 1998. 12. 28.>

제301조(모집설립의 경우의 주식모집) 발기인이 회사의 설립 시에 발행하는 주식의 총수를 인수하지 아니하는 때에는 주주를 모집하여야 한다.

제302조(주식인수의 청약, 주식청약서의 기재사항) ① 주식인수의 청약을 하고자 하는 자는 주식청약서 2통에 인수할 주식의 종류 및 수와 주소를 기재하고 기명날인 또는 서명하여야 한다. <개정 1995. 12. 29.>

② 주식청약서는 발기인이 이를 작성하고 다음의 사항을 기재하여야 한다. <개정 1962. 12. 12, 1984. 4. 10, 1995. 12. 29.>

1. 정관의 인증연월일과 공증인의 성명
2. 제289조 제1항과 제290조에 게기한 사항
3. 회사의 존립기간 또는 해산사유를 정한 때에는 그 규정
4. 각 발기인이 인수한 주식의 종류와 수
5. 제291조에 게기한 사항

5의 2. 주식의 양도에 관하여 이사회의 승인을 얻도록 정한 때에는 그 규정

6. 개업 전에 이자를 배당할 것을 정한 때에는 그 규정
7. 주주에게 배당할 이익으로 주식을 소각할 것을 정한 때에는 그 규정
8. 일정한 시기까지 창립총회를 종결하지 아니한 때에는 주식의 인수를 취소할 수 있다는 뜻
9. 납입을 맡을 은행 기타 금융기관과 납입장소
10. 명의개서대리인을 둔 때에는 그 성명·주소 및 영업소

③ 민법 제107조 제1항 단서의 규정은 주식인수의 청약에는 적용하지 아니한다.

제303조(주식인수인의 의무) 주식인수를 청약한 자는 발기인이 배정한 주식의 수에 따라서 인수가액을 납입할 의무를 부담한다.

제304조(주식인수인 등에 대한 통지, 최고) ① 주식인수인 또는 주식청약인에 대한 통지나 최고는 주식인수증 또는 주식청약서에 기재한 주소 또는 그자로부터 회사에 통지한 주소로 하면 된다.

② 전항의 통지 또는 최고는 보통 그 도달할 시기에 도달한 것으로 본다.

제305조(주식에 대한 납입) ① 회사설립 시에 발행하는 주식의 총수가 인수된 때에는 발기인은 지체 없이 주식인수인에 대하여 각 주식에 대한 인수가액의 전액을 납입시켜야 한다.

② 전항의 납입은 주식청약서에 기재한 납입장소에서 하여야 한다.

③ 제295조 제2항의 규정은 제1항의 경우에 준용한다.

第306조(납입금의 보관자 등의 변경) 납입금의 보관자 또는 납입장소를 변경할 때에는 법원의 허가를 얻어야 한다.

第307조(주식인수인의 실권절차) ① 주식인수인이 제305조의 규정에 의한 납입을 하지 아니한 때에는 발기인은 일정한 기일을 정하여 그 기일 내에 납입을 하지 아니하면 그 권리를 잃는다는 뜻을 기일의 2주간 전에 그 주식인수인에게 통지하여야 한다.

② 전항의 통지를 받은 주식인수인이 그 기일 내에 납입의 이행을 하지 아니한 때에는 그 권리를 잃는다. 이 경우에는 발기인은 다시 그 주식에 대한 주주를 모집할 수 있다.

③ 전 2항의 규정은 그 주식인수인에 대한 손해배상의 청구에 영향을 미치지 아니한다.

第308조(창립총회) ① 제305조의 규정에 의한 납입과 현물출자의 이행을 완료한 때에는 발기인은 지체 없이 창립총회를 소집하여야 한다.

② 제363조 제1항・제2항, 제364조, 제368조 제3항・제4항, 제368조의 2, 제369조 제1항, 제371조 제2항, 제372조, 제373조, 제376조 내지 제381조와 제435조의 규정은 창립총회에 준용한다. <개정 1984. 4. 10.>

第309조(창립총회의 결의) 창립총회의 결의는 출석한 주식인수인의 의결권의 3분의 2 이상이며 인수된 주식의 총수의 과반수에 해당하는 다수로 하여야 한다.

第310조(변태설립의 경우의 조사) ① 정관으로 제290조에 게기한 사항을 정한 때에는 발기인은 이에 관한 조사를 하게 하기 위하여 검사인의 선임을 법원에 청구하여야 한다.

② 전항의 검사인의 보고서는 이를 창립총회에 제출하여야 한다.

③ 제298조 제4항 단서 및 제299조의 2의 규정은 제1항의 조사에 관하여 이를 준용한다. <신설 1995. 12. 29.>

第311조(발기인의 보고) ① 발기인은 회사의 창립에 관한 사항을 서면에 의하여 창립총회에 보고하여야 한다.

② 전항의 보고서에는 다음의 사항을 명확히 기재하여야 한다.

1. 주식인수와 납입에 관한 제반 상황

2. 제290조에 게기한 사항에 관한 실태

제312조(임원의 선임) 창립총회에서는 이사와 감사를 선임하여야 한다.

제313조(이사, 감사의 조사, 보고) ① 이사와 감사는 취임 후 지체 없이 회사의 설립에 관한 모든 사항이 법령 또는 정관의 규정에 위반되지 아니하는지의 여부를 조사하여 창립총회에 보고하여야 한다. <개정 1995. 12. 29.>

② 제298조 제2항 및 제3항의 규정은 제1항의 조사와 보고에 관하여 이를 준용한다. <개정 1995. 12. 29.>

③ 삭제 <1995. 12. 29.>

제314조(변태설립사항의 변경) ① 창립총회에서는 제290조에 게기한 사항이 부당하다고 인정한 때에는 이를 변경할 수 있다.

② 제300조 제2항과 제3항의 규정은 전항의 경우에 준용한다.

제315조(발기인에 대한 손해배상청구) 전조의 규정은 발기인에 대한 손해배상의 청구에 영향을 미치지 아니한다.

제316조(정관변경, 설립폐지의 결의) ① 창립총회에서는 정관의 변경 또는 설립의 폐지를 결의할 수 있다.

② 전항의 결의는 소집통지서에 그 뜻의 기재가 없는 경우에도 이를 할 수 있다.

제317조(설립의 등기) ① 주식회사의 설립등기는 발기인이 회사설립 시에 발행한 주식의 총수를 인수한 경우에는 제299조와 제300조의 규정에 의한 절차가 종료한 날로부터, 발기인이 주주를 모집한 경우에는 창립총회가 종결한 날 또는 제314조의 규정에 의한 절차가 종료한 날로부터 2주간 내에 이를 하여야 한다.

② 제1항의 설립등기에 있어서는 다음의 사항을 등기하여야 한다. <개정 2009. 1. 30.>

1. 제289조 제1항 제1호 내지 제4호, 제6호와 제7호에 게기한 사항

2. 자본의 총액

3. 발행주식의 총수, 그 종류와 각종 주식의 내용과 수

3의 2. 주식의 양도에 관하여 이사회의 승인을 얻도록 정한 때에는 그 규정

3의 3. 주식매수선택권을 부여하도록 정한 때에는 그 규정

3의 4. 지점의 소재지

4. 회사의 존립기간 또는 해산사유를 정한 때에는 그 기간 또는 사유

5. 개업 전에 이자를 배당할 것을 정한 때에는 그 규정

6. 주주에게 배당할 이익으로 주식을 소각할 것을 정한 때에는 그 규정

7. 전환주식을 발행하는 경우에는 제347조에 게기한 사항

8. 사내이사, 사외이사, 그 밖에 상무(常務)에 종사하지 아니하는 이사, 감사의 성명과 주민등록번호

9. 회사를 대표할 이사의 성명·주민등록번호 및 주소

10. 수인의 대표이사가 공동으로 회사를 대표할 것을 정한 때에는 그 규정

11. 명의개서대리인을 둔 때에는 그 상호 및 본점소재지

12. 감사위원회를 설치한 때에는 감사위원회 위원의 성명 및 주민등록번호

③ 주식회사의 지점설치 및 이전 시 지점소재지 또는 신지점소재지에서 하는 등기에 있어서는 제2항 제1호·제4호·제9호 및 제10호의 규정에 의한 사항을 등기하여야 한다. <신설 1995. 12. 29.>

④ 제181조 내지 제183조의 규정은 주식회사의 등기에 준용한다.

제318조(납입금 보관자의 증명과 책임) ① 납입금을 보관한 은행이나 그 밖의 금융기관은 발기인 또는 이사의 청구를 받으면 그 보관금액에 관하여 증명서를 발급하여야 한다.

② 제1항의 은행이나 그 밖의 금융기관은 증명한 보관금액에 대해서는 납입이 부실하거나 그 금액의 반환에 제한이 있다는 것을 이유로 회사에 대항하지 못한다.

<u>③ 자본금 총액이 10억 원 미만인 회사를 제295조 제1항에 따라 발기설립 하는 경우에는 제1항의 증명서를 은행이나 그 밖의 금융기관의 잔고증명서로 대체할 수 있다.</u>

[전문개정 2009. 5. 28. 공포 및 시행]

제319조(권리주의 양도) 주식의 인수로 인한 권리의 양도는 회사에 대하여 효력이 없다.

제320조(주식인수의 무효주장, 취소의 제한) ① 회사성립 후에는 주식을 인수한 자는 주식청약서의 요건의 흠결을 이유로 하여 그 인수의 무효를 주장하거나 사기, 강박 또는 착오를 이유로 하여 그 인수를 취소하지 못한다.

② 창립총회에 출석하여 그 권리를 행사한 자는 회사의 성립 전에도 전항과 같다.

제321조(발기인의 인수, 납입담보책임) ① 회사설립 시에 발행한 주식으로서 회사성립 후에 아직 인수되지 아니한 주식이 있거나 주식인수의 청약이 취소된 때에는 발기인이 이를 공동으로 인수한 것으로 본다.

② 회사성립 후 제295조 제1항 또는 제305조 제1항의 규정에 의한 납입을 완료하지 아니한 주식이 있는 때에는 발기인은 연대하여 그 납입을 하여야 한다.

③ 제315조의 규정은 전 2항의 경우에 준용한다.

제322조(발기인의 손해배상책임) ① 발기인이 회사의 설립에 관하여 그 임무를 해태한 때에는 그 발기인은 회사에 대하여 연대하여 손해를 배상할 책임이 있다.

② 발기인이 악의 또는 중대한 과실로 인하여 그 임무를 해태한 때에는 그 발기인은 제삼자에 대해서도 연대하여 손해를 배상할 책임이 있다.

제323조(발기인, 임원의 연대책임) 이사 또는 감사가 제313조 제1항의 규정에 의한 임무를 해태하여 회사 또는 제삼자에 대하여 손해를 배상할 책임을 지는 경우에 발기인도 책임을 질 때에는 그 이사, 감사와 발기인은 연대하여 손해를 배상할 책임이 있다.

제324조(발기인의 책임면제, 주주의 대표소송) 제400조와 제403조 내지 제406조의 규정은 발기인에 준용한다.

제325조(검사인의 손해배상책임) 법원이 선임한 검사인이 악의 또는 중대한 과실로 인하여 그 임무를 해태한 때에는 회사 또는 제삼자에 대하여

손해를 배상할 책임이 있다.

제326조(회사불성립의 경우의 발기인의 책임) ① 회사가 성립하지 못한 경우에는 발기인은 그 설립에 관한 행위에 대하여 연대하여 책임을 진다.

② 전항의 경우에 회사의 설립에 관하여 지급한 비용은 발기인이 부담한다.

제327조(유사발기인의 책임) 주식청약서 기타 주식모집에 관한 서면에 성명과 회사의 설립에 찬조하는 뜻을 기재할 것을 승낙한 자는 발기인과 동일한 책임이 있다.

제328조(설립무효의 소) ① 회사설립의 무효는 주주·이사 또는 감사에 한하여 회사성립의 날로부터 2년 내에 소만으로 이를 주장할 수 있다. <개정 1984. 4. 10.>

② 제186조 내지 제193조의 규정은 제1항의 소에 준용한다. <개정 1984. 4. 10.>

제2절 주식

제1관 주식과 주권

제329조(자본의 구성, 주식의 권면액) ① 삭제 <2009. 5. 28. 공포 및 시행>

② 주식회사의 자본은 이를 주식으로 분할하여야 한다.

③ 주식의 금액은 균일하여야 한다.

④ 1주의 금액은 100원 이상으로 하여야 한다. <개정 1984. 4. 10, 1998. 12. 28.>

제329조의 2(주식의 분할) ① 회사는 제434조의 규정에 의한 주주총회의 결의로 주식을 분할할 수 있다.

② 제1항의 경우에 분할 후의 1주의 금액은 제329조 제4항의 규정에 의한 금액 미만으로 하지 못한다.

③ 제440조 내지 제444조의 규정은 제1항의 규정에 의한 주식분할의 경우에 이를 준용한다.

[본조신설 1998. 12. 28.]

제330조(액면미달발행의 제한) 주식은 액면미달의 가액으로 발행하지 못

한다. 그러나 제417조의 경우에는 그러하지 아니하다.

제331조(주주의 책임) 주주의 책임은 그가 가진 주식의 인수가액을 한도로 한다.

제332조(가설인, 타인의 명의에 의한 인수인의 책임) ① 가설인의 명의로 주식을 인수하거나 타인의 승낙 없이 그 명의로 주식을 인수한 자는 주식인수인으로서의 책임이 있다.

② 타인의 승낙을 얻어 그 명의로 주식을 인수한 자는 그 타인과 연대하여 납입할 책임이 있다.

제333조(주식의 공유) ① 수인이 공동으로 주식을 인수한 자는 연대하여 납입할 책임이 있다.

② 주식이 수인의 공유에 속하는 때에는 공유자는 주주의 권리를 행사할 자 1인을 정하여야 한다.

③ 주주의 권리를 행사할 자가 없는 때에는 공유자에 대한 통지나 최고는 그 1인에 대하여 하면 된다.

제334조(주주의 회사에 대한 상계금지) 주주는 납입에 관하여 상계로써 회사에 대항하지 못한다.

제335조(주식의 양도성) ① 주식은 타인에게 이를 양도할 수 있다. 다만 주식의 양도는 정관이 정하는 바에 따라 이사회의 승인을 얻도록 할 수 있다. <개정 1995. 12. 29.>

② 제1항 단서의 규정에 위반하여 이사회의 승인을 얻지 아니한 주식의 양도는 회사에 대하여 효력이 없다. <신설 1995. 12. 29.>

③ 주권발행 전에 한 주식의 양도는 회사에 대하여 효력이 없다. 그러나 회사성립 후 또는 신주의 납입기일 후 6개월이 경과한 때에는 그러하지 아니하다. <개정 1984. 4. 10.>

제335조의 2(양도승인의 청구) ① 주식의 양도에 관하여 이사회의 승인을 얻어야 하는 경우에는 주식을 양도하고자 하는 주주는 회사에 대하여 양도의 상대방 및 양도하고자 하는 주식의 종류와 수를 기재한 서면으로 양도의 승인을 청구할 수 있다.

② 회사는 제1항의 청구가 있는 날부터 1개월 이내에 주주에게 그 승인 여부를 서면으로 통지하여야 한다.

③ 회사가 제2항의 기간 내에 주주에게 거부의 통지를 하지 아니한 때에는 주식의 양도에 관하여 이사회의 승인이 있는 것으로 본다.

④ 제2항의 양도승인거부의 통지를 받은 주주는 통지를 받은 날부터 20일 내에 회사에 대하여 양도의 상대방의 지정 또는 그 주식의 매수를 청구할 수 있다.

[본조신설 1995. 12. 29.]

제335조의 3(양도상대방의 지정청구) ① 주주가 양도의 상대방을 지정하여 줄 것을 청구한 경우에는 이사회는 이를 지정하고, 그 청구가 있은 날부터 2주간 내에 주주 및 지정된 상대방에게 서면으로 이를 통지하여야 한다.

② 제1항의 기간 내에 주주에게 상대방지정의 통지를 하지 아니한 때에는 주식의 양도에 관하여 이사회의 승인이 있는 것으로 본다.

[본조신설 1995. 12. 29.]

제335조의 4(지정된 자의 매도청구권 <개정 2001. 7. 24.>) ① 제335조의 3 제1항의 규정에 의하여 상대방으로 지정된 자는 지정통지를 받은 날부터 10일 이내에 지정청구를 한 주주에 대하여 서면으로 그 주식을 자기에게 매도할 것을 청구할 수 있다.

② 제335조의 3 제2항의 규정은 주식의 양도상대방으로 지정된 자가 제1항의 기간 내에 매도의 청구를 하지 아니한 때에 이를 준용한다.

[본조신설 1995. 12. 29.]

제335조의 5(매도가액의 결정 <개정 2001. 7. 24.>) ① 제335조의 4의 경우에 그 주식의 매도가액은 주주와 매도청구인 간의 협의로 이를 결정한다. <개정 2001. 7. 24.>

② 제374조의 2 제4항 및 제5항의 규정은 제335조의 4 제1항의 규정에 의한 청구를 받은 날부터 30일 이내에 제1항의 규정에 의한 협의가 이루어지지 아니하는 경우에 이를 준용한다. <개정 2001. 7. 24.>

[본조신설 1995. 12. 29.]

제335조의 6(주식의 매수청구) 제374조의 2 제2항 내지 제5항의 규정은 제335조의 2 제4항의 규정에 의하여 주주가 회사에 대하여 주식의 매수를 청구한 경우에 이를 준용한다. <개정 2001. 7. 24.>

[본조신설 1995. 12. 29.]

제335조의 7(주식의 양수인에 의한 승인청구) ① 주식의 양도에 관하여 이사회의 승인을 얻어야 하는 경우에 주식을 취득한 자는 회사에 대하여 그 주식의 종류와 수를 기재한 서면으로 그 취득의 승인을 청구할 수 있다.

② 제335조의 2 제2항 내지 제4항, 제335조의 3 내지 제335조의 6의 규정은 제1항의 경우에 이를 준용한다.

[본조신설 1995. 12. 29.]

제336조(주식의 양도방법) ① 주식의 양도에 있어서는 주권을 교부하여야 한다.

② 주권의 점유자는 이를 적법한 소지인으로 추정한다.

[전문개정 1984. 4. 10.]

제337조(기명주식의 이전의 대항요건) ① 기명주식의 이전은 취득자의 성명과 주소를 주주명부에 기재하지 아니하면 회사에 대항하지 못한다.

② 회사는 정관이 정하는 바에 의하여 명의개서대리인을 둘 수 있다. 이 경우 명의개서대리인이 취득자의 성명과 주소를 주주명부의 복본에 기재한 때에는 제1항의 명의개서가 있는 것으로 본다. <신설 1984. 4. 10.>

제338조(기명주식의 입질) ① 기명주식을 질권의 목적으로 하는 때에는 주권을 질권자에게 교부하여야 한다.

② 질권자는 계속하여 주권을 점유하지 아니하면 그 질권으로써 제삼자에게 대항하지 못한다.

제339조(질권의 물상대위) 주식의 소각, 병합, 분할 또는 전환이 있는 때에는 이로 인하여 종전의 주주가 받을 금전이나 주식에 대해서도 종전의 주식을 목적으로 한 질권을 행사할 수 있다. <개정 1998. 12. 28.>

제340조(기명주식의 등록질) ① 기명주식을 질권의 목적으로 한 경우에 회사가 질권설정자의 청구에 의하여 그 성명과 주소를 주주명부에 부기하고

그 성명을 주권에 기재한 때에는 질권자는 회사로부터 이익이나 이자의 배당, 잔여재산의 분배 또는 전조의 규정에 의한 금전의 지급을 받아 다른 채권자에 우선하여 자기채권의 변제에 충당할 수 있다.

② 민법 제353조 제3항의 규정은 전항의 경우에 준용한다.

③ 제1항의 질권자는 회사에 대하여 전조의 주식에 대한 주권의 교부를 청구할 수 있다.

제340조의 2(주식매수선택권) ① 회사는 정관이 정한 바에 따라 제434조의 규정에 의한 주주총회의 결의로 회사의 설립·경영과 기술혁신 등에 기여하거나 기여할 수 있는 회사의 이사·감사 또는 피용자에게 미리 정한 가액(이하 '주식매수선택권의 행사가액'이라 한다.)으로 신주를 인수하거나 자기의 주식을 매수할 수 있는 권리(이하 '주식매수선택권'이라 한다.)를 부여할 수 있다. 다만 주식매수선택권의 행사가액이 주식의 실질가액보다 낮은 경우에 회사는 그 차액을 금전으로 지급하거나 그 차액에 상당하는 자기의 주식을 양도할 수 있다. 이 경우 주식의 실질가액은 주식매수선택권의 행사일을 기준으로 평가한다.

② 다음 각 호의 1에 해당하는 자에 대해서는 제1항에 규정된 주식매수선택권을 부여할 수 없다.

1. 의결권 없는 주식을 제외한 발행주식총수의 100분의 10 이상의 주식을 가진 주주
2. 이사·감사의 선임과 해임 등 회사의 주요 경영사항에 대하여 사실상 영향력을 행사하는 자
3. 제1호와 제2호에 규정된 자의 배우자와 직계존·비속

③ 제1항의 규정에 의하여 발행할 신주 또는 양도할 자기의 주식은 회사의 발행주식총액의 100분의 10을 초과할 수 없다.

④ 제1항에 규정한 주식매수선택권의 행사가액은 다음 각 호의 가액 이상이어야 한다.

1. 신주를 발행하는 경우에는 주식매수선택권의 부여일을 기준으로 한 주식의 실질가액과 주식의 권면액 중 높은 금액

2. 자기의 주식을 양도하는 경우에는 주식매수선택권의 부여일을 기준으로 한 주식의 실질가액

[본조신설 1999. 12. 31.]

제340조의 3(주식매수선택권의 부여) ① 제340조의 2 제1항의 주식매수선택권에 관한 정관의 규정에는 다음 각 호의 사항을 기재하여야 한다.

1. 일정한 경우 주식매수선택권을 부여할 수 있다는 뜻
2. 주식매수선택권의 행사로 발행하거나 양도할 주식의 종류와 수
3. 주식매수선택권을 부여받을 자의 자격요건
4. 주식매수선택권의 행사기간
5. 일정한 경우 이사회결의로 주식매수선택권의 부여를 취소할 수 있다는 뜻

② 제340조의 2 제1항의 주식매수선택권에 관한 주주총회의 결의에 있어서는 다음 각 호의 사항을 정하여야 한다.

1. 주식매수선택권을 부여받을 자의 성명
2. 주식매수선택권의 부여방법
3. 주식매수선택권의 행사가액과 그 조정에 관한 사항
4. 주식매수선택권의 행사기간
5. 주식매수선택권을 부여받을 자 각각에 대하여 주식매수선택권의 행사로 발행하거나 양도할 주식의 종류와 수

③ 회사는 제2항의 주주총회 결의에 의하여 주식매수선택권을 부여받은 자와 계약을 체결하고 상당한 기간 내에 그에 관한 계약서를 작성하여야 한다.

④ 회사는 제3항의 계약서를 주식매수선택권의 행사기간이 종료할 때까지 본점에 비치하고 주주로 하여금 영업시간 내에 이를 열람할 수 있도록 하여야 한다.

[본조신설 1999. 12. 31.]

제340조의 4(주식매수선택권의 행사) ① 제340조의 2 제1항의 주식매수선택권은 제340조의 3 제2항 각 호의 사항을 정하는 주주총회결의일부터 2년 이상 재임 또는 재직하여야 이를 행사할 수 있다.

② 제340조의 2 제1항의 주식매수선택권은 이를 양도할 수 없다. 다만

동 조 제2항의 규정에 의하여 주식매수선택권을 행사할 수 있는 자가 사망한 경우에는 그 상속인이 이를 행사할 수 있다.

[본조신설 1999. 12. 31.]

제340조의 5(준용규정) 제350조 제2항, 제350조 제3항 후단, 제351조, 제516조의 8 제1항·제3항·제4항 및 제516조의 9 전단의 규정은 주식매수선택권의 행사로 신주를 발행하는 경우에 이를 준용한다.

[본조신설 1999. 12. 31.]

제341조(자기주식의 취득) 회사는 다음의 경우 외에는 자기의 계산으로 자기의 주식을 취득하지 못한다. <개정 1984. 4. 10, 1995. 12. 29.>

1. 주식을 소각하기 위한 때
2. 회사의 합병 또는 다른 회사의 영업 전부의 양수로 인한 때
3. 회사의 권리를 실행함에 있어 그 목적을 달성하기 위하여 필요한 때
4. 단주의 처리를 위하여 필요한 때
5. 주주가 주식매수청구권을 행사한 때

제341조의 2(주식매수선택권부여목적 등의 자기주식취득) ① 회사는 제340조의 2 제1항의 규정에 의하여 자기의 주식을 양도할 목적으로 취득하거나 퇴직하는 이사·감사 또는 피용자의 주식을 양수함으로써 자기의 주식을 취득함에 있어서는 발행주식총수의 100분의 10을 초과하지 아니하는 범위 안에서 자기의 계산으로 자기의 주식을 취득할 수 있다. 다만 그 취득금액은 제462조 제1항에 규정된 이익배당이 가능한 한도 이내이어야 한다.

② 회사가 제1항의 주식을 발행주식총수의 100분의 10 이상의 주식을 가진 주주로부터 유상으로 취득하는 경우에는 다음 각 호의 사항에 관하여 제434조의 규정에 의한 주주총회의 결의가 있어야 한다. 이 경우 회사는 주주총회 결의 후 6개월 이내에 주식을 취득하여야 한다.

1. 주식을 양도하고자 하는 주주의 성명
2. 취득할 주식의 종류와 수
3. 취득할 주식의 가액

③ 회사가 제1항의 규정에 의하여 자기의 주식을 취득한 경우에는 상당

한 시기에 이를 처분하여야 한다.

④ 제433조 제2항의 규정은 제2항의 주주총회에 관하여 이를 준용한다.

[본조신설 1999. 12. 31.]

[종전 제341조의 2는 제341조의 3으로 이동 <1999. 12. 31.>]

제341조의 3(자기주식의 질취) 회사는 발행주식의 총수의 20분의 1을 초과하여 자기의 주식을 질권의 목적으로 받지 못한다. 그러나 제341조 제2호 및 제3호의 경우에는 그 한도를 초과하여 질권의 목적으로 할 수 있다.

[본조신설 1984. 4. 10.][제341조의 2에서 이동<1999. 12. 31.>]

제342조(자기주식의 처분) 회사는 제341조 제1호의 경우에는 지체 없이 주식실효의 절차를 밟아야 하며 동 조 제2호 내지 제5호와 제341조의 3 단서의 경우에는 상당한 시기에 주식 또는 질권의 처분을 하여야 한다. <개정 1984. 4. 10, 1995. 12. 29, 1999. 12. 31.>

제342조의 2(자회사에 의한 모회사주식의 취득) ① 다른 회사의 발행주식의 총수의 100분의 50을 초과하는 주식을 가진 회사(이하 '모회사'라 한다.)의 주식은 다음의 경우를 제외하고는 그 다른 회사(이하 '자회사'라 한다.)가 이를 취득할 수 없다. <개정 2001. 7. 24.>

1. 주식의 포괄적 교환, 주식의 포괄적 이전, 회사의 합병 또는 다른 회사의 영업 전부의 양수로 인한 때
2. 회사의 권리를 실행함에 있어 그 목적을 달성하기 위하여 필요한 때

② 제1항 각 호의 경우 자회사는 그 주식을 취득한 날로부터 6개월 이내에 모회사의 주식을 처분하여야 한다.

③ 다른 회사의 발행주식의 총수의 100분의 50을 초과하는 주식을 모회사 및 자회사 또는 자회사가 가지고 있는 경우 그 다른 회사는 이 법의 적용에 있어 그 모회사의 자회사로 본다. <개정 2001. 7. 24.>

[본조신설 1984. 4. 10.]

제342조의 3(다른 회사의 주식취득) 회사가 다른 회사의 발행주식총수의 10분의 1을 초과하여 취득한 때에는 그 다른 회사에 대하여 지체 없이 이를 통지하여야 한다.

[본조신설 1995. 12. 29.]

제343조(주식의 소각) ① 주식은 자본감소에 관한 규정에 의하여서만 소각할 수 있다. 그러나 정관의 정한 바에 의하여 주주에게 배당할 이익으로써 주식을 소각하는 경우에는 그러하지 아니하다.

② 제440조와 제441조의 규정은 주식을 소각하는 경우에 준용한다.

제343조의 2(총회의 결의에 의한 주식소각) ① 회사는 제343조의 규정에 의하는 경우 외에 정기총회에서 제434조의 규정에 의한 결의에 의하여 주식을 매수하여 이를 소각할 수 있다.

② 제1항의 규정에 의한 총회의 결의에서는 매수할 주식의 종류, 총수, 취득가액의 총액 및 주식을 매수할 수 있는 기간을 정하여야 한다.

③ 제2항의 경우에 매수할 수 있는 주식의 취득가액의 총액은 대차대조표상의 순자산액에서 제462조 제1항 각 호의 금액을 공제한 액을 초과하지 못한다.

④ 제2항의 경우에 주식을 매수할 수 있는 기간은 제1항의 결의 후 최초의 결산기에 관한 정기총회가 종결한 후로 정하지 못한다.

⑤ 회사는 당해 영업연도의 결산기에 대차대조표상의 순자산액이 제462조 제1항 각 호의 금액의 합계액에 미치지 못할 우려가 있는 때에는 제1항의 규정에 의한 주식의 매수를 하여서는 아니 된다.

⑥ 당해 영업연도의 결산기에 대차대조표상의 순자산액이 제462조 제1항 각 호의 금액의 합계액에 미치지 못함에도 불구하고 회사가 제1항의 규정에 의하여 주식을 매수하여 소각한 경우 이사는 회사에 대하여 연대하여 그 미치지 못한 금액을 배상할 책임이 있다. 이 경우 제462조의 3 제4항 단서의 규정을 준용한다.

[본조신설 2001. 7. 24.]

제344조(수종의 주식) ① 회사는 이익이나 이자의 배당 또는 잔여재산의 분배에 관하여 내용이 다른 수종의 주식을 발행할 수 있다.

② 제1항의 경우에는 정관으로 각종의 주식의 내용과 수를 정하여야 하며, 이익배당에 관하여 우선적 내용이 있는 종류의 주식에 대해서는 정관으

로 최저배당률을 정하여야 한다. <개정 1995. 12. 29.>

③ 회사가 수종의 주식을 발행하는 때에는 정관에 다른 정함이 없는 경우에도 주식의 종류에 따라 신주의 인수, 주식의 병합·분할·소각 또는 회사의 합병·분할로 인한 주식의 배정에 관하여 특수한 정함을 할 수 있다. <개정 1998. 12. 28.>

제345조(상환주식) ① 전조의 경우에는 이익배당에 관하여 우선적 내용이 있는 종류의 주식에 대하여 이익으로써 소각할 수 있는 것으로 할 수 있다.

② 전항의 경우에는 상환가액, 상환기간, 상환방법과 수를 정관에 기재하여야 한다.

제346조(전환주식의 발행) ① 회사가 수종의 주식을 발행하는 경우에는 정관으로 주주는 인수한 주식을 다른 종류의 주식으로 전환을 청구할 수 있음을 정할 수 있다. 이 경우에는 전환의 조건, 전환의 청구기간과 전환으로 인하여 발행할 주식의 수와 내용을 정하여야 한다.

② 제344조 제2항의 규정에 의한 수종의 주식의 수 중 전환으로 인하여 발행할 주식의 수는 전항의 기간 내에는 그 발행을 보류하여야 한다.

제347조(전환주식발행의 절차) 제346조 제1항의 경우에는 주식청약서 또는 신주인수권증서에 다음의 사항을 기재하여야 한다. <개정 1984. 4. 10.>

1. 주식을 다른 종류의 주식으로 전환할 수 있다는 뜻
2. 전환의 조건
3. 전환으로 인하여 발행할 주식의 내용
4. 전환을 청구할 수 있는 기간

제348조(전환으로 인하여 발행하는 주식의 발행가액) 전환으로 인하여 신주식을 발행하는 경우에는 전환 전의 주식의 발행가액을 신주식의 발행가액으로 한다.

제349조(전환의 청구) ① 주식의 전환을 청구하는 자는 청구서 2통에 주권을 첨부하여 회사에 제출하여야 한다.

② 제1항의 청구서에는 전환하고자 하는 주식의 종류, 수와 청구연월일을 기재하고 기명날인 또는 서명하여야 한다. <개정 1995. 12. 29.>

③ 삭제 <1995. 12. 29.>

제350조(전환의 효력발생) ① 주식의 전환은 그 청구를 한 때에 효력이 생긴다.

② 제354조 제1항의 기간 중에 전환된 주식의 주주는 그 기간 중의 총회의 결의에 관해서는 의결권을 행사할 수 없다.

③ 제1항의 전환권을 행사한 주식의 이익이나 이자의 배당에 관해서는 그 청구를 한 때가 속하는 영업연도 말에 전환된 것으로 본다. 이 경우 신주에 대한 이익이나 이자의 배당에 관해서는 정관이 정하는 바에 따라 그 청구를 한 때가 속하는 영업연도의 직전 영업연도 말에 전환된 것으로 할 수 있다.

[전문개정 1995. 12. 29.]

제351조(전환의 등기) 주식의 전환으로 인한 변경등기는 전환을 청구한 날이 속하는 달의 말일부터 2주간 내에 본점소재지에서 이를 하여야 한다.

[전문개정 1995. 12. 29.]

제352조(주주명부의 기재사항) ① 기명주식을 발행한 때에는 주주명부에 다음의 사항을 기재하여야 한다. <개정 1984. 4. 10.>

1. 주주의 성명과 주소
2. 각 주주가 가진 주식의 종류와 그 수

2의 2. 각 주주가 가진 주식의 주권을 발행한 때에는 그 주권의 번호

3. 각 주식의 취득연월일

② 무기명식의 주권을 발행한 때에는 주주명부에 그 종류, 수, 번호와 발행연월일을 기재하여야 한다.

③ 제1항 및 제2항의 경우에 전환주식을 발행한 때에는 제347조에 게기한 사항도 주주명부에 기재하여야 한다. <개정 1984. 4. 10.>

제352조의 2(전자주주명부) ① 회사는 정관으로 정하는 바에 따라 전자문서로 주주명부(이하 '전자주주명부'라 한다.)를 작성할 수 있다.

② 전자주주명부에는 제352조 제1항의 기재사항 외에 전자우편주소를 적어야 한다.

③ 전자주주명부의 비치·공시 및 열람의 방법에 관하여 필요한 사항은 대통령령으로 정한다.

[본조신설 2009. 5. 28.]

[시행일: 2010. 5. 29. 1년 후 시행]

第353조(주주명부의 효력) ① 주주 또는 질권자에 대한 회사의 통지 또는 최고는 주주명부에 기재한 주소 또는 그자로부터 회사에 통지한 주소로 하면 된다.

② 제304조 제2항의 규정은 전항의 통지 또는 최고에 준용한다.

第354조(주주명부의 폐쇄, 기준일) ① 회사는 의결권을 행사하거나 배당을 받을 자 기타 주주 또는 질권자로서 권리를 행사할 자를 정하기 위하여 일정한 기간을 정하여 주주명부의 기재변경을 정지하거나 일정한 날에 주주명부에 기재된 주주 또는 질권자를 그 권리를 행사할 주주 또는 질권자로 볼 수 있다. <개정 1984. 4. 10.>

② 제1항의 기간은 3개월을 초과하지 못한다. <개정 1984. 4. 10.>

③ 제1항의 날은 주주 또는 질권자로서 권리를 행사할 날에 앞선 3개월내의 날로 정하여야 한다. <개정 1984. 4. 10.>

④ 회사가 제1항의 기간 또는 날을 정한 때에는 그 기간 또는 날의 2주간 전에 이를 공고하여야 한다. 그러나 정관으로 그 기간 또는 날을 지정한 때에는 그러하지 아니하다.

第355조(주권발행의 시기) ① 회사는 성립 후 또는 신주의 납입기일 후 지체 없이 주권을 발행하여야 한다.

② 주권은 회사의 성립 후 또는 신주의 납입기일후가 아니면 발행하지 못한다.

③ 전항의 규정에 위반하여 발행한 주권은 무효로 한다. 그러나 발행한 자에 대한 손해배상의 청구에 영향을 미치지 아니한다.

第356조(주권의 기재사항) 주권에는 다음의 사항과 번호를 기재하고 대표이사가 기명날인 또는 서명하여야 한다. <개정 1995. 12. 29.>

1. 회사의 상호

2. 회사의 성립연월일

3. 회사가 발행할 주식의 총수

4. 1주의 금액

5. 회사의 성립 후 발행된 주식에 관해서는 그 발행연월일

6. 수종의 주식이 있는 때에는 그 주식의 종류와 내용

6의 2. 주식의 양도에 관하여 이사회의 승인을 얻도록 정한 때에는 그 규정

7. 상환주식이 있는 때에는 제345조 제2항에 정한 사항

8. 전환주식이 있는 때에는 제347조에 게기한 사항

제357조(무기명식의 주권의 발행) ① 무기명식의 주권은 정관에 정한 경우에 한하여 이를 발행할 수 있다.

② 주주는 언제든지 무기명식의 주권을 기명식으로 할 것을 회사에 청구할 수 있다.

제358조(무기명주주의 권리행사) 무기명식의 주권을 가진 자는 그 주권을 회사에 공탁하지 아니하면 주주의 권리를 행사하지 못한다.

제358조의 2(주권의 불소지) ① 주주는 정관에 다른 정함이 있는 경우를 제외하고는 그 기명주식에 대하여 주권의 소지를 하지 아니하겠다는 뜻을 회사에 신고할 수 있다.

② 제1항의 신고가 있는 때에는 회사는 지체 없이 주권을 발행하지 아니한다는 뜻을 주주명부와 그 복본에 기재하고, 그 사실을 주주에게 통지하여야 한다. 이 경우 회사는 그 주권을 발행할 수 없다.

③ 제1항의 경우 이미 발행된 주권이 있는 때에는 이를 회사에 제출하여야 하며, 회사는 제출된 주권을 무효로 하거나 명의개서대리인에게 임치하여야 한다.

④ 제1항 내지 제3항의 규정에 불구하고 주주는 언제든지 회사에 대하여 주권의 발행 또는 반환을 청구할 수 있다.

[전문개정 1995. 12. 29.]

제359조(주권의 선의취득) 수표법 제21조의 규정은 주권에 관하여 이를 준용한다.

[전문개정 1984. 4. 10.]

제360조(주권의 제권판결, 재발행) ① 주권은 공시최고의 절차에 의하여 이를 무효로 할 수 있다.

② 주권을 상실한 자는 제권판결을 얻지 아니하면 회사에 대하여 주권의 재발행을 청구하지 못한다.

제2관 주식의 포괄적 교환 〈신설 2001. 7. 24.〉

제360조의 2(주식의 포괄적 교환에 의한 완전모회사의 설립) ① 회사는 이 관의 규정에 의한 주식의 포괄적 교환에 의하여 다른 회사의 발행주식의 총수를 소유하는 회사(이하 '완전모회사'라 한다.)가 될 수 있다. 이 경우 그 다른 회사를 '완전자회사'라 한다.

② 주식의 포괄적 교환(이하 이 관에서 '주식교환'이라 한다.)에 의하여 완전자회사가 되는 회사의 주주가 가지는 그 회사의 주식은 주식을 교환하는 날에 주식교환에 의하여 완전모회사가 되는 회사에 이전하고, 그 완전자회사가 되는 회사의 주주는 그 완전모회사가 되는 회사가 주식교환을 위하여 발행하는 신주의 배정을 받음으로써 그 회사의 주주가 된다.

[본조신설 2001. 7. 24.]

제360조의 3(주식교환계약서의 작성과 주주총회의 승인) ① 주식교환을 하고자 하는 회사는 주식교환계약서를 작성하여 주주총회의 승인을 얻어야 한다.

② 제1항의 승인결의는 제434조의 규정에 의하여야 한다.

③ 주식교환계약서에는 다음 각 호의 사항을 기재하여야 한다.

1. 완전모회사가 되는 회사가 주식교환으로 인하여 정관을 변경하는 경우에는 그 규정
2. 완전모회사가 되는 회사가 주식교환을 위하여 발행하는 신주의 총수·종류와 종류별 주식의 수 및 완전자회사가 되는 회사의 주주에 대한 신주의 배정에 관한 사항

3. 완전모회사가 되는 회사의 증가할 자본의 액과 자본준비금에 관한 사항
4. 완전자회사가 되는 회사의 주주에게 지급할 금액을 정한 때에는 그 규정
5. 각 회사가 제1항의 결의를 할 주주총회의 기일
6. 주식교환을 할 날
7. 각 회사가 주식교환을 할 날까지 이익을 배당하거나 제462조의 3의 규정에 의하여 금전으로 이익배당을 할 때에는 그 한도액
8. 제360조의 6의 규정에 의하여 회사가 자기의 주식을 이전하는 경우에는 이전할 주식의 총수·종류 및 종류별 주식의 수
9. 완전모회사가 되는 회사에 취임할 이사와 감사 또는 감사위원회의 위원을 정한 때에는 그 성명 및 주민등록번호

④ 회사는 제363조의 규정에 의한 통지와 공고에 다음 각 호의 사항을 기재하여야 한다.

1. 주식교환계약서의 주요 내용
2. 제360조의 5 제1항의 규정에 의한 주식매수청구권의 내용 및 행사방법
3. 일방회사의 정관에 주식의 양도에 관하여 이사회의 승인을 요한다는 뜻의 규정이 있고 다른 회사의 정관에 그 규정이 없는 경우 그 뜻

[본조신설 2001. 7. 24.]

제360조의 4(주식교환계약서 등의 공시) ① 이사는 제360조의 3 제1항의 주주총회 회일의 2주 전부터 주식교환의 날 이후 6개월이 경과하는 날까지 다음 각 호의 서류를 본점에 비치하여야 한다.

1. 주식교환계약서
2. 완전자회사가 되는 회사의 주주에 대한 주식의 배정에 관하여 그 이유를 기재한 서면
3. 제360조의 3 제1항의 주주총회의 회일(제360조의 9의 규정에 의한 간이주식교환의 경우에는 동 조 제2항의 규정에 의하여 공고 또는 통지를 한 날) 전 6개월 이내의 날에 작성한 주식교환을 하는 각 회사의 최종 대차대조표 및 손익계산서

② 제1항의 서류에 관해서는 제391조의 3 제3항의 규정을 준용한다.

[본조신설 2001. 7. 24.]

제360조의 5(반대주주의 주식매수청구권) ① 제360조의 3 제1항의 규정에 의한 승인사항에 관하여 이사회의 결의가 있는 때에 그 결의에 반대하는 주주는 주주총회 전에 회사에 대하여 서면으로 그 결의에 반대하는 의사를 통지한 경우에는 그 총회의 결의일부터 20일 이내에 주식의 종류와 수를 기재한 서면으로 회사에 대하여 자기가 소유하고 있는 주식의 매수를 청구할 수 있다.

② 제360조의 9 제2항의 공고 또는 통지를 한 날부터 2주 내에 회사에 대하여 서면으로 주식교환에 반대하는 의사를 통지한 주주는 그 기간이 경과한 날부터 20일 이내에 주식의 종류와 수를 기재한 서면으로 회사에 대하여 자기가 소유하고 있는 주식의 매수를 청구할 수 있다.

③ 제1항 및 제2항의 매수청구에 관해서는 제374조의 2 제2항 내지 제5항의 규정을 준용한다.

[본조신설 2001. 7. 24.]

제360조의 6(신주발행에 갈음할 자기주식의 이전) 완전모회사가 되는 회사는 주식교환을 함에 있어서 신주발행에 갈음하여 회사가 소유하는 자기의 주식으로서 제342조의 규정에 의하여 상당한 시기에 처분하여야 할 주식을 완전자회사가 되는 회사의 주주에게 이전할 수 있다.

[본조신설 2001. 7. 24.]

제360조의 7(완전모회사의 자본증가의 한도액) ① 완전모회사가 되는 회사의 자본은 주식교환의 날에 완전자회사가 되는 회사에 현존하는 순자산액에서 다음 각 호의 금액을 공제한 금액을 초과하여 증가시킬 수 없다.

1. 완전자회사가 되는 회사의 주주에게 지급할 금액
2. 제360조의 6의 규정에 의하여 완전자회사가 되는 회사의 주주에게 이전하는 주식의 회계장부가액의 합계액

② 완전모회사가 되는 회사가 주식교환 이전에 완전자회사가 되는 회사의 주식을 이미 소유하고 있는 경우에는 완전모회사가 되는 회사의 자본은 주식교환의 날에 완전자회사가 되는 회사에 현존하는 순자산액에 그 회사의 발행주식총수에 대한 주식교환으로 인하여 완전모회사가 되는 회사에 이전

하는 주식의 수의 비율을 곱한 금액에서 제1항 각 호의 금액을 공제한 금액의 한도를 초과하여 이를 증가시킬 수 없다.

[본조신설 2001. 7. 24.]

제360조의 8(주권의 실효절차) ① 주식교환에 의하여 완전자회사가 되는 회사는 주주총회에서 제360조의 3 제1항의 규정에 의한 승인을 한 때에는 다음 각 호의 사항을 주식교환의 날 1개월 전에 공고하고, 주주명부에 기재된 주주와 질권자에 대하여 따로따로 그 통지를 하여야 한다.

1. 제360조의 3 제1항의 규정에 의한 승인을 한 뜻
2. 주식교환의 날의 전날까지 주권을 회사에 제출하여야 한다는 뜻
3. 주식교환의 날에 주권이 무효가 된다는 뜻

② 제442조 및 제444조의 규정은 제360조의 3 제1항의 규정에 의한 승인을 한 경우에 이를 준용한다.

[본조신설 2001. 7. 24.]

제360조의 9(간이주식교환) ① 완전자회사가 되는 회사의 총주주의 동의가 있거나 그 회사의 발행주식총수의 100분의 90 이상을 완전모회사가 되는 회사가 소유하고 있는 때에는 완전자회사가 되는 회사의 주주총회의 승인은 이를 이사회의 승인으로 갈음할 수 있다.

② 제1항의 경우에 완전자회사가 되는 회사는 주식교환계약서를 작성한 날부터 2주 내에 주주총회의 승인을 얻지 아니하고 주식교환을 한다는 뜻을 공고하거나 주주에게 통지하여야 한다. 다만 총주주의 동의가 있는 때에는 그러하지 아니하다.

[본조신설 2001. 7. 24.]

제360조의 10(소규모 주식교환) ① 완전모회사가 되는 회사가 주식교환을 위하여 발행하는 신주의 총수가 그 회사의 발행주식총수의 100분의 5를 초과하지 아니하는 경우에는 그 회사에서의 제360조의 3 제1항의 규정에 의한 주주총회의 승인은 이를 이사회의 승인으로 갈음할 수 있다. 다만 완전자회사가 되는 회사의 주주에게 지급할 금액을 정한 경우에 그 금액이 제360조의 4 제1항 제3호에서 규정한 최종 대차대조표에 의하여 완전모회사

가 되는 회사에 현존하는 순자산액의 100분의 2를 초과하는 때에는 그러하지 아니하다.

② 제360조의 6의 규정에 의하여 완전자회사가 되는 회사의 주주에게 이전하는 주식은 제1항의 규정을 적용함에 있어서 이를 주식교환을 위하여 발행하는 신주로 본다.

③ 제1항 본문의 경우에는 주식교환계약서에 완전모회사가 되는 회사에 관해서는 제360조의 3 제1항의 규정에 의한 주주총회의 승인을 얻지 아니하고 주식교환을 할 수 있는 뜻을 기재하여야 하며, 동 조 제3항 제1호의 사항은 이를 기재하지 못한다.

④ 완전모회사가 되는 회사는 주식교환계약서를 작성한 날부터 2주 내에 완전자회사가 되는 회사의 상호와 본점, 주식교환을 할 날 및 제360조의 3 제1항의 승인을 얻지 아니하고 주식교환을 한다는 뜻을 공고하거나 주주에게 통지하여야 한다.

⑤ 완전모회사가 되는 회사의 발행주식총수의 100분의 20 이상에 해당하는 주식을 가지는 주주가 제1항 본문의 규정에 의한 주식교환에 반대하는 의사를 통지한 때에는 이 조에 의한 주식교환을 할 수 없다.

⑥ 제1항 본문의 경우에 완전모회사가 되는 회사에 관하여 제360조의 4 제1항의 규정을 적용함에 있어서는 동 조 동 항 각 호 외의 부분 중 '제360조의 3 제1항의 주주총회의 회일의 2주 전' 및 동 조 동 항 제3호 중 '제360조의 3 제1항의 주주총회의 회일'은 각각 '이 조 제4항의 규정에 의한 공고 또는 통지의 날'로 한다.

⑦ 제1항 본문의 경우에는 제360조의 5의 규정은 이를 적용하지 아니한다.

[본조신설 2001. 7. 24.]

제360조의 11(단주처리 등에 관한 규정의 준용) ① 제443조의 규정은 회사의 주식교환의 경우에 이를 준용한다.

② 제339조 및 제340조 제3항의 규정은 주식교환의 경우에 완전자회사가 되는 회사의 주식을 목적으로 하는 질권에 이를 준용한다.

[본조신설 2001. 7. 24.]

제360조의 12(주식교환사항을 기재한 서면의 사후공시) ① 이사는 다음 각 호의 사항을 기재한 서면을 주식교환의 날부터 6개월간 본점에 비치하여야 한다.

1. 주식교환의 날
2. 주식교환의 날에 완전자회사가 되는 회사에 현존하는 순자산액
3. 주식교환으로 인하여 완전모회사에 이전한 완전자회사의 주식의 수
4. 그 밖의 주식교환에 관한 사항

② 제1항의 서면에 관해서는 제391조의 3 제3항의 규정을 준용한다.

[본조신설 2001. 7. 24.]

제360조의 13(완전모회사의 이사·감사의 임기) 주식교환에 의하여 완전모회사가 되는 회사의 이사 및 감사로서 주식교환 전에 취임한 자는 주식교환계약서에 다른 정함이 있는 경우를 제외하고는 주식교환 후 최초로 도래하는 결산기에 관한 정기총회가 종료하는 때에 퇴임한다.

[본조신설 2001. 7. 24.]

제360조의 14(주식교환무효의 소) ① 주식교환의 무효는 각 회사의 주주·이사·감사·감사위원회의 위원 또는 청산인에 한하여 주식교환의 날부터 6개월 내에 소만으로 이를 주장할 수 있다.

② 제1항의 소는 완전모회사가 되는 회사의 본점소재지의 지방법원의 관할에 전속한다.

③ 주식교환을 무효로 하는 판결이 확정된 때에는 완전모회사가 된 회사는 주식교환을 위하여 발행한 신주 또는 제360조의 6의 규정에 의하여 이전한 주식의 주주에 대하여 그가 소유하였던 완전자회사가 된 회사의 주식을 이전하여야 한다.

④ 제187조 내지 제189조, 제190조 본문, 제191조, 제192조, 제377조 및 제431조의 규정은 제1항의 소에, 제339조 및 제340조 제3항의 규정은 제3항의 경우에 각각 이를 준용한다.

[본조신설 2001. 7. 24.]

제3관 주식의 포괄적 이전 〈신설 2001. 7. 24.〉

제360조의 15(주식의 포괄적 이전에 의한 완전모회사의 설립) ① 회사는 이 관의 규정에 의한 주식의 포괄적 이전(이하 이 관에서 '주식이전'이라 한다.)에 의하여 완전모회사를 설립하고 완전자회사가 될 수 있다.

② 주식이전에 의하여 완전자회사가 되는 회사의 주주가 소유하는 그 회사의 주식은 주식이전에 의하여 설립하는 완전모회사에 이전하고, 그 완전자회사가 되는 회사의 주주는 그 완전모회사가 주식이전을 위하여 발행하는 주식의 배정을 받음으로써 그 완전모회사의 주주가 된다.

[본조신설 2001. 7. 24.]

제360조의 16(주주총회에 의한 주식이전의 승인) ① 주식이전을 하고자 하는 회사는 다음 각 호의 사항을 기재한 주식이전계획서를 작성하여 주주총회의 승인을 얻어야 한다.

1. 설립하는 완전모회사의 정관의 규정
2. 설립하는 완전모회사가 주식이전에 있어서 발행하는 주식의 종류와 수 및 완전자회사가 되는 회사의 주주에 대한 주식의 배정에 관한 사항
3. 설립하는 완전모회사의 자본의 액 및 자본준비금에 관한 사항
4. 완전자회사가 되는 회사의 주주에 대하여 지급할 금액을 정한 때에는 그 규정
5. 주식이전을 할 시기
6. 완전자회사가 되는 회사가 주식이전의 날까지 이익을 배당하거나 제462조의 3의 규정에 의하여 금전으로 이익배당을 할 때에는 그 한도액
7. 설립하는 완전모회사의 이사와 감사 또는 감사위원회의 위원의 성명 및 주민등록번호
8. 회사가 공동으로 주식이전에 의하여 완전모회사를 설립하는 때에는 그 뜻

② 제1항의 승인결의는 제434조의 규정에 의하여야 한다.

③ 제360조의 3 제4항의 규정은 제1항의 경우의 주주총회의 승인에 이를 준용한다.

[본조신설 2001. 7. 24.]

제360조의 17(주식이전계획서 등의 서류의 공시) ① 이사는 제360조의 16 제1항의 규정에 의한 주주총회의 회일의 2주 전부터 주식이전의 날 이후 6개월을 경과하는 날까지 다음 각 호의 서류를 본점에 비치하여야 한다.

1. 제360조의 16 제1항의 규정에 의한 주식이전계획서
2. 완전자회사가 되는 회사의 주주에 대한 주식의 배정에 관하여 그 이유를 기재한 서면
3. 제360조의 16 제1항의 주주총회의 회일 전 6개월 이내의 날에 작성한 완전자회사가 되는 회사의 최종 대차대조표 및 손익계산서

② 제1항의 서류에 관해서는 제391조의 3 제3항의 규정을 준용한다.

[본조신설 2001. 7. 24.]

제360조의 18(완전모회사의 자본의 한도액) 설립하는 완전모회사의 자본은 주식이전의 날에 완전자회사가 되는 회사에 현존하는 순자산액에서 그 회사의 주주에게 지급할 금액을 공제한 액을 초과하지 못한다.

[본조신설 2001. 7. 24.]

제360조의 19(주권의 실효절차) ① 주식이전에 의하여 완전자회사가 되는 회사는 제360조의 16 제1항의 규정에 의한 결의를 한 때에는 다음 각 호의 사항을 공고하고, 주주명부에 기재된 주주와 질권자에 대하여 따로따로 그 통지를 하여야 한다.

1. 제360조의 16 제1항의 규정에 의한 결의를 한 뜻
2. 1개월을 초과하여 정한 기간 내에 주권을 회사에 제출하여야 한다는 뜻
3. 주식이전의 날에 주권이 무효가 된다는 뜻

② 제442조 및 제444조의 규정은 제360조의 16 제1항의 규정에 의한 결의를 한 경우에 이를 준용한다.

[본조신설 2001. 7. 24.]

제360조의 20(주식이전에 의한 등기) 주식이전을 한 때에는 설립한 완전모회사의 본점의 소재지에서는 2주 내에, 지점의 소재지에서는 3주 내에 제317조 제2항에서 정하는 사항을 등기하여야 한다.

[본조신설 2001. 7. 24.]

제360조의 21(주식이전의 효력발생시기) 주식이전은 이로 인하여 설립한 완전모회사가 그 본점소재지에서 제360조의 20의 규정에 의한 등기를 함으로써 그 효력이 발생한다.

[본조신설 2001. 7. 24.]

제360조의 22(주식교환 규정의 준용) 제360조의 5, 제360조의 11 및 제360조의 12의 규정은 주식이전의 경우에 이를 준용한다.

[본조신설 2001. 7. 24.]

제360조의 23(주식이전무효의 소) ① 주식이전의 무효는 각 회사의 주주·이사·감사·감사위원회의 위원 또는 청산인에 한하여 주식이전의 날부터 6개월 내에 소만으로 이를 주장할 수 있다.

② 제1항의 소는 완전모회사가 되는 회사의 본점소재지의 지방법원의 관할에 전속한다.

③ 주식이전을 무효로 하는 판결이 확정된 때에는 완전모회사가 된 회사는 주식이전을 위하여 발행한 주식의 주주에 대하여 그가 소유하였던 완전자회사가 된 회사의 주식을 이전하여야 한다.

④ 제187조 내지 제193조 및 제377조의 규정은 제1항의 소에, 제339조 및 제340조 제3항의 규정은 제3항의 경우에 각각 이를 준용한다.

[본조신설 2001. 7. 24.]

제3절 회사의 기관

제1관 주주총회

제361조(총회의 권한) 주주총회는 본 법 또는 정관에 정하는 사항에 한하여 결의할 수 있다.

제362조(소집의 결정) 총회의 소집은 본 법에 다른 규정이 있는 경우 외에는 이사회가 이를 결정한다.

제363조(소집의 통지, 공고) ① 주주총회를 소집할 때에는 주주총회일의

2주 전에 각 주주에게 서면으로 통지를 발송하거나 각 주주의 동의를 받아 전자문서로 통지를 발송하여야 한다. 다만 그 통지가 주주명부상 주주의 주소에 계속 3년간 도달하지 아니한 경우에는 회사는 해당 주주에게 총회의 소집을 통지하지 아니할 수 있다.

② 제1항의 통지서에는 회의의 목적사항을 적어야 한다.

③ 회사가 무기명식 주권을 발행한 경우에는 주주총회일의 3주 전에 총회를 소집하는 뜻과 회의의 목적사항을 공고하여야 한다.

④ 제1항 및 제3항에도 불구하고 자본금 총액이 10억 원 미만인 회사가 주주총회를 소집하는 경우에는 주주총회일의 10일 전에 각 주주에게 서면으로 통지를 발송하거나 각 주주의 동의를 받아 전자문서로 통지를 발송할 수 있고, 무기명식의 주권을 발행한 경우에는 주주총회일의 2주 전에 주주총회를 소집하는 뜻과 회의의 목적사항을 공고할 수 있다.

⑤ 자본금 총액이 10억 원 미만인 회사는 주주 전원의 동의가 있을 경우에는 소집절차 없이 주주총회를 개최할 수 있고, 서면에 의한 결의로써 주주총회의 결의를 갈음할 수 있다. 결의의 목적사항에 대하여 주주 전원이 서면으로 동의를 한 때에는 서면에 의한 결의가 있는 것으로 본다.

⑥ 제5항의 서면에 의한 결의는 주주총회의 결의와 같은 효력이 있다.

⑦ 서면에 의한 결의에 대해서는 주주총회에 관한 규정을 준용한다.

⑧ 제1항부터 제5항까지의 규정은 의결권 없는 주주에게는 적용하지 아니한다.

[전문개정 2009. 5. 28. 공포 및 시행]

제363조의 2(주주제안권) ① 의결권 없는 주식을 제외한 발행주식총수의 100분의 3 이상에 해당하는 주식을 가진 주주는 이사에게 주주총회일(정기주주총회의 경우 직전 연도의 정기주주총회일에 해당하는 그 해의 해당일. 이하 이 조에서 같다.)의 6주 전에 서면 또는 전자문서로 일정한 사항을 주주총회의 목적사항으로 할 것을 제안(이하 '주주제안'이라 한다.)할 수 있다. <개정 2009. 1. 30.>

② 제1항의 주주는 이사에게 주주총회일의 6주 전에 서면 또는 전자문서

로 회의의 목적으로 할 사항에 추가하여 당해 주주가 제출하는 의안의 요령을 제363조에서 정하는 통지와 공고에 기재할 것을 청구할 수 있다. <개정 2009. 1. 30.>

③ 이사는 제1항에 의한 주주제안이 있는 경우에는 이를 이사회에 보고하고, 이사회는 주주제안의 내용이 법령 또는 정관을 위반하는 경우와 그 밖에 대통령령으로 정하는 경우를 제외하고는 이를 주주총회의 목적사항으로 하여야 한다. 이 경우 주주제안을 한 자의 청구가 있는 때에는 주주총회에서 당해 의안을 설명할 기회를 주어야 한다. <개정 2009. 1. 30.>

[본조신설 1998. 12. 28.]

제364조(소집지) 총회는 정관에 다른 정함이 없으면 본점소재지 또는 이에 인접한 지에 소집하여야 한다.

제365조(총회의 소집) ① 정기총회는 매년 1회 일정한 시기에 이를 소집하여야 한다.

② 연 2회 이상의 결산기를 정한 회사는 매기에 총회를 소집하여야 한다.

③ 임시총회는 필요 있는 경우에 수시 이를 소집한다.

제366조(소수주주에 의한 소집청구) ① 발행주식의 총수의 100분의 3 이상에 해당하는 주식을 가진 주주는 회의의 목적사항과 소집의 이유를 기재한 서면을 이사회에 제출하여 임시총회의 소집을 청구할 수 있다. <개정 1998. 12. 28.>

② 제1항의 청구가 있은 후 지체 없이 총회소집의 절차를 밟지 아니한 때에는 청구한 주주는 법원의 허가를 얻어 총회를 소집할 수 있다. <개정 1998. 12. 28.>

③ 제1항 및 제2항의 규정에 의한 총회는 회사의 업무와 재산상태를 조사하게 하기 위하여 검사인을 선임할 수 있다. <개정 1998. 12. 28.>

제366조(소수주주에 의한 소집청구) ① 발행주식총수의 100분의 3 이상에 해당하는 주식을 가진 주주는 회의의 목적사항과 소집의 이유를 적은 서면 또는 전자문서를 이사회에 제출하여 임시총회의 소집을 청구할 수 있다.

<개정 2009. 5. 28. 1년 후 시행>

② 제1항의 청구가 있은 후 지체 없이 총회소집의 절차를 밟지 아니한 때에는 청구한 주주는 법원의 허가를 얻어 총회를 소집할 수 있다. <개정 1998. 12. 28.>

③ 제1항 및 제2항의 규정에 의한 총회는 회사의 업무와 재산상태를 조사하게 하기 위하여 검사인을 선임할 수 있다. <개정 1998. 12. 28.>

[시행일: 2010. 5. 29.]

제366조의 2(총회의 질서유지) ① 총회의 의장은 정관에서 정함이 없는 때에는 총회에서 선임한다.

② 총회의 의장은 총회의 질서를 유지하고 의사를 정리한다.

③ 총회의 의장은 고의로 의사진행을 방해하기 위한 발언·행동을 하는 등 현저히 질서를 문란하게 하는 자에 대하여 그 발언의 정지 또는 퇴장을 명할 수 있다.

[본조신설 1999. 12. 31.]

제367조(검사인의 선임) 총회는 이사가 제출한 서류와 감사의 보고서를 조사하게 하기 위하여 검사인을 선임할 수 있다.

제368조(총회의 결의방법과 의결권의 행사) ① 총회의 결의는 이 법 또는 정관에 다른 정함이 있는 경우를 제외하고는 출석한 주주의 의결권의 과반수와 발행주식총수의 4분의 1 이상의 수로써 하여야 한다. <개정 1995. 12. 29.>

② 무기명식의 주권을 가진 자는 회일의 1주간 전에 그 주권을 회사에 공탁하여야 한다.

③ 주주는 대리인으로 하여금 그 의결권을 행사하게 할 수 있다. 이 경우에는 그 대리인은 대리권을 증명하는 서면을 총회에 제출하여야 한다.

④ 총회의 결의에 관하여 특별한 이해관계가 있는 자는 의결권을 행사하지 못한다.

제368조의 2(의결권의 불통일행사) ① 주주가 2 이상의 의결권을 가지고 있는 때에는 이를 통일하지 아니하고 행사할 수 있다. 이 경우 회일의 3일 전에 회사에 대하여 서면으로 그 뜻과 이유를 통지하여야 한다.

② 주주가 주식의 신탁을 인수하였거나 기타 타인을 위하여 주식을 가지고 있는 경우 외에는 회사는 주주의 의결권의 불통일행사를 거부할 수 있다.

[본조신설 1984. 4. 10.]

제368조의 2(의결권의 불통일행사) ① 주주가 2 이상의 의결권을 가지고 있는 때에는 이를 통일하지 아니하고 행사할 수 있다. 이 경우 주주총회일의 3일 전에 회사에 대하여 서면 또는 전자문서로 그 뜻과 이유를 통지하여야 한다.

<개정 2009. 5. 28. 1년 후 시행>

② 주주가 주식의 신탁을 인수하였거나 기타 타인을 위하여 주식을 가지고 있는 경우 외에는 회사는 주주의 의결권의 불통일행사를 거부할 수 있다.

[본조신설 1984. 4. 10.]

[시행일: 2010. 5. 29.]

제368조의 3(서면에 의한 의결권의 행사) ① 주주는 정관이 정한 바에 따라 총회에 출석하지 아니하고 서면에 의하여 의결권을 행사할 수 있다.

② 회사는 총회의 소집통지서에 주주가 제1항의 규정에 의한 의결권을 행사하는 데 필요한 서면과 참고자료를 첨부하여야 한다.

[본조신설 1999. 12. 31.]

제368조의 4(전자적 방법에 의한 의결권의 행사) ① 회사는 이사회의 결의로 주주가 총회에 출석하지 아니하고 전자적 방법으로 의결권을 행사할 수 있음을 정할 수 있다.

② 회사는 제363조에 따라 소집통지나 공고를 할 때에는 주주가 제1항에 따른 방법으로 의결권을 행사할 수 있다는 내용을 통지하거나 공고하여야 한다.

③ 회사가 제1항에 따라 전자적 방법에 의한 의결권행사를 정한 경우에 주주는 주주 확인절차 등 대통령령으로 정하는 바에 따라 의결권을 행사하여야 한다. 이 경우 회사는 의결권행사에 필요한 양식과 참고자료를 주주에게 전자적 방법으로 제공하여야 한다.

④ 동일한 주식에 관하여 제1항 또는 제368조의 3 제1항에 따라 의결권

을 행사하는 경우 전자적 방법 또는 서면 중 어느 하나의 방법을 선택하여야 한다.

⑤ 회사는 의결권행사에 관한 전자적 기록을 총회가 끝난 날부터 3개월간 본점에 갖추어 두어 열람하게 하고 총회가 끝난 날부터 5년간 보존하여야 한다.

⑥ 주주 확인절차 등 전자적 방법에 의한 의결권행사의 절차와 그 밖에 필요한 사항은 대통령령으로 정한다.

*[**본조신설** 2009. 5. 28.]*

[시행일: 2010. 5. 29. 1년 후 시행]

제369조(의결권) ① 의결권은 1주마다 1개로 한다.

② 회사가 가진 자기주식은 의결권이 없다.

③ 회사, 모회사 및 자회사 또는 자회사가 다른 회사의 발행주식의 총수의 10분의 1을 초과하는 주식을 가지고 있는 경우 그 다른 회사가 가지고 있는 회사 또는 모회사의 주식은 의결권이 없다. <신설 1984. 4. 10.>

제370조(의결권이 없는 주식) ① 회사가 수종의 주식을 발행하는 경우에는 정관으로 이익배당에 관한 우선적 내용이 있는 종류의 주식에 대하여 주주에게 의결권 없는 것으로 할 수 있다. 그러나 그 주주는 정관에 정한 우선적 배당을 받지 아니한다는 결의가 있는 총회의 다음 총회부터 그 우선적 배당을 받는다는 결의가 있는 총회의 종료 시까지에는 의결권이 있다.

② 전항의 의결권 없는 주식의 총수는 발행주식의 총수의 4분의 1을 초과하지 못한다.

제371조(정족수, 의결권 수의 계산) ① 총회의 결의에 관해서는 의결권 없는 주주가 가진 주식의 수는 발행주식의 총수에 산입하지 아니한다.

② 총회의 결의에 관해서는 제368조 제4항의 규정에 의하여 행사할 수 없는 의결권의 수는 출석한 주주의 의결권의 수에 산입하지 아니한다.

제372조(총회의 연기, 속행의 결의) ① 총회에서는 회의의 속행 또는 연기의 결의를 할 수 있다.

② 전항의 경우에는 제363조의 규정을 적용하지 아니한다.

제373조(총회의 의사록) ① 총회의 의사에는 의사록을 작성하여야 한다.

② 의사록에는 의사의 경과요령과 그 결과를 기재하고 의장과 출석한 이사가 기명날인 또는 서명하여야 한다. <개정 1995. 12. 29.>

제374조(영업양도, 양수, 임대 등) ① 회사가 다음의 행위를 함에는 제434조에 정하는 결의가 있어야 한다. <개정 2001. 7. 24.>

1. 영업의 전부 또는 중요한 일부의 양도
2. 영업 전부의 임대 또는 경영위임, 타인과 영업의 손익 전부를 같이하는 계약 기타 이에 준할 계약의 체결, 변경 또는 해약
3. 다른 회사의 영업 전부의 양수
4. 회사의 영업에 중대한 영향을 미치는 다른 회사의 영업 일부의 양수

② 제1항의 행위에 관한 주주총회의 소집의 통지 또는 공고를 하는 때에는 제374조의 2 제1항 및 제2항의 규정에 의한 주식매수청구권의 내용 및 행사방법을 명시하여야 한다. <신설 1995. 12. 29.>

제374조의 2(반대주주의 주식매수청구권) ① 제374조의 규정에 의한 결의사항에 반대하는 주주는 주주총회 전에 회사에 대하여 서면으로 그 결의에 반대하는 의사를 통지한 경우에는 그 총회의 결의일부터 20일 내에 주식의 종류와 수를 기재한 서면으로 회사에 대하여 자기가 소유하고 있는 주식의 매수를 청구할 수 있다.

② 회사는 제1항의 청구를 받은 날부터 2개월 이내에 그 주식을 매수하여야 한다.

③ 제2항의 규정에 의한 주식의 매수가액은 주주와 회사 간의 협의에 의하여 결정한다. <개정 2001. 7. 24.>

④ 제1항의 청구를 받은 날부터 30일 이내에 제3항의 규정에 의한 협의가 이루어지지 아니한 경우에는 회사 또는 주식의 매수를 청구한 주주는 법원에 대하여 매수가액의 결정을 청구할 수 있다. <개정 2001. 7. 24.>

⑤ 법원이 제4항의 규정에 의하여 주식의 매수가액을 결정하는 경우에는 회사의 재산상태 그 밖의 사정을 참작하여 공정한 가액으로 이를 산정하여야 한다. <신설 2001. 7. 24.>

[본조신설 1995. 12. 29.]

제375조(사후설립) 제374조의 규정은 회사가 그 성립 후 2년 내에 그 성립 전부터 존재하는 재산으로서 영업을 위하여 계속하여 사용하여야 할 것을 자본의 100분의 5 이상에 해당하는 대가로 취득하는 계약을 하는 경우에 이를 준용한다. <개정 1998. 12. 28.>

제376조(결의취소의 소) ① 총회의 소집절차 또는 결의방법이 법령 또는 정관에 위반하거나 현저하게 불공정한 때 또는 그 결의의 내용이 정관에 위반한 때에는 주주·이사 또는 감사는 결의의 날로부터 2개월 내에 결의취소의 소를 제기할 수 있다. <개정 1984. 4. 10, 1995. 12. 29.>

② 제186조 내지 제188조, 제190조 본문과 제191조의 규정은 제1항의 소에 준용한다. <개정 1984. 4. 10, 1995. 12. 29.>

제377조(제소주주의 담보제공의무) ① 주주가 결의취소의 소를 제기한 때에는 법원은 회사의 청구에 의하여 상당한 담보를 제공할 것을 명할 수 있다. 그러나 그 주주가 이사 또는 감사인 때에는 그러하지 아니하다. <개정 1984. 4. 10.>

② 제176조 제4항의 규정은 제1항의 청구에 준용한다. <개정 1984. 4. 10.>

제378조(결의취소의 등기) 결의한 사항이 등기된 경우에 결의취소의 판결이 확정된 때에는 본점과 지점의 소재지에서 등기하여야 한다.

제379조(법원의 재량에 의한 청구기각) 결의취소의 소가 제기된 경우에 결의의 내용, 회사의 현황과 제반 사정을 참작하여 그 취소가 부적당하다고 인정한 때에는 법원은 그 청구를 기각할 수 있다.

제380조(결의무효 및 부존재확인의 소) 제186조 내지 제188조, 제190조 본문, 제191조, 제377조와 제378조의 규정은 총회의 결의의 내용이 법령에 위반한 것을 이유로 하여 결의무효의 확인을 청구하는 소와 총회의 소집절차 또는 결의방법에 총회결의가 존재한다고 볼 수 없을 정도의 중대한 하자가 있는 것을 이유로 하여 결의부존재의 확인을 청구하는 소에 이를 준용한다. <개정 1984. 4. 10, 1995. 12. 29.>

제381조(부당결의의 취소, 변경의 소) ① 주주가 제368조 제4항의 규정

에 의하여 의결권을 행사할 수 없었던 경우에 결의가 현저하게 부당하고 그 주주가 의결권을 행사하였더라면 이를 저지할 수 있었을 때에는 그 주주는 그 결의의 날로부터 2개월 내에 결의의 취소의 소 또는 변경의 소를 제기할 수 있다.

② 제186조 내지 제188조, 제190조 본문, 제191조, 제377조와 제378조의 규정은 제1항의 소에 준용한다. <개정 1998. 12. 28.>

제2관 이사와 이사회

제382조(이사의 선임, 회사와의 관계 및 사외이사) ① 이사는 주주총회에서 선임한다.

② 회사와 이사의 관계는 '민법'의 위임에 관한 규정을 준용한다.

③ 사외이사(社外理事)는 해당 회사의 상무(常務)에 종사하지 아니하는 이사로서 다음 각 호의 어느 하나에 해당하지 아니하는 자를 말한다. 사외이사가 다음 각 호의 어느 하나에 해당하는 경우에는 그 직을 상실한다.

1. 회사의 상무에 종사하는 이사 및 피용자 또는 최근 2년 이내에 회사의 상무에 종사한 이사 · 감사 및 피용자
2. 최대주주가 자연인인 경우 본인과 그 배우자 및 직계 존속 · 비속
3. 최대주주가 법인인 경우 그 법인의 이사 · 감사 및 피용자
4. 이사 · 감사의 배우자 및 직계 존속 · 비속
5. 회사의 모회사 또는 자회사의 이사 · 감사 및 피용자
6. 회사와 거래관계 등 중요한 이해관계에 있는 법인의 이사 · 감사 및 피용자
7. 회사의 이사 및 피용자가 이사로 있는 다른 회사의 이사 · 감사 및 피용자

[전문개정 2009. 1. 30.]

제382조의 2(집중투표) ① 2인 이상의 이사의 선임을 목적으로 하는 총회의 소집이 있는 때에는 의결권 없는 주식을 제외한 발행주식총수의 100

분의 3 이상에 해당하는 주식을 가진 주주는 정관에서 달리 정하는 경우를 제외하고는 회사에 대하여 집중투표의 방법으로 이사를 선임할 것을 청구할 수 있다.

② 제1항의 청구는 회일의 7일 전까지 서면으로 이를 하여야 한다.

③ 제1항의 청구가 있는 경우에 이사의 선임결의에 관하여 각 주주는 1주마다 선임할 이사의 수와 동일한 수의 의결권을 가지며, 그 의결권은 이사 후보자 1인 또는 수인에게 집중하여 투표하는 방법으로 행사할 수 있다.

④ 제3항의 규정에 의한 투표의 방법으로 이사를 선임하는 경우에는 투표의 최다수를 얻은 자부터 순차적으로 이사에 선임되는 것으로 한다.

⑤ 제1항의 청구가 있는 경우에는 의장은 의결에 앞서 그러한 청구가 있다는 취지를 알려야 한다.

⑥ 제2항의 서면은 총회가 종결될 때까지 이를 본점에 비치하고 주주로 하여금 영업시간 내에 열람할 수 있게 하여야 한다.

[본조신설 1998. 12. 28.]

제382조의 2(집중투표) ① 2인 이상의 이사의 선임을 목적으로 하는 총회의 소집이 있는 때에는 의결권 없는 주식을 제외한 발행주식총수의 100분의 3 이상에 해당하는 주식을 가진 주주는 정관에서 달리 정하는 경우를 제외하고는 회사에 대하여 집중투표의 방법으로 이사를 선임할 것을 청구할 수 있다.

② 제1항의 청구는 주주총회일의 7일 전까지 서면 또는 전자문서로 하여야 한다. *<개정 2009. 5. 28. 1년 후 시행>*

③ 제1항의 청구가 있는 경우에 이사의 선임결의에 관하여 각 주주는 1주마다 선임할 이사의 수와 동일한 수의 의결권을 가지며, 그 의결권은 이사 후보자 1인 또는 수인에게 집중하여 투표하는 방법으로 행사할 수 있다.

④ 제3항의 규정에 의한 투표의 방법으로 이사를 선임하는 경우에는 투표의 최다수를 얻은 자부터 순차적으로 이사에 선임되는 것으로 한다.

⑤ 제1항의 청구가 있는 경우에는 의장은 의결에 앞서 그러한 청구가 있다는 취지를 알려야 한다.

⑥ 제2항의 서면은 총회가 종결될 때까지 이를 본점에 비치하고 주주로 하여금 영업시간 내에 열람할 수 있게 하여야 한다.

[본조신설 1998. 12. 28.]

[시행일: 2010. 5. 29.]

제382조의 3(이사의 충실의무) 이사는 법령과 정관의 규정에 따라 회사를 위하여 그 직무를 충실하게 수행하여야 한다.

[본조신설 1998. 12. 28.]

제382조의 4(이사의 비밀유지의무) 이사는 재임 중뿐만 아니라 퇴임 후에도 직무상 알게 된 회사의 영업상 비밀을 누설하여서는 아니 된다.

[본조신설 2001. 7. 24.]

제383조(원수, 임기) ① 이사는 3명 이상이어야 한다. 다만 자본금 총액이 10억 원 미만인 회사는 1명 또는 2명으로 할 수 있다. <개정 2009. 5. 28. 공포 및 시행, 이하 개정조문 동일>

② 이사의 임기는 3년을 초과하지 못한다. <개정 1984. 4. 10.>

③ 제2항의 임기는 정관으로 그 임기 중의 최종의 결산기에 관한 정기주주총회의 종결에 이르기까지 연장할 수 있다. <개정 1984. 4. 10.>

④ 제1항 단서의 경우에는 제302조 제2항 제5호의 2, 제317조 제2항 제3호의 2, 제335조 제1항 단서 및 제2항, 제335조의 2 제1항 · 제3항, 제335조의 3 제1항 · 제2항, 제335조의 7 제1항, 제340조의 3 제1항 제5호, 제356조 제6호의 2, 제397조 제1항 · 제2항, 제398조, 제416조 본문, 제461조 제1항 본문 및 제3항, 제462조의 3 제1항, 제464조의 2 제1항, 제469조, 제513조 제2항 본문 및 제516조의 2 제2항 본문(준용되는 경우를 포함한다.) 중 '이사회'는 각각 '주주총회'로 보며, 제360조의 5 제1항 및 제522조의 3 제1항 중 '이사회의 결의가 있는 때'는 '제363조 제1항에 따른 주주총회의 소집통지가 있는 때'로 본다. <개정 2009. 5. 28.>

⑤ 제1항 단서의 경우에는 제390조, 제391조, 제391조의 2, 제391조의 3, 제392조, 제393조 제2항부터 제4항까지, 제399조 제2항, 제526조 제3항, 제527조 제4항, 제527조의 2, 제527조의 3 제1항 및 제527조의 5 제2항은 적

용하지 아니한다. <개정 2009. 5. 28.>

⑥ 제1항 단서의 경우에는 각 이사(정관에 따라 대표이사를 정한 경우에는 그 대표이사를 말한다.)가 회사를 대표하며 제362조, 제363조의 2 제3항, 제366조 제1항, 제368조의 4 제1항, 제393조 제1항 및 제412조의 3 제1항에 따른 이사회의 기능을 담당한다. <개정 2009. 5. 28.>

제384조 삭제 <1995. 12. 29.>

제385조(해임) ① 이사는 언제든지 제434조의 규정에 의한 주주총회의 결의로 이를 해임할 수 있다. 그러나 이사의 임기를 정한 경우에 정당한 이유 없이 그 임기만료 전에 이를 해임한 때에는 그 이사는 회사에 대하여 해임으로 인한 손해의 배상을 청구할 수 있다.

② 이사가 그 직무에 관하여 부정행위 또는 법령이나 정관에 위반한 중대한 사실이 있음에도 불구하고 주주총회에서 그 해임을 부결한 때에는 발행주식의 총수의 100분의 3 이상에 해당하는 주식을 가진 주주는 총회의 결의가 있은 날부터 1개월 내에 그 이사의 해임을 법원에 청구할 수 있다. <개정 1998. 12. 28.>

③ 제186조의 규정은 전항의 경우에 준용한다.

제386조(결원의 경우) ① 법률 또는 정관에 정한 이사의 원수를 결한 경우에는 임기의 만료 또는 사임으로 인하여 퇴임한 이사는 새로 선임된 이사가 취임할 때까지 이사의 권리의무가 있다.

② 제1항의 경우에 필요하다고 인정할 때에는 법원은 이사, 감사 기타의 이해관계인의 청구에 의하여 일시이사의 직무를 행할 자를 선임할 수 있다. 이 경우에는 본점의 소재지에서 그 등기를 하여야 한다. <개정 1995. 12. 29.>

제387조(자격주) 정관으로 이사가 가질 주식의 수를 정한 경우에 다른 규정이 없는 때에는 이사는 그 수의 주권을 감사에게 공탁하여야 한다.

제388조(이사의 보수) 이사의 보수는 정관에 그 액을 정하지 아니한 때에는 주주총회의 결의로 이를 정한다.

제389조(대표이사) ① 회사는 이사회의 결의로 회사를 대표할 이사를 선정하여야 한다. 그러나 정관으로 주주총회에서 이를 선정할 것을 정할 수

있다.

② 전항의 경우에는 수인의 대표이사가 공동으로 회사를 대표할 것을 정할 수 있다.

③ 제208조 제2항, 제209조, 제210조와 제386조의 규정은 대표이사에 준용한다. <개정 1962. 12. 12.>

제390조(이사회의 소집) ① 이사회는 각 이사가 소집한다. 그러나 이사회의 결의로 소집할 이사를 정한 때에는 그러하지 아니하다.

② 제1항 단서의 규정에 의하여 소집권자로 지정되지 않은 다른 이사는 소집권자인 이사에게 이사회 소집을 요구할 수 있다. 소집권자인 이사가 정당한 이유 없이 이사회 소집을 거절하는 경우에는 다른 이사가 이사회를 소집할 수 있다. <신설 2001. 7. 24.>

③ 이사회를 소집함에는 회일을 정하고 그 1주간 전에 각 이사 및 감사에 대하여 통지를 발송하여야 한다. 그러나 그 기간은 정관으로 단축할 수 있다. <개정 1984. 4. 10.>

④ 이사회는 이사 및 감사 전원의 동의가 있는 때에는 제3항의 절차 없이 언제든지 회의할 수 있다. <개정 1984. 4. 10, 2001. 7. 24.>

제391조(이사회의 결의방법) ① 이사회의 결의는 이사 과반수의 출석과 출석이사의 과반수로 하여야 한다. 그러나 정관으로 그 비율을 높게 정할 수 있다.

② 정관에서 달리 정하는 경우를 제외하고 이사회는 이사의 전부 또는 일부가 직접 회의에 출석하지 아니하고 모든 이사가 동영상 및 음성을 동시에 송・수신하는 통신수단에 의하여 결의에 참가하는 것을 허용할 수 있다. 이 경우 당해 이사는 이사회에 직접 출석한 것으로 본다. <신설 1999. 12. 31.>

③ 제368조 제4항 및 제371조 제2항의 규정은 제1항의 경우에 이를 준용한다.

[전문개정 1984. 4. 10.]

제391조의 2(감사의 이사회출석・의견진술권) ① 감사는 이사회에 출석하여 의견을 진술할 수 있다.

② 감사는 이사가 법령 또는 정관에 위반한 행위를 하거나 그 행위를 할 염려가 있다고 인정한 때에는 이사회에 이를 보고하여야 한다.

[본조신설 1984. 4. 10.]

제391조의 3(이사회의 의사록) ① 이사회의 의사에 관해서는 의사록을 작성하여야 한다.

② 의사록에는 의사의 안건, 경과요령, 그 결과, 반대하는 자와 그 반대이유를 기재하고 출석한 이사 및 감사가 기명날인 또는 서명하여야 한다. <개정 1995. 12. 29, 1999. 12. 31.>

③ 주주는 영업시간 내에 이사회의사록의 열람 또는 등사를 청구할 수 있다. <신설 1999. 12. 31.>

④ 회사는 제3항의 청구에 대하여 이유를 붙여 이를 거절할 수 있다. 이 경우 주주는 법원의 허가를 얻어 이사회의사록을 열람 또는 등사할 수 있다. <신설 1999. 12. 31.>

[본조신설 1984. 4. 10.]

제392조(이사회의 연기·속행) 제372조의 규정은 이사회에 관하여 이를 준용한다.

[전문개정 1984. 4. 10.]

제393조(이사회의 권한) ① 중요한 자산의 처분 및 양도, 대규모 재산의 차입, 지배인의 선임 또는 해임과 지점의 설치·이전 또는 폐지 등 회사의 업무집행은 이사회의 결의로 한다. <개정 2001. 7. 24.>

② 이사회는 이사의 직무의 집행을 감독한다.

③ 이사는 대표이사로 하여금 다른 이사 또는 피용자의 업무에 관하여 이사회에 보고할 것을 요구할 수 있다. <신설 2001. 7. 24.>

④ 이사는 3개월에 1회 이상 업무의 집행상황을 이사회에 보고하여야 한다. <신설 2001. 7. 24.>

[전문개정 1984. 4. 10.]

제393조의 2(이사회 내 위원회) ① 이사회는 정관이 정한 바에 따라 위원회를 설치할 수 있다.

② 이사회는 다음 각 호의 사항을 제외하고는 그 권한을 위원회에 위임할 수 있다.

1. 주주총회의 승인을 요하는 사항의 제안
2. 대표이사의 선임 및 해임
3. 위원회의 설치와 그 위원의 선임 및 해임
4. 정관에서 정하는 사항

③ 위원회는 2인 이상의 이사로 구성한다.

④ 위원회는 결의된 사항을 각 이사에게 통지하여야 한다. 이 경우 이를 통지받은 각 이사는 이사회의 소집을 요구할 수 있으며, 이사회는 위원회가 결의한 사항에 대하여 다시 결의할 수 있다.

⑤ 제386조 제1항 · 제390조 · 제391조 · 제391조의 3 및 제392조의 규정은 위원회에 관하여 이를 준용한다.

[본조신설 1999. 12. 31.]

제394조(이사와 회사 간의 소에 관한 대표) ① 회사가 이사에 대하여 또는 이사가 회사에 대하여 소를 제기하는 경우에 감사는 그 소에 관하여 회사를 대표한다. 회사가 제403조 제1항의 청구를 받음에 있어서도 같다.

② 제415조의 2의 규정에 의한 감사위원회의 위원이 소의 당사자인 경우에는 감사위원회 또는 이사는 법원에 회사를 대표할 자를 선임하여 줄 것을 신청하여야 한다. <신설 1999. 12. 31.>

[전문개정 1984. 4. 10.]

제395조(표현대표이사의 행위와 회사의 책임) 사장, 부사장, 전무, 상무 기타 회사를 대표할 권한이 있는 것으로 인정될 만한 명칭을 사용한 이사의 행위에 대해서는 그 이사가 회사를 대표할 권한이 없는 경우에도 회사는 선의의 제삼자에 대하여 그 책임을 진다.

제396조(정관 등의 비치, 공시의무) ① 이사는 회사의 정관, 주주총회의 의사록을 본점과 지점에, 주주명부, 사채원부를 본점에 비치하여야 한다. 이 경우 명의개서대리인을 둔 때에는 주주명부나 사채원부 또는 그 복본을 명의개서대리인의 영업소에 비치할 수 있다. <개정 1984. 4. 10, 1999. 12. 31.>

② 주주와 회사채권자는 영업시간 내에 언제든지 제1항의 서류의 열람 또는 등사를 청구할 수 있다. <개정 1984. 4. 10.>

제397조(경업금지) ① 이사는 이사회의 승인이 없으면 자기 또는 제삼자의 계산으로 회사의 영업부류에 속한 거래를 하거나 동종영업을 목적으로 하는 다른 회사의 무한책임사원이나 이사가 되지 못한다. <개정 1995. 12. 29.>

② 이사가 제1항의 규정에 위반하여 거래를 한 경우에 회사는 이사회의 결의로 그 이사의 거래가 자기의 계산으로 한 것인 때에는 이를 회사의 계산으로 한 것으로 볼 수 있고 제삼자의 계산으로 한 것인 때에는 그 이사에 대하여 이로 인한 이득의 양도를 청구할 수 있다. <개정 1962. 12. 12, 1995. 12. 29.>

③ 제2항의 권리는 거래가 있은 날로부터 1년을 경과하면 소멸한다. <개정 1995. 12. 29.>

제398조(이사와 회사 간의 거래) 이사는 이사회의 승인이 있는 때에 한하여 자기 또는 제삼자의 계산으로 회사와 거래를 할 수 있다. 이 경우에는 민법 제124조의 규정을 적용하지 아니한다.

제399조(회사에 대한 책임) ① 이사가 법령 또는 정관에 위반한 행위를 하거나 그 임무를 해태한 때에는 그 이사는 회사에 대하여 연대하여 손해를 배상할 책임이 있다.

② 전항의 행위가 이사회의 결의에 의한 것인 때에는 그 결의에 찬성한 이사도 전항의 책임이 있다.

③ 전항의 결의에 참가한 이사로서 이의를 한 기재가 의사록에 없는 자는 그 결의에 찬성한 것으로 추정한다.

제400조(회사에 대한 책임의 면제) 전조의 규정에 의한 이사의 책임은 총주주의 동의로 면제할 수 있다.

제401조(제삼자에 대한 책임) ① 이사가 악의 또는 중대한 과실로 인하여 그 임무를 해태한 때에는 그 이사는 제삼자에 대하여 연대하여 손해를 배상할 책임이 있다.

② 제399조 제2항, 제3항의 규정은 전항의 경우에 준용한다.

제401조의 2(업무집행지시자 등의 책임) ① 다음 각 호의 1에 해당하는 자는 그 지시하거나 집행한 업무에 관하여 제399조·제401조 및 제403조의 적용에 있어서 이를 이사로 본다.

1. 회사에 대한 자신의 영향력을 이용하여 이사에게 업무집행을 지시한 자
2. 이사의 이름으로 직접 업무를 집행한 자
3. 이사가 아니면서 명예회장·회장·사장·부사장·전무·상무·이사 기타 업무를 집행할 권한이 있는 것으로 인정될 만한 명칭을 사용하여 회사의 업무를 집행한 자

② 제1항의 경우에 회사 또는 제삼자에 대하여 손해를 배상할 책임이 있는 이사는 제1항에 규정된 자와 연대하여 그 책임을 진다.

[본조신설 1998. 12. 28.]

제402조(유지청구권) 이사가 법령 또는 정관에 위반한 행위를 하여 이로 인하여 회사에 회복할 수 없는 손해가 생길 염려가 있는 경우에는 감사 또는 발행주식의 총수의 100분의 1 이상에 해당하는 주식을 가진 주주는 회사를 위하여 이사에 대하여 그 행위를 유지할 것을 청구할 수 있다. <개정 1984. 4. 10, 1998. 12. 28.>

제403조(주주의 대표소송) ① 발행주식의 총수의 100분의 1 이상에 해당하는 주식을 가진 주주는 회사에 대하여 이사의 책임을 추궁할 소의 제기를 청구할 수 있다. <개정 1998. 12. 28.>

② 제1항의 청구는 그 이유를 기재한 서면으로 하여야 한다. <개정 1998. 12. 28.>

③ 회사가 전항의 청구를 받은 날로부터 30일 내에 소를 제기하지 아니한 때에는 제1항의 주주는 즉시 회사를 위하여 소를 제기할 수 있다.

④ 제3항의 기간의 경과로 인하여 회사에 회복할 수 없는 손해가 생길 염려가 있는 경우에는 전항의 규정에 불구하고 제1항의 주주는 즉시 소를 제기할 수 있다. <개정 1998. 12. 28.>

⑤ 제3항과 제4항의 소를 제기한 주주의 보유주식이 제소 후 발행주식총수의 100분의 1 미만으로 감소한 경우(발행주식을 보유하지 아니하게 된 경

우를 제외한다.)에도 제소의 효력에는 영향이 없다. <신설 1998. 12. 28.>

⑥ 제3항과 제4항의 소를 제기한 경우 당사자는 법원의 허가를 얻지 아니하고는 소의 취하, 청구의 포기·인낙·화해를 할 수 없다. <신설 1998. 12. 28.>

⑦ 제176조 제3항, 제4항과 제186조의 규정은 본 조의 소에 준용한다.

제404조(대표소송과 소송참가, 소송고지) ① 회사는 전조 제3항과 제4항의 소송에 참가할 수 있다.

② 전조 제3항과 제4항의 소를 제기한 주주는 소를 제기한 후 지체 없이 회사에 대하여 그 소송의 고지를 하여야 한다.

제405조(제소주주의 권리의무) ① 제403조 제3항과 제4항의 규정에 의하여 소를 제기한 주주가 승소한 때에는 그 주주는 회사에 대하여 소송비용 및 그 밖에 소송으로 인하여 지출한 비용 중 상당한 금액의 지급을 청구할 수 있다. 이 경우 소송비용을 지급한 회사는 이사 또는 감사에 대하여 구상권이 있다. <개정 1962. 12. 12, 2001. 7. 24.>

② 제403조 제3항과 제4항의 규정에 의하여 소를 제기한 주주가 패소한 때에는 악의인 경우 외에는 회사에 대하여 손해를 배상할 책임이 없다.

제406조(대표소송과 재심의 소) ① 제403조의 소가 제기된 경우에 원고와 피고의 공모로 인하여 소송의 목적인 회사의 권리를 사해할 목적으로 판결을 하게 한 때에는 회사 또는 주주는 확정한 종국판결에 대하여 재심의 소를 제기할 수 있다.

② 전조의 규정은 전항의 소에 준용한다.

제407조(직무집행정지, 직무대행자선임) ① 이사선임결의의 무효나 취소 또는 이사해임의 소가 제기된 경우에는 법원은 당사자의 신청에 의하여 가처분으로써 이사의 직무집행을 정지할 수 있고 또는 직무대행자를 선임할 수 있다. 급박한 사정이 있는 때에는 본안 소송의 제기 전에도 그 처분을 할 수 있다.

② 법원은 당사자의 신청에 의하여 전항의 가처분을 변경 또는 취소할 수 있다.

③ 전 2항의 처분이 있는 때에는 본점과 지점의 소재지에서 그 등기를

하여야 한다.

제408조(직무대행자의 권한) ① 전조의 직무대행자는 가처분명령에 다른 정함이 있는 경우 외에는 회사의 상무에 속하지 아니한 행위를 하지 못한다. 그러나 법원의 허가를 얻은 경우에는 그러하지 아니하다.

② 직무대행자가 전항의 규정에 위반한 행위를 한 경우에도 회사는 선의의 제삼자에 대하여 책임을 진다.

제3관 감사 및 감사위원회 〈개정 1999. 12. 31.〉

제409조(선임) ① 감사는 주주총회에서 선임한다.

② 의결권 없는 주식을 제외한 발행주식의 총수의 100분의 3을 초과하는 수의 주식을 가진 주주는 그 초과하는 주식에 관하여 제1항의 감사의 선임에 있어서는 의결권을 행사하지 못한다. <개정 1984. 4. 10.>

③ 회사는 정관으로 제2항의 비율보다 낮은 비율을 정할 수 있다. <신설 1984. 4. 10.>

④ 제1항, 제296조 제1항 및 제312조에도 불구하고 자본금의 총액이 10억 원 미만인 회사의 경우에는 감사를 선임하지 아니할 수 있다. <신설 2009. 5. 28.>

⑤ 제4항에 따라 감사를 선임하지 아니한 회사가 이사에 대하여 또는 이사가 그 회사에 대하여 소를 제기하는 경우에 회사, 이사 또는 이해관계인은 법원에 회사를 대표할 자를 선임하여 줄 것을 신청하여야 한다. <신설 2009. 5. 28.>

⑥ 제4항에 따라 감사를 선임하지 아니한 경우에는 제412조, 제412조의 2 및 제412조의 4 제1항 · 제2항 중 '감사'는 각각 '주주총회'로 본다.

<신설 2009. 5. 28. 공포 및 시행, 이상 신설조문 동일>

제409조의 2(감사의 해임에 관한 의견진술의 권리) 감사는 주주총회에서 감사의 해임에 관하여 의견을 진술할 수 있다.

[본조신설 1995. 12. 29.]

제410조(임기) 감사의 임기는 취임 후 3년 내의 최종의 결산기에 관한 정기총회의 종결 시까지로 한다. <개정 1995. 12. 29.>

[전문개정 1984. 4. 10.]

제411조(겸임금지) 감사는 회사 및 자회사의 이사 또는 지배인 기타의 사용인의 직무를 겸하지 못한다. <개정 1995. 12. 29.>

제412조(직무와 보고요구 · 조사의 권한) ① 감사는 이사의 직무의 집행을 감사한다.

② 감사는 언제든지 이사에 대하여 영업에 관한 보고를 요구하거나 회사의 업무와 재산상태를 조사할 수 있다.

[전문개정 1984. 4. 10.]

제412조의 2(이사의 보고의무) 이사는 회사에 현저하게 손해를 미칠 염려가 있는 사실을 발견한 때에는 즉시 감사에게 이를 보고하여야 한다.

[본조신설 1995. 12. 29.]

제412조의 3(총회의 소집청구) ① 감사는 회의의 목적사항과 소집의 이유를 기재한 서면을 이사회에 제출하여 임시총회의 소집을 청구할 수 있다.

② 제366조 제2항의 규정은 감사가 총회를 소집하는 경우에 이를 준용한다.

[본조신설 1995. 12. 29.]

제412조의 4(자회사의 조사권) ① 모회사의 감사는 그 직무를 수행하기 위하여 필요한 때에는 자회사에 대하여 영업의 보고를 요구할 수 있다.

② 모회사의 감사는 제1항의 경우에 자회사가 지체 없이 보고를 하지 아니할 때 또는 그 보고의 내용을 확인할 필요가 있는 때에는 자회사의 업무와 재산상태를 조사할 수 있다.

③ 자회사는 정당한 이유가 없는 한 제1항의 규정에 의한 보고 또는 제2항의 규정에 의한 조사를 거부하지 못한다.

[본조신설 1995. 12. 29.]

제413조(조사 · 보고의 의무) 감사는 이사가 주주총회에 제출할 의안 및 서류를 조사하여 법령 또는 정관에 위반하거나 현저하게 부당한 사항이 있는지의 여부에 관하여 주주총회에 그 의견을 진술하여야 한다.

[전문개정 1984. 4. 10.]

제413조의 2(감사록의 작성) ① 감사는 감사에 관하여 감사록을 작성하여야 한다.

② 감사록에는 감사의 실시요령과 그 결과를 기재하고 감사를 실시한 감사가 기명날인 또는 서명하여야 한다. <개정 1995. 12. 29.>

[본조신설 1984. 4. 10.]

제414조(감사의 책임) ① 감사가 그 임무를 해태한 때에는 그 감사는 회사에 대하여 연대하여 손해를 배상할 책임이 있다.

② 감사가 악의 또는 중대한 과실로 인하여 그 임무를 해태한 때에는 그 감사는 제삼자에 대하여 연대하여 손해를 배상할 책임이 있다.

③ 감사가 회사 또는 제삼자에 대하여 손해를 배상할 책임이 있는 경우에 이사도 그 책임이 있는 때에는 그 감사와 이사는 연대하여 배상할 책임이 있다.

제415조(준용규정) 제382조 제2항, 제382조의 4, 제385조, 제386조, 제388조, 제400조, 제401조와 제403조 내지 제407조의 규정은 감사에 준용한다. <개정 1984. 4. 10, 2001. 7. 24.>

제415조의 2(감사위원회) ① 회사는 정관이 정한 바에 따라 감사에 갈음하여 제393조의 2의 규정에 의한 위원회로서 감사위원회를 설치할 수 있다. 감사위원회를 설치한 경우에는 감사를 둘 수 없다.

② 감사위원회는 제393조의 2 제3항에도 불구하고 3명 이상의 이사로 구성한다. 다만 사외이사가 위원의 3분의 2 이상이어야 한다. <개정 2009. 1. 30.>

③ 감사위원회의 위원의 해임에 관한 이사회의 결의는 이사 총수의 3분의 2 이상의 결의로 하여야 한다.

④ 감사위원회는 그 결의로 위원회를 대표할 자를 선정하여야 한다. 이 경우 수인의 위원이 공동으로 위원회를 대표할 것을 정할 수 있다.

⑤ 감사위원회는 회사의 비용으로 전문가의 조력을 구할 수 있다.

⑥ 감사위원회에 대해서는 제393조의 2 제4항 후단을 적용하지 아니한다. <신설 2009. 1. 30.>

⑦ 제296조・제312조・제367조・제387조・제391조의 2 제2항・제394조 제1항・제400조・제402조 내지 제407조・제412조 내지 제414조・제447조의 3・제447조의 4・제450조・제527조의 4・제530조의 5 제1항 제9호・제530조의 6 제1항 제10호 및 제534조의 규정은 감사위원회에 관하여 이를 준용한다. 이 경우 제530조의 5 제1항 제9호 및 제530조의 6 제1항 제10호 중 '감사'는 '감사위원회 위원'으로 본다.

<개정 2009. 1. 30.>

[본조신설 1999. 12. 31.]

제4절 신주의 발행

제416조(발행사항의 결정) 회사가 그 성립 후에 주식을 발행하는 경우에는 다음의 사항으로서 정관에 규정이 없는 것은 이사회가 이를 결정한다. 그러나 본 법에 다른 규정이 있거나 정관으로 주주총회에서 결정하기로 정한 경우에는 그러하지 아니하다. <개정 1984. 4. 10.>

1. 신주의 종류와 수
2. 신주의 발행가액과 납입기일
3. 신주의 인수방법
4. 현물출자를 하는 자의 성명과 그 목적인 재산의 종류, 수량, 가액과 이에 대하여 부여할 주식의 종류와 수
5. 주주가 가지는 신주인수권을 양도할 수 있는 것에 관한 사항
6. 주주의 청구가 있는 때에만 신주인수권증서를 발행한다는 것과 그 청구기간

제417조(액면미달의 발행) ① 회사가 성립한 날로부터 2년을 경과한 후에 주식을 발행하는 경우에는 회사는 제434조의 규정에 의한 주주총회의 결의와 법원의 인가를 얻어서 주식을 액면미달의 가액으로 발행할 수 있다. <개정 1962. 12. 12.>

② 전항의 주주총회의 결의에서는 주식의 최저발행가액을 정하여야 한다.

③ 법원은 회사의 현황과 제반 사정을 참작하여 최저발행가액을 변경하여 인가할 수 있다. 이 경우에 법원은 회사의 재산상태 기타 필요한 사항을 조사하게 하기 위하여 검사인을 선임할 수 있다.

④ 제1항의 주식은 법원의 인가를 얻은 날로부터 1개월 내에 발행하여야 한다. 법원은 이 기간을 연장하여 인가할 수 있다.

제418조(신주인수권의 내용 및 배정일의 지정 · 공고) ① 주주는 그가 가진 주식 수에 따라서 신주의 배정을 받을 권리가 있다. <개정 2001. 7. 24.>

② 회사는 제1항의 규정에 불구하고 정관에 정하는 바에 따라 주주 외의 자에게 신주를 배정할 수 있다. 다만 이 경우에는 신기술의 도입, 재무구조의 개선 등 회사의 경영상 목적을 달성하기 위하여 필요한 경우에 한한다. <신설 2001. 7. 24.>

③ 회사는 일정한 날을 정하여 그날에 주주명부에 기재된 주주가 제1항의 권리를 가진다는 뜻과 신주인수권을 양도할 수 있을 경우에는 그 뜻을, 그날의 2주간 전에 공고하여야 한다. 그러나 그날이 제354조 제1항의 기간 중인 때에는 그 기간의 초일의 2주간 전에 공고하여야 한다. <신설 1984. 4. 10.>

제419조(신주인수권자에 대한 최고) ① 회사는 신주의 인수권을 가진 자에 대하여 그 인수권을 가지는 주식의 종류 및 수와 일정한 기일까지 주식인수의 청약을 하지 아니하면 그 권리를 잃는다는 뜻을 통지하여야 한다. 이 경우 제416조 제5호 및 제6호에 규정한 사항의 정함이 있는 때에는 그 내용도 통지하여야 한다.

② 회사가 무기명식의 주권을 발행한 때에는 제1항의 사항을 공고하여야 한다.

③ 제1항의 통지 또는 제2항의 공고는 제1항의 기일의 2주간 전에 이를 하여야 한다.

④ 제1항의 통지 또는 제2항의 공고에도 불구하고 그 기일까지 주식인수의 청약을 하지 아니한 때에는 신주의 인수권을 가진 자는 그 권리를 잃는다.

[전문개정 1984. 4. 10.]

제420조(주식청약서) 이사는 주식청약서를 작성하여 다음의 사항을 기재

하야야 한다. <개정 1984. 4. 10.>

1. 제289조 제1항 제2호 내지 제4호에 게기한 사항
2. 제302조 제2항 제7호·제9호 및 제10호에 게기한 사항
3. 제416조 제1호 내지 제4호에 게기한 사항
4. 제417조의 규정에 의한 주식을 발행한 때에는 그 발행조건과 제455조의 규정에 의한 미상각액
5. 주주에 대한 신주인수권의 제한에 관한 사항 또는 특정한 제삼자에게 이를 부여할 것을 정한 때에는 그 사항
6. 주식발행의 결의연월일

제420조의 2(신주인수권증서의 발행) ① 제416조 제5호에 규정한 사항을 정한 경우에 회사는 동 조 제6호의 정함이 있는 때에는 그 정함에 따라, 그 정함이 없는 때에는 제419조 제1항의 기일의 2주간 전에 신주인수권증서를 발행하여야 한다.

② 신주인수권증서에는 다음 사항과 번호를 기재하고 이사가 기명날인 또는 서명하여야 한다. <개정 1995. 12. 29.>

1. 신주인수권증서라는 뜻의 표시
2. 제420조에 규정한 사항
3. 신주인수권의 목적인 주식의 종류와 수
4. 일정기일까지 주식의 청약을 하지 아니할 때에는 그 권리를 잃는다는 뜻

[본조신설 1984. 4. 10.]

제420조의 3(신주인수권의 양도) ① 신주인수권의 양도는 신주인수권증서의 교부에 의하여서만 이를 행한다.

② 제336조 제2항 및 수표법 제21조의 규정은 신주인수권증서에 관하여 이를 준용한다.

[본조신설 1984. 4. 10.]

제420조의 4(신주인수권증서에 의한 청약) ① 신주인수권증서를 발행한 경우에는 신주인수권증서에 의하여 주식의 청약을 한다. 이 경우에는 제302조 제1항의 규정을 준용한다.

② 신주인수권증서를 상실한 자는 주식청약서에 의하여 주식의 청약을 할 수 있다. 그러나 그 청약은 신주인수권증서에 의한 청약이 있는 때에는 그 효력을 잃는다.

[본조신설 1984. 4. 10.]

제421조(주식에 대한 납입) 이사는 신주의 인수인으로 하여금 그 배정한 주수에 따라 납입기일에 그 인수한 각 주에 대한 인수가액의 전액을 납입시켜야 한다.

제422조(현물출자의 검사) ① 현물출자를 하는 자가 있는 경우에는 이사는 제416조 제4호의 사항을 조사하게 하기 위하여 검사인의 선임을 법원에 청구하여야 한다. 이 경우 공인된 감정인의 감정으로 검사인의 조사에 갈음할 수 있다. <개정 1998. 12. 28.>

② 법원은 검사인의 조사보고서 또는 감정인 감정결과를 심사하여 제1항의 사항을 부당하다고 인정한 때에는 이를 변경하여 이사와 현물출자를 한 자에게 통고할 수 있다. <개정 1998. 12. 28.>

③ 전항의 변경에 불복하는 현물출자를 한 자는 그 주식의 인수를 취소할 수 있다.

④ 법원의 통고가 있은 후 2주 내에 주식의 인수를 취소한 현물출자를 한 자가 없는 때에는 제1항의 사항은 통고에 따라 변경된 것으로 본다. <개정 1998. 12. 28.>

제423조(주주가 되는 시기, 납입해태의 효과) ① 신주의 인수인은 납입 또는 현물출자의 이행을 한 때에는 납입기일의 다음 날로부터 주주의 권리의무가 있다. 이 경우 제350조 제3항 후단의 규정을 준용한다. <개정 1984. 4. 10, 1995. 12. 29.>

② 신주의 인수인이 납입기일에 납입 또는 현물출자의 이행을 하지 아니한 때에는 그 권리를 잃는다.

③ 제2항의 규정은 신주의 인수인에 대한 손해배상의 청구에 영향을 미치지 아니한다. <개정 1984. 4. 10.>

제424조(유지청구권) 회사가 법령 또는 정관에 위반하거나 현저하게 불공

정한 방법에 의하여 주식을 발행함으로써 주주가 불이익을 받을 염려가 있는 경우에는 그 주주는 회사에 대하여 그 발행을 유지할 것을 청구할 수 있다.

제424조의 2(불공정한 가액으로 주식을 인수한 자의 책임) ① 이사와 통모하여 현저하게 불공정한 발행가액으로 주식을 인수한 자는 회사에 대하여 공정한 발행가액과의 차액에 상당한 금액을 지급할 의무가 있다.

② 제403조 내지 제406조의 규정은 제1항의 지급을 청구하는 소에 관하여 이를 준용한다.

③ 제1항 및 제2항의 규정은 이사의 회사 또는 주주에 대한 손해배상의 책임에 영향을 미치지 아니한다.

[본조신설 1984. 4. 10.]

제425조(준용규정) ① 제302조 제1항, 제3항, 제303조, 제305조 제2항, 제3항, 제306조, 제318조와 제319조의 규정은 신주의 발행에 준용한다.

② 제305조 제2항의 규정은 신주인수권증서를 발행하는 경우에 이를 준용한다. <신설 1984. 4. 10.>

제426조(미상각액의 등기) 제417조의 규정에 의한 주식을 발행한 경우에 주식의 발행으로 인한 변경등기에는 제455조의 규정에 의한 미상각액을 등기하여야 한다.

제427조(인수의 무효주장, 취소의 제한) 신주의 발행으로 인한 변경등기를 한 날로부터 1년을 경과한 후에는 신주를 인수한 자는 주식청약서 또는 신주인수권증서의 요건의 흠결을 이유로 하여 그 인수의 무효를 주장하거나 사기, 강박 또는 착오를 이유로 하여 그 인수를 취소하지 못한다. 그 주식에 대하여 주주의 권리를 행사한 때에도 같다. <개정 1962. 12. 12, 1984. 4. 10.>

제428조(이사의 인수담보책임) ① 신주의 발행으로 인한 변경등기가 있은 후에 아직 인수하지 아니한 주식이 있거나 주식인수의 청약이 취소된 때에는 이사가 이를 공동으로 인수한 것으로 본다.

② 전항의 규정은 이사에 대한 손해배상의 청구에 영향을 미치지 아니한다.

제429조(신주발행무효의 소) 신주발행의 무효는 주주·이사 또는 감사에 한하여 신주를 발행한 날로부터 6개월 내에 소만으로 이를 주장할 수 있다.

<개정 1984. 4. 10.>

제430조(준용규정) 제186조 내지 제189조・제190조 본문・제191조・제192조 및 제377조의 규정은 제429조의 소에 관하여 이를 준용한다.

[전문개정 1995. 12. 29.]

제431조(신주발행무효판결의 효력) ① 신주발행무효의 판결이 확정된 때에는 신주는 장래에 대하여 그 효력을 잃는다.

② 전항의 경우에는 회사는 지체 없이 그 뜻과 일정한 기간 내에 신주의 주권을 회사에 제출할 것을 공고하고 주주명부에 기재된 주주와 질권자에 대해서는 각별로 그 통지를 하여야 한다. 그러나 그 기간은 3개월 이상으로 하여야 한다.

제432조(무효판결과 주주에의 환급) ① 신주발행무효의 판결이 확정된 때에는 회사는 신주의 주주에 대하여 그 납입한 금액을 반환하여야 한다.

② 전항의 금액이 전조 제1항의 판결확정 시의 회사의 재산상태에 비추어 현저하게 부당한 때에는 법원은 회사 또는 전항의 주주의 청구에 의하여 그 금액의 증감을 명할 수 있다.

③ 제339조와 제340조 제1항, 제2항의 규정은 제1항의 경우에 준용한다.

제5절 정관의 변경

제433조(정관변경의 방법) ① 정관의 변경은 주주총회의 결의에 의하여야 한다.

② 정관의 변경에 관한 의안의 요령은 제363조의 규정에 의한 통지와 공고에 기재하여야 한다.

제434조(정관변경의 특별결의) 제433조 제1항의 결의는 출석한 주주의 의결권의 3분의 2 이상의 수와 발행주식총수의 3분의 1 이상의 수로써 하여야 한다.

[전문개정 1995. 12. 29.]

제435조(종류주주총회) ① 회사가 수종의 주식을 발행한 경우에 정관을

변경함으로써 어느 종류의 주주에게 손해를 미치게 될 때에는 주주총회의 결의 외에 그 종류의 주주의 총회의 결의가 있어야 한다.

② 제1항의 결의는 출석한 주주의 의결권의 3분의 2 이상의 수와 그 종류의 발행주식총수의 3분의 1 이상의 수로써 하여야 한다. <개정 1995. 12. 29.>

③ 주주총회에 관한 규정은 의결권 없는 종류의 주식에 관한 것을 제외하고 제1항의 총회에 준용한다.

제436조(동전) 전조의 규정은 제344조 제3항의 규정에 의하여 주식의 종류에 따라 특수한 정함을 하는 경우와 주식교환, 주식이전 및 회사의 합병으로 인하여 어느 종류의 주주에게 손해를 미치게 될 경우에 준용한다. <개정 2001. 7. 24.>

제437조 삭제 <1995. 12. 29.>

제6절 자본의 감소

제438조(자본감소의 결의) ① 자본의 감소에는 제434조의 규정에 의한 결의가 있어야 한다.

② 자본의 감소에 관한 의안의 요령은 제363조의 규정에 의한 통지와 공고에 기재하여야 한다.

제439조(자본감소의 방법, 절차) ① 자본감소의 결의에서는 그 감소의 방법을 정하여야 한다.

② 제232조의 규정은 자본감소의 경우에 준용한다. <개정 1984. 4. 10.>

③ 사채권자가 이의를 함에는 사채권자 집회의 결의가 있어야 한다. 이 경우에는 법원은 이해관계인의 청구에 의하여 사채권자를 위하여 이의의 기간을 연장할 수 있다.

제440조(주식병합의 절차) 주식을 병합할 경우에는 회사는 1개월 이상의 기간을 정하여 그 뜻과 그 기간 내에 주권을 회사에 제출할 것을 공고하고 주주명부에 기재된 주주와 질권자에 대해서는 각별로 그 통지를 하여야 한다. <개정 1995. 12. 29.>

제441조(동전) 주식의 병합은 전조의 기간이 만료한 때에 그 효력이 생긴다. 그러나 제232조의 규정에 의한 절차가 종료하지 아니한 때에는 그 종료한 때에 효력이 생긴다.

제442조(신주권의 교부) ① 주식을 병합하는 경우에 구주권을 회사에 제출할 수 없는 자가 있는 때에는 회사는 그자의 청구에 의하여 3개월 이상의 기간을 정하고 이해관계인에 대하여 그 주권에 대한 이의가 있으면 그 기간내에 제출할 뜻을 공고하고 그 기간이 경과한 후에 신주권을 청구자에게 교부할 수 있다.

② 전항의 공고의 비용은 청구자의 부담으로 한다.

제443조(단주의 처리) ① 병합에 적당하지 아니한 수의 주식이 있는 때에는 그 병합에 적당하지 아니한 부분에 대하여 발행한 신주를 경매하여 각 주수에 따라 그 대금을 종전의 주주에게 지급하여야 한다. 그러나 거래소의 시세 있는 주식은 거래소를 통하여 매각하고, 거래소의 시세 없는 주식은 법원의 허가를 받아 경매 외의 방법으로 매각할 수 있다. <개정 1984. 4. 10.>

② 제442조의 규정은 제1항의 경우에 준용한다. <개정 1984. 4. 10.>

제444조(동전) 전조의 규정은 무기명식의 주권으로서 제440조의 규정에 의한 제출이 없는 것에 준용한다.

제445조(감자무효의 소) 자본감소의 무효는 주주·이사·감사·청산인·파산관재인 또는 자본감소를 승인하지 아니한 채권자에 한하여 자본감소로 인한 변경등기가 있는 날로부터 6개월 내에 소만으로 주장할 수 있다. <개정 1984. 4. 10.>

제446조(준용규정) 제186조 내지 제189조·제190조 본문·제191조·제192조 및 제377조의 규정은 제445조의 소에 관하여 이를 준용한다.

[전문개정 1995. 12. 29.]

제7절 회사의 계산

제447조(재무제표의 작성) 이사는 매 결산기에 다음의 서류와 그 부속명

세서를 작성하여 이사회의 승인을 얻어야 한다.

1. 대차대조표
2. 손익계산서
3. 이익잉여금처분계산서 또는 결손금처리계산서

[전문개정 1984. 4. 10.]

제447조의 2(영업보고서의 작성) ① 이사는 매 결산기에 영업보고서를 작성하여 이사회의 승인을 얻어야 한다.

② 영업보고서에는 대통령령이 정하는 바에 의하여 영업에 관한 중요한 사항을 기재하여야 한다.

[본조신설 1984. 4. 10.]

제447조의 3(재무제표 등의 제출) 이사는 정기총회회일의 6주간 전에 제447조 및 제447조의 2의 서류를 감사에게 제출하여야 한다.

[본조신설 1984. 4. 10.]

제447조의 4(감사보고서) ① 감사는 제447조의 3의 서류를 받은 날로부터 4주간 내에 감사보고서를 이사에게 제출하여야 한다.

② 제1항의 감사보고서에는 다음의 사항을 기재하여야 한다.

1. 감사방법의 개요
2. 회계장부에 기재할 사항의 기재가 없거나 부실기재 된 경우 또는 대차대조표나 손익계산서의 기재가 회계장부의 기재와 합치되지 아니하는 경우에는 그 뜻
3. 대차대조표 및 손익계산서가 법령 및 정관에 따라 회사의 재산 및 손익상태를 정확하게 표시하고 있는 경우에는 그 뜻
4. 대차대조표 또는 손익계산서가 법령 또는 정관에 위반하여 회사의 재산 및 손익상태가 정확하게 표시되지 아니하는 경우에는 그 뜻과 사유
5. 대차대조표 또는 손익계산서의 작성에 관한 회계방침의 변경이 타당한지의 여부와 그 이유
6. 영업보고서가 법령 및 정관에 따라 회사의 상황을 정확하게 표시하고 있는지의 여부

7. 이익잉여금처분계산서 또는 결손금처리계산서가 법령 및 정관에 적합한지의 여부
8. 이익잉여금처분계산서 또는 결손금처리계산서가 회사재산의 상태 기타의 사정에 비추어 현저하게 부당한 경우에는 그 뜻
9. 제447조의 부속명세서에 기재할 사항의 기재가 없거나 부실기재 된 경우 또는 회계장부·대차대조표·손익계산서나 영업보고서의 기재와 합치되지 아니하는 기재가 있는 경우에는 그 뜻
10. 이사의 직무수행에 관하여 부정한 행위 또는 법령이나 정관의 규정에 위반하는 중대한 사실이 있는 경우에는 그 사실
11. 감사를 하기 위하여 필요한 조사를 할 수 없었던 경우에는 그 뜻과 이유

[본조신설 1984. 4. 10.]

제448조(재무제표 등의 비치·공시) ① 이사는 정기총회회일의 1주간 전부터 제447조 및 제447조의 2의 서류와 감사보고서를 본점에 5년간, 그 등본을 지점에 3년간 비치하여야 한다. <개정 1962. 12. 12, 1984. 4. 10.>

② 주주와 회사채권자는 영업시간 내에 언제든지 제1항의 비치서류를 열람할 수 있으며 회사가 정한 비용을 지급하고 그 서류의 등본이나 초본의 교부를 청구할 수 있다. <개정 1984. 4. 10.>

제449조(재무제표 등의 승인·공고) ① 이사는 제447조 각 호에 규정한 서류를 정기총회에 제출하여 그 승인을 요구하여야 한다. <개정 1984. 4. 10.>

② 이사는 제447조의 2의 서류를 정기총회에 제출하여 그 내용을 보고하여야 한다. <신설 1984. 4. 10.>

③ 이사는 제1항의 서류에 대한 총회의 승인을 얻은 때에는 지체 없이 대차대조표를 공고하여야 한다. <개정 1984. 4. 10.>

제450조(이사, 감사의 책임해제) 정기총회에서 전조 제1항의 승인을 한 후 2년 내에 다른 결의가 없으면 회사는 이사와 감사의 책임을 해제한 것으로 본다. 그러나 이사 또는 감사의 부정행위에 대해서는 그러하지 아니하다.

제451조(자본) 회사의 자본은 본 법에 다른 규정이 있는 경우 외에는 발

행주식의 액면총액으로 한다.

제452조(자산의 평가방법) 회사의 회계장부에 기재될 자산은 제31조 제2호의 규정을 적용하는 외에 다음의 방법에 의하여 평가하여야 한다. <개정 1984. 4. 10.>

1. 유동자산은 취득가액 또는 제작가액에 의한다. 그러나 시가가 취득가액 또는 제작가액보다 현저하게 낮은 때에는 시가에 의하여야 한다.
2. 삭제 <1984. 4. 10.>
3. 금전채권은 채권금액에 의한다. 그러나 채권을 채권금액보다 낮은 가액으로 취득한 때 또는 이것에 준하는 경우에는 상당한 감액을 할 수 있다. 추심불능의 염려가 있는 채권은 그 예상액을 감액하여야 한다.
4. 거래소의 시세 있는 사채는 결산기 전 1개월의 평균가격에 의하고 그 시세 없는 사채는 취득가액에 의한다. 그러나 취득가액과 사채의 금액이 다른 때에는 상당한 증액 또는 감액을 할 수 있다. 추심불능의 염려가 있는 사채에는 제3호 후단의 규정을 준용한다. 사채에 준하는 것도 같다.
5. 거래소의 시세 있는 주식은 취득가액에 의한다. 그러나 결산기 전 1개월의 평균가격이 취득가액보다 낮을 때에는 그 시가에 의한다. 거래 기타의 필요상 장기간 보유할 목적으로 취득한 주식은 거래소의 시세의 유무를 불구하고 취득가액에 의한다. 그러나 발행회사의 재산상태가 현저하게 악화된 때에는 상당한 감액을 하여야 한다. 유한회사 기타에 대한 출자의 평가에도 같다.
6. 영업권은 유상으로 승계취득 한 경우에 한하여 취득가액을 기재할 수 있다. 이 경우에는 영업권을 취득한 후 5년 내의 매 결산기에 균등액 이상을 상각하여야 한다.

제453조(창업비의 계상) ① 제290조 제4호의 규정에 의한 지출액과 설립등기에 지출한 세액은 대차대조표자산의 부에 계상할 수 있다.

② 전항의 계상금액은 회사성립 후 또는 개업 전에 이자를 배당할 것을 정한 때에는 그 배당을 마친 후 5년 내의 매 결산기에 균등액 이상의 상각

을 하여야 한다.

제453조의 2(개업비의 계상) ① 개업의 준비를 위하여 지출한 금액은 대차대조표 자산의 부에 계상할 수 있다.

② 제1항의 계상금액은 개업 후 3년 내의 매 결산기에 균등액 이상의 상각을 하여야 한다.

[본조신설 1995. 12. 29.]

제454조(신주발행비용의 계상) ① 신주를 발행한 경우에는 그 발행에 필요한 비용의 액은 대차대조표자산의 부에 계상할 수 있다.

② 전항의 계상금액은 신주발행 후 3년 내의 매 결산기에 균등액 이상의 상각을 하여야 한다.

제455조(액면미달금액의 계상) ① 제417조의 규정에 의하여 주식을 발행한 경우에는 액면미달금액의 총액은 대차대조표자산의 부에 계상할 수 있다.

② 전항의 계상금액은 주식발행 후 3년 내의 매 결산기에 균등액 이상의 상각을 하여야 한다.

제456조(사채차액의 계상) ① 사채를 모집한 경우에 그 상환할 총액이 그 모집에 의한 실수액을 초과한 때의 그 차액은 대차대조표자산의 부에 계상할 수 있다.

② 전항의 계상금액은 사채상환기한 내의 매 결산기에 균등액 이상의 상각을 하여야 한다.

③ 제454조의 규정은 사채발행에 필요한 비용의 액에 준용한다.

제457조(배당건설이자의 계상) ① 제463조의 규정에 의하여 배당한 금액은 대차대조표자산의 부에 계상할 수 있다.

② 전항의 계상금액은 개업 후 연 6분 이상의 이익을 배당하는 경우에는 그 6분을 초과한 금액과 동액 이상의 상각을 하여야 한다.

제457조의 2(연구개발비의 계상) ① 신제품 또는 신기술의 연구 또는 개발과 관련하여 특별히 발생한 비용은 대차대조표 자산의 부에 계상할 수 있다.

② 제1항의 계상금액은 그 지출 후 5년 내의 매 결산기에 균등액 이상의 상각을 하여야 한다.

[본조신설 1995. 12. 29.]

제458조(이익준비금) 회사는 그 자본의 2분의 1에 달할 때까지 매 결산기의 금전에 의한 이익배당액의 10분의 1 이상의 금액을 이익준비금으로 적립하여야 한다. <개정 1984. 4. 10.>

제459조(자본준비금) ① 회사는 다음의 금액을 자본준비금으로 적립하여야 한다. <개정 1984. 4. 10, 1998. 12. 28, 2001. 7. 24.>

1. 액면 이상의 주식을 발행한 때에는 그 액면을 초과한 금액

1의 2. 주식의 포괄적 교환을 한 경우에는 제360조의 7에 규정하는 자본증가의 한도액이 완전모회사의 증가한 자본액을 초과한 경우의 그 초과액

1의 3. 주식의 포괄적 이전을 한 경우에는 제360조의 18에 규정하는 자본의 한도액이 설립된 완전모회사의 자본액을 초과한 경우의 그 초과액

2. 자본감소의 경우에 그 감소액이 주식의 소각, 주금의 반환에 요한 금액과 결손의 전보에 충당한 금액을 초과한 때에는 그 초과금액

3. 회사합병의 경우에 소멸된 회사로부터 승계한 재산의 가액이 그 회사로부터 승계한 채무액, 그 회사의 주주에게 지급한 금액과 합병 후 존속하는 회사의 자본증가액 또는 합병으로 인하여 설립된 회사의 자본액을 초과한 때에는 그 초과금액

3의 2. 제530조의 2의 규정에 의한 분할 또는 분할합병으로 인하여 설립된 회사 또는 존속하는 회사에 출자된 재산의 가액이 출자한 회사로부터 승계한 채무액, 출자한 회사의 주주에게 지급한 금액과 설립된 회사의 자본액 또는 존속하는 회사의 자본증가액을 초과한 때에는 그 초과금액

4. 기타 자본거래에서 발생한 잉여금

② 제1항 제3호 및 제3호의 2의 초과금액 중 소멸 또는 분할되는 회사의 이익준비금 기타 법정준비금은 합병 후 또는 분할·분할합병 후 존속 또는 설립되는 회사가 이를 승계할 수 있다. <개정 1998. 12. 28.>

제460조(법정준비금의 사용) ① 전 2조의 준비금은 자본의 결손전보에

충당하는 경우 외에는 이를 처분하지 못한다.

② 이익준비금으로 자본의 결손의 전보에 충당하고서도 부족한 경우가 아니면 자본준비금으로 이에 충당하지 못한다.

제461조(준비금의 자본전입) ① 회사는 이사회의 결의에 의하여 준비금의 전부 또는 일부를 자본에 전입할 수 있다. 그러나 정관으로 주주총회에서 결정하기로 정한 경우에는 그러하지 아니하다.

② 제1항의 경우에는 주주에 대하여 그가 가진 주식의 수에 따라 주식을 발행하여야 한다. 이 경우 1주에 미달하는 단수에 대해서는 제443조 제1항의 규정을 준용한다.

③ 제1항의 이사회의 결의가 있은 때에는 회사는 일정한 날을 정하여 그 날에 주주명부에 기재된 주주가 제2항의 신주의 주주가 된다는 뜻을 그날의 2주간 전에 공고하여야 한다. 그러나 그날이 제354조 제1항의 기간 중인 때에는 그 기간의 초일의 2주간 전에 이를 공고하여야 한다.

④ 제1항 단서의 경우에 주주는 주주총회의 결의가 있은 때로부터 제2항의 신주의 주주가 된다.

⑤ 제3항 또는 제4항의 규정에 의하여 신주의 주주가 된 때에는 이사는 지체 없이 신주를 받은 주주와 주주명부에 기재된 질권자에 대하여 그 주주가 받은 주식의 종류와 수를 통지하고, 무기명식의 주권을 발행한 경우에는 제1항의 결의의 내용을 공고하여야 한다.

⑥ 제350조 제3항 후단의 규정은 제1항의 경우에 이를 준용한다. <신설 1995. 12. 29.>

⑦ 제339조의 규정은 제2항의 규정에 의하여 주식의 발행이 있는 경우에 이를 준용한다.

[전문개정 1984. 4. 10.]

제462조(이익의 배당) ① 회사는 대차대조표상의 순자산액으로부터 다음의 금액을 공제한 액을 한도로 하여 이익배당을 할 수 있다. <개정 2001. 7. 24.>

1. 자본의 액

2. 그 결산기까지 적립된 자본준비금과 이익준비금의 합계액

3. 그 결산기에 적립하여야 할 이익준비금의 액

② 전항의 규정에 위반하여 이익을 배당한 때에는 회사채권자는 이를 회사에 반환할 것을 청구할 수 있다.

③ 제186조의 규정은 전항의 청구에 관한 소에 준용한다.

제462조의 2(주식배당) ① 회사는 주주총회의 결의에 의하여 이익의 배당을 새로이 발행하는 주식으로써 할 수 있다. 그러나 주식에 의한 배당은 이익배당총액의 2분의 1에 상당하는 금액을 초과하지 못한다.

② 제1항의 배당은 주식의 권면액으로 하며, 회사가 수종의 주식을 발행한 때에는 각각 그와 같은 종류의 주식으로 할 수 있다. <개정 1995. 12. 29.>

③ 주식으로 배당할 이익의 금액 중 주식의 권면액에 미달하는 단수가 있는 때에는 그 부분에 대해서는 제443조 제1항의 규정을 준용한다. <개정 1995. 12. 29.>

④ 주식으로 배당을 받은 주주는 제1항의 결의가 있는 주주총회가 종결한 때부터 신주의 주주가 된다. 이 경우 제350조 제3항 후단의 규정을 준용한다. <개정 1995. 12. 29.>

⑤ 이사는 제1항의 결의가 있는 때에는 지체 없이 배당을 받을 주주와 주주명부에 기재된 질권자에게 그 주주가 받을 주식의 종류와 수를 통지하고, 무기명식의 주권을 발행한 때에는 제1항의 결의의 내용을 공고하여야 한다.

⑥ 제340조 제1항의 질권자의 권리는 제1항의 규정에 의한 주주가 받을 주식에 미친다. 이 경우 제340조 제3항의 규정을 준용한다.

[본조신설 1984. 4. 10.]

제462조의 3(중간배당) ① 연 1회의 결산기를 정한 회사는 영업연도 중 1회에 한하여 이사회의 결의로 일정한 날을 정하여 그날의 주주에 대하여 금전으로 이익을 배당(이하 이 조에서 '중간배당'이라 한다.)할 수 있음을 정관으로 정할 수 있다.

② 중간배당은 직전 결산기의 대차대조표상의 순자산액에서 다음 각 호

의 금액을 공제한 액을 한도로 한다. <개정 2001. 7. 24.>

1. 직전 결산기의 자본의 액
2. 직전 결산기까지 적립된 자본준비금과 이익준비금의 합계액
3. 직전 결산기의 정기총회에서 이익으로 배당하거나 또는 지급하기로 정한 금액
4. 중간배당에 따라 당해 결산기에 적립하여야 할 이익준비금

③ 회사는 당해 결산기의 대차대조표상의 순자산액이 제462조 제1항 각 호의 금액의 합계액에 미치지 못할 우려가 있는 때에는 중간배당을 하여서는 아니 된다. <개정 2001. 7. 24.>

④ 당해 결산기 대차대조표상의 순자산액이 제462조 제1항 각 호의 금액의 합계액에 미치지 못함에도 불구하고 중간배당을 한 경우 이사는 회사에 대하여 연대하여 그 차액(배당액이 그 차액보다 적을 경우에는 배당액)을 배상할 책임이 있다. 다만 이사가 제3항의 우려가 없다고 판단함에 있어 주의를 게을리하지 아니하였음을 증명한 때에는 그러하지 아니하다. <개정 2001. 7. 24.>

⑤ 제340조 제1항, 제344조 제1항, 제350조 제3항(제423조 제1항, 제516조 제2항 및 제516조의 9에서 준용하는 경우를 포함한다. 이하 이 항에서 같다), 제354조 제1항, 제370조 제1항, 제457조 제2항, 제458조, 제464조 및 제625조 제3호의 규정에 적용에 관해서는 중간배당을 제462조 제1항의 규정에 의한 이익의 배당으로, 제350조 제3항의 규정의 적용에 관해서는 제1항의 일정한 날을 영업연도 말로 본다.

⑥ 제399조 제2항 · 제3항 및 제400조의 규정은 제4항의 이사의 책임에 관하여, 제462조 제2항 및 제3항의 규정은 제3항의 규정에 위반하여 중간배당을 한 경우에 이를 준용한다.

[본조신설 1998. 12. 28.]

제463조(건설이자의 배당) ① 회사는 그 목적인 사업의 성질에 의하여 회사의 성립 후 2년 이상 그 영업 전부를 개시하기가 불능하다고 인정한 때에는 정관으로 일정한 주식에 대하여 그 개업 전 일정한 기간 내에 일정한 이자를 그 주주에게 배당할 수 있음을 정할 수 있다. 그러나 그 이율은 연

5분을 초과하지 못한다.

② 전항의 정관의 규정 또는 그 변경은 법원의 인가를 얻어야 한다.

제464조(이익 등의 배당의 기준) 이익이나 이자의 배당은 각 주주가 가진 주식의 수에 따라 지급한다. 그러나 제344조 제1항의 규정을 적용하는 경우에는 그러하지 아니하다.

제464조의 2(배당금지급시기) ① 회사는 제464조의 규정에 의한 배당금을 제449조 제1항의 승인 또는 제462조의 3 제1항의 결의가 있은 날부터 1개월 이내에 지급하여야 한다. 다만 제449조 제1항의 총회 또는 제462조의 3 제1항의 이사회에서 배당금의 지급시기를 따로 정한 경우에는 그러하지 아니하다. <개정 1995. 12. 29, 1998. 12. 28.>

② 제1항의 배당금의 지급청구권은 5년간 이를 행사하지 아니하면 소멸시효가 완성한다.

[본조신설 1984. 4. 10.]

제465조 삭제 <1984. 4. 10.>

제466조(주주의 회계장부열람권) ① 발행주식의 총수의 100분의 3 이상에 해당하는 주식을 가진 주주는 이유를 붙인 서면으로 회계의 장부와 서류의 열람 또는 등사를 청구할 수 있다. <개정 1998. 12. 28.>

② 회사는 제1항의 주주의 청구가 부당함을 증명하지 아니하면 이를 거부하지 못한다. <개정 1998. 12. 28.>

제467조(회사의 업무, 재산상태의 검사) ① 회사의 업무집행에 관하여 부정행위 또는 법령이나 정관에 위반한 중대한 사실이 있음을 의심할 사유가 있는 때에는 발행주식의 총수의 100분의 3 이상에 해당하는 주식을 가진 주주는 회사의 업무와 재산상태를 조사하게 하기 위하여 법원에 검사인의 선임을 청구할 수 있다. <개정 1998. 12. 28.>

② 검사인은 그 조사의 결과를 법원에 보고하여야 한다.

③ 법원은 제2항의 보고에 의하여 필요하다고 인정한 때에는 대표이사에게 주주총회의 소집을 명할 수 있다. 제310조 제2항의 규정은 이 경우에 준용한다. <개정 1962. 12. 12, 1995. 12. 29.>

④ 이사와 감사는 지체 없이 제3항의 규정에 의한 검사인의 보고서의 정확 여부를 조사하여 이를 주주총회에 보고하여야 한다. <신설 1995. 12. 29.>

第467조의 2(이익공여의 금지) ① 회사는 누구에게든지 주주의 권리행사와 관련하여 재산상의 이익을 공여할 수 없다.

② 회사가 특정의 주주에 대하여 무상으로 재산상의 이익을 공여한 경우에는 주주의 권리행사와 관련하여 이를 공여한 것으로 추정한다. 회사가 특정의 주주에 대하여 유상으로 재산상의 이익을 공여한 경우에 있어서 회사가 얻은 이익이 공여한 이익에 비하여 현저하게 적은 때에도 또한 같다.

③ 회사가 제1항의 규정에 위반하여 재산상의 이익을 공여한 때에는 그 이익을 공여받은 자는 이를 회사에 반환하여야 한다. 이 경우 회사에 대하여 대가를 지급한 것이 있는 때에는 그 반환을 받을 수 있다.

④ 제403조 내지 제406조의 규정은 제3항의 이익의 반환을 청구하는 소에 대하여 이를 준용한다.

[본조신설 1984. 4. 10.]

第468조(사용인의 우선변제권) 신원보증금의 반환을 받을 채권 기타 회사와 사용인 간의 고용관계로 인한 채권이 있는 자는 회사의 총재산에 대하여 우선변제를 받을 권리가 있다. 그러나 질권이나 저당권에 우선하지 못한다.

제8절 사채

제1관 통칙

第469조(사채의 모집) 회사는 이사회의 결의에 의하여 사채를 모집할 수 있다.

第470조(총액의 제한) ① 사채의 총액은 최종의 대차대조표에 의하여 회사에 현존하는 순자산액의 4배를 초과하지 못한다. <개정 1995. 12. 29.>

② 삭제 <1995. 12. 29.>

③ 구사채를 상환하기 위하여 사채를 모집하는 경우에는 구사채의 액은 사채의 총액에 산입하지 아니한다. 이 경우에는 신사채의 납입기일, 수회에

분납하는 때에는 제1회의 납입기일로부터 6개월 내에 구사채를 상환하여야 한다.

제471조(사채모집의 제한) 회사는 전에 모집한 사채의 총액의 납입이 완료된 후가 아니면 다시 사채를 모집하지 못한다.

제472조(사채의 금액) ① 각 사채의 금액은 1만 원 이상으로 하여야 한다. <개정 1984. 4. 10.>

② 동일 종류의 사채에서는 각 사채의 금액은 균일하거나 최저액으로 정제할 수 있는 것이어야 한다.

제473조(권면액 초과상환의 제한) 사채권자에게 상환할 금액이 권면액을 초과할 것을 정한 때에는 그 초과액은 각 사채에 대하여 동률이어야 한다.

제474조(공모발행, 사채청약서) ① 사채의 모집에 응하고자 하는 자는 사채청약서 2통에 그 인수할 사채의 수와 주소를 기재하고 기명날인 또는 서명하여야 한다. <개정 1995. 12. 29.>

② 사채청약서는 이사가 이를 작성하고 다음의 사항을 기재하여야 한다. <개정 1984. 4. 10, 1995. 12. 29.>

1. 회사의 상호
2. 자본과 준비금의 총액
3. 최종의 대차대조표에 의하여 회사에 현존하는 순재산액
4. 사채의 총액
5. 각 사채의 금액
6. 사채발행의 가액 또는 그 최저가액
7. 사채의 이율
8. 사채의 상환과 이자지급의 방법과 기한
9. 사채를 수회에 분납할 것을 정한 때에는 그 분납금액과 시기
10. 채권을 기명식 또는 무기명식에 한한 때에는 그 뜻
11. 전에 모집한 사채가 있는 때에는 그 상환하지 아니한 금액
12. 구사채를 상환하기 위하여 제470조 제1항의 제한을 초과하여 사채를 모집하는 때에는 그 뜻

13. 사채모집의 위탁을 받은 회사가 있는 때에는 그 상호와 주소

14. 제13호의 위탁을 받은 회사가 그 모집액이 총액에 달하지 못한 경우에 그 잔액을 인수할 것을 약정한 때에는 그 뜻

15. 명의개서대리인을 둔 때에는 그 성명·주소 및 영업소

③ 사채발행의 최저가액을 정한 경우에는 응모자는 사채청약서에 응모가액을 기재하여야 한다.

제475조(총액인수의 방법) 전조의 규정은 계약에 의하여 사채의 총액을 인수하는 경우에는 이를 적용하지 아니한다. 사채모집의 위탁을 받은 회사가 사채의 일부를 인수하는 경우에는 그 일부에 대해서도 같다.

제476조(납입) ① 사채의 모집이 완료한 때에는 이사는 지체 없이 인수인에 대하여 각 사채의 전액 또는 제1회의 납입을 시켜야 한다.

② 사채모집의 위탁을 받은 회사는 그 명의로 위탁회사를 위하여 제474조 제2항과 전항의 행위를 할 수 있다.

제477조 삭제 <1984. 4. 10.>

제478조(채권의 발행) ① 채권은 사채 전액의 납입이 완료한 후가 아니면 이를 발행하지 못한다.

② 채권에는 다음의 사항을 기재하고 대표이사가 기명날인 또는 서명하여야 한다. <개정 1962. 12. 12, 1995. 12. 29.>

1. 채권의 번호

2. 제474조 제2항 제1호, 제4호, 제5호, 제7호, 제8호, 제10호와 제13호에 게기한 사항

제479조(기명사채의 이전) ① 기명사채의 이전은 취득자의 성명과 주소를 사채원부에 기재하고 그 성명을 채권에 기재하지 아니하면 회사 기타의 제삼자에게 대항하지 못한다.

② 제337조 제2항의 규정은 기명사채의 이전에 대하여 이를 준용한다. <신설 1984. 4. 10.>

제480조(기명식, 무기명식 간의 전환) 사채권자는 언제든지 기명식의 채권을 무기명식으로, 무기명식의 채권을 기명식으로 할 것을 회사에 청구할

수 있다. 그러나 채권을 기명식 또는 무기명식에 한할 것으로 정한 때에는 그러하지 아니하다.

제481조(수탁회사의 사임) 사채모집의 위탁을 받은 회사는 사채를 발행한 회사와 사채권자집회의 동의를 얻어서 사임할 수 있다. 부득이한 사유가 있는 경우에 법원의 허가를 얻은 때에도 같다.

제482조(수탁회사의 해임) 사채모집의 위탁을 받은 회사가 그 사무를 처리함에 부적임하거나 기타 정당한 사유가 있을 때에는 법원은 사채를 발행하는 회사 또는 사채권자집회의 청구에 의하여 이를 해임할 수 있다. <개정 1962. 12. 12.>

제483조(수탁회사의 사무승계자) ① 전 2조의 경우에 사채모집의 위탁을 받은 회사가 없게 된 때에는 사채를 발행한 회사와 사채권자집회의 일치로써 그 사무의 승계자를 정할 수 있다.

② 부득이한 사유가 있는 때에는 이해관계인은 사무승계자의 선임을 법원에 청구할 수 있다.

제484조(수탁회사의 권한) ① 사채모집의 위탁을 받은 회사는 사채권자를 위하여 사채의 상환을 받음에 필요한 재판상 또는 재판 외의 모든 행위를 할 권한이 있다.

② 전항의 회사가 사채의 상환을 받은 때에는 지체 없이 그 뜻을 공고하고 알고 있는 사채권자에 대해서는 각별로 이를 통지하여야 한다.

③ 전항의 경우에 사채권자는 채권과 상환하여 상환액의 지급을 청구할 수 있다.

제485조(2 이상의 수탁회사가 있는 경우의 권한, 의무) ① 사채모집의 위탁을 받은 회사가 2 이상 있을 때에는 그 권한에 속하는 행위는 공동으로 하여야 한다.

② 전항의 경우에 각 회사는 사채권자에 대하여 연대하여 상환액을 지급할 의무가 있다.

제486조(이권흠결의 경우) ① 이권 있는 무기명식의 사채를 상환하는 경우에 이권이 흠결된 때에는 그 이권에 상당한 금액을 상환액으로부터 공제

한다.

② 전항의 이권소지인은 언제든지 그 이권과 상환하여 공제액의 지급을 청구할 수 있다.

제487조(원리청구권의 시효) ① 사채의 상환청구권은 10년간 행사하지 아니하면 소멸시효가 완성한다.

② 제484조 제3항의 청구권도 전항과 같다.

③ 사채의 이자와 전조 제2항의 청구권은 5년간 행사하지 아니하면 소멸시효가 완성한다.

제488조(사채원부) 회사는 사채원부를 작성하고 다음의 사항을 기재하여야 한다.

1. 사채권자의 성명과 주소
2. 채권의 번호
3. 제474조 제2항 제4호, 제5호, 제7호 내지 제9호와 제13호에 게기한 사항
4. 각 사채의 납입금액과 납입연월일
5. 채권의 발행연월일
6. 각 사채의 취득연월일
7. 무기명식의 채권을 발행한 때에는 그 종류, 수, 번호와 발행연월일

제489조(준용규정) ① 제353조의 규정은 사채응모자 또는 사채권자에 대한 통지와 최고에 준용한다.

② 제333조의 규정은 사채가 수인의 공유에 속하는 경우에 준용한다.

제2관 사채권자집회

제490조(결의사항) 사채권자집회는 본 법에 다른 규정이 있는 경우 외에는 법원의 허가를 얻어 사채권자의 이해에 중대한 관계가 있는 사항에 관하여 결의를 할 수 있다.

제491조(소집권자) ① 사채권자집회는 사채를 발행한 회사 또는 사채모집의 위탁을 받은 회사가 소집한다.

② 사채총액의 10분의 1에 해당하는 사채권자는 회의의 목적인 사항과 소집의 이유를 기재한 서면을 전항의 회사에 제출하여 사채권자집회의 소집을 청구할 수 있다.

③ 제366조 제2항의 규정은 전항의 경우에 준용한다.

④ 무기명식의 채권을 가진 자는 그 채권을 공탁하지 아니하면 전 2항의 권리를 행사하지 못한다.

제492조(의결권) ① 각 사채권자는 사채의 최저액마다 1개의 의결권이 있다.

② 무기명식의 채권을 가진 자는 회일로부터 1주간 전에 채권을 공탁하지 아니하면 그 의결권을 행사하지 못한다.

제493조(사채발행회사 또는 수탁회사의 대표자의 출석) ① 사채를 발행한 회사 또는 사채모집의 위탁을 받은 회사는 그 대표자를 사채권자집회에 출석하게 하거나 서면으로 의견을 제출할 수 있다.

② 사채권자집회의 소집은 전항의 회사에 통지하여야 한다.

③ 제363조 제1항과 제2항의 규정은 전항의 통지에 준용한다.

제494조(사채발행회사의 대표자의 출석청구) 사채권자집회 또는 그 소집자는 필요 있다고 인정하는 때에는 사채를 발행한 회사에 대하여 그 대표자의 출석을 청구할 수 있다.

제495조(결의의 방법) ① 제434조의 규정은 사채권자집회의 결의에 준용한다.

② 제481조 내지 제483조와 전조의 동의 또는 청구는 전항의 규정에 불구하고 출석한 사채권자의 의결권의 과반수로 결정할 수 있다.

제496조(결의의 인가의 청구) 사채권자집회의 소집자는 결의한 날로부터 1주간 내에 결의의 인가를 법원에 청구하여야 한다.

제497조(결의의 불인가의 사유) ① 법원은 다음의 경우에는 사채권자집회의 결의를 인가하지 못한다.

1. 사채권자집회소집의 절차 또는 그 결의방법이 법령이나 사채모집의 계획서의 기재에 위반한 때

2. 결의가 부당한 방법에 의하여 성립하게 된 때
3. 결의가 현저하게 불공정한 때
4. 결의가 사채권자의 일반의 이익에 반하는 때

② 전항 제1호와 제2호의 경우에는 법원은 결의의 내용 기타 모든 사정을 참작하여 결의를 인가할 수 있다.

제498조(결의의 효력) ① 사채권자집회의 결의는 법원의 인가를 얻음으로써 그 효력이 생긴다.

② 사채권자집회의 결의는 총사채권자에 대하여 그 효력이 있다.

제499조(결의의 인가, 불인가의 공고) 사채권자집회의 결의에 대하여 인가 또는 불인가의 결정이 있은 때에는 사채를 발행한 회사는 지체 없이 그 뜻을 공고하여야 한다.

제500조(사채권자집회의 대표자) ① 사채권자집회는 사채총액의 500분의 1 이상을 가진 사채권자 중에서 1인 또는 수인의 대표자를 선임하여 그 결의할 사항의 결정을 위임할 수 있다.

② 대표자가 수인인 때에는 전항의 결정은 그 과반수로 한다.

제501조(결의의 집행) 사채권자집회의 결의는 사채모집의 위탁을 받은 회사, 사채모집의 위탁을 받은 회사가 없는 때에는 전조의 대표자가 집행한다. 그러나 사채권자집회의 결의로써 따로 집행자를 정한 때에는 그러하지 아니하다.

제502조(수인의 대표자, 집행자가 있는 경우) 제485조 제1항의 규정은 대표자나 집행자가 수인인 경우에 준용한다.

제503조(사채상환에 관한 결의의 집행) 제484조, 제485조 제2항과 제487조 제2항의 규정은 대표자나 집행자가 사채의 상환에 관한 결의를 집행하는 경우에 준용한다.

제504조(대표자, 집행자의 해임 등) 사채권자집회는 언제든지 대표자나 집행자를 해임하거나 위임한 사항을 변경할 수 있다.

제505조(기한의 이익의 상실) ① 회사가 사채의 이자의 지급을 해태한 때 또는 정기에 사채의 일부를 상환하여야 할 경우에 그 상환을 해태한 때

에는 사채권자집회의 결의에 의하여 회사에 대하여 일정한 기간 내에 그 변제를 하여야 한다는 뜻과 그 기간 내에 변제를 하지 아니할 때에는 사채의 총액에 관하여 기한의 이익을 잃는다는 뜻을 통지할 수 있다. 그러나 그 기간은 2개월을 내리지 못한다.

② 전항의 통지는 서면으로 하여야 한다.

③ 회사가 제1항의 기간 내에 변제를 하지 아니하는 때에는 사채의 총액에 관하여 기한의 이익을 잃는다.

제506조(기한이익상실의 공고, 통지) 전조의 규정에 의하여 회사가 기한의 이익을 잃은 때에는 전조 제1항의 결의를 집행하는 자는 지체 없이 그 뜻을 공고하고 알고 있는 사채권자에 대해서는 각별로 이를 통지하여야 한다.

제507조(수탁회사 등의 보수, 비용) ① 사채모집의 위탁을 받은 회사, 대표자 또는 집행자에 대하여 줄 보수와 그 사무처리에 요할 비용은 사채를 집행한 회사와의 계약에 약정이 있는 경우 외에는 법원의 허가를 얻어 회사로 하여금 이를 부담하게 할 수 있다. <개정 1962. 12. 12.>

② 사채모집의 위탁을 받은 회사, 대표자 또는 집행자는 상환을 받은 금액에서 사채권자에 우선하여 전항의 보수와 비용의 변제를 받을 수 있다.

제508조(사채권자집회의 비용) ① 사채권자집회에 관한 비용은 사채를 발행한 회사가 부담한다.

② 제496조의 청구에 관한 비용은 회사가 부담한다. 그러나 법원은 이해관계인의 신청에 의하여 또는 직권으로 그 전부 또는 일부에 관하여 따로 부담자를 정할 수 있다.

제509조(수종의 사채 있는 경우의 사채권자집회) 수종의 사채를 발행한 경우에는 사채권자집회는 각종의 사채에 관하여 이를 소집하여야 한다.

제510조(준용규정) ① 제363조, 제368조 제3항, 제4항, 제369조 제2항과 제371조 내지 제373조의 규정은 사채권자집회에 준용한다.

② 사채권자집회의 의사록은 사채를 발행한 회사가 그 본점에 비치하여야 한다.

③ 사채모집의 위탁을 받은 회사와 사채권자는 영업시간 내에 언제든지

전항의 의사록의 열람을 청구할 수 있다.

제511조(수탁회사에 의한 취소의 소) ① 회사가 어느 사채권자에 대하여 한 변제, 화해 기타의 행위가 현저하게 불공정한 때에는 사채모집의 위탁을 받은 회사는 소만으로 그 행위의 취소를 청구할 수 있다.

② 전항의 소는 사채모집의 위탁을 받은 회사가 취소의 원인인 사실을 안 때로부터 6개월, 행위가 있은 때로부터 1년 내에 제기하여야 한다.

③ 제186조와 민법 제406조 제1항 단서 및 제407조의 규정은 제1항의 소에 준용한다.

제512조(대표자 등에 의한 취소의 소) 사채권자집회의 결의가 있는 때에는 대표자 또는 집행자도 전조 제1항의 소를 제기할 수 있다. 그러나 행위가 있은 때로부터 1년 내에 한한다.

제3관 전환사채

제513조(전환사채의 발행) ① 회사는 전환사채를 발행할 수 있다.

② 제1항의 경우에 다음의 사항으로서 정관에 규정이 없는 것은 이사회가 이를 결정한다. 그러나 정관으로 주주총회에서 이를 결정하기로 정한 경우에는 그러하지 아니하다.

1. 전환사채의 총액
2. 전환의 조건
3. 전환으로 인하여 발행할 주식의 내용
4. 전환을 청구할 수 있는 기간
5. 주주에게 전환사채의 인수권을 준다는 뜻과 인수권의 목적인 전환사채의 액
6. 주주 외의 자에게 전환사채를 발행하는 것과 이에 대하여 발행할 전환사채의 액

③ 주주 외의 자에 대하여 전환사채를 발행하는 경우에 그 발행할 수 있는 전환사채의 액, 전환의 조건, 전환으로 인하여 발행할 주식의 내용과 전

환을 청구할 수 있는 기간에 관하여 정관에 규정이 없으면 제434조의 결의로써 이를 정하여야 한다. 이 경우 제418조 제2항 단서의 규정을 준용한다. <개정 2001. 7. 24.>

④ 제3항의 결의에 있어서 전환사채의 발행에 관한 의안의 요령은 제363조의 규정에 의한 통지와 공고에 기재하여야 한다.

[전문개정 1984. 4. 10.]

제513조의 2(전환사채의 인수권을 가진 주주의 권리) ① 전환사채의 인수권을 가진 주주는 그가 가진 주식의 수에 따라서 전환사채의 배정을 받을 권리가 있다. 그러나 각 전환사채의 금액 중 최저액에 미달하는 단수에 대해서는 그러하지 아니하다.

② 제418조 제2항의 규정은 주주가 전환사채의 인수권을 가진 경우에 이를 준용한다.

[본조신설 1984. 4. 10.]

제513조의 3(전환사채의 인수권을 가진 주주에 대한 최고) ① 주주가 전환사채의 인수권을 가진 경우에는 각 주주에 대하여 그 인수권을 가지는 전환사채의 액, 발행가액, 전환의 조건, 전환으로 인하여 발행할 주식의 내용, 전환을 청구할 수 있는 기간과 일정한 기일까지 전환사채의 청약을 하지 아니하면 그 권리를 잃는다는 뜻을 통지하여야 한다.

② 제419조 제2항 내지 제4항의 규정은 제1항의 경우에 이를 준용한다.

[본조신설 1984. 4. 10.]

제514조(전환사채발행의 절차) ① 전환사채에 관해서는 사채청약서, 채권과 사채원부에 다음의 사항을 기재하여야 한다. <개정 1995. 12. 29.>

1. 사채를 주식으로 전환할 수 있다는 뜻
2. 전환의 조건
3. 전환으로 인하여 발행할 주식의 내용
4. 전환을 청구할 수 있는 기간
5. 주식의 양도에 관하여 이사회의 승인을 얻도록 정한 때에는 그 규정

② 삭제 <1984. 4. 10.>

제514조의 2(전환사채의 등기) ① 회사가 전환사채를 발행한 때에는 제476조의 규정에 의한 납입이 완료된 날로부터 2주간 내에 본점의 소재지에서 전환사채의 등기를 하여야 한다. <개정 1995. 12. 29.>

② 제1항의 규정에 의하여 등기할 사항은 다음 각 호와 같다.

1. 전환사채의 총액
2. 각 전환사채의 금액
3. 각 전환사채의 납입금액
4. 제514조 제1호 내지 제4호에 정한 사항

③ 제183조의 규정은 제2항의 등기에 대하여 이를 준용한다.

④ 외국에서 전환사채를 모집한 경우에 등기할 사항이 외국에서 생긴 때에는 등기기간은 그 통지가 도달한 날로부터 기산한다.

[본조신설 1984. 4. 10.]

제515조(전환의 청구) ① 전환을 청구하는 자는 청구서 2통에 채권을 첨부하여 회사에 제출하여야 한다.

② 제1항의 청구서에는 전환하고자 하는 사채와 청구의 연월일을 기재하고 기명날인 또는 서명하여야 한다. <개정 1995. 12. 29.>

제516조(준용규정) ① 제346조 제2항, 제424조 및 제424조의 2의 규정은 전환사채의 발행의 경우에 이를 준용한다.

② 제339조, 제348조, 제350조 및 제351조의 규정은 사채의 전환의 경우에 이를 준용한다. <개정 1995. 12. 29.>

[전문개정 1984. 4. 10.]

제4관 신주인수권부사채

제516조의 2(신주인수권부사채의 발행) ① 회사는 신주인수권부사채를 발행할 수 있다.

② 제1항의 경우에 다음의 사항으로서 정관에 규정이 없는 것은 이사회가 이를 결정한다. 그러나 정관으로 주주총회에서 이를 결정하도록 정한 경

우에는 그러하지 아니하다.

1. 신주인수권부사채의 총액
2. 각 신주인수권부사채에 부여된 신주인수권의 내용
3. 신주인수권을 행사할 수 있는 기간
4. 신주인수권만을 양도할 수 있는 것에 관한 사항
5. 신주인수권을 행사하려는 자의 청구가 있는 때에는 신주인수권부사채의 상환에 갈음하여 그 발행가액으로 제516조의 8 제1항의 납입이 있는 것으로 본다는 뜻
6. 삭제 <1995. 12. 29.>
7. 주주에게 신주인수권부사채의 인수권을 준다는 뜻과 인수권의 목적인 신주인수권부사채의 액
8. 주주 외의 자에게 신주인수권부사채를 발행하는 것과 이에 대하여 발행할 신주인수권부사채의 액

③ 각 신주인수권부사채에 부여된 신주인수권의 행사로 인하여 발행할 주식의 발행가액의 합계액은 각 신주인수권부사채의 금액을 초과할 수 없다.

④ 주주 외의 자에 대하여 신주인수권부사채를 발행하는 경우에 그 발행할 수 있는 신주인수권부사채의 액, 신주인수권의 내용과 신주인수권을 행사할 수 있는 기간에 관하여 정관에 규정이 없으면 제434조의 결의로써 이를 정하여야 한다. 이 경우 제418조 제2항 단서의 규정을 준용한다. <개정 2001. 7. 24.>

⑤ 제513조 제4항의 규정은 제4항의 경우에 이를 준용한다.

[본조신설 1984. 4. 10.]

제516조의 3(신주인수권부사채의 인수권을 가진 주주에 대한 최고) ① 주주가 신주인수권부사채의 인수권을 가진 경우에는 각 주주에 대하여 인수권을 가지는 신주인수권부사채의 액, 발행가액, 신주인수권의 내용, 신주인수권을 행사할 수 있는 기간과 일정한 기일까지 신주인수권부사채의 청약을 하지 아니하면 그 권리를 잃는다는 뜻을 통지하여야 한다. 이 경우 제516조의 2 제2항 제4호 또는 제5호에 규정한 사항의 정함이 있는 때에는 그 내

용도 통지하여야 한다.

② 제419조 제2항 내지 제4항의 규정은 제1항의 경우에 이를 준용한다.

[본조신설 1984. 4. 10.]

제516조의 4(사채청약서 · 채권 · 사채원부의 기재사항) 신주인수권부사채에 있어서는 사채청약서·채권 및 사채원부에 다음의 사항을 기재하여야 한다. 그러나 제516조의 5 제1항의 신주인수권증권을 발행할 때에는 채권에는 이를 기재하지 아니한다. <개정 1995. 12. 29.>

1. 신주인수권부사채라는 뜻
2. 제516조의 2 제2항 제2호 내지 제5호에 정한 사항
3. 제516조의 8의 규정에 의하여 납입을 맡을 은행 기타 금융기관과 납입장소
4. 주식의 양도에 관하여 이사회의 승인을 얻도록 정한 때에는 그 규정

[본조신설 1984. 4. 10.]

제516조의 5(신주인수권증권의 발행) ① 제516조의 2 제2항 제4호에 규정한 사항을 정한 경우에는 회사는 채권과 함께 신주인수권증권을 발행하여야 한다.

② 신주인수권증권에는 다음의 사항과 번호를 기재하고 이사가 기명날인 또는 서명하여야 한다. <개정 1995. 12. 29.>

1. 신주인수권증권이라는 뜻의 표시
2. 회사의 상호
3. 제516조의 2 제2항 제2호·제3호 및 제5호에 정한 사항
4. 제516조의 4 제3호에 정한 사항
5. 주식의 양도에 관하여 이사회의 승인을 얻도록 정한 때에는 그 규정

[본조신설 1984. 4. 10.]

제516조의 6(신주인수권의 양도) ① 신주인수권증권이 발행된 경우에 신주인수권의 양도는 신주인수권증권의 교부에 의하여서만 이를 행한다.

② 제336조 제2항, 제360조 및 수표법 제21조의 규정은 신주인수권증권에 관하여 이를 준용한다.

[본조신설 1984. 4. 10.]

제516조의 7(신주인수권부사채의 등기) ① 회사가 신주인수권부사채를 발행한 때에는 다음의 사항을 등기하여야 한다.

1. 신주인수권부사채라는 뜻
2. 신주인수권의 행사로 인하여 발행할 주식의 발행가액의 총액
3. 각 신주인수권부사채의 금액
4. 각 신주인수권부사채의 납입금액
5. 제516조의 2 제2항 제1호 내지 제3호에 정한 사항

② 제514조의 2 제1항·제3항 및 제4항의 규정은 제1항의 등기에 관하여 이를 준용한다.

[본조신설 1984. 4. 10.]

제516조의 8(신주인수권의 행사) ① 신주인수권을 행사하려는 자는 청구서 2통을 회사에 제출하고, 신주의 발행가액의 전액을 납입하여야 한다.

② 제1항의 규정에 의하여 청구서를 제출하는 경우에 신주인수권증권이 발행된 때에는 신주인수권증권을 첨부하고, 이를 발행하지 아니한 때에는 채권을 제시하여야 한다.

③ 제1항의 납입은 채권 또는 신주인수권증권에 기재한 은행 기타 금융기관의 납입장소에서 하여야 한다.

④ 제302조 제1항의 규정은 제1항의 청구서에, 제306조 및 제318조의 규정은 제3항의 납입을 맡은 은행 기타 금융기관에 이를 준용한다.

[본조신설 1984. 4. 10.]

제516조의 9(주주가 되는 시기) 제516조의 8 제1항의 규정에 의하여 신주인수권을 행사한 자는 동 항의 납입을 한 때에 주주가 된다. 이 경우 제350조 제2항 및 제3항의 규정을 준용한다. <개정 1995. 12. 29.>

[본조신설 1984. 4. 10.]

제516조의 10(준용규정) 제351조의 규정은 신주인수권의 행사가 있는 경우에, 제513조의 2 및 제516조 제1항의 규정은 신주인수권부사채에 관하여 이를 준용한다. <개정 1995. 12. 29.>

[본조신설 1984. 4. 10.]

제9절 해산

제517조(해산사유) 주식회사는 다음의 사유로 인하여 해산한다.
<개정 1998. 12. 28.>

1. 제227조 제1호, 제4호 내지 제6호에 정한 사유

1의 2. 제530조의 2의 규정에 의한 회사의 분할 또는 분할합병

2. 주주총회의 결의

제518조(해산의 결의) 해산의 결의는 제434조의 규정에 의하여야 한다.

제519조(회사의 계속) 회사가 존립기간의 만료 기타 정관에 정한 사유의 발생 또는 주주총회의 결의에 의하여 해산한 경우에는 제434조의 규정에 의한 결의로 회사를 계속할 수 있다.

제520조(해산판결) ① 다음의 경우에 부득이한 사유가 있는 때에는 발행주식의 총수의 100분의 10 이상에 해당하는 주식을 가진 주주는 회사의 해산을 법원에 청구할 수 있다.

1. 회사의 업무가 현저한 정돈상태를 계속하여 회복할 수 없는 손해가 생긴 때 또는 생길 염려가 있는 때
2. 회사재산의 관리 또는 처분의 현저한 실당으로 인하여 회사의 존립을 위태롭게 한 때

② 제186조와 제191조의 규정은 전항의 청구에 준용한다.

제520조의 2(휴면회사의 해산) ① 법원행정처장이 최후의 등기 후 5년을 경과한 회사는 본점의 소재지를 관할하는 법원에 아직 영업을 폐지하지 아니하였다는 뜻의 신고를 할 것을 관보로써 공고한 경우에, 그 공고한 날에 이미 최후의 등기 후 5년을 경과한 회사로서 공고한 날로부터 2개월 이내에 대통령령이 정하는 바에 의하여 신고를 하지 아니한 때에는 그 회사는 그 신고기간이 만료된 때에 해산한 것으로 본다. 그러나 그 기간 내에 등기를 한 회사에 대해서는 그러하지 아니하다.

② 제1항의 공고가 있는 때에는 법원은 해당 회사에 대하여 그 공고가 있었다는 뜻의 통지를 발송하여야 한다.

③ 제1항의 규정에 의하여 해산한 것으로 본 회사는 그 후 3년 이내에는 제434조의 결의에 의하여 회사를 계속할 수 있다.

④ 제1항의 규정에 의하여 해산한 것으로 본 회사가 제3항의 규정에 의하여 회사를 계속하지 아니한 경우에는 그 회사는 그 3년이 경과한 때에 청산이 종결된 것으로 본다.

[본조신설 1984. 4. 10.]

제521조(해산의 통지, 공고) ① 회사가 해산한 때에는 파산의 경우 외에는 이사는 지체 없이 주주에 대하여 그 통지를 하고 무기명식의 주권을 발행한 경우에는 이를 공고하여야 한다.

제521조의 2(준용규정) 제228조와 제229조 제3항의 규정은 주식회사의 해산에 관하여 이를 준용한다.

[본조신설 1998. 12. 28.]

제10절 합병

제522조(합병계약서와 그 승인결의) ① 회사가 합병을 함에는 합병계약서를 작성하여 주주총회의 승인을 얻어야 한다. <개정 1995. 12. 29, 1998. 12. 28.>

② 합병계약의 요령은 제363조에 정한 통지와 공고에 기재하여야 한다.

③ 제1항의 승인결의는 제434조의 규정에 의하여야 한다. <개정 1998. 12. 28.>

제522조의 2(합병계약서 등의 공시) ① 이사는 제522조 제1항의 주주총회 회일의 2주 전부터 합병을 한 날 이후 6개월이 경과하는 날까지 다음 각 호의 서류를 본점에 비치하여야 한다. <개정 1998. 12. 28.>

1. 합병계약서
2. 합병으로 인하여 소멸하는 회사의 주주에게 발행하는 주식의 배정에 관하여 그 이유를 기재한 서면
3. 각 회사의 최종의 대차대조표와 손익계산서

② 주주 및 회사채권자는 영업시간 내에는 언제든지 제1항 각 호의 서류의 열람을 청구하거나, 회사가 정한 비용을 지급하고 그 등본 또는 초본의 교부를 청구할 수 있다. <개정 1998. 12. 28.>

[본조신설 1984. 4. 10.]

제522조의 3(합병반대주주의 주식매수청구권) ① 제522조 제1항의 규정에 의한 결의사항에 관하여 이사회의 결의가 있는 때에 그 결의에 반대하는 주주는 주주총회 전에 회사에 대하여 서면으로 그 결의에 반대하는 의사를 통지한 경우에는 그 총회의 결의일부터 20일 이내에 주식의 종류와 수를 기재한 서면으로 회사에 대하여 자기가 소유하고 있는 주식의 매수를 청구할 수 있다.

② 제527조의 2 제2항의 공고 또는 통지를 한 날부터 2주 내에 회사에 대하여 서면으로 합병에 반대하는 의사를 통지한 주주는 그 기간이 경과한 날부터 20일 이내에 주식의 종류와 수를 기재한 서면으로 회사에 대하여 자기가 소유하고 있는 주식의 매수를 청구할 수 있다. <신설 1998. 12. 28.>

[본조신설 1995. 12. 29.]

제523조(흡수합병의 합병계약서) 합병할 회사의 일방이 합병 후 존속하는 경우에는 합병계약서에 다음의 사항을 기재하여야 한다. <개정 1998. 12. 28, 2001. 7. 24.>

1. 존속하는 회사가 합병으로 인하여 그 발행할 주식의 총수를 증가하는 때에는 그 증가할 주식의 총수, 종류와 수
2. 존속하는 회사의 증가할 자본과 준비금의 총액
3. 존속하는 회사가 합병 당시에 발행하는 신주의 총수, 종류와 수 및 합병으로 인하여 소멸하는 회사의 주주에 대한 신주의 배정에 관한 사항
4. 존속하는 회사가 합병으로 인하여 소멸하는 회사의 주주에게 지급할 금액을 정한 때에는 그 규정
5. 각 회사에서 합병의 승인결의를 할 사원 또는 주주의 총회의 기일
6. 합병을 할 날
7. 존속하는 회사가 합병으로 인하여 정관을 변경하기로 정한 때에는 그

규정

8. 각 회사가 합병으로 인하여 이익의 배당 또는 제462조의 3 제1항의 규정에 의하여 금전으로 이익배당을 할 때에는 그 한도액
9. 합병으로 인하여 존속하는 회사에 취임할 이사와 감사 또는 감사위원회의 위원을 정한 때에는 그 성명 및 주민등록번호

제524조(신설합병의 합병계약서) 합병으로 인하여 회사를 설립하는 경우에는 합병계약서에 다음의 사항을 기재하여야 한다. <개정 2001. 7. 24.>

1. 설립되는 회사에 대하여 제289조 제1항 제1호 내지 제4호에 게기한 사항과 수종의 주식을 발행할 때에는 그 종류, 수와 본점소재지
2. 설립되는 회사가 합병 당시에 발행하는 주식의 총수와 종류, 수 및 각 회사의 주주에 대한 주식의 배정에 관한 사항
3. 설립되는 회사의 자본과 준비금의 총액
4. 각 회사의 주주에게 지급할 금액을 정한 때에는 그 규정
5. 전조 제5호와 제6호에 게기한 사항
6. 합병으로 인하여 설립되는 회사의 이사와 감사 또는 감사위원회의 위원을 정한 때에는 그 성명 및 주민등록번호

제525조(합명회사, 합자회사의 합병계약서) ① 합병 후 존속하는 회사 또는 합병으로 인하여 설립되는 회사가 주식회사인 경우에 합병할 회사의 일방 또는 쌍방이 합명회사 또는 합자회사인 때에는 총사원의 동의를 얻어 합병계약서를 작성하여야 한다.

② 전 2조의 규정은 전항의 합병계약서에 준용한다.

제526조(흡수합병의 보고총회) ① 합병을 하는 회사의 일방이 합병 후 존속하는 경우에는 그 이사는 제527조의 5의 절차의 종료 후, 합병으로 인한 주식의 병합이 있을 때에는 그 효력이 생긴 후, 병합에 적당하지 아니한 주식이 있을 때에는 합병 후, 존속하는 회사에 있어서는 제443조의 처분을 한 후, 소규모합병의 경우에는 제527조의 3 제3항 및 제4항의 절차를 종료한 후 지체 없이 주주총회를 소집하고 합병에 관한 사항을 보고하여야 한다. <개정 1998. 12. 28.>

② 합병 당시에 발행하는 신주의 인수인은 제1항의 주주총회에서 주주와 동일한 권리가 있다. <개정 1998. 12. 28.>

③ 제1항의 경우에 이사회는 공고로써 주주총회에 대한 보고에 갈음할 수 있다. <신설 1995. 12. 29.>

제527조(신설합병의 창립총회) ① 합병으로 인하여 회사를 설립하는 경우에는 설립위원은 제527조의 5의 절차의 종료 후, 합병으로 인한 주식의 병합이 있을 때에는 그 효력이 생긴 후, 병합에 적당하지 아니한 주식이 있을 때에는 제443조의 처분을 한 후 지체 없이 창립총회를 소집하여야 한다. <개정 1998. 12. 28.>

② 창립총회에서는 정관변경의 결의를 할 수 있다. 그러나 합병계약의 취지에 위반하는 결의는 하지 못한다.

③ 제308조 제2항, 제309조, 제311조, 제312조와 제316조 제2항의 규정은 제1항의 창립총회에 준용한다.

④ 제1항의 경우에 이사회는 공고로써 주주총회에 대한 보고에 갈음할 수 있다. <신설 1998. 12. 28.>

제527조의 2(간이합병) ① 합병할 회사의 일방이 합병 후 존속하는 경우에 합병으로 인하여 소멸하는 회사의 총주주의 동의가 있거나 그 회사의 발행주식총수의 100분의 90 이상을 합병 후 존속하는 회사가 소유하고 있는 때에는 합병으로 인하여 소멸하는 회사의 주주총회의 승인은 이를 이사회의 승인으로 갈음할 수 있다.

② 제1항의 경우에 합병으로 인하여 소멸하는 회사는 합병계약서를 작성한 날부터 2주 내에 주주총회의 승인을 얻지 아니하고 합병을 한다는 뜻을 공고하거나 주주에게 통지하여야 한다. 다만 총주주의 동의가 있는 때에는 그러하지 아니하다.

[본조신설 1998. 12. 28.]

제527조의 3(소규모합병) ① 합병 후 존속하는 회사가 합병으로 인하여 발행하는 신주의 총수가 그 회사의 발행주식총수의 100분의 5를 초과하지 아니하는 때에는 그 존속하는 회사의 주주총회의 승인은 이를 이사회의 승

인으로 갈음할 수 있다. 다만 합병으로 인하여 소멸하는 회사의 주주에게 지급할 금액을 정한 경우에 그 금액이 존속하는 회사의 최종 대차대조표상으로 현존하는 순자산액의 100분의 2를 초과하는 때에는 그러하지 아니하다.

② 제1항의 경우에 존속하는 회사의 합병계약서에는 주주총회의 승인을 얻지 아니하고 합병을 한다는 뜻을 기재하여야 한다.

③ 제1항의 경우에 존속하는 회사는 합병계약서를 작성한 날부터 2주 내에 소멸하는 회사의 상호 및 본점의 소재지, 합병을 할 날, 주주총회의 승인을 얻지 아니하고 합병을 한다는 뜻을 공고하거나 주주에게 통지하여야 한다.

④ 합병 후 존속하는 회사의 발행주식총수의 100분의 20 이상에 해당하는 주식을 소유한 주주가 제3항의 규정에 의한 공고 또는 통지를 한 날부터 2주 내에 회사에 대하여 서면으로 제1항의 합병에 반대하는 의사를 통지한 때에는 제1항 본문의 규정에 의한 합병을 할 수 없다.

⑤ 제1항 본문의 경우에는 제522조의 3의 규정은 이를 적용하지 아니한다.

[본조신설 1998. 12. 28.]

제527조의 4(이사 · 감사의 임기) ① 합병을 하는 회사의 일방이 합병 후 존속하는 경우에 존속하는 회사의 이사 및 감사로서 합병 전에 취임한 자는 합병계약서에 다른 정함이 있는 경우를 제외하고는 합병 후 최초로 도래하는 결산기의 정기총회가 종료하는 때에 퇴임한다.

② 삭제 <2001. 7. 24.>

[본조신설 1998. 12. 28.]

제527조의 5(채권자보호절차) ① 회사는 제522조의 주주총회의 승인결의가 있은 날부터 2주 내에 채권자에 대하여 합병에 이의가 있으면 1개월 이상의 기간 내에 이를 제출할 것을 공고하고 알고 있는 채권자에 대해서는 따로따로 이를 최고하여야 한다.

② 제1항의 규정을 적용함에 있어서 제527조의 2 및 제527조의 3의 경우에는 이사회의 승인결의를 주주총회의 승인결의로 본다.

③ 제232조 제2항 및 제3항의 규정은 제1항 및 제2항의 경우에 이를 준용한다.

[본조신설 1998. 12. 28.]

제527조의 6(합병에 관한 서류의 사후공시) ① 이사는 제527조의 5에 규정한 절차의 경과, 합병을 한 날, 합병으로 인하여 소멸하는 회사로부터 승계한 재산의 가액과 채무액 기타 합병에 관한 사항을 기재한 서면을 합병을 한 날부터 6월간 본점에 비치하여야 한다.

② 제522조의 2 제2항의 규정은 제1항의 서면에 관하여 이를 준용한다.

[본조신설 1998. 12. 28.]

제528조(합병의 등기) ① 회사가 합병을 한 때에는 제526조의 주주총회가 종결한 날 또는 보고에 갈음하는 공고일, 제527조의 창립총회가 종결한 날 또는 보고에 갈음하는 공고일부터 본점소재지에서는 2주 내, 지점소재지에서는 3주 내에 합병 후 존속하는 회사에 있어서는 변경의 등기, 합병으로 인하여 소멸하는 회사에 있어서는 해산의 등기, 합병으로 인하여 설립된 회사에 있어서는 제317조에 정하는 등기를 하여야 한다. <개정 1998. 12. 28.>

② 합병 후 존속하는 회사 또는 합병으로 인하여 설립된 회사가 합병으로 인하여 전환사채 또는 신주인수권부사채를 승계한 때에는 제1항의 등기와 동시에 사채의 등기를 하여야 한다. <개정 1984. 4. 10.>

제529조(합병무효의 소) ① 합병무효는 각 회사의 주주 · 이사 · 감사 · 청산인 · 파산관재인 또는 합병을 승인하지 아니한 채권자에 한하여 소만으로 이를 주장할 수 있다. <개정 1984. 4. 10.>

② 제1항의 소는 제528조의 등기가 있은 날로부터 6개월 내에 제기하여야 한다. <개정 1984. 4. 10.>

제530조(준용규정) ① 삭제 <1998. 12. 28.>

② 제234조, 제235조, 제237조 내지 제240조, 제329조의 2, 제374조 제2항, 제374조의 2 제2항 내지 제5항 및 제439조 제3항의 규정은 주식회사의 합병에 관하여 이를 준용한다. <개정 1995. 12. 29, 1998. 12. 28, 2001. 7. 24.>

③ 제440조 내지 제444조의 규정은 회사의 합병으로 인한 주식병합 또는 주식분할의 경우에 준용한다. <개정 1998. 12. 28.>

④ 제339조와 제340조 제3항의 규정은 주식을 병합하지 아니하는 경우에

합병으로 인하여 소멸하는 회사의 주식을 목적으로 하는 질권에 준용한다.

제11절 회사의 분할

제530조의 2 (회사의 분할 · 분할합병) ① 회사는 분할에 의하여 1개 또는 수개의 회사를 설립할 수 있다.

② 회사는 분할에 의하여 1개 또는 수개의 존립 중의 회사와 합병(이하 '분할합병'이라 한다.)할 수 있다.

③ 회사는 분할에 의하여 1개 또는 수개의 회사를 설립함과 동시에 분할합병할 수 있다.

④ 해산후의 회사는 존립 중의 회사를 존속하는 회사로 하거나 새로 회사를 설립하는 경우에 한하여 분할 또는 분할합병할 수 있다.

[본조신설 1998. 12. 28.]

제530조의 3 (분할계획서 · 분할합병계약서의 승인) ① 회사가 분할 또는 분할합병을 하는 때에는 분할계획서 또는 분할합병계약서를 작성하여 주주총회의 승인을 얻어야 한다.

② 제1항의 승인결의는 제434조의 규정에 의하여야 한다.

③ 제2항의 결의에 관해서는 제370조 제1항의 주주도 의결권이 있다.

④ 분할계획 또는 분할합병계약의 요령은 제363조에 정한 통지와 공고에 기재하여야 한다.

⑤ 회사가 수종의 주식을 발행한 경우에 분할 또는 분할합병으로 인하여 어느 종류의 주주에게 손해를 미치게 되는 때에는 제435조의 규정에 의하여 그 종류의 주주의 총회의 결의가 있어야 한다.

⑥ 회사의 분할 또는 분할합병으로 인하여 분할 또는 분할합병에 관련되는 각 회사의 주주의 부담이 가중되는 경우에는 제2항 및 제5항의 결의 외에 그 주주 전원의 동의가 있어야 한다.

[본조신설 1998. 12. 28.]

제530조의 4(분할에 의한 회사의 설립) ① 이 장 제1절의 회사설립에 관

한 규정은 제530조의 2의 규정에 의한 회사의 설립에 관하여 이를 준용한다.

② 제1항의 규정에 불구하고 분할에 의하여 설립되는 회사는 분할되는 회사의 출자만으로도 설립할 수 있다. 이 경우 분할되는 회사의 주주에게 그 주주가 가지는 그 회사의 주식의 비율에 따라서 설립되는 회사의 주식이 발행되는 때에는 제299조의 규정을 적용하지 아니한다.

[본조신설 1998. 12. 28.]

제530조의 5(분할계획서의 기재사항) ① 분할에 의하여 회사를 설립하는 경우에는 분할계획서에 다음 각 호의 사항을 기재하여야 한다.

1. 설립되는 회사의 상호, 목적, 본점의 소재지 및 공고의 방법
2. 설립되는 회사가 발행할 주식의 총수 및 1주의 금액
3. 설립되는 회사가 분할 당시에 발행하는 주식의 총수, 종류 및 종류별 주식의 수
4. 분할되는 회사의 주주에 대한 설립되는 회사의 주식의 배정에 관한 사항 및 배정에 따른 주식의 병합 또는 분할을 하는 경우에는 그에 관한 사항
5. 분할되는 회사의 주주에게 지급할 금액을 정한 때에는 그 규정
6. 설립되는 회사의 자본과 준비금에 관한 사항
7. 설립되는 회사에 이전될 재산과 그 가액
8. 제530조의 9 제2항의 정함이 있는 경우에는 그 내용
9. 설립되는 회사의 이사와 감사를 정한 경우에는 그 성명과 주민등록번호
10. 설립되는 회사의 정관에 기재할 그 밖의 사항

② 분할 후 회사가 존속하는 경우에는 존속하는 회사에 관하여 분할계획서에 다음 각 호의 사항을 기재하여야 한다.

1. 감소할 자본과 준비금의 액
2. 자본감소의 방법
3. 분할로 인하여 이전할 재산과 그 가액
4. 분할 후의 발행주식의 총수
5. 회사가 발행할 주식의 총수를 감소하는 경우에는 그 감소할 주식의 총

수, 종류 및 종류별 주식의 수

6. 정관변경을 가져오게 하는 그 밖의 사항

[본조신설 1998. 12. 28.]

제530조의 6(분할합병계약서의 기재사항) ① 분할되는 회사의 일부가 다른 회사와 합병하여 그 다른 회사(이하 '분할합병의 상대방 회사'라 한다.)가 존속하는 경우에는 분할합병계약서에 다음 각 호의 사항을 기재하여야 한다.

1. 분할합병의 상대방 회사가 분할합병으로 인하여 발행할 주식의 총수를 증가하는 경우에는 증가할 주식의 총수, 종류 및 종류별 주식의 수
2. 분할합병의 상대방 회사가 분할합병을 함에 있어서 발행하는 신주의 총수, 종류 및 종류별 주식의 수
3. 분할되는 회사의 주주에 대한 분할합병의 상대방 회사의 주식의 배정에 관한 사항 및 배정에 따른 주식의 병합 또는 분할을 하는 경우에는 그에 관한 사항
4. 분할되는 회사의 주주에 대하여 분할합병의 상대방 회사가 지급할 금액을 정한 때에는 그 규정
5. 분할합병의 상대방 회사의 증가할 자본의 총액과 준비금에 관한 사항
6. 분할되는 회사가 분할합병의 상대방 회사에 이전할 재산과 그 가액
7. 제530조의 9 제3항의 정함이 있는 경우에는 그 내용
8. 각 회사에서 제530조의 3 제2항의 결의를 할 주주총회의 기일
9. 분할합병을 할 날
10. 분할합병의 상대방 회사의 이사와 감사를 정한 때에는 그 성명과 주민등록번호
11. 분할합병의 상대방 회사의 정관변경을 가져오게 하는 그 밖의 사항

② 분할되는 회사의 일부가 다른 회사 또는 다른 회사의 일부와 분할합병을 하여 회사를 설립하는 경우에는 분할합병계약서에 다음 각 호의 사항을 기재하여야 한다.

1. 제530조의 5 제1항 제1호 · 제2호 · 제6호 내지 제10호에 규정된 사항

2. 설립되는 회사가 분할합병을 함에 있어서 발행하는 주식의 총수, 종류 및 종류별 주식의 수
3. 각 회사의 주주에 대한 주식의 배정에 관한 사항과 배정에 따른 주식의 병합 또는 분할을 하는 경우에는 그 규정
4. 각 회사가 설립되는 회사에 이전할 재산과 그 가액
5. 각 회사의 주주에게 지급할 금액을 정한 때에는 그 규정
6. 각 회사에서 제530조의 3 제2항의 결의를 할 주주총회의 기일
7. 분할합병을 할 날

③ 제530조의 5의 규정은 제1항 및 제2항의 경우에 각 회사의 분할합병을 하지 아니하는 부분의 기재에 관하여 이를 준용한다.

[본조신설 1998. 12. 28.]

제530조의7(분할대차대조표 등의 공시) ① 분할되는 회사의 이사는 제530조의 3 제1항의 규정에 의한 주주총회의 회일의 2주 전부터 분할의 등기를 한 날 또는 분할합병을 한 날 이후 6개월간 다음 각 호의 서류를 본점에 비치하여야 한다.

1. 분할계획서 또는 분할합병계약서
2. 분할되는 부분의 대차대조표
3. 분할합병의 경우 분할합병의 상대방 회사의 대차대조표
4. 분할되는 회사의 주주에게 발행할 주식의 배정에 관하여 그 이유를 기재한 서면

② 제530조의 6 제1항의 분할합병의 상대방 회사의 이사는 분할합병을 승인하는 주주총회의 회일의 2주 전부터 분할합병의 등기를 한 후 6개월간 다음 각 호의 서류를 본점에 비치하여야 한다.

1. 분할합병계약서
2. 분할되는 회사의 분할되는 부분의 대차대조표
3. 분할되는 회사의 주주에게 발행할 주식의 배정에 관하여 그 이유를 기재한 서면

③ 제522조의 2 제2항의 규정은 제1항 및 제2항의 서류에 관하여 이를

준용한다.

[본조신설 1998. 12. 28.]

제530조의 8(분할 및 분할합병에 관한 계산) 분할 또는 분할합병으로 인하여 설립되는 회사 또는 분할합병의 상대방 회사가 영업권을 취득한 경우에는 그 취득가액을 대차대조표의 자산의 부에 계상할 수 있다. 이 경우에는 설립등기 또는 분할합병의 등기를 한 후 5년 내의 매 결산기에 균등액 이상을 상각하여야 한다.

[본조신설 1998. 12. 28.]

제530조의 9(분할 및 분할합병 후의 회사의 책임) ① 분할 또는 분할합병으로 인하여 설립되는 회사 또는 존속하는 회사는 분할 또는 분할합병 전의 회사채무에 관하여 연대하여 변제할 책임이 있다.

② 제1항의 규정에 불구하고 분할되는 회사가 제530조의 3 제2항의 규정에 의한 결의로 분할에 의하여 회사를 설립하는 경우에는 설립되는 회사가 분할되는 회사의 채무 중에서 출자한 재산에 관한 채무만을 부담할 것을 정할 수 있다. 이 경우 분할되는 회사가 분할 후에 존속하는 때에는 분할로 인하여 설립되는 회사가 부담하지 아니하는 채무만을 부담한다.

③ 분할합병의 경우에 분할되는 회사는 제530조의 3 제2항의 규정에 의한 결의로 분할합병에 따른 출자를 받는 존립 중의 회사가 분할되는 회사의 채무 중에서 출자한 재산에 관한 채무만을 부담할 것을 정할 수 있다. 이 경우에는 제2항 후단의 규정을 준용한다.

④ 제439조 제3항 및 제527조의 5의 규정은 제2항의 경우에 이를 준용한다.

[본조신설 1998. 12. 28.]

제530조의 10(분할 또는 분할합병의 효과) 분할 또는 분할합병으로 인하여 설립되는 회사 또는 존속하는 회사는 분할하는 회사의 권리와 의무를 분할계획서 또는 분할합병계약서가 정하는 바에 따라서 승계한다.

[본조신설 1998. 12. 28.]

제530조의 11(준용규정) ① 제234조, 제237조 내지 제240조, 제329조의 2, 제440조 내지 제444조, 제526조, 제527조, 제528조 및 제529조의 규정은

분할 또는 분할합병의 경우에 이를 준용한다. 다만 제527조의 설립위원은 대표이사로 한다.

② 제374조 제2항, 제439조 제3항, 제522조의 3, 제527조의 2, 제527조의 3 및 제527조의 5의 규정은 분할합병의 경우에 이를 준용한다. <개정 1999. 12. 31.>

[본조신설 1998. 12. 28.]

제530조의 12(물적 분할) 이 절의 규정은 분할되는 회사가 분할 또는 분할합병으로 인하여 설립되는 회사의 주식의 총수를 취득하는 경우에 이를 준용한다.

[본조신설 1998. 12. 28.]

제12절 청산

제531조(청산인의 결정) ① 회사가 해산한 때에는 합병·분할·분할합병 또는 파산의 경우 외에는 이사가 청산인이 된다. 다만 정관에 다른 정함이 있거나 주주총회에서 타인을 선임한 때에는 그러하지 아니하다. <개정 1998. 12. 28.>

② 전항의 규정에 의한 청산인이 없는 때에는 법원은 이해관계인의 청구에 의하여 청산인을 선임한다.

제532조(청산인의 신고) 청산인은 취임한 날로부터 2주간 내에 다음의 사항을 법원에 신고하여야 한다. <개정 1995. 12. 29.>

1. 해산의 사유와 그 연월일
2. 청산인의 성명·주민등록번호 및 주소

제533조(회사재산조사보고의무) ① 청산인은 취임한 후 지체 없이 회사의 재산상태를 조사하여 재산목록과 대차대조표를 작성하고 이를 주주총회에 제출하여 그 승인을 얻어야 한다.

② 청산인은 전항의 승인을 얻은 후 지체 없이 재산목록과 대차대조표를 법원에 제출하여야 한다.

제534조(대차대조표·사무보고서·부속명세서의 제출·감사·공시·승인) ① 청산인은 정기총회회일로부터 4주간 전에 대차대조표 및 그 부속명

세서와 사무보고서를 작성하여 감사에게 제출하여야 한다.

② 감사는 정기총회회일로부터 1주간 전에 제1항의 서류에 관한 감사보고서를 청산인에게 제출하여야 한다.

③ 청산인은 정기총회회일의 1주간 전부터 제1항의 서류와 제2항의 감사보고서를 본점에 비치하여야 한다.

④ 제448조 제2항의 규정은 제3항의 서류에 관하여 이를 준용한다.

⑤ 청산인은 대차대조표 및 사무보고서를 정기총회에 제출하여 그 승인을 요구하여야 한다.

[전문개정 1984. 4. 10.]

제535조(회사채권자에의 최고) ① 청산인은 취임한 날로부터 2개월 내에 회사채권자에 대하여 일정한 기간 내에 그 채권을 신고할 것과 그 기간 내에 신고하지 아니하면 청산에서 제외될 뜻을 2회 이상 공고로써 최고하여야 한다. 그러나 그 기간은 2개월 이상이어야 한다.

② 청산인은 알고 있는 채권자에 대해서는 각별로 그 채권의 신고를 최고하여야 하며 그 채권자가 신고하지 아니한 경우에도 이를 청산에서 제외하지 못한다.

제536조(채권신고기간 내의 변제) ① 청산인은 전조 제1항의 신고기간 내에는 채권자에 대하여 변제를 하지 못한다. 그러나 회사는 그 변제의 지연으로 인한 손해배상의 책임을 면하지 못한다.

② 청산인은 전항의 규정에 불구하고 소액의 채권, 담보 있는 채권 기타 변제로 인하여 다른 채권자를 해할 염려가 없는 채권에 대해서는 법원의 허가를 얻어 이를 변제할 수 있다.

제537조(제외된 채권자에 대한 변제) ① 청산에서 제외된 채권자는 분배되지 아니한 잔여재산에 대해서만 변제를 청구할 수 있다.

② 일부의 주주에 대하여 재산의 분배를 한 경우에는 그와 동일한 비율로 다른 주주에게 분배할 재산은 전항의 잔여재산에서 공제한다.

제538조(잔여재산의 분배) 잔여재산은 각 주주가 가진 주식의 수에 따라 주주에게 분배하여야 한다. 그러나 제344조 제1항의 규정을 적용하는 경우

에는 그러하지 아니하다.

제539조(청산인의 해임) ① 청산인은 법원이 선임한 경우 외에는 언제든지 주주총회의 결의로 이를 해임할 수 있다.

② 청산인이 그 업무를 집행함에 현저하게 부적임하거나 중대한 임무에 위반한 행위가 있는 때에는 발행주식의 총수의 100분의 3 이상에 해당하는 주식을 가진 주주는 법원에 그 청산인의 해임을 청구할 수 있다. <개정 1998. 12. 28.>

③ 제186조의 규정은 제2항의 청구에 관한 소에 준용한다. <개정 1998. 12. 28.>

제540조(청산의 종결) ① 청산사무가 종결한 때에는 청산인은 지체 없이 결산보고서를 작성하고 이를 주주총회에 제출하여 승인을 얻어야 한다.

② 전항의 승인이 있는 때에는 회사는 청산인에 대하여 그 책임을 해제한 것으로 본다. 그러나 청산인의 부정행위에 대해서는 그러하지 아니하다.

제541조(서류의 보존) ① 회사의 장부 기타 영업과 청산에 관한 중요한 서류는 본점소재지에서 청산종결의 등기를 한 후 10년간 이를 보존하여야 한다. 다만 전표 또는 이와 유사한 서류는 5년간 이를 보존하여야 한다. <개정 1995. 12. 29.>

② 전항의 보존에 관해서는 청산인 기타의 이해관계인의 청구에 의하여 법원이 보존인과 보존방법을 정한다.

제542조(준용규정) ① 제245조, 제252조 내지 제255조, 제259조, 제260조와 제264조의 규정은 주식회사에 준용한다.

② 제362조, 제363조의 2, 제366조, 제367조, 제373조, 제376조, 제377조, 제382조 제2항, 제386조, 제388조 내지 제394조, 제396조, 제398조 내지 제408조, 제411조 내지 제413조, 제414조 제3항, 제449조 제3항, 제450조와 제466조의 규정은 청산인에 준용한다. <개정 1962. 12. 12, 1984. 4. 10, 1998. 12. 28.>

제13절 상장회사에 대한 특례 〈신설 2009. 1. 30.〉

제542조의 2(적용범위) ① 이 절은 대통령령으로 정하는 증권시장(증권의 매매를 위하여 개설된 시장을 말한다.)에 상장된 주권을 발행한 주식회사(이하 '상장회사'라 한다.)에 대하여 적용한다. 다만 집합투자(2인 이상에게 투자권유를 하여 모은 금전이나 그 밖의 재산적 가치가 있는 재산을 취득·처분, 그 밖의 방법으로 운용하고 그 결과를 투자자에게 배분하여 귀속시키는 것을 말한다.)를 수행하기 위한 기구로서 대통령령으로 정하는 주식회사는 제외한다.

② 이 절은 이 장 다른 절에 우선하여 적용한다.

[본조신설 2009. 1. 30.]

제542조의 3(주식매수선택권) ① 상장회사는 제340조의 2 제1항 본문에 규정된 자 외에도 대통령령으로 정하는 관계 회사의 이사, 감사 또는 피용자에게 주식매수선택권을 부여할 수 있다. 다만 제542조의 8 제2항 제5호의 최대주주 등 대통령령으로 정하는 자에게는 주식매수선택권을 부여할 수 없다.

② 상장회사는 제340조의 2 제3항에도 불구하고 발행주식총수의 100분의 20의 범위에서 대통령령으로 정하는 한도까지 주식매수선택권을 부여할 수 있다.

③ 상장회사는 제340조의 2 제1항 본문에도 불구하고 정관으로 정하는 바에 따라 발행주식총수의 100분의 10의 범위에서 대통령령으로 정하는 한도까지 이사회가 제340조의 3 제2항 각 호의 사항을 결의함으로써 해당 회사의 감사 또는 피용자 및 제1항에 따른 관계 회사의 이사·감사 또는 피용자에게 주식매수선택권을 부여할 수 있다. 이 경우 주식매수선택권을 부여한 후 처음으로 소집되는 주주총회의 승인을 받아야 한다.

④ 상장회사의 주식매수선택권을 부여받은 자는 제340조의 4 제1항에도 불구하고 대통령령으로 정하는 경우를 제외하고는 주식매수선택권을 부여하기로 한 주주총회 또는 이사회의 결의일부터 2년 이상 재임하거나 재직하여야 주식매수선택권을 행사할 수 있다.

⑤ 제1항부터 제4항까지에서 규정한 사항 외에 상장회사의 주식매수선택권 부여, 취소, 그 밖에 필요한 사항은 대통령령으로 정한다.

[본조신설 2009. 1. 30.]

제542조의 4(주주총회 소집공고 등) ① 상장회사가 주주총회를 소집하는 경우 대통령령으로 정하는 수 이하의 주식을 소유하는 주주에게는 정관으로 정하는 바에 따라 주주총회일의 2주 전에 주주총회를 소집하는 뜻과 회의의 목적사항을 둘 이상의 일간신문에 각각 2회 이상 공고하거나 대통령령으로 정하는 바에 따라 전자적 방법으로 공고함으로써 제363조 제1항의 소집통지를 갈음할 수 있다.

② 상장회사가 이사·감사의 선임에 관한 사항을 목적으로 하는 주주총회를 소집통지 또는 공고하는 경우에는 이사·감사 후보자의 성명, 약력, 추천인, 그 밖에 대통령령으로 정하는 후보자에 관한 사항을 통지하거나 공고하여야 한다.

③ 상장회사가 주주총회 소집의 통지 또는 공고를 하는 경우에는 사외이사 등의 활동내역과 보수에 관한 사항, 사업개요 등 대통령령으로 정하는 사항을 통지 또는 공고하여야 한다. 다만 상장회사가 그 사항을 대통령령으로 정하는 방법으로 일반인이 열람할 수 있도록 하는 경우에는 그러하지 아니하다.

[본조신설 2009. 1. 30.]

제542조의 5(이사·감사의 선임방법) 상장회사가 주주총회에서 이사 또는 감사를 선임하려는 경우에는 제542조의 4 제2항에 따라 통지하거나 공고한 후보자 중에서 선임하여야 한다.

[본조신설 2009. 1. 30.]

제542조의 6 (소수주주권) ① 6개월 전부터 계속하여 상장회사 발행주식 총수의 1천분의 15 이상에 해당하는 주식을 보유한 자는 제366조(제542조에서 준용하는 경우를 포함한다.) 및 제467조에 따른 주주의 권리를 행사할 수 있다.

② 6개월 전부터 계속하여 상장회사의 의결권 없는 주식을 제외한 발행

주식총수의 1천분의 10(대통령령으로 정하는 상장회사의 경우에는 1천분의 5) 이상에 해당하는 주식을 보유한 자는 제363조의 2(제542조에서 준용하는 경우를 포함한다.)에 따른 주주의 권리를 행사할 수 있다.

③ 6개월 전부터 계속하여 상장회사 발행주식총수의 1만분의 50(대통령령으로 정하는 상장회사의 경우에는 1만분의 25) 이상에 해당하는 주식을 보유한 자는 제385조(제415조에서 준용하는 경우를 포함한다.) 및 제539조에 따른 주주의 권리를 행사할 수 있다.

④ 6개월 전부터 계속하여 상장회사 발행주식총수의 1만분의 10(대통령령으로 정하는 상장회사의 경우에는 1만분의 5) 이상에 해당하는 주식을 보유한 자는 제466조(제542조에서 준용하는 경우를 포함한다.)에 따른 주주의 권리를 행사할 수 있다.

⑤ 6개월 전부터 계속하여 상장회사 발행주식총수의 10만분의 50(대통령령으로 정하는 상장회사의 경우에는 10만분의 25) 이상에 해당하는 주식을 보유한 자는 제402조(제542조에서 준용하는 경우를 포함한다.)에 따른 주주의 권리를 행사할 수 있다.

⑥ 6개월 전부터 계속하여 상장회사 발행주식총수의 1만분의 1 이상에 해당하는 주식을 보유한 자는 제403조(제324조, 제415조, 제424조의 2, 제467조의 2 및 제542조에서 준용하는 경우를 포함한다.)에 따른 주주의 권리를 행사할 수 있다.

⑦ 상장회사는 정관에서 제1항부터 제6항까지 규정된 것보다 단기의 주식 보유기간을 정하거나 낮은 주식 보유비율을 정할 수 있다.

⑧ 제1항부터 제6항까지 및 제542조의 7 제2항에서 '주식을 보유한 자'란 주식을 소유한 자, 주주권 행사에 관한 위임을 받은 자, 2명 이상 주주의 주주권을 공동으로 행사하는 자를 말한다.

[본조신설 2009. 1. 30.]

제542조의 7(집중투표에 관한 특례) ① 상장회사에 대하여 제382조의 2에 따라 집중투표의 방법으로 이사를 선임할 것을 청구하는 경우 주주총회일(정기주주총회의 경우에는 직전 연도의 정기주주총회일에 해당하는 그해

의 해당일. 이하 제542조의 8 제5항에서 같다.)의 6주 전까지 서면 또는 전자문서로 회사에 청구하여야 한다.

② 자산 규모 등을 고려하여 대통령령으로 정하는 상장회사의 의결권 없는 주식을 제외한 발행주식총수의 100분의 1 이상에 해당하는 주식을 보유한 자는 제382조의 2에 따라 집중투표의 방법으로 이사를 선임할 것을 청구할 수 있다.

③ 제2항의 상장회사가 정관으로 집중투표를 배제하거나 그 배제된 정관을 변경하려는 경우에는 의결권 없는 주식을 제외한 발행주식총수의 100분의 3을 초과하는 수의 주식을 가진 주주는 그 초과하는 주식에 관하여 의결권을 행사하지 못한다. 다만 정관에서 이보다 낮은 주식 보유비율을 정할 수 있다.

④ 제2항의 상장회사가 주주총회의 목적사항으로 제3항에 따른 집중투표 배제에 관한 정관 변경에 관한 의안을 상정하려는 경우에는 그 밖의 사항의 정관 변경에 관한 의안과 별도로 상정하여 의결하여야 한다.

[본조신설 2009. 1. 30.]

제542조의 8(사외이사의 선임) ① 상장회사는 자산 규모 등을 고려하여 대통령령으로 정하는 경우를 제외하고는 이사 총수의 4분의 1 이상을 사외이사로 하여야 한다. 다만 자산 규모 등을 고려하여 대통령령으로 정하는 상장회사의 사외이사는 3명 이상으로 하되, 이사 총수의 과반수가 되도록 하여야 한다.

② 상장회사의 사외이사는 제382조 제3항 각 호뿐만 아니라 다음 각 호의 어느 하나에 해당되지 아니하여야 하며, 이에 해당하게 된 경우에는 그 직을 상실한다.

1. 미성년자, 금치산자 또는 한정치산자
2. 파산선고를 받고 복권되지 아니한 자
3. 금고 이상의 형을 선고받고 그 집행이 끝나거나 집행이 면제된 후 2년이 지나지 아니한 자
4. 대통령령으로 별도로 정하는 법률을 위반하여 해임되거나 면직된 후 2

년이 지나지 아니한 자

5. 상장회사의 주주로서 의결권 없는 주식을 제외한 발행주식총수를 기준으로 본인 및 그와 대통령령으로 정하는 특수한 관계에 있는 자(이하 '특수관계인'이라 한다.)가 소유하는 주식의 수가 가장 많은 경우 그 본인(이하 '최대주주'라 한다.) 및 그의 특수관계인
6. 누구의 명의로 하든지 자기의 계산으로 의결권 없는 주식을 제외한 발행주식총수의 100분의 10 이상의 주식을 소유하거나 이사·감사의 선임과 해임 등 상장회사의 주요 경영사항에 대하여 사실상의 영향력을 행사하는 주주(이하 '주요주주'라 한다.) 및 그의 배우자와 직계 존속·비속
7. 그 밖에 사외이사로서의 직무를 충실하게 수행하기 곤란하거나 상장회사의 경영에 영향을 미칠 수 있는 자로서 대통령령으로 정하는 자

③ 제1항의 상장회사는 사외이사의 사임·사망 등의 사유로 인하여 사외이사의 수가 제1항의 이사회의 구성요건에 미달하게 되면 그 사유가 발생한 후 처음으로 소집되는 주주총회에서 제1항의 요건에 합치되도록 사외이사를 선임하여야 한다.

④ 제1항 단서의 상장회사는 사외이사 후보를 추천하기 위하여 제393조의 2의 위원회(이하 이 조에서 '사외이사 후보추천위원회'라 한다.)를 설치하여야 한다. 이 경우 사외이사 후보추천위원회는 사외이사가 총 위원의 2분의 1 이상이 되도록 구성하여야 한다.

⑤ 제1항 단서의 상장회사가 주주총회에서 사외이사를 선임하려는 경우에는 사외이사 후보추천위원회의 추천을 받은 자 중에서 선임하여야 한다. 이 경우 사외이사 후보추천위원회가 사외이사 후보를 추천할 때에는 제542조의 6 제2항에 따른 주주제안권을 행사할 수 있는 요건을 갖춘 주주가 주주총회일의 6주 전에 추천한 사외이사 후보를 포함시켜야 한다.

[본조신설 2009. 1. 30.]

제542조의 9(주요주주 등 이해관계자와의 거래) ① 상장회사는 다음 각 호의 어느 하나에 해당하는 자를 상대방으로 하거나 그를 위하여 신용공여

(금전 등 경제적 가치가 있는 재산의 대여, 채무이행의 보증, 자금 지원적 성격의 증권 매입, 그 밖에 거래상의 신용위험이 따르는 직접적·간접적 거래로서 대통령령으로 정하는 거래를 말한다. 이하 이 조에서 같다.)를 하여서는 아니 된다.

1. 주요주주 및 그의 특수관계인
2. 이사(제401조의 2 제1항 각 호의 어느 하나에 해당하는 자를 포함한다. 이하 이 조에서 같다.)
3. 감사

② 제1항에도 불구하고 다음 각 호의 어느 하나에 해당하는 경우에는 신용공여를 할 수 있다.

1. 복리후생을 위한 이사 또는 감사에 대한 금전대여 등으로서 대통령령으로 정하는 신용공여
2. 다른 법령에서 허용하는 신용공여
3. 그 밖에 상장회사의 경영건전성을 해칠 우려가 없는 금전대여 등으로서 대통령령으로 정하는 신용공여

③ 자산 규모 등을 고려하여 대통령령으로 정하는 상장회사는 최대주주, 그의 특수관계인 및 그 상장회사의 특수관계인으로서 대통령령으로 정하는 자를 상대방으로 하거나 그를 위하여 다음 각 호의 어느 하나에 해당하는 거래(제1항에 따라 금지되는 거래는 제외한다.)를 하려는 경우에는 이사회의 승인을 받아야 한다.

1. 단일 거래규모가 대통령령으로 정하는 규모 이상인 거래
2. 해당 사업연도 중에 특정인과의 해당 거래를 포함한 거래총액이 대통령령으로 정하는 규모 이상이 되는 경우의 해당 거래

④ 제3항의 경우 상장회사는 이사회의 승인 결의 후 처음으로 소집되는 정기주주총회에 해당 거래의 목적, 상대방, 그 밖에 대통령령으로 정하는 사항을 보고하여야 한다.

⑤ 제3항에도 불구하고 상장회사가 경영하는 업종에 따른 일상적인 거래로서 다음 각 호의 어느 하나에 해당하는 거래는 이사회의 승인을 받지 아

니하고 할 수 있으며, 제2호에 해당하는 거래에 대해서는 그 거래내용을 주주총회에 보고하지 아니할 수 있다.

1. 약관에 따라 정형화된 거래로서 대통령령으로 정하는 거래
2. 이사회에서 승인한 거래총액의 범위 안에서 이행하는 거래

[본조신설 2009. 1. 30.]

제542조의 10(상근감사) ① 대통령령으로 정하는 상장회사는 주주총회 결의에 의하여 회사에 상근하면서 감사업무를 수행하는 감사(이하 '상근감사'라고 한다.)를 1명 이상 두어야 한다. 다만 이 법 및 다른 법률에 따라 감사위원회를 설치한 경우(감사위원회 설치 의무가 없는 상장회사가 이 절의 요건을 갖춘 감사위원회를 설치한 경우를 포함한다.)에는 그러하지 아니하다.

② 다음 각 호의 어느 하나에 해당하는 자는 제1항 본문의 상장회사의 상근감사가 되지 못하며, 이에 해당하게 되는 경우에는 그 직을 상실한다.

1. 제542조의 8 제2항 제1호부터 제4호까지 및 제6호에 해당하는 자
2. 회사의 상무(常務)에 종사하는 이사 및 피용자 또는 최근 2년 이내에 회사의 상무에 종사한 이사 및 피용자. 다만 이 절에 따른 감사위원회 위원으로 재임 중이거나 재임하였던 이사는 제외한다.
3. 제1호 및 제2호 외에 회사의 경영에 영향을 미칠 수 있는 자로서 대통령령으로 정하는 자

[본조신설 2009. 1. 30.]

제542조의 11(감사위원회) ① 자산 규모 등을 고려하여 대통령령으로 정하는 상장회사는 감사위원회를 설치하여야 한다.

② 제1항의 상장회사의 감사위원회는 제415조의 2 제2항의 요건 및 다음 각 호의 요건을 모두 갖추어야 한다.

1. 위원 중 1명 이상은 대통령령으로 정하는 회계 또는 재무 전문가일 것
2. 감사위원회의 대표는 사외이사일 것

③ 제542조의 10 제2항 각 호의 어느 하나에 해당하는 자는 제1항의 상장회사의 사외이사가 아닌 감사위원회위원이 될 수 없고, 이에 해당하게 된

경우에는 그 직을 상실한다.

④ 상장회사는 감사위원회위원인 사외이사의 사임·사망 등의 사유로 인하여 사외이사의 수가 다음 각 호의 감사위원회의 구성요건에 미달하게 되면 그 사유가 발생한 후 처음으로 소집되는 주주총회에서 그 요건에 합치되도록 하여야 한다.

1. 제1항에 따라 감사위원회를 설치한 상장회사는 제2항 각 호 및 제415조의 2 제2항의 요건
2. 제415조의 2 제1항에 따라 감사위원회를 설치한 상장회사는 제415조의 2 제2항의 요건

[본조신설 2009. 1. 30.]

제542조의 12(감사위원회의 구성 등) ① 제542조의 11 제1항의 상장회사의 경우 제393조의 2에도 불구하고 감사위원회위원을 선임하거나 해임하는 권한은 주주총회에 있다.

② 제542조의 11 제1항의 상장회사는 주주총회에서 이사를 선임한 후 선임된 이사 중에서 감사위원회위원을 선임하여야 한다.

③ 최대주주, 최대주주의 특수관계인, 그 밖에 대통령령으로 정하는 자가 소유하는 상장회사의 의결권 있는 주식의 합계가 그 회사의 의결권 없는 주식을 제외한 발행주식총수의 100분의 3을 초과하는 경우 그 주주는 그 초과하는 주식에 관하여 감사 또는 사외이사가 아닌 감사위원회위원을 선임하거나 해임할 때에는 의결권을 행사하지 못한다. 다만 정관에서 이보다 낮은 주식 보유비율을 정할 수 있다.

④ 대통령령으로 정하는 상장회사의 의결권 없는 주식을 제외한 발행주식총수의 100분의 3을 초과하는 수의 주식을 가진 주주는 그 초과하는 주식에 관하여 사외이사인 감사위원회위원을 선임할 때에 의결권을 행사하지 못한다. 다만 정관에서 이보다 낮은 주식 보유비율을 정할 수 있다.

⑤ 상장회사가 주주총회의 목적사항으로 감사의 선임 또는 감사의 보수결정을 위한 의안을 상정하려는 경우에는 이사의 선임 또는 이사의 보수결정을 위한 의안과는 별도로 상정하여 의결하여야 한다.

⑥ 상장회사의 감사 또는 감사위원회는 제447조의 4 제1항에도 불구하고 이사에게 감사보고서를 주주총회일의 1주 전까지 제출할 수 있다.

[본조신설 2009. 1. 30.]

제5장 유한회사

제1절 설립

제543조(정관의 작성, 절대적 기재사항) ① 유한회사를 설립함에는 사원이 정관을 작성하여야 한다. <개정 2001. 7. 24.>

② 정관에는 다음의 사항을 기재하고 각 사원이 기명날인 또는 서명하여야 한다. <개정 1984. 4. 10, 1995. 12. 29, 2001. 7. 24.>

1. 제179조 제1호 내지 제3호에 정한 사항
2. 자본의 총액
3. 출자 1좌의 금액
4. 각 사원의 출자좌수
5. 본점의 소재지

③ 제292조의 규정은 유한회사에 준용한다.

제544조(변태설립사항) 다음의 사항은 정관에 기재함으로써 그 효력이 있다.

1. 현물출자를 하는 자의 성명과 그 목적인 재산의 종류, 수량, 가격과 이에 대하여 부여하는 출자좌수
2. 회사의 설립 후에 양수할 것을 약정한 재산의 종류, 수량, 가격과 그 양도인의 성명
3. 회사가 부담할 설립비용

제545조(사원총수의 제한) ① 사원의 총수는 50인을 초과하지 못한다. 그러나 특별한 사정이 있는 경우에 법원의 인가를 얻은 때에는 그러하지 아

니하다.

② 전항의 규정은 상속 또는 유증으로 인하여 사원의 수에 변경이 생기는 경우에는 적용하지 아니한다.

제546조(자본총액, 출자 1좌의 금액의 제한) ① 회사의 자본총액은 1천만 원 이상으로 하여야 한다. <개정 1984. 4. 10.>

② 출자 1좌의 금액은 5천 원 이상으로 균일하게 하여야 한다. <개정 1984. 4. 10.>

제547조(초대이사의 선임) ① 정관으로 이사를 정하지 아니한 때에는 회사성립 전에 사원총회를 열어 이를 선임하여야 한다.

② 전항의 사원총회는 각 사원이 소집할 수 있다.

제548조(출자의 납입) ① 이사는 사원으로 하여금 출자금액의 납입 또는 현물출자의 목적인 재산 전부의 급여를 시켜야 한다.

② 제295조 제2항의 규정은 사원이 현물출자를 하는 경우에 준용한다.

제549조(설립의 등기) ① 유한회사의 설립등기는 제548조의 납입 또는 현물출자의 이행이 있은 날로부터 2주간 내에 하여야 한다. <개정 1995. 12. 29.>

② 제1항의 등기에서 다음의 사항을 등기하여야 한다. <개정 1995. 12. 29.>

1. 제179조 제1호 · 제2호 및 제5호에 규정된 사항과 지점을 둔 때에는 그 소재지
2. 제543조 제2항 제2호와 제3호에 게기한 사항
3. 이사의 성명 · 주민등록번호 및 주소. 다만 회사를 대표할 이사를 정한 때에는 그 외의 이사의 주소를 제외한다.
4. 회사를 대표할 이사를 정한 때에는 그 성명
5. 수인의 이사가 공동으로 회사를 대표할 것을 정한 때에는 그 규정
6. 존립기간 기타의 해산사유를 정한 때에는 그 기간과 사유
7. 감사가 있는 때에는 그 성명 및 주민등록번호

③ 유한회사의 지점설치 및 이전 시 지점소재지 또는 신지점소재지에서 하는 등기에 있어서는 제2항 제1호 및 제3호 내지 제6호에 규정된 사항을 등기하여야 한다. <신설 1995. 12. 29.>

④ 제181조 내지 제183조의 규정은 유한회사의 등기에 준용한다. <개정 1962. 12. 12.>

제550조(현물출자 등에 관한 회사성립 시의 사원의 책임) ① 제544조 제1호와 제2호의 재산의 회사성립 당시의 실가가 정관에 정한 가격에 현저하게 부족한 때에는 회사성립 당시의 사원은 회사에 대하여 그 부족액을 연대하여 지급할 책임이 있다.

② 전항의 사원의 책임은 면제하지 못한다. <신설 1962. 12. 12.>

제551조(출자미필액에 대한 회사성립 시의 사원 등의 책임) ① 회사성립 후에 출자금액의 납입 또는 현물출자의 이행이 완료되지 아니하였음이 발견된 때에는 회사성립 당시의 사원, 이사와 감사는 회사에 대하여 그 납입되지 아니한 금액 또는 이행되지 아니한 현물의 가액을 연대하여 지급할 책임이 있다. <개정 1962. 12. 12.>

② 전항의 사원의 책임은 면제하지 못한다. <신설 1962. 12. 12.>

③ 제1항의 이사와 감사의 책임은 총사원의 동의가 없으면 면제하지 못한다. <신설 1962. 12. 12.>

제552조(설립무효, 취소의 소) ① 회사의 설립의 무효는 그 사원, 이사와 감사에 한하여 설립의 취소는 그 취소권 있는 자에 한하여 회사설립의 날로부터 2년 내에 소만으로 이를 주장할 수 있다.

② 제184조 제2항과 제185조 내지 제193조의 규정은 전항의 소에 준용한다.

[전문개정 1962. 12. 12.]

제2절 사원의 권리의무

제553조(사원의 책임) 사원의 책임은 본 법에 다른 규정이 있는 경우 외에는 그 출자금액을 한도로 한다.

제554조(사원의 지분) 각 사원은 그 출자좌수에 따라 지분을 가진다.

제555조(지분에 관한 증권) 유한회사는 사원의 지분에 관하여 지시식 또는 무기명식의 증권을 발행하지 못한다.

제556조(지분의 양도) ① 사원은 제585조의 규정에 의한 사원총회의 결의가 있은 때에 한하여 그 지분의 전부 또는 일부를 타인에게 양도할 수 있다. 그러나 정관으로 양도의 제한을 가중할 수 있다.

② 양도로 인하여 사원의 총수가 제545조의 규정에 의한 제한을 초과하는 경우에는 유증의 경우를 제외하고는 그 양도는 효력이 없다.

③ 사원 상호간의 지분의 양도에 대해서는 제1항의 규정에 불구하고 정관으로 다른 정함을 할 수 있다. <개정 1962. 12. 12.>

제557조(지분이전의 대항요건) 지분의 이전은 취득자의 성명, 주소와 그 목적이 되는 출자좌수를 사원명부에 기재하지 아니하면 이로써 회사와 제삼자에게 대항하지 못한다.

제558조(지분의 공유) 제333조의 규정은 지분이 수인의 공유에 속하는 경우에 준용한다.

제559조(지분의 입질) ① 지분은 질권의 목적으로 할 수 있다.

② 제556조와 제557조의 규정은 지분의 입질에 준용한다.

제560조(준용규정) ① 제339조, 제340조 제1항·제2항, 제341조, 제341조의 3, 제342조와 제343조 제1항의 규정은 사원의 특분에 준용한다. <개정 1984. 4. 10, 1999. 12. 31.>

② 제353조의 규정은 사원에 대한 통지 또는 최고에 준용한다.

제3절 회사의 관리

제561조(이사) 유한회사에는 1인 또는 수인의 이사를 두어야 한다.

제562조(회사대표) ① 이사는 회사를 대표한다.

② 이사가 수인인 경우에 정관에 다른 정함이 없으면 사원총회에서 회사를 대표할 이사를 선정하여야 한다.

③ 정관 또는 사원총회는 수인의 이사가 공동으로 회사를 대표할 것을 정할 수 있다.

④ 제208조 제2항의 규정은 전항의 경우에 준용한다.

제563조(이사, 회사 간의 소에 관한 대표) 회사가 이사에 대하여 또는 이사가 회사에 대하여 소를 제기하는 경우에는 사원총회는 그 소에 관하여 회사를 대표할 자를 선정하여야 한다.

제564조(업무집행의 결정, 이사와 회사 간의 거래) ① 이사가 수인인 경우에 정관에 다른 정함이 없으면 회사의 업무집행, 지배인의 선임 또는 해임과 지점의 설치·이전 또는 폐지는 이사 과반수의 결의에 의하여야 한다. <개정 1984. 4. 10.>

② 사원총회는 제1항의 규정에 불구하고 지배인의 선임 또는 해임을 할 수 있다. <개정 1984. 4. 10.>

③ 이사는 감사가 있는 때에는 그 승인이, 감사가 없는 때에는 사원총회의 승인이 있는 때에 한하여 자기 또는 제삼자의 계산으로 회사와 거래를 할 수 있다. 이 경우에는 민법 제124조의 규정을 적용하지 아니한다. <신설 1962. 12. 12.>

제564조의 2(유지청구권) 이사가 법령 또는 정관에 위반한 행위를 하여 이로 인하여 회사에 회복할 수 없는 손해가 생길 염려가 있는 경우에는 감사 또는 자본의 총액의 100분의 3 이상에 해당하는 출자좌수를 가진 사원은 회사를 위하여 이사에 대하여 그 행위를 유지할 것을 청구할 수 있다.

[본조신설 1999. 12. 31.]

제565조(사원의 대표소송) ① 자본의 총액의 100분의 3 이상에 해당하는 출자좌수를 가진 사원은 회사에 대하여 이사의 책임을 추궁할 소의 제기를 청구할 수 있다. <개정 1999. 12. 31.>

② 제403조 제2항 내지 제7항과 제404조 내지 제406조의 규정은 제1항의 경우에 준용한다. <개정 1998. 12. 28.>

제566조(서류의 비치, 열람) ① 이사는 정관과 사원총회의 의사록을 본점과 지점에, 사원명부를 본점에 비치하여야 한다.

② 사원명부에는 사원의 성명, 주소와 그 출자좌수를 기재하여야 한다.

③ 사원과 회사채권자는 영업시간 내에 언제든지 제1항에 게기한 서류의 열람 또는 등사를 청구할 수 있다.

第567條(준용규정) 제209조, 제210조, 제382조, 제385조, 제386조, 제388조, 제395조, 제397조, 제399조 내지 제401조, 제407조와 제408조의 규정은 유한회사의 이사에 준용한다. 이 경우 제397조의 '이사회'는 이를 '사원총회'로 한다. <개정 1962. 12. 12, 1998. 12. 28, 1999. 12. 31.>

第568條(감사) ① 유한회사는 정관에 의하여 1인 또는 수인의 감사를 둘 수 있다.

② 제547조의 규정은 정관에서 감사를 두기로 정한 경우에 준용한다.

第569條(감사의 권한) 감사는 언제든지 회사의 업무와 재산상태를 조사할 수 있고 이사에 대하여 영업에 관한 보고를 요구할 수 있다.

第570條(준용규정) 제382조, 제385조 제1항, 제386조, 제388조, 제400조, 제407조, 제411조, 제413조, 제414조와 제565조의 규정은 감사에 준용한다.

第571條(사원총회의 소집) ① 사원총회는 본 법에 다른 규정이 있는 경우 외에는 이사가 이를 소집한다. 그러나 임시총회는 감사도 이를 소집할 수 있다. <개정 1962. 12. 12.>

② 사원총회를 소집함에는 회일을 정하고 1주간 전에 각 사원에 대하여 서면으로 그 통지를 발송하여야 한다. 그러나 이 기간은 정관으로 단축할 수 있다.

③ 제363조 제2항과 제364조의 규정은 사원총회의 소집에 준용한다.

第572條(소수사원에 의한 총회소집청구) ① 자본의 총액의 100분의 3 이상에 해당하는 출자좌수를 가진 사원은 회의의 목적사항과 소집의 이유를 기재한 서면을 이사에게 제출하여 총회의 소집을 청구할 수 있다. <개정 1999. 12. 31.>

② 전항의 규정은 정관으로 다른 정함을 할 수 있다.

③ 제366조 제2항과 제3항의 규정은 제1항의 경우에 준용한다.

第573條(소집절차의 생략) 총사원의 동의가 있을 때에는 소집절차 없이 총회를 열 수 있다.

第574條(총회의 정족수, 결의방법) 사원총회의 결의는 정관 또는 본 법에 다른 규정이 있는 경우 외에는 총사원의 의결권의 과반수를 가지는 사원이 출석하고 그 의결권의 과반수로써 하여야 한다.

第575조(사원의 의결권) 각 사원은 출자 1좌마다 1개의 의결권을 가진다. 그러나 정관으로 의결권의 수에 관하여 다른 정함을 할 수 있다.

第576조(영업양도 등과 사후설립) ① 유한회사가 제374조 제1호 내지 제3호에 게기한 행위를 함에는 제585조의 규정에 의한 총회의 결의가 있어야 한다.

② 전항의 규정은 유한회사가 그 성립 후 2년 내에 성립 전으로부터 존재하는 재산으로서 영업을 위하여 계속하여 사용할 것을 자본의 20분의 1 이상에 상당한 대가로 취득하는 계약을 체결하는 경우에 준용한다.

第577조(서면에 의한 결의) ① 총회의 결의를 하여야 할 경우에 총사원의 동의가 있는 때에는 서면에 의한 결의를 할 수 있다.

② 결의의 목적사항에 대하여 총사원이 서면으로 동의를 한 때에는 서면에 의한 결의가 있은 것으로 본다.

③ 서면에 의한 결의는 총회의 결의와 동일한 효력이 있다.

④ 총회에 관한 규정은 서면에 의한 결의에 준용한다.

第578조(준용규정) 제365조, 제367조, 제368조 제3항 · 제4항, 제369조 제2항, 제371조 제2항, 제372조, 제373조와 제376조 내지 제381조의 규정은 사원총회에 준용한다.

第579조(재무제표의 작성) ① 이사는 매 결산기에 다음의 서류와 그 부속명세서를 작성하여야 한다.

1. 대차대조표
2. 손익계산서
3. 이익잉여금처분계산서 또는 결손금처리계산서

② 감사가 있는 때에는 이사는 정기총회회일로부터 4주간 전에 제1항의 서류를 감사에게 제출하여야 한다.

③ 감사는 제2항의 서류를 받은 날로부터 3주간 내에 감사보고서를 이사에게 제출하여야 한다.

[전문개정 1984. 4. 10.]

第579조의 2(영업보고서의 작성) ① 이사는 매 결산기에 영업보고서를 작성하여야 한다.

② 제579조 제2항 및 제3항의 규정은 제1항의 영업보고서에 관하여 이를 준용한다.

[본조신설 1984. 4. 10.]

제579조의 3(재무제표 등의 비치·공시) ① 이사는 정기총회회일의 1주간 전부터 5년간 제579조 및 제579조의 2의 서류와 감사보고서를 본점에 비치하여야 한다.

② 제448조 제2항의 규정은 제1항의 서류에 관하여 이를 준용한다.

[본조신설 1984. 4. 10.]

제580조(이익배당의 기준) 이익의 배당은 정관에 다른 정함이 있는 경우 외에는 각 사원의 출자좌수에 따라 하여야 한다.

제581조(사원의 회계장부열람권) ① 자본의 100분의 3 이상에 해당하는 출자좌수를 가진 사원은 회계의 장부와 서류의 열람 또는 등사를 청구할 수 있다. <개정 1999. 12. 31.>

② 회사는 정관으로 각 사원이 제1항의 청구를 할 수 있다는 뜻을 정할 수 있다. 이 경우 제579조 제1항의 규정에 불구하고 부속명세서는 이를 작성하지 아니한다. <개정 1984. 4. 10.>

제582조(업무, 재산상태의 검사) ① 회사의 업무집행에 관하여 부정행위 또는 법령이나 정관에 위반한 중대한 사유가 있는 때에는 자본총액의 100분의 3 이상에 해당하는 출자좌수를 가진 사원은 회사의 업무와 재산상태를 조사하게 하기 위하여 법원에 검사인의 선임을 청구할 수 있다. <개정 1999. 12. 31.>

② 검사인은 그 조사의 결과를 서면으로 법원에 보고하여야 한다.

③ 법원은 전항의 보고서에 의하여 필요하다고 인정한 경우에는 감사가 있는 때에는 감사에게, 감사가 없는 때에는 이사에게 사원총회의 소집을 명할 수 있다. 제310조 제2항의 규정은 이 경우에 준용한다. <개정 1962. 12. 12.>

제583조(준용규정) ① 제449조 제1항·제2항, 제450조, 제452조, 제453조, 제453조의 2, 제457조의 2, 제458조 내지 제460조, 제462조, 제462조의

3 및 제466조의 규정은 유한회사의 계산에 준용한다. <개정 1984. 4. 10, 1995. 12. 29, 1999. 12. 31.>

② 제468조의 규정은 유한회사와 피용자 간에 고용관계로 인하여 생긴 채권에 준용한다. <개정 1999. 12. 31.>

제4절 정관의 변경

제584조(정관변경의 방법) 정관을 변경함에는 사원총회의 결의가 있어야 한다.

제585조(정관변경의 특별결의) ① 전조의 결의는 총사원의 반수 이상이며 총사원의 의결권의 4분의 3 이상을 가지는 자의 동의로 한다.

② 전항의 규정을 적용함에 있어서는 의결권을 행사할 수 없는 사원은 이를 총사원의 수에, 그 행사할 수 없는 의결권은 이를 의결권의 수에 산입하지 아니한다.

제586조(자본증가의 결의) 다음의 사항은 정관에 다른 정함이 없더라도 자본증가의 결의에서 이를 정할 수 있다.

1. 현물출자를 하는 자의 성명과 그 목적인 재산의 종류, 수량, 가격과 이에 대하여 부여할 출자좌수
2. 자본의 증가 후에 양수할 것을 약정한 재산의 종류, 수량, 가격과 그 양도인의 성명
3. 증가할 자본에 대한 출자의 인수권을 부여할 자의 성명과 그 권리의 내용

제587조(증자의 경우의 출자인수권의 부여) 유한회사가 특정한 자에 대하여 장래 그 자본을 증가할 경우에 있어서 출자의 인수권을 부여할 것을 약속함에는 제585조에 정하는 결의에 의하여야 한다.

제588조(사원의 출자인수권) 사원은 증가할 자본에 대하여 그 지분에 따라 출자를 인수할 권리가 있다. 그러나 전 2조의 결의에서 출자의 인수자를 정한 때에는 그러하지 아니하다.

第589条(출자인수의 방법) ① 자본증가의 경우에 출자의 인수를 하고자 하는 자는 인수를 증명하는 서면에 그 인수할 출자의 좌수와 주소를 기재하고 기명날인 또는 서명하여야 한다. <개정 1995. 12. 29.>

② 유한회사는 광고 기타의 방법에 의하여 인수인을 공모하지 못한다.

第590条(출자인수인의 지위) 자본증가의 경우에 출자의 인수를 한 자는 출자의 납입의 기일 또는 현물출자의 목적인 재산의 급여의 기일로부터 이익배당에 관하여 사원과 동일한 권리를 가진다.

第591条(자본증가의 등기) 유한회사는 자본증가로 인한 출자 전액의 납입 또는 현물출자의 이행이 완료된 날로부터 2주간 내에 본점의 소재지에서 자본증가로 인한 변경등기를 하여야 한다. <개정 1995. 12. 29.>

第592条(증자의 효력발생) 자본의 증가는 본점소재지에서 전조의 등기를 함으로써 그 효력이 생긴다.

第593条(현물출자 등에 관한 사원의 책임) ① 제586조 제1호와 제2호의 재산의 자본증가 당시의 실가가 자본증가의 결의에 의하여 정한 가격에 현저하게 부족한 때에는 그 결의에 동의한 사원은 회사에 대하여 그 부족액을 연대하여 지급할 책임이 있다.

② 제550조 제2항과 제551조 제2항의 규정은 전항의 경우에 준용한다. <개정 1962. 12. 12.>

第594条(미인수출자 등에 관한 이사 등의 책임) ① 자본증가 후에 아직 인수되지 아니한 출자가 있는 때에는 이사와 감사가 공동으로 이를 인수한 것으로 본다. <개정 1962. 12. 12.>

② 자본증가 후에 아직 출자 전액의 납입 또는 현물출자의 목적인 재산의 급여가 미필된 출자가 있는 때에는 이사와 감사는 연대하여 그 납입 또는 급여미필재산의 가액을 지급할 책임이 있다. <개정 1962. 12. 12.>

③ 제551조 제3항의 규정은 전항의 경우에 준용한다. <개정 1962. 12. 12.>

第595条(증자무효의 소) ① 자본증가의 무효는 사원, 이사 또는 감사에 한하여 제591조의 규정에 의한 본점소재지에서의 등기를 한 날로부터 6개월 내에 소만으로 이를 주장할 수 있다. <개정 1962. 12. 12.>

② 제430조 내지 제432조의 규정은 전항의 경우에 준용한다.

제596조(준용규정) 제334조, 제548조와 제576조 제2항의 규정은 자본증가의 경우에 준용한다. <개정 1962. 12. 12.>

제597조(동전) 제439조 제1항, 제2항, 제443조, 제445조와 제446조의 규정은 자본감소의 경우에 준용한다.

제5절 합병과 조직변경

제598조(합병의 방법) 유한회사가 다른 회사와 합병을 함에는 제585조의 규정에 의한 사원총회의 결의가 있어야 한다.

제599조(설립위원의 선임) 제175조의 규정에 의한 설립위원의 선임은 제585조의 규정에 의한 사원총회의 결의에 의하여야 한다.

제600조(유한회사와 주식회사의 합병) ① 유한회사가 주식회사와 합병하는 경우에 합병 후 존속하는 회사 또는 합병으로 인하여 설립되는 회사가 주식회사인 때에는 법원의 인가를 얻지 아니하면 합병의 효력이 없다.

② 합병을 하는 회사의 일방이 사채의 상환을 완료하지 아니한 주식회사인 때에는 합병 후 존속하는 회사 또는 합병으로 인하여 설립되는 회사는 유한회사로 하지 못한다.

제601조(물상대위) ① 유한회사가 주식회사와 합병하는 경우에 합병 후 존속하는 회사 또는 합병으로 인하여 설립되는 회사가 유한회사인 때에는 제339조의 규정은 종전의 주식을 목적으로 하는 질권에 준용한다.

② 전항의 경우에 질권의 목적인 지분에 관하여 출자좌수와 질권자의 성명 및 주소를 사원명부에 기재하지 아니하면 그 질권으로써 회사 기타의 제삼자에 대항하지 못한다.

제602조(합병의 등기) 유한회사가 합병을 한 때에는 제603조에서 준용하는 제526조 또는 제527조의 규정에 의한 사원총회가 종결한 날로부터 본점소재지에서는 2주간, 지점소재지에서는 3주간 내에 합병 후 존속하는 유한회사에 있어서는 변경등기, 합병으로 인하여 소멸되는 유한회사에 있어서는

해산등기, 합병으로 인하여 설립되는 유한회사에 있어서는 제549조 제2항에 정한 등기를 하여야 한다.

제603조(준용규정) 제232조, 제234조, 제235조, 제237조 내지 제240조, 제443조, 제522조 제1항・제2항, 제522조의 2, 제523조, 제524조, 제526조 제1항・제2항, 제527조 제1항 내지 제3항 및 제529조의 규정은 유한회사의 합병의 경우에 준용한다. <개정 1962. 12. 12, 1984. 4. 10, 1998. 12. 28.>

제604조(주식회사의 유한회사에의 조직변경) ① 주식회사는 총주주의 일치에 의한 총회의 결의로 그 조직을 변경하여 이를 유한회사로 할 수 있다. 그러나 사채의 상환을 완료하지 아니한 경우에는 그러하지 아니하다.

② 전항의 조직변경의 경우에는 회사에 현존하는 순재산액보다 많은 금액을 자본의 총액으로 하지 못한다.

③ 제1항의 결의에 있어서는 정관 기타 조직변경에 필요한 사항을 정하여야 한다.

④ 제601조의 규정은 제1항의 조직변경의 경우에 준용한다.

제605조(이사, 주주의 순재산액전보책임) ① 전조의 조직변경의 경우에 회사에 현존하는 순재산액이 자본의 총액에 부족하는 때에는 전조 제1항의 결의 당시의 이사와 주주는 회사에 대하여 연대하여 그 부족액을 지급할 책임이 있다.

② 제550조 제2항과 제551조 제2항, 제3항의 규정은 전항의 경우에 준용한다. <개정 1962. 12. 12.>

제606조(조직변경의 등기) 주식회사가 제604조의 규정에 의하여 그 조직을 변경한 때에는 본점소재지에서는 2주간, 지점소재지에서는 3주간 내에 주식회사에 있어서는 해산등기, 유한회사에 있어서는 제549조 제2항에 정하는 등기를 하여야 한다.

제607조(유한회사의 주식회사에의 조직변경) ① 유한회사는 총사원의 일치에 의한 총회의 결의로 그 조직을 변경하여 이를 주식회사로 할 수 있다.

② 전항의 경우에는 조직변경 시에 발행하는 주식의 발행가액의 총액은 회사에 현존하는 순재산액을 초과하지 못한다.

③ 제1항의 조직변경은 법원의 인가를 얻지 아니하면 그 효력이 없다.

④ 제1항의 조직변경의 경우에 회사에 현존하는 순재산액이 조직변경 시에 발행하는 주식의 발행가액의 총액에 부족하는 때에는 제1항의 결의 당시의 이사, 감사와 사원은 회사에 대하여 연대하여 그 부족액을 지급할 책임이 있다. 이 경우에 제550조 제2항과 제551조 제2항, 제3항의 규정을 준용한다. <개정 1962. 12. 12.>

⑤ 제340조 제3항, 제601조 제1항, 제604조 제3항과 전조의 규정은 제1항의 조직변경의 경우에 준용한다.

제608조(준용규정) 제232조의 규정은 제604조와 제607조의 조직변경의 경우에 준용한다. <개정 1984. 4. 10.>

제6절 해산과 청산

제609조(해산사유) ① 유한회사는 다음의 사유로 인하여 해산한다. <개정 2001. 7. 24.>

1. 제227조 제1호 · 제4호 내지 제6호에 규정된 사유
2. 사원총회의 결의

② 전항 제2호의 결의는 제585조의 규정에 의하여야 한다.

제610조(회사의 계속) ① 제227조 제1호 또는 전조 제1항 제2호의 사유로 인하여 회사가 해산한 경우에는 제585조의 규정에 의한 사원총회의 결의로써 회사를 계속할 수 있다.

② 삭제 <2001. 7. 24.>

제611조(준용규정) 제229조 제3항의 규정은 전조의 회사계속의 경우에 준용한다.

제612조(잔여재산의 분배) 잔여재산은 정관에 다른 정함이 있는 경우 외에는 각 사원의 출자좌수에 따라 사원에게 분배하여야 한다.

제613조(준용규정) ① 제228조, 제245조, 제252조 내지 제255조, 제259조, 제260조, 제264조, 제520조, 제531조 내지 제537조, 제540조와 제541조

의 규정은 유한회사에 준용한다. <개정 1962. 12. 12.>

② 제209조, 제210조, 제366조 제2항·제3항, 제367조, 제373조 제2항, 제376조, 제377조, 제382조 제2항, 제386조, 제388조, 제399조 내지 제402조, 제407조, 제408조, 제411조 내지 제413조, 제414조 제3항, 제450조, 제466조 제2항, 제539조, 제562조, 제563조, 제564조 제3항, 제565조, 제566조, 제571조, 제572조 제1항과 제581조의 규정은 유한회사의 청산인에 준용한다. <개정 1962. 12. 12, 1984. 4. 10.>

제6장 외국회사

제614조(대표자, 영업소의 설정과 등기) ① 외국회사가 대한민국에서 영업을 하고자 하는 때에는 대한민국에서의 대표자를 정하고 영업소를 설치하여야 한다.

② 전항의 경우에는 외국회사는 그 영업소의 설치에 관하여 대한민국에서 설립되는 동종의 회사 또는 가장 유사한 회사의 지점과 동일한 등기를 하여야 한다.

③ 전항의 등기에서는 회사설립의 준거법과 대한민국에서의 대표자의 성명과 그 주소를 등기하여야 한다.

④ 제209조와 제210조의 규정은 외국회사의 대표자에게 준용한다. <개정 1962. 12. 12.>

제615조(등기기간의 기산점) 전조 제2항과 제3항의 규정에 의한 등기사항이 외국에서 생긴 때에는 등기기간은 그 통지가 도달한 날로부터 기산한다.

제616조(등기 전의 계속거래의 금지) ① 외국회사는 그 영업소의 소재지에서 제614조의 규정에 의한 등기를 하기 전에는 계속하여 거래를 하지 못한다.

② 전항의 규정에 위반하여 거래를 한 자는 그 거래에 대하여 회사와 연대하여 책임을 진다.

제617조(적용법규) 외국에서 설립된 회사라도 대한민국에 그 본점을 설치하거나 대한민국에서 영업할 것을 주된 목적으로 하는 때에는 대한민국에서 설립된 회사와 동일한 규정에 의하여야 한다.

제618조(준용규정) ① 제335조 내지 제338조, 제340조 제1항, 제355조 내지 제357조, 제478조 제1항, 제479조와 제480조의 규정은 대한민국에서의 외국회사의 주권 또는 채권의 발행과 그 주식의 이전이나 입질 또는 사채의 이전에 준용한다.

② 전항의 경우에는 처음 대한민국에 설치한 영업소를 본점으로 본다.

제619조(영업소폐쇄명령) ① 외국회사가 대한민국에 영업소를 설치한 경우에 다음의 사유가 있는 때에는 법원은 이해관계인 또는 검사의 청구에 의하여 그 영업소의 폐쇄를 명할 수 있다. <개정 1962. 12. 12.>

1. 영업소의 설치목적이 불법한 것인 때
2. 영업소의 설치등기를 한 후 정당한 사유 없이 1년 내에 영업을 개시하지 아니하거나 1년 이상 영업을 휴지한 때 또는 정당한 사유 없이 지급을 정지한 때
3. 회사의 대표자 기타 업무를 집행하는 자가 법령 또는 선량한 풍속 기타 사회질서에 위반한 행위를 한 때

② 제176조 제2항 내지 제4항의 규정은 전항의 경우에 준용한다.

제620조(한국에 있는 재산의 청산) ① 전조 제1항의 규정에 의하여 영업소의 폐쇄를 명한 경우에는 법원은 이해관계인의 신청에 의하여 또는 직권으로 대한민국에 있는 그 회사재산의 전부에 대한 청산의 개시를 명할 수 있다. 이 경우에는 법원은 청산인을 선임하여야 한다.

② 제535조 내지 제537조와 제542조의 규정은 그 성질이 허하지 아니하는 경우 외에는 전항의 청산에 준용한다.

③ 전 2항의 규정은 외국회사가 스스로 영업소를 폐쇄한 경우에 준용한다.

제621조(외국회사의 지위) 외국회사는 다른 법률의 적용에 있어서는 법률에 다른 규정이 있는 경우 외에는 대한민국에서 성립된 동종 또는 가장 유사한 회사로 본다.

제7장 벌칙

제622조(발기인, 이사 기타의 임원 등의 특별배임죄) ① 회사의 발기인, 업무집행사원, 이사, 감사위원회 위원, 감사 또는 제386조 제2항, 제407조 제1항, 제415조 또는 제567조의 직무대행자, 지배인 기타 회사영업에 관한 어느 종류 또는 특정한 사항의 위임을 받은 사용인이 그 임무에 위배한 행위로써 재산상의 이익을 취하거나 제삼자로 하여금 이를 취득하게 하여 회사에 손해를 가한 때에는 10년 이하의 징역 또는 3천만 원 이하의 벌금에 처한다. <개정 1984. 4. 10, 1995. 12. 29, 1999. 12. 31.>

② 회사의 청산인 또는 제542조 제2항의 직무대행자, 제175조의 설립위원이 제1항의 행위를 한 때에도 제1항과 같다. <개정 1984. 4. 10.>

제623조(사채권자집회의 대표자 등의 특별배임죄) 사채권자집회의 대표자 또는 그 결의를 집행하는 자가 그 임무에 위배한 행위로써 재산상의 이익을 취하거나 제삼자로 하여금 이를 취득하게 하여 사채권자에게 손해를 가한 때에는 7년 이하의 징역 또는 2천만 원 이하의 벌금에 처한다. <개정 1984. 4. 10, 1995. 12. 29.>

제624조(특별배임죄의 미수) 전 2조의 미수범은 처벌한다.

제624조의 2(주요주주 등 이해관계자와의 거래 위반의 죄) 제542조의 9 제1항을 위반하여 신용공여를 한 자는 5년 이하의 징역 또는 2억 원 이하의 벌금에 처한다.

[본조신설 2009. 1. 30.]

제625조(회사재산을 위태롭게 하는 죄) 제622조 제1항에 규정된 자, 검사인, 제298조 제3항 · 제299조의 2 · 제310조 제3항 또는 제313조 제2항의 공증인(인가공증인의 공증담당변호사를 포함한다. 이하 이 장에서 같다.)이나 제299조의 2, 제310조 제3항 또는 제422조 제1항의 감정인이 다음의 행위를 한 때에는 5년 이하의 징역 또는 1천500만 원 이하의 벌금에 처한다. <개정 2009. 2. 6.>

1. 주식 또는 출자의 인수나 납입, 현물출자의 이행, 제290조, 제416조 제4호 또는 제544조에 규정된 사항에 관하여 법원·총회 또는 발기인에게 부실한 보고를 하거나 사실을 은폐한 때
2. 누구의 명의로 하거나를 불문하고 회사의 계산으로 부정하게 그 주식 또는 지분을 취득하거나 질권의 목적으로 이를 받은 때
3. 법령 또는 정관의 규정에 위반하여 이익이나 이자의 배당을 한 때
4. 회사의 영업범위 외에서 투기행위를 하기 위하여 회사재산을 처분한 때

제625조의 2(주식의 취득제한 등에 위반한 죄) 제635조 제1항에 게기한 자가 제342조의 2 제1항 및 동 조 제2항의 규정에 위반한 때에는 2천만 원 이하의 벌금에 처한다.

[본조신설 1984. 4. 10.]

제626조(부실보고죄) 회사의 이사, 감사위원회 위원, 감사 또는 제386조 제2항, 제407조 제1항, 제415조 또는 제567조의 직무대행자가 제604조 또는 제607조의 조직변경의 경우에 제604조 제2항 또는 제607조 제2항의 순재산액에 관하여 법원 또는 총회에 부실한 보고를 하거나 사실을 은폐한 때에는 5년 이하의 징역 또는 1천500만 원 이하의 벌금에 처한다. <개정 1984. 4. 10, 1995. 12. 29, 1999. 12. 31.>

제627조(부실문서행사죄) ① 제622조 제1항에 게기한 자, 외국회사의 대표자, 주식 또는 사채의 모집의 위탁을 받은 자가 주식 또는 사채를 모집함에 있어서 중요한 사항에 관하여 부실한 기재가 있는 주식청약서, 사채청약서, 사업계획서, 주식 또는 사채의 모집에 관한 광고 기타의 문서를 행사한 때에는 5년 이하의 징역 또는 1천500만 원 이하의 벌금에 처한다. <개정 1984. 4. 10, 1995. 12. 29.>

② 주식 또는 사채를 매출하는 자가 그 매출에 관한 문서로서 중요한 사항에 관하여 부실한 기재가 있는 것을 행사한 때에도 제1항과 같다. <개정 1984. 4. 10.>

제628조(납입가장죄 등) ① 제622조 제1항에 게기한 자가 납입 또는 현물출자의 이행을 가장하는 행위를 한 때에는 5년 이하의 징역 또는 1천500

만 원 이하의 벌금에 처한다. <개정 1984. 4. 10, 1995. 12. 29.>

② 제1항의 행위에 응하거나 이를 중개한 자도 제1항과 같다. <개정 1984. 4. 10.>

제629조(초과발행의 죄) 회사의 발기인, 이사 또는 제386조 제2항 또는 제407조 제1항의 직무대행자가 회사가 발행할 주식의 총수를 초과하여 주식을 발행한 때에는 5년 이하의 징역 또는 1천500만 원 이하의 벌금에 처한다. <개정 1984. 4. 10, 1995. 12. 29.>

제630조(발기인, 이사 기타의 임원의 독직죄) ① 제622조와 제623조에 규정된 자, 검사인, 제298조 제3항 · 제299조의 2 · 제310조 제3항 또는 제313조 제2항의 공증인이나 제299조의 2, 제310조 제3항 또는 제422조 제1항의 감정인이 그 직무에 관하여 부정한 청탁을 받고 재산상의 이익을 수수, 요구 또는 약속한 때에는 5년 이하의 징역 또는 1천500만 원 이하의 벌금에 처한다. <개정 1984. 4. 10, 1995. 12. 29, 1998. 12. 28.>

② 제1항의 이익을 약속, 공여 또는 공여의 의사를 표시한 자도 제1항과 같다. <개정 1984. 4. 10.>

제631조(권리행사방해 등에 관한 증수뢰죄) ① 다음의 사항에 관하여 부정한 청탁을 받고 재산상의 이익을 수수, 요구 또는 약속한 자는 1년 이하의 징역 또는 300만 원 이하의 벌금에 처한다. <개정 1962. 12. 12, 1984. 4. 10, 1995. 12. 29, 1998. 12. 28, 1999. 12. 31.>

1. 창립총회, 사원총회, 주주총회 또는 사채권자집회에서의 발언 또는 의결권의 행사
2. 제3편에 정하는 소의 제기, 발행주식의 총수의 100분의 1 또는 100분의 3 이상에 해당하는 주주, 사채총액의 100분의 10 이상에 해당하는 사채권자 또는 자본의 100분의 3 이상에 해당하는 출자좌수를 가진 사원의 권리의 행사
3. 제402조 또는 제424조에 정하는 권리의 행사

② 제1항의 이익을 약속, 공여 또는 공여의 의사를 표시한 자도 제1항과 같다. <개정 1984. 4. 10.>

제632조(징역과 벌금의 병과) 제622조 내지 전조의 징역과 벌금은 이를 병과할 수 있다.

제633조(몰수, 추징) 제630조 제1항 또는 제631조 제1항의 경우에는 범인이 수수한 이익은 이를 몰수한다. 그 전부 또는 일부를 몰수하기 불능한 때에는 그 가액을 추징한다.

제634조(납입책임면탈의 죄) 납입의 책임을 면하기 위하여 타인 또는 가설인의 명의로 주식 또는 출자를 인수한 자는 1년 이하의 징역 또는 300만 원 이하의 벌금에 처한다. <개정 1984. 4. 10, 1995. 12. 29.>

제634조의 2(주주의 권리행사에 관한 이익공여의 죄) ① 주식회사의 이사·감사위원회 위원·감사 또는 제386조 제2항, 제407조 제1항 또는 제415조의 직무대행자·지배인 기타 사용인이 주주의 권리의 행사와 관련하여 회사의 계산으로 재산상의 이익을 공여한 때에는 1년 이하의 징역 또는 300만 원 이하의 벌금에 처한다. <개정 1995. 12. 29, 1999. 12. 31.>

② 제1항의 이익을 수수하거나, 제삼자에게 이를 공여하게 한 자도 제1항과 같다.

[본조신설 1984. 4. 10.]

제634조의 3(양벌규정) 회사의 대표자나 대리인, 사용인, 그 밖의 종업원이 그 회사의 업무에 관하여 제624조의 2의 위반행위를 하면 그 행위자를 벌하는 외에 그 회사에도 해당 조문의 벌금형을 과(科)한다. 다만 회사가 그 위반행위를 방지하기 위하여 해당 업무에 관하여 상당한 주의와 감독을 게을리하지 아니한 경우에는 그러하지 아니하다.

[본조신설 2009. 1. 30.]

제635조(과태료에 처할 행위) ① 회사의 발기인, 설립위원, 업무집행사원, 이사, 감사, 감사위원회 위원, 외국회사의 대표자, 검사인, 제298조 제3항·제299조의 2·제310조 제3항 또는 제313조 제2항의 공증인, 제299조의 2, 제310조 제3항 또는 제422조 제1항의 감정인, 지배인, 청산인, 명의개서대리인, 사채모집의 위탁을 받은 회사와 그 사무승계자 또는 제386조 제2항, 제407조 제1항, 제415조, 제542조 제2항 또는 제567조의 직무대행자가 다음의

사항에 해당한 행위를 한 때에는 500만 원 이하의 과태료에 처한다. 다만 그 행위에 대하여 형을 과할 때에는 그러하지 아니하다. <개정 2009. 1. 30.>

1. 본 편에 정한 등기를 해태한 때
2. 본 편에 정한 공고 또는 통지를 해태하거나 부정한 공고 또는 통지를 한 때
3. 본 편에 정한 검사 또는 조사를 방해한 때
4. 본 편의 규정에 위반하여 정당한 사유 없이 서류의 열람 또는 등사, 등본 또는 초본의 교부를 거부한 때
5. 관청, 총회 · 사채권자집회 또는 발기인에게 부실한 보고를 하거나 또는 사실을 은폐한 때
6. 주권 · 채권 또는 신주인수권증권에 기재할 사항을 기재하지 아니하거나 부실한 기재를 한 때
7. 정당한 사유 없이 주권의 명의개서를 하지 아니한 때
8. 법률 또는 정관에 정한 이사 또는 감사의 원수를 궐한 경우에 그 선임절차를 해태한 때
9. 정관 · 주주명부 또는 그 복본, 사원명부 · 사채원부 또는 그 복본, 의사록 · 감사록 · 재산목록 · 대차대조표 · 영업보고서 · 사무보고서 · 손익계산서 · 이익잉여금처분계산서 또는 결손금처리계산서 · 결산보고서 · 회계장부, 제447조 · 제534조 · 제579조 제1항 또는 제613조 제1항의 부속명세서 또는 감사보고서에 기재할 사항을 기재하지 아니하거나 또는 부실한 기재를 한 때
10. 법원이 선임한 청산인에 대한 사무의 인계를 해태하거나 이를 거부한 때
11. 청산의 종결을 지연할 목적으로 제247조 제3항, 제535조 제1항 또는 제613조 제1항의 기간을 부당하게 장기간으로 정한 때
12. 제254조 제4항, 제542조 제1항 또는 제613조 제1항의 규정에 위반하여 파산선고의 청구를 해태한 때
13. 제589조 제2항의 규정에 위반하여 출자의 인수인을 공모한 때
14. 제232조, 제247조 제3항, 제439조 제2항, 제527조의 5, 제530조 제2

항, 제530조의 9 제4항, 제530조의 11 제2항, 제597조, 제603조 또는 제608조의 규정에 위반하여 회사의 합병·분할·분할합병 또는 조직변경, 회사재산의 처분 또는 자본의 감소를 한 때

15. 제260조, 제542조 제1항 또는 제613조 제1항의 규정에 위반하여 회사재산을 분배한 때

16. 제302조 제2항, 제347조, 제420조, 제420조의 2, 제474조 제2항 또는 제514조의 규정에 위반하여 주식청약서·신주인수권증서 또는 사채청약서를 작성하지 아니하거나 이에 기재할 사항을 기재하지 아니하거나 또는 부실한 기재를 한 때

17. 제342조 또는 제560조 제1항의 규정에 위반하여 주식 또는 지분의 실효절차, 주식 또는 지분의 질권의 처분을 해태한 때

18. 제343조 제1항 또는 제560조 제1항의 규정에 위반하여 주식 또는 출자를 소각한 때

19. 제355조 제1항, 제2항 또는 제618조의 규정에 위반하여 주권을 발행한 때

19의 2. 제358조의 2 제2항의 규정에 위반하여 주주명부에 기재를 하지 아니한 때

19의 3. 제363조의 2 제1항, 제542조 제2항 또는 제542조의 6 제2항을 위반하여 주주가 제안한 사항을 주주총회의 목적사항으로 하지 아니한 때

20. 제365조 제1항·제2항, 제578조의 규정 또는 제467조 제3항, 제582조 제3항의 규정에 의한 법원의 명령에 위반하여 총회를 소집하지 아니하거나 정관에 정한 곳 이외의 곳에서 또는 제363조, 제364조, 제571조 제2항·제3항의 규정에 위반하여 총회를 소집한 때

20의 2. 제374조 제2항, 제530조 제2항 또는 제530조의 11 제2항의 규정에 위반하여 주식매수청구권의 내용과 행사방법을 통지 또는 공고하지 아니하거나 부실한 통지 또는 공고를 한 때

21. 제396조 제1항, 제448조 제1항, 제510조 제2항, 제522조의 2 제1항,

제527조의 6 제1항, 제530조의 7, 제534조 제3항, 제542조 제2항, 제566조 제1항, 제579조의 3, 제603조 또는 제613조의 규정에 위반하여 장부 또는 서류를 비치하지 아니한 때

21의 2. 제412조의 4 제3항의 규정에 위반하여 정당한 이유 없이 감사 또는 감사위원회의 조사를 거부한 때

22. 제458조 내지 제460조 또는 제583조의 규정에 위반하여 준비금을 적립하지 아니하거나 이를 사용한 때

22의 2. 제464조의 2 제1항의 기간 내에 배당금을 지급하지 아니한 때

23. 제470조의 규정에 위반하여 사채를 모집하거나 구사채를 상환하지 아니한 때

24. 제478조 제1항 또는 제618조의 규정에 위반하여 채권을 발행한 때

25. 제536조 또는 제613조 제1항의 규정에 위반하여 채무의 변제를 한 때

25의 2. 제542조의 5를 위반하여 이사 또는 감사를 선임한 경우

26. 제619조 제1항의 규정에 의한 법원의 명령에 위반한 때

27. 제555조의 규정에 위반하여 지분에 대한 지시식 또는 무기명식의 증권을 발행한 때

② 발기인 또는 이사가 주식의 인수로 인한 권리를 양도한 때에도 제1항과 같다. <개정 1984. 4. 10.>

③ 제1항 각 호 외의 부분에 규정된 자가 다음 각 호의 어느 하나에 해당하는 행위를 한 경우에는 5천만 원 이하의 과태료를 부과한다. <신설 2009. 1. 30.>

1. 제542조의 8 제1항을 위반하여 사외이사 선임의무를 이행하지 아니한 경우
2. 제542조의 8 제4항을 위반하여 사외이사 후보추천위원회를 설치하지 아니하거나 사외이사가 총 위원의 2분의 1 이상이 되도록 사외이사 후보추천위원회를 구성하지 아니한 경우
3. 제542조의 8 제5항에 따라 사외이사를 선임하지 아니한 경우
4. 제542조의 9 제3항을 위반하여 이사회 승인 없이 거래한 경우
5. 제542조의 11 제1항을 위반하여 감사위원회를 설치하지 아니한 경우

6. 제542조의 11 제2항을 위반하여 제415조의 2 제2항 및 제542조의 11 제2항 각 호의 감사위원회의 구성요건에 적합한 감사위원회를 설치하지 아니한 경우
7. 제542조의 11 제4항 제1호 및 제2호를 위반하여 감사위원회가 제415조의 2 제2항 및 제542조의 11 제2항 각 호의 감사위원회의 구성요건에 적합하도록 하지 아니한 경우
8. 제542조의 12 제2항을 위반하여 감사위원회위원의 선임절차를 준수하지 아니한 경우

④ 제1항 각 호 외의 부분에 규정된 자가 다음 각 호의 어느 하나에 해당하는 행위를 한 경우에는 1천만 원 이하의 과태료를 부과한다. <신설 2009. 1. 30.>

1. 제542조의 4에 따른 주주총회 소집의 통지·공고를 게을리하거나 부정한 통지 또는 공고를 한 경우
2. 제542조의 7 제4항 또는 제542조의 12 제5항을 위반하여 의안을 별도로 상정하여 의결하지 아니한 경우

제636조(등기 전의 회사명의의 영업 등) ① 회사의 성립 전에 회사의 명의로 영업을 한 자는 회사설립의 등록세의 배액에 상당한 과태료에 처한다.

② 전항의 규정은 제616조 제1항의 규정에 위반한 자에 준용한다.

제637조(법인에 대한 벌칙의 적용) 제622조, 제623조, 제625조, 제627조, 제628조 또는 제630조 제1항에 게기한 자가 법인인 때에는 본 장의 벌칙은 그 행위를 한 이사, 감사 기타 업무를 집행한 사원 또는 지배인에 적용한다.

제637조의 2(과태료의 부과·징수) ① 제635조(제1항 제1호는 제외한다.) 또는 제636조에 따른 과태료는 대통령령으로 정하는 바에 따라 법무부장관이 부과·징수한다.

② 제1항에 따른 과태료 처분에 불복하는 자는 그 처분을 고지받은 날부터 60일 이내에 법무부장관에게 이의를 제기할 수 있다.

③ 제1항에 따른 과태료 처분을 받은 자가 제2항에 따라 이의를 제기한 때에는 법무부장관은 지체 없이 관할 법원에 그 사실을 통보하여야 하며,

그 통보를 받은 관할 법원은 '비송사건절차법'에 따른 과태료 재판을 한다.

④ 제2항에서 규정하는 기간 내에 이의를 제기하지 아니하고 과태료를 납부하지 아니한 때에는 국세 체납처분의 예에 따라 징수한다.

[본조신설 2009. 1. 30.]

부칙 〈제9746호, 2009. 5. 28.〉

① (시행일) 이 법은 공포 후 1년이 경과한 날부터 시행한다. 다만 제292조, 제318조, 제329조, 제363조, 제383조, 제409조의 개정규정은 공포한 날부터 시행한다.

② (일반적 경과조치) 이 법은 특별한 규정이 있는 경우를 제외하고는 이 법 시행 전에 발생한 사항에 대해서도 적용한다. 다만 종전의 규정에 따라 생긴 효력에는 영향을 미치지 아니한다.

황근수

약 력

전남대학교 대학원 법학과(법학박사)
한국기업법학회 평생회원
한국상사법학회 평생회원
한국보험법학회 평생회원
한국해법학회 평생회원
한국산업재산권법학회 평생회원
한국상사판례학회 평생회원
전남대학교 법과대학 법학연구소 연구원
현, 전남대학교 법과대학 강사

주요 논저

「持株會社에 관한 硏究」(전남대학교대학원, 박사학위논문), 2002. 8.
「2006년 會社法改正案의 내용과 향후의 전망」, 한국기업법학회, 2007. 6.
「(신기술)醫療行爲의 特許法的 保護에 관한 고찰」, 한국산업재산권법학회, 2007. 8.
「醫療紛爭과 醫師賠償責任保險에 관한 고찰」, 한국상사법학회, 2007. 11.
「인터넷상의 저작권보호 및 저작권법 제25조의 문제점」, 한국법학회, 2008. 2.
「어음・수표의 僞造와 變造에 관한 책임문제」, 전남대학교 법률행정연구소, 2008. 6.
「독일・일본・미국에서 持株會社의 株主保護方案에 관한 고찰」, 한국상사판례학회, 2008. 6.
「한국에서 執行任員制度의 현황과 향후의 운용방향」, 서울대학교 법학연구소, 2008. 6.
「保險約款의 交付・說明義務違反과 그 效果에 관한 문제」, 원광대학교 법학연구소, 2008. 12.
「상법상 理事의 損害賠償責任制限의 可能性에 관한 고찰」, 한국상사판례학회, 2008. 12.
「持株會社에서 株主의 법적 利益保護와 理事의 責任問題」, 원광대학교 법학연구소, 2009. 6.

『전자상거래와 法的責任』(공저), 전남대학교출판부, 2003.
『持株會社의 法理』(단행본), 한국학술정보(주), 2006.
『女性과 法』(단행본), 한국학술정보(주), 2009.
『行政法論』, 한국학술정보(주), 2009.
『제2증보판 法學의 理解』, 한국학술정보(주), 2009.
『제2개정판 會社法講論』, 한국학술정보(주), 2010(출간 예정).

초판인쇄 | 2010년 1월 29일
초판발행 | 2010년 1월 29일

지 은 이 | 황근수
펴 낸 이 | 채종준
펴 낸 곳 | 한국학술정보㈜
주　　소 | 경기도 파주시 교하읍 문발리 파주출판문화정보산업단지 513-5
전　　화 | 031) 908-3181(대표)
팩　　스 | 031) 908-3189
홈페이지 | http://www.kstudy.com
E-mail | 출판사업부 publish@kstudy.com
등　　록 | 제일산-115호(2000. 6. 19)

ISBN 978-89-268-0690-6 93360 (Paper Book)
978-89-268-0691-3 98360 (e-Book)

내일을여는지식 은 시대와 시대의 지식을 이어 갑니다.

이 책은 한국학술정보(주)와 저작자의 지적 재산으로서 무단 전재와 복제를 금합니다.
책에 대한 더 나은 생각, 끊임없는 고민, 독자를 생각하는 마음으로 보다 좋은 책을 만들어갑니다.